プリント形式のリアル過去問で本番の臨場感！

愛知県

愛知高等学校

2025年春受験用

解答集

本書は，実物をなるべくそのままに，プリント形式で年度ごとに収録しています。
問題用紙を教科別に分けて使うことができるので，本番さながらの演習ができます。

■ 収録内容

・解答集（この冊子です）

書籍ＩＤ番号，この問題集の使い方，最新年度実物データ，リアル過去問の活用，
解答例と解説，ご使用にあたってのお願い・ご注意，お問い合わせ

・2024（令和６）年度 ～ 2020（令和２）年度　学力検査問題

JN132061

○は収録あり	年度	'24	'23	'22	'21	'20	
■ 問題(一般入学試験)		○	○	○	○	○	
■ 解答用紙				○	○	○	
■ 配点							

全教科に解説
があります

☆問題文等の非掲載はありません

教英出版

■　書籍ＩＤ番号

入試に役立つダウンロード付録や学校情報などを随時更新して掲載しています。
教英出版ウェブサイトの「ご購入者様のページ」画面で，書籍ＩＤ番号を入力してご利用ください。

書籍ＩＤ番号　I02321

（有効期限：2025年9月30日まで）

【入試に役立つダウンロード付録】
「ラストチェックテスト（標準／ハイレベル）」
「高校合格への道」

■　この問題集の使い方

年度ごとにプリント形式で収録しています。針を外して教科ごとに分けて使用します。①片側，②中央のどちらかでとじてありますので，下図を参考に，問題用紙と解答用紙に分けて準備をしましょう（解答用紙がない場合もあります）。

針を外すときは，けがをしないように十分注意してください。また，針を外すと紛失しやすくなりますので気をつけましょう。

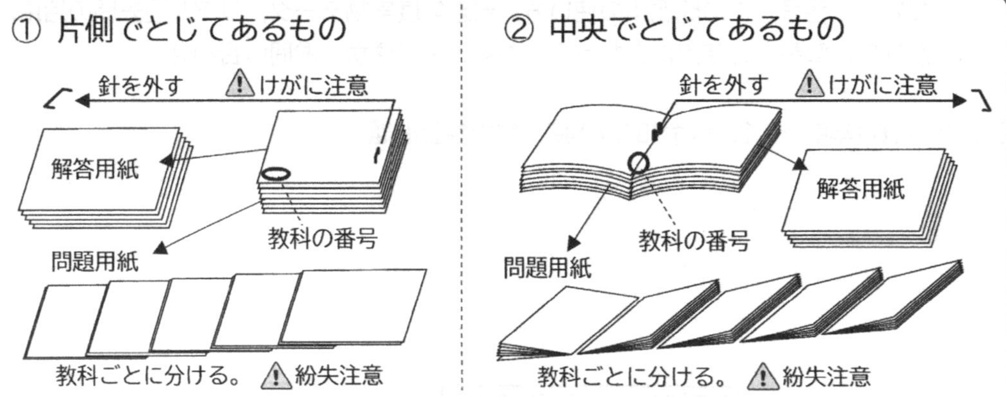

※教科数が上図と異なる場合があります。
解答用紙がない場合や，問題と一体になっている場合があります。
教科の番号は，教科ごとに分けるときの参考にしてください。

■　最新年度　実物データ

実物をなるべくそのままに編集していますが，収録の都合上，実際の試験問題とは異なる場合があります。実物のサイズ，様式は右表で確認してください。

問題用紙	Ａ４冊子（二つ折り）
解答用紙	非公表

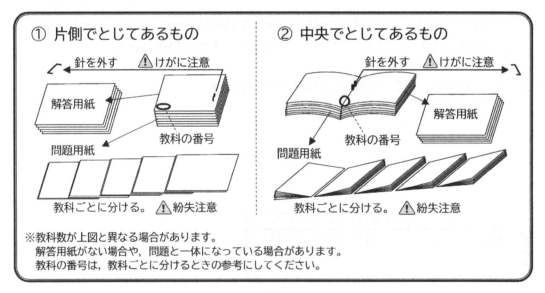

リアル過去問の活用

～リアル過去問なら入試本番で力を発揮することができる～

本番を体験しよう！

問題用紙の形式（縦向き / 横向き），問題の配置や余白など，実物に近い紙面構成なので本番の臨場感が味わえます。まずはパラパラとめくって眺めてみてください。「これが志望校の入試問題なんだ！」と思えば入試に向けて気持ちが高まることでしょう。

入試を知ろう！

同じ教科の過去数年分の問題紙面を並べて，見比べてみましょう。

① 問題の量

毎年同じ大問数か，年によって違うのか，また全体の問題量はどのくらいか知っておきましょう。どのくらいのスピードで解けば時間内に終わるのか，大問ひとつにかけられる時間を計算してみましょう。

② 出題分野

よく出題されている分野とそうでない分野を見つけましょう。同じような問題が過去にも出題されていることに気がつくはずです。

③ 出題順序

得意な分野が毎年同じ大問番号で出題されていると分かれば，本番で取りこぼさないように先回りして解答することができるでしょう。

④ 解答方法

記述式か選択式か（マークシートか），見ておきましょう。記述式なら，単位まで書く必要があるかどうか，文字数はどのくらいかなど，細かいところまでチェックしておきましょう。計算過程を書く必要があるかどうかも重要です。

⑤ 問題の難易度

必ず正解したい基本問題，条件や指示の読み間違いといったケアレスミスに気をつけたい問題，後回しにしたほうがいい問題などをチェックしておきましょう。

問題を解こう！

志望校の入試傾向をつかんだら，問題を何度も解いていきましょう。ほかにも問題文の独特な言いまわしや，その学校独自の答え方を発見できることもあるでしょう。オリンピックや環境問題など，話題になった出来事を毎年出題する学校だと分かれば，日頃のニュースの見かたも変わってきます。

こうして志望校の入試傾向を知り対策を立てることこそが，過去問を解く最大の理由なのです。

実力を知ろう！

過去問を解くにあたって，得点はそれほど重要ではありません。大切なのは，志望校の過去問演習を通して，苦手な教科，苦手な分野を知ることです。苦手な教科，分野が分かったら，教科書や参考書に戻って重点的に学習する時間をつくりましょう。今の自分の実力を知れば，入試本番までの勉強の道すじが見えてきます。

試験に慣れよう！

入試では時間配分も重要です。本番で時間が足りなくなってあわてないように，リアル過去問で実戦演習をして，時間配分や出題パターンに慣れておきましょう。教科ごとに気持ちを切り替える練習もしておきましょう。

心を整えよう！

入試は誰でも緊張するものです。入試前日になったら，演習をやり尽くしたリアル過去問の表紙を眺めてみましょう。問題の内容を見る必要はもうありません。どんな形式だったかな？受験番号や氏名はどこに書くのかな？…ほんの少し見ておくだけでも，志望校の入試に向けて心の準備が整うことでしょう。

そして入試本番では，見慣れた問題紙面が緊張した心を落ち着かせてくれるはずです。

※まれに入試形式を変更する学校もありますが，条件はほかの受験生も同じです。心を整えてあせらずに問題に取りかかりましょう。

2024 解答 令和６年度 愛知高等学校

《国　語》

一　問一．①㋔　②㋒　問二．㋑　問三．㋒　問四．㋓　問五．㋐　問六．㋑　問七．㋔　問八．㋔
問九．㋒　問十．㋑

二　問一．１．㋔　２．㋑　３．㋓　問二．①㋓　②㋒　③㋐　問三．㋔　問四．㋑　問五．㋑　問六．㋓
問七．㋒，㋕　問八．㋐　問九．㋔　問十．㋑

三　問一．ａ．㋔　ｂ．㋑　問二．⑴㋒　⑵㋓　問三．㋐　問四．㋑　問五．⑴㋐　⑵㋔　問六．㋒

《数　学》

1　⑴ア．②　イ．⓪　ウ．⓪　エ．③　⑵オ．⊖　カ．⑤　キ．⑥　ク．⑥
⑶ケ．②　コ．⑦　サ．③　シ．⑧　⑷ス．②　セ．③　⑸ソ．③　タ．⑨　チ．④
⑹ツ．⊖　テ．②　ト．⊖　ナ．③　ニ．②　⑺ヌ．②　⑻ネ．③　ノ．②　ハ．③　ヒ．①　フ．⑥
⑼ヘ．④　ホ．②　⑽マ．①　ミ．③　ム．①　メ．⑧

2　⑴ア．④　イ．③　⑵ウ．⑤　エ．④　オ．②　カ．⑤　キ．①　ク．②
⑶ケ．①　コ．⑥　サ．⑨　シ．①　ス．⓪　セ．⓪

3　⑴ア．④　⑵イ．⑨　⑶ウ．①　エ．⑥

4　⑴(ⅰ)ア．②　イ．③　ウ．③　(ⅱ)エ．②　オ．③　カ．③　⑵キ．⑥　ク．③　ケ．③　コ．②

《英　語》

Ⅰ　問１．１つめ…①　２つめ…⑥（１つめと２つめは順不同）　問２．③　問３．⑦　問４．①　問５．④
問６．②，③

Ⅱ　問１．②　問２．④　問３．④　問４．①，⑤　問５．⑦
問６．１つめ…①　２つめ…③（１つめと２つめは順不同）

Ⅲ　Ａ．１つめ…②　２つめ…④　３つめ…⑥　４つめ…⑨（１つめ～４つめは順不同）
Ｂ．⑴●…⑥　▲…⑦　⑵●…⑤　▲…⑨　⑶●…⑥　▲…③　Ｃ．⑤

《理　科》

1　問１．①，⑤　問２．②　問３．ウ．⓪　エ．⑧　オ．②　カ．⑧　キ．①　ク．⓪　問４．③

2　問１．③，⑥　問２．④　問３．③　問４．①　問５．②　問６．カ．②　キ．⓪　ク．⓪

3　問１．④　問２．イ．④　ウ．②　問３．②　問４．オ．⓪　カ．②　キ．⓪　問５．③

4　問１．②　問２．②　問３．⑤　問４．①　問５．③　問６．④

《社　会》

1　問１．②，⑦　問２．⑴③　⑵①　問３．⑴③　⑵①　⑶④　問４．⑴④　⑵②　⑶②　⑷③　問５．①

2　問１．⑴①　⑵②　問２．⑴⑧　⑵④　問３．③　問４．④

3　問１．④　問２．②　問３．③　問４．⑦　問５．④，⑥　問６．①

4　問１．②　問２．③　問３．①，⑤，⑧　問４．③　問５．⑤

《2024　国語　解説》

一　問二 [A] の直前の「いくら言葉を尽くして説明してもらっても、じっさいの体験には遠く及ばない」という意味のことわざなので、㋑の「百聞は一見に如《し》かず」が適する。

問三　㋒は、「とても重要で」というように、「とても」を付けることができるので、形容動詞「重要だ」の連用形の活用語尾だと判断できる。

問四　「わざわざそのような体験を試みることは避けるべき」である場合、体験学習を「控えざるをえない」物事とは、㋓の「悪い結果をもたらす」ものである。

問五　「クオリア」は、「じっさいに体験してはじめて知ることができる」「どんな感じなのか」ということ、つまり「感覚的な質」を意味する言葉である。㋐は、「感覚」として理解するものではない。

問六　傍線部①の直後で「それは～心臓の鼓動や～などの身体の『動き』の側面を強調したいからである」と理由を述べ、このことをふまえて、次の段落で「知覚や情動と行動の絶えざる循環からなる体験の世界～『一人称の世界』である～私のいる『いま、ここ』～から、世界を知覚し、情動を抱き～働きかけることが、一人称の世界である」と述べている。この文脈から、㋑のような理由が読みとれる。

問七　傍線部②は、この段落で「三人称の世界は、自分を世界の外に置き、その外側の視点から俯瞰《ふかん》的に眺めた世界～世界に身体でもって働きかけることはできない。超越的視点から、世界を眺めるだけである」と述べたことのまとめである。「俯瞰的に」は、高い所から広い範囲を眺めるように、客観視するように、という意味。よって、「傍観者(その物事に関与しないで見ている者)としての立ち位置」とある㋔が適する。

問八　傍線部③の直前で「三人称の世界を獲得～一人称の主観的世界を超えて三人称の客観的世界を手にすることを意味する」と述べている。さらにこのことを、傍線部③の後で「世界のなかに身をおいて、『いま、ここ』から世界を眺め～働きかける～つぎは～かりに『あそこ』から世界を眺めると、世界がどう立ち現れるか～どう働きかけるかが想像できるようになる～想像のなかで、どんな一人称的な視点からでも世界を眺めることができるようになる。これが三人称の客観的世界の獲得」であると、くわしく説明している。この内容に、㋔が適する。

問九　傍線部④に続けて「『いま、ここ』から世界を捉えてこそ、『いま、ここ』から世界に働きかけることができる～身体でもって世界に働きかけるためには、世界のうちに身を置いて、一人称的に世界を把握しなければならない。傍観者のままでは、行動を起こせないのである」と述べていることから、㋒のような理由が読みとれる。「一人称的に」は、「私のいる『いま、ここ』～から、世界を知覚し、情動を抱き」というあり方である。

問十　本文最後の段落で「体験して覚える～世界との一人称的な交わりを通じて、物事が『どんな感じ(クオリア)なのか』を知ることである。『いま、ここ』から世界を知覚的・情動的に感知し～身体的に働きかける。このようにして～どんな感じなのかを知ることができるようになる。体験して覚えることは、この『感じ(クオリア)』をつかむことなのである」と述べていることから、㋑のようなものだと言える。

二　問一１　「矛《ほこ》を収める」は、争いや攻撃を取り止めること。　２　「水を向ける」は、相手が話し始めるように働きかけること。　３　「虫がいい」は、自分勝手だ、あつかましい、という意味。

問三　傍線部①の直後に「逃げ出す者もいるだろうと多少の覚悟はしていたが～お藤《ふじ》は、そこまで考えがおよばなかった」とあることに着目する。「そこ」とは、番頭が言った「いわば舐《な》められた～奉公指南(指導)をほぼ終え～他でもっと実入りのいい(収入の多い)働き口を見つけられる。そういう手合い(やつら)がこれからも増えれば、損はひと月分の飯代では済まない」ということを指す。それは、「悪用する者も出てくるかもしれない～指南が済む頃合に別の奉公先を紹介し、口入料をちゃっかり懐に収める。そういうずるい輩《やから》に食い物にされ（利用され）」ることを意味する。お藤は、七郎兵衛《しちろべえ》の番頭らしい思慮に感心したのである。よって、㋔が適する。

問四　傍線部②の３～５行後に「『鶴松《つるまつ》から、きいていたのに……』やはり何よりも先に、春吉《はるきち》の胸中を直《じか》に確かめるべきだったと～不手際を悔いていた」とあり、このことについて、以降で「このところ、ようすがおかしいと～鶴松が名をあげたのは春吉だった」「鶴松から春吉のようすをきいたとき～お藤も気づいた。春吉には～奉公に出られぬわけがある。それをどうにかうまく収めるために、奉公先に相談に行っていた～手当てが遅れた」と語られている。これらの内容に、㋑が適する。

問五　「本当の理由」は、傍線部Ⓑの４～５行後で語られる「奉公先が、ひとつ足りない。外すなら泰治《やすじ》だろうと、お藤とお兼《かね》が話していた」のを聞いたから、というもの。つまり春吉は、自分が抜けることで泰治が奉公の仕事に就けるようにしたのである。「ある理由」（「もうひとつのわけ」）は、お藤が春吉に「奉公に出たら、おかみさんや、生まれてくる赤ん坊とも会えなくなる～それが辛くてならなかったんだろ？」と聞き、春吉が「これから赤ん坊が生まれるってのに～女房の傍にいてやれねえ～一緒に暮らせねえなら、たとえ仕事にありついても味気ねえように思えて……」と言っていることから読みとれる。よって、㋑が適する。

問六　春吉が逃げ出した事情やいきさつについて、泰治がお藤に話した内容に含まれないものなので、㋓。

問七　傍線部④の直後で「おれには大黒柱《だいこくばしら》（中心となって家を支える人）の役目を果たしてほしいと～釘《くぎ》をさされやした」と言っていることから㋒のような思いが、「もし差配《さはい》さん（冬屋《かずらや》の責任者であるお藤）に許してもらえるなら、今日の詫びも含めて精一杯奉公させていただきやす」と言っていることから㋕のような思いが読みとれる。

問八　月に二度家に帰れるという条件でなくても（年に二度しか家族に会えなくても）奉公をすると言った春吉の決心をきいて（問七参照）、お藤は「わざわざ～足を運んだ～甲斐《かい》はあった」と思っているので、㋐が適する。

問九　㋐の「どんな商売も人が資本～損得を冷静に見極める」、㋑の「男たちと張り合いながら困難を乗り越えようとする」、㋒の「祖母と現在の自分とを比べ～程遠いと嘆いている」、㋓の「冬屋の利益と奉公人の暮らしのどちらを優先すればよいかという葛藤を乗り越え」などは適さない。

問十　㋐の「本当のことを話すかどうかためらっている」、㋒の「春吉にとって本当によいことだったのかと疑問に思い」、㋓の「振り返り、余韻にひたっている」、㋔の「『お藤のせいで奉公を辞めなければならない』と言おうとした」などは適さない。

三　【古文の内容】

この世に、どうしてこんなことがあったのだろうとすばらしく思われることは、手紙でございますよ。『枕草子』でくり返し申しているようですから、今さら改めて申すには及ばないのだが、やはり（手紙は）大変すばらしいものである。遠い場所に離れてしまって、何年も会っていない人でも、手紙というものさえ見ると、たった今（その人と）向かいあっているような気がして、かえって（実際に）面と向かっては、思うほどにも十分に表現できない心の内も表現し、言いたいことをも細かく書き尽くしてあるのを見る気持ちはすばらしく、うれしく、（実際に）向かいあっているのに劣るか、いや劣らない。手持ちぶさたな時に、昔の人の手紙を見つけ出したのは、ただその当時の気持ちがして、たいそううれしく思われる。まして、亡くなった人などが書いたものなどを見るのは、たいそう感慨深く、（書かれてから）年月が多くたっているのも、たった今筆を（墨で）濡らして書いたようであるのはよくよくすばらしい。どんなこともたださし向かって会っている間の心の交わりだけでございますが、これ（手紙）ならば全く昔のまま少しも変わることがないのも大変すばらしいことである。

《2024　数学　解説》

1 (1) 与式＝$(2019+4)(2019-4)-2019\times2018=2019^2-4^2-2019\times2018=2019(2019-2018)-4^2=2019-16=$**2003**

(2) 与式＝$\frac{\sqrt{3}(1-\sqrt{3})-\sqrt{2}(1+\sqrt{2})+\sqrt{2}-\sqrt{3}}{\sqrt{6}}=\frac{\sqrt{3}-3-\sqrt{2}-2+\sqrt{2}-\sqrt{3}}{\sqrt{6}}=-\frac{5}{\sqrt{6}}=$ $\mathbf{-\frac{5\sqrt{6}}{6}}$

(3) **【解き方】第１問と第２問をともに正解した生徒の人数をx人とし，人数についてxの方程式をたてる。**

xが最大になるのは，第２問を正解した38人が全員第１問を正解したときだから，xは最大で38である。

xが最小になるのは，第１問と第２問の両方が不正解だった生徒がいない場合であり，人数の合計について，

$(39-x)+(38-x)+x=50$が成り立つ。これを解くと$x=27$となる。

よって，求める人数は，**27人から38人**である。

(4) 与式に$x=-1$を代入すると，$a+(a+2)-a^2-2=0$　　$a^2-2a=0$　　$a(a-2)=0$　　$a=0, 2$

$a=0$の場合，与式が２次方程式にならずもう１つの解が出せない。よって，$a=$**2**

与式に$a=2$を代入すると，$2x^2-4x-(4+2)=0$　　$2x^2-4x-6=0$　　$x^2-2x-3=0$

$(x-3)(x+1)=0$　　$x=3, -1$　　よって，もう１つの解は，$x=$**3**

(5) **【解き方】右のように作図し，台形ＡＢＯＣと△ＡＣＤの面積の和を求める。**

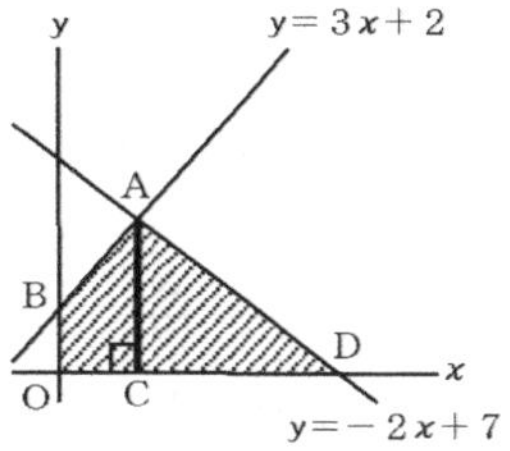

$y=3x+2$と$y=-2x+7$を連立方程式として解くと，$x=1$，$y=5$となるから，

A(1，5)，C(1，0)である。$y=3x+2$の式より，B(0，2)である。

$y=-2x+7$に$y=0$を代入すると，$x=\frac{7}{2}$となるから，D$(\frac{7}{2}，0)$である。

BO＝2，AC＝5，OC＝1，CD＝$\frac{7}{2}-1=\frac{5}{2}$だから，求める面積は，

$\frac{1}{2}\times(2+5)\times1+\frac{1}{2}\times5\times\frac{5}{2}=$ $\mathbf{\frac{39}{4}}$

(6) **【解き方】$y=-2x^2$のグラフは下に開いた放物線であり，yの最大値が０だから，xの変域に０が含まれる。**

$y=-8$になるのは，$x=p$のときか$x=2p+5$のときである。

$y=-2x^2$に$y=-8$を代入すると，$-8=-2x^2$　　$x^2=4$　　$x=\pm2$

したがって，xの最小値が－２の場合と，xの最大値が２の場合に分ける。

xの最小値が－２の場合，$p=-2$

このとき，$2p+5=2\times(-2)+5=1$となるから，xの変域は$-2\leqq x\leqq1$となり，条件に合う。

xの最大値が２の場合，$2p+5=2$より，$p=-\frac{3}{2}$　　このときxの変域は$-\frac{3}{2}\leqq x\leqq2$となり，条件に合う。

以上より，$p=$ $\mathbf{-2，-\frac{3}{2}}$

(7) **【解き方１】円Ｏの半径をｒcmとする。円外の１点からその円に引いた２本の接線の長さは等しいことから，ｒの方程式をたてる。**

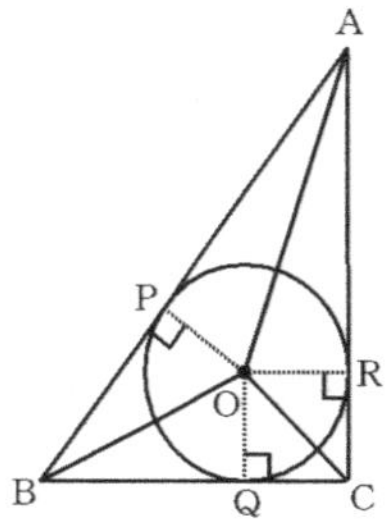

AR＝(8－r)cmだから，AP＝AR＝(8－r)cm，

BP＝10－AP＝10－(8－r)＝2＋r(cm)

BQ＝BP＝(2＋r)cmだから，BCの長さについて，

(2＋r)＋r＝6より，r＝2　　よって，円Ｏの半径は**2cm**である。

【解き方２】円Ｏの半径をｒcmとする。△ＯＢＣ＋△ＯＣＡ＋△ＯＡＢ＝△ＡＢＣから，ｒの方程式をたてる。

$\frac{1}{2}\times6\times r+\frac{1}{2}\times8\times r+\frac{1}{2}\times10\times r=\frac{1}{2}\times6\times8$　　これを解くと$r=2$となるから，円Ｏの半径は**2cm**である。

(8) 半径２cmの球の体積は，$\frac{4}{3}\pi\times2^3=$ $\mathbf{\frac{32}{3}\pi}$ (cm³)，表面積は，$4\pi\times2^2=$ **16π** (cm²)

(9) **【解き方】右図のように記号をおく。∠ＡＣＢ＝∠ＡＤＢだから，円周角の定理の逆より，４点Ａ，Ｂ，Ｃ，Ｄは同一円周上にある。**

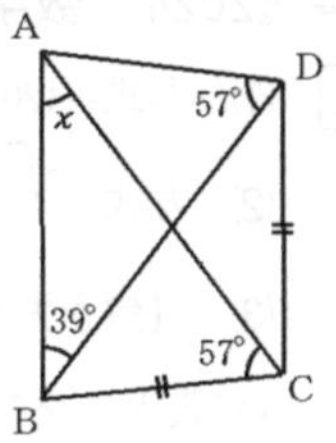

同じ弧に対する円周角は等しいから，∠ＡＣＤ＝∠ＡＢＤ＝39°

△ＢＣＤは二等辺三角形だから，∠ＢＤＣ＝(180°－57°－39°)÷２＝42°

同じ弧に対する円周角は等しいから，$\angle x$＝∠ＢＤＣ＝**42°**

(10) **【解き方】１－(三角形ができない確率)で求める。三角形ができないのは，いずれか２本の直線が平行になるとき(傾きが等しいとき)か，３本の直線が１点で交わるときである。**

		b					
		1	2	3	4	5	6
a	1	△		◎			
	2		△				◎
	3	○		△			
	4				△		
	5					△	
	6		○				△

大小２個のさいころの目の出方は全部で６×６＝36(通り)ある。

$\frac{b}{a}=\frac{1}{3}$となるのは右表の○印の２通り，$\frac{a}{b}=\frac{1}{3}$となるのは◎印の２通りである。

$\frac{b}{a}=\frac{a}{b}$より$a^2=b^2$となるのは，ａ＝ｂのときだから，△印の６通りである。

直線$y=\frac{b}{a}x$と直線$y=\frac{a}{b}x$は原点を通り，直線$y=\frac{1}{3}x+1$は原点を通らない。ａ，ｂの値によって，直線$y=\frac{b}{a}x$または直線$y=\frac{a}{b}x$がy軸と重なることはないので，３本の直線が１点で交わることはない。

よって，三角形ができない確率は，$\frac{2+2+6}{36}=\frac{5}{18}$だから，求める確率は，$1-\frac{5}{18}=\mathbf{\frac{13}{18}}$

2 (1) **【解き方】直線ＡＢの傾きをａの式で表して，ａの方程式をたてる。**

Ａのy座標は$y=a\times(-2)^2=4a$，Ｂのy座標は$y=a\times3^2=9a$と表せるから，直線ＡＢの傾きについて，

$\frac{9a-4a}{3-(-2)}=\frac{4}{3}$　　$a=\mathbf{\frac{4}{3}}$

(2) **【解き方】直線ＡＣの式を求めてから，放物線の式と連立させて解く。**

Ａのy座標は，$4\times\frac{4}{3}=\frac{16}{3}$だから，$A(-2,\ \frac{16}{3})$である。

直線ＡＣの式を$y=-x+b$とし，Ａの座標を代入すると，$\frac{16}{3}=2+b$より，$b=\frac{10}{3}$

$y=-x+\frac{10}{3}$と$y=\frac{4}{3}x^2$を連立させてyを消去すると，$\frac{4}{3}x^2=-x+\frac{10}{3}$　　$\frac{4}{3}x^2+x-\frac{10}{3}=0$　　$x^2+\frac{3}{4}x-\frac{5}{2}=0$

Ａのx座標が－２だから，$x^2+\frac{3}{4}x-\frac{5}{2}$を因数分解すると$x+2$が現れることから考えると，$(x+2)(x-\frac{5}{4})=0$と因数分解できる。よって，Ｃのx座標は$x=\frac{5}{4}$，y座標は$y=\frac{4}{3}\times(\frac{5}{4})^2=\frac{25}{12}$だから，$C(\mathbf{\frac{5}{4}},\ \mathbf{\frac{25}{12}})$である。

(3) **【解き方】ＢＣ//ＰＱより，△ＡＢＣ∽△ＡＰＱだから，相似比から面積比を求める。Ａ，Ｑ，Ｃは同一直線上の点なので，x座標(またはy座標)からＡＣ：ＡＱを求めることができる。**

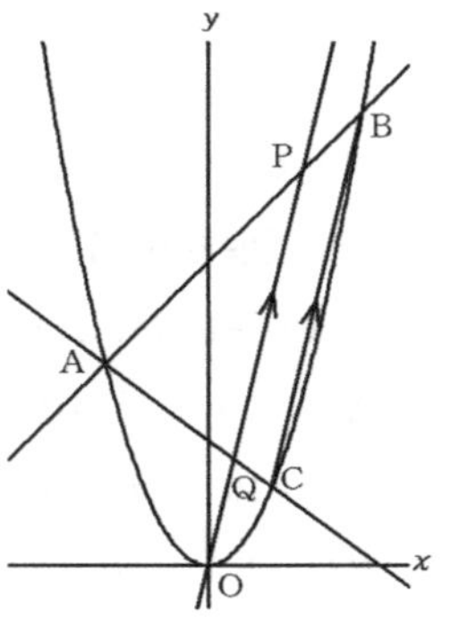

Ｂのy座標は，$9\times\frac{4}{3}=12$だから，Ｂ(３，12)である。

直線ＢＣの傾きは，$(12-\frac{25}{12})\div(3-\frac{5}{4})=\frac{17}{3}$だから，直線ＰＱの傾きも$\frac{17}{3}$なので，直線ＰＱの式は$y=\frac{17}{3}x$である。

直線ＰＱの式$y=\frac{17}{3}x$と直線ＡＣの式$y=-x+\frac{10}{3}$を連立させてyを消去すると，

$\frac{17}{3}x=-x+\frac{10}{3}$　　これを解くと$x=\frac{1}{2}$となるから，Ｑのx座標は$\frac{1}{2}$である。

ＡＣ：ＡＱ＝(ＡとＣのx座標の差)：(ＡとＱのx座標の差)＝$\{\frac{5}{4}-(-2)\}:\{\frac{1}{2}-(-2)\}=13:10$

よって，△ＡＢＣと△ＡＰＱの相似比は13：10だから，面積比は，$13^2:10^2=$**169：100**

3 (1) 作業の回数が最も多くなるのは，奇数を３回取り出してから偶数を取り出したときだから，最多で**４**回である。

(2) 作業が２回で終わるのは，１回目に奇数(１，３，５の３通り)を取り出し，２回目に偶数(２，４，６の３通り)を取り出したときだから，取り出し方は，３×３＝**９**(通り)ある。

(3) **【解き方】３の倍数は各位の数の和が３の倍数になるから，取り出した球に書かれた数の和が３の倍数にな**

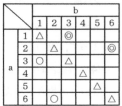

れば，記録された整数は３の倍数になる。取り出した回数で場合分けをして数えていくが，偶数は１回しか取り出さないことに注意する。

１回で作業を終えて３の倍数ができる場合は，６を取り出したときの１通りである。

２回で作業を終えて３の倍数ができる場合は，１個の偶数と１個の奇数の和が３の倍数のときだから，取り出した２つの数の組み合わせは，２と１，４と５，６と３の３組である。いずれの組も取り出し方は１通りだから，この場合の取り出し方は全部で，３通りある。

３回で作業を終えて３の倍数ができる場合は，１個の偶数と２個の奇数の和が３の倍数のときだから，取り出した３つの数の組み合わせは，２と１と３，４と３と５，６と１と５の３組である。いずれの組も取り出し方が２通りある（２と１と３ならば，１→３→２と３→１→２）から，この場合の取り出し方は全部で，$2\times3=6$（通り）ある。

４回で作業を終えて３の倍数ができる場合は，１個の偶数と３個の奇数の和が３の倍数のときだから，取り出した４つの数の組み合わせは，６と１と３と５の１組である。１と３と５の取り出し方が$3\times2\times1=6$（通り）あるから，この場合の取り出し方は全部で，６通りある。

以上より，求める取り出し方の数は，$1+3+6+6=$ **16**（通り）

4 (1)(i)　**【解き方】正六角形は右図のように合同な６個の正三角形に分けることができる。求める面積は，色をつけた部分の面積の12倍である。**

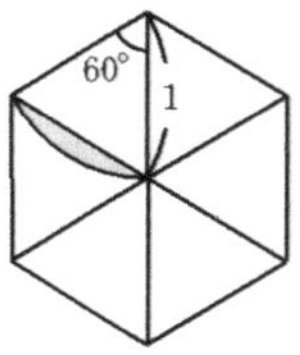

半径１，中心角60°のおうぎ形の面積は，$1^2\pi\times\frac{60}{360}=\frac{1}{6}\pi$

１辺が１の正三角形の面積は，$\frac{\sqrt{3}}{4}\times1^2=\frac{\sqrt{3}}{4}$

よって，求める面積は，$(\frac{1}{6}\pi-\frac{\sqrt{3}}{4})\times12=$ $\mathbf{2\pi-3\sqrt{3}}$

(ii)　**【解き方】右図の色をつけた部分と，白い部分に分ける。**

色をつけた６つの部分は，すべて半径１，中心角$60°\times2=120°$のおうぎ形だから，面積の和は，$(1^2\pi\times\frac{120}{360})\times6=2\pi$

白い部分は，１辺が１の正三角形12個からできているから，面積の和は，$\frac{\sqrt{3}}{4}\times12=3\sqrt{3}$

よって，求める面積は，$\mathbf{2\pi+3\sqrt{3}}$

(2)　**【解き方】円が通過する部分に正六角形はすべて含まれる。正六角形の外側で円が通過する部分は右図の色をつけた部分であり，薄い色の正方形と，濃い色のおうぎ形に分けられる。**

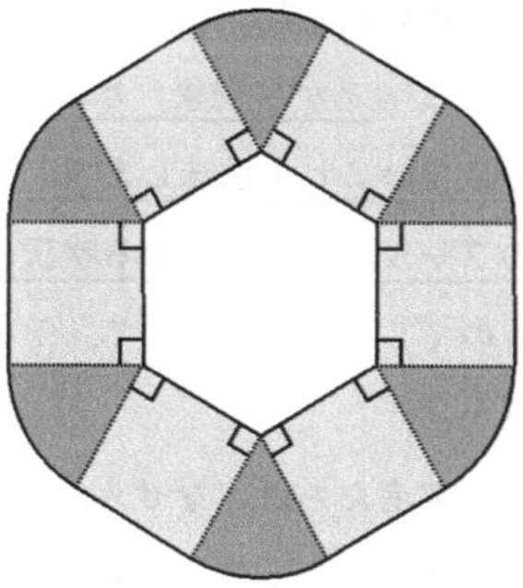

正六角形の面積は，１辺が１の正三角形６個分だから，$\frac{\sqrt{3}}{4}\times6=\frac{3\sqrt{3}}{2}$

薄い色の正方形６個の面積の和は，$(1\times1)\times6=6$

濃い色のおうぎ形をすべて合わせると半径１の円になり，その面積は，$1^2\pi=\pi$

よって，求める面積は，$\mathbf{6+\pi+\frac{3\sqrt{3}}{2}}$

《2024　英語　解説》

I 【本文の要約】参照。

問１　「あがり現象（＝choking under pressure）についての説明は，第２段落２～３行目参照。①「あがり現象は，アスリートだけでなく，他の人々にも起こる」と⑥「クラスでプレゼンテーションをしなければならないとき，あなたはあがってしまうかもしれない」があてはまる。②「あなたはあがってしまった場合，冷たい水を飲んでリラックスすべきだ」，③「オーストラリア人がゴルフをするとき，彼らはアメリカ人よりも頻繁にあがってしまう」，④「夜に部屋でリラックスしているときにあがってしまう人もいる」，⑤「日本人学生は難しいテストを受けても決してあがってしまうことはない」，⑦「ニック・ファルドは 1996 年の試合で，あがってしまったが優勝した」はあてはまらない。

問2　「山に行ったときに危険なヘビが近づいてくるのを目撃した。あなたは□しようとした」…闘争・逃走反応の説明は第３段落２～７行目参照。①「素早く下山する」，②「ヘビを殺す」，④「逃げる」があてはまる。最終段落２～３行目より，闘争・逃走反応をコントロールするための方法である③「深呼吸する」はあてはまらない。

問4　直後の２文から判断する。

問5　アーチェリー選手にとっての failure「失敗」とは，④「的を外すこと」である。

問6　①「研究者たちは，アスリートが感じるプレッシャーを×コントロールするすべは無いと考えている」　②〇「2020 年の東京オリンピックでは，あがり現象が数人のアーチェリー選手に影響を及ぼした」　③〇「アスリートたちは試合中に観客が自分たちを判断していると考えるかもしれない」　④「パフォーマンスを向上させる×唯一の方法は呼吸に集中することだ」　⑤×「自分が生死に関わる状況にあると思えば，テストの得点を上げることができる」…本文にない内容。　⑥×「研究者たちは練習中に 120 人のアスリートがあがってしまったことを突きとめた」…本文にない内容。　⑦「あなたはあがりたくない場合，×よく食べよく眠らなければならない」　⑧×「グレッグ・ノーマンは 20 年以上にわたり，なぜ人間はあがってしまうのかを調査している」…本文にない内容。　⑨「心に成功のイメージがあれば，×練習しなくともあなたの身体は何をすべきか覚えていることができる」

【本文の要約】

1996 年，オーストラリア出身の偉大なゴルファー，グレッグ・ノーマンは，プロの最大の試合の最終ラウンドでプレーしていました。彼は最初の３ラウンドで非常に良いプレーをし，最終ラウンド開始時には６打のリードを持っていました。試合を見ていた人たちは，彼が圧勝すると思っていましたが，彼は最終ラウンドでミスをし始めました。同時に，彼のライバルであるニック・ファルドは非常に良いプレーをし，多くの良いショットをし始めました。ノーマンは自信を失い，慎重にプレーするようになりました。緊張しているようで，良いプレーができていませんでした。結局，ファルドが試合に勝ちました。ノーマンは２位でフィニッシュし，「あがり現象(＝choking under pressure)」で有名になってしまいました。

問1①，⑥あがり現象，とはどういう意味でしょうか？それは，人は強いプレッシャーがかかる状況でうまくやることができないことを意味します。それはアスリートだけでなく，重要なテスト，就職の面接，または人前での演奏など，他のプレッシャーのかかる状況にある人々にも起こります。しかし，人はなぜプレッシャーのかかる状況であがってしまうのでしょうか？そして，そのような状況で人がより良いパフォーマンスを発揮できるようにする方法はあるのでしょうか？

研究者たちは，なぜ人がプレッシャー下であがってしまうのかを理解しようとしてきました。彼らはそれが人間の「闘争・逃走反応」と関連があることを突きとめました。闘争・逃走反応は危険な状況に対する身体の自然な反応です。交通事故や地震など，危険な状況に陥ったことがありますか？危険な状況では，あなたの身体は戦う，または逃げる準備をします。闘争・逃走反応が出ている間，あなたの心臓の鼓動は速くなり，血圧が上昇します。あなたは強くなります。生死に関わる状況の場合，これは[う⑦良い(＝good)]ことです。クマが近づいてきている場合，闘争・逃走本能は，より速く走り，仕方のない場合はクマに立ち向かうのに役立ちます。しかし，スポーツの場合，闘争・逃走本能により，あなたのパフォーマンスは[え⑦より悪く(＝worse)]なります。あなたの心は，命が危険にさらされていると考え，トレーニングで練習したことに集中するのが難しくなります。意思の決定がお⑦ますます難しく(＝more difficult)なります。過度なストレスであがってしまう可能性があります。

2020 年の東京オリンピックでは，研究者がアーチェリー競技中に 122 人のアスリートの心拍数を測定し，か①血圧が高い選手のスコアが低かったことを発見しました。問6②アーチェリー選手はみな練習でうまくいっていたのですが，一部の選手は，オリンピックでパフォーマンスをしようとすることのプレッシャーが闘争・逃走反応を引き起こしたのです。1つの問題は，人が失敗を気にしすぎることです。アスリートがパフォーマンスの悪さを心配すると，良いパフォーマンスをすることは難しくなります。練習ではうまくできたとしても，試合でうまくやるのは難しいでしょう。別の問題は人前でパフォーマンスをすることです。アスリートは自分のイメージを気にし，慎重になりすぎてしまいます。問6③彼らは，見ている人たちが自分を判断していると考えてしまいます。これらのことが人に闘争・逃走反応を引き起こす可能性があります。

では，闘争・逃走反応をコントロールするにはどうすればよいのでしょうか？アスリートのように強いプレッシャーのかかる状況にある人は，ストレスをコントロールし，いくつかの方法でパフォーマンスを向上させる方法を学ぶことができます。一つは，呼吸に集中することです。深呼吸をすることで，リラックスすることができます。もう一つは，はっきりと思い浮かべることです。これは，パフォーマーが事前にパフォーマンスを頭の中でイメージすることです。自分の成功を想像すれば，彼らは本当の成功を手にするチャンスを増やすことができます。しかし，最も効果的な方法は，たくさん練習することです！何かを何度も練習すると，何も考えずにそれを行えるようになります。つまり，プレッシャーのかかる状況で緊張し始めても，体は何をすべきか「覚えている」のです。誰もがおそらく生活の中であがってしまうことがあるでしょう。しかし，トレーニングを積むことで，闘争・逃走反応をコントロールする方法を習得することができ，プレッシャーのかかる状況でパフォーマンスを向上させることができるのです。

Ⅱ 【本文の要約】参照。

問1 (あ)がある段落参照。家畜の飼育が地球温暖化や気候変動に大きな影響を及ぼすのに対し，研究室で培養できるラボグロウンミートはそれらの問題をクリアしている。

問2 牛1頭を飼うのに必要な土地が1エーカー，1頭分の飼料を育てるのに必要な土地が3エーカーである。

問4 直後の1文 it may be difficult for farmers to make money の理由になり得るものを選ぶ。

問5 (い)がある段落の4～7行目と問2の解説参照。サッカー場2面はおよそ4エーカーである。

問6 ①○「スーパーマーケットは，近い将来ラボグロウンミートを販売する可能性がある」 ②×「オックスフォード大学には，ラボグロウンミート用の特別な実験室がある」…本文にない内容。 ③○「科学者が動物細胞なしで肉を作ることは不可能だ」 ④「森林を伐採することで温室効果ガスが×削減されている」 ⑤「ラボグロウンミートを育てると，×温室効果ガスが増加する」 ⑥「×すべての科学者が，ラボグロウンミート用の技術は高くつきすぎるということに合意している」 ⑦「ラボグロウンミートの企業で働いている人によると，×味は肉とはまったく違うそうだ」 ⑧×「ラボグロウンミートが一般的になれば，農家はますます多くの穀物や干し草を育てることができる」…本文にない内容。

【本文の要約】

オックスフォード辞典によると，肉(＝meat)は「食べ物として食べられる動物の肉(＝flesh)」であり，肉(＝flesh)とは筋肉と脂肪を意味します。私たちは通常，動物を殺し，その筋肉と脂肪をカットして包装することで肉を手に入れます。しかし，もし私たちが実験室で筋肉と脂肪の細胞を育て，食品として包装したら，それも肉なのでしょうか？実は，この手の肉は現在すでに実験室で培養されています。問6③実験室で育てられる肉(ラボグロウンミート)は，動物から筋肉組織の小さなサンプルを採取し，特別な箱に入れることによって作られます。科学者は細胞分裂を促すためにアミノ酸と炭水化物を加え，筋肉繊維の成長を助けます。この筋肉組織は肉製品になり得ます。肉の感触や風味はさまざまなビタミンやミネラルを入れることで変化します。科学者たちは，柔らかい肉や霜降りの肉を育てることさえ検証中です。しかし，本当の問題は，それが肉のような味がするかどうかです。

ラボグロウンミートはまだスーパーマーケットで販売する準備ができていませんが，世界中で数々の企業がテストしています。ここでは，そのような企業で働く人々からのラボグロウンミートについてのコメントをいくつか紹介します。

「肉のような味がしましたが，ハンバーガーっぽくはありませんでした。どちらかというとハムみたいな感じでした」

「ミートボールのような味がしました。金属的な味がしましたが，肉のような食感があり，悪くなかったです」

「食べていて『これは肉だ!』と思いました。でも，風味はまったく違うものみたいで…牛肉っぽくはありませんでした」

技術が進歩すれば，ラボグロウンミートはより美味しくなりますが，なぜ私たちはそれを食べたいのでしょうか？実際，ラボグロウンミートを食べることは，いくつかの理由で良い考えです。理由の１つは，あ②環境(＝the environment)に良いことです。気候科学者は，家畜の飼育は，世界規模で温室効果ガスの排出を加速させると述べています。動物はたくさんの土地を必要とするためです。家畜が食べる穀物や干し草を育てるためにも土地が必要です。問２④例えば，１頭の牛は，約１エーカーの土地で暮らす必要があります。しかし，１頭の牛はさらに，自らが食べる穀物と干し草のために３エーカーの土地が必要です。つまり，１頭の牛にはい④４(＝four)エーカーもの土地が必要なのです！これは，たった１頭の牛につき，サッカー場２面分の土地に相当します。世界には約10億頭の牛がいるので，それらすべてを飼育し十分な食料を与えるためには20億面分のサッカー場が必要だということです！この土地の多くは，熱帯雨林を伐採することによって作られています。熱帯雨林は，二酸化炭素のような温室効果ガスの削減に適しているので，木を伐採すると，ガスは環境に入り込み，気候変動に影響を与えます。

一方，ラボグロウンミートの生産が環境に与える負荷はもっと少ないです。う④また(＝Also)，ラボグロウンミートがあれば肉を食べるために動物を殺す必要はありません。え④しかしながら(＝However)，ラボグロウンミートには利点もありますが，いくつかの問題点もあります。一部の人々は，ラボグロウンミートは自然ではなく健康に悪いと言っています。また，ラボグロウンミートを作る技術が高くつきすぎると考える人もいます。もう一つの心配事は，お①もし大勢の人がラボグロウンミートを食べたら／お⑤もし科学者が研究室で安い肉を作ったら，農家がお金を稼ぐのが困難になってしまうかもしれないということです。

多くの科学者は，ラボグロウンミートには明るい未来があると信じています。現在，数々の企業がラボグロウンミートに関するテストを始めています。専門家の中には，問６①ラボグロウンミートは近い将来スーパーマーケットで販売されると考える人もいれば，人気商品になるには何年もかかるかもしれないと考える人もいます。最初にいくつかの質問に答える必要があります。か④例えば(＝For example)，技術の発展によりラボグロウンミートは安くなるのか？そして，たとえ安くても，人々はそれを食べたいと思うだろうか？などです。もしこれらの質問に対する答えがイエスであれば，ラボグロウンミートを育てることは温室効果ガスを削減する１つの方法になり得ます。それで，あなたはどう思いますか？食べてみたいですか？

Ⅲ　A　②Mr. Aichi has children→children Mr. Aichi has：間接疑問文だから，Do you know のあとは〈疑問詞＋肯定文〉の語順が正しい。ここでは，〈疑問詞〉の部分に how many children を置く。

④absent school→absent from school：・be absent from ～「～を欠席する」

⑥Every students know→Every student knows または All students know：〈every＋名詞の単数形〉「どの～も」は単数扱いだから，動詞は三人称単数形にする。

⑨How→What：感嘆文には〈What a/an＋形容詞＋名詞(＋主語＋動詞)！〉と〈How＋形容詞(＋主語＋動詞)！〉がある。ここでは疑問詞の直後に〈a＋形容詞＋名詞〉があることに着目する。

B(1)　The map gave me a good idea of the location of the museum.：The map を主語にして，「地図が私に博物館の位置に関する良い考えを与えてくれた」という文にする。「(人)に(もの)を与える」＝give＋人＋もの

⑵ This clear ocean is one of the most beautiful scenes that I have ever seen.：「私が今まで～した中で最も…な○○のうちの１つ」＝one of the＋最上級＋ ○○《名詞の複数形》 ＋ that《関係代名詞》 ＋I have ever＋過去分詞

⑶ Please feel free to call me if you need my help.：「遠慮なく～する」＝feel free to ～

C Reading the poem written by my grandfather made me sad.：Reading the poem written by my grandfather を主語にして，「おじいちゃんが書いた詩は私を悲しくさせた」という文にする。⑤の I が不要。「(人)を(状態)にする」＝make＋人＋状態

《2024 理科 解説》

1 問１ ①○…空気中を伝わる音の速さは約340m/s，水中を伝わる音の速さは約1500m/sである。 ⑤○…音は物体の振動が波となって伝わる現象だから，物体がない真空中では伝わらない。

問２ 振動数(波の数)が多いほど高い音である。なお，②は図３よりも振幅が小さいので，図３よりも音の大きさは小さくなっている。

問３ (ⅰ)Ｇ君の目の前を30秒間に通過するレーンの長さは９×30＝270(cm)で，そのレーンには９×４＝36(cm)間隔で皿がのっている。よって，$\frac{270}{36}$＝7.5より，初めに１枚取った後，さらに７枚取れるから，１＋７＝８(枚)である。 (ⅱ)皿を置いてから次の皿を置くまでの４秒間でレーンは36cm動くが，皿を置く人もその４秒間でレーンが動く向きと同じ向きに２×４＝８(cm)動くから，皿と皿の間隔は36－８＝28(cm)になる。 (ⅲ)$\frac{270}{28}$＝9.6…より，(ⅰ)解説と同様に考えて，１＋９＝10(枚)である。

問４ 救急車が近づいてくるとき，救急車が出すサイレンの振動数自体は変化しないが，音を聞く人のサイレンの振動数は多くなるため，高い音に聞こえる。これに対し，救急車が遠ざかっていくときには，音を聞く人のサイレンの振動数が少なくなるため，低い音に聞こえる。

2 問１ ③○…火薬に硫黄を混ぜることで燃えやすくなる。 ⑥○…タイヤに硫黄を混ぜることで強度を高めている。

問２ 鉄と硫黄の混合物を加熱すると硫化鉄ができる〔Fe＋S→FeS〕。この反応は発熱反応であり，混合物の上部を加熱して反応が始まれば，加熱をやめても発生した熱で次々と反応が進んでいく。

問４ Ｘ(硫化鉄)に塩酸を加えると腐卵臭のする硫化水素〔H_2S〕が発生する。硫化水素は有毒な気体であるため，発生させるときには換気などに十分に注意する。

問５ Ｘの質量は1.1ｇで一定だから，不足するのはＸであり，発生する硫化水素が水素と硫黄の化合物であることに着目すると，②が正答となる。

問６ 図１より，1.1gのＸと過不足なく反応するＡは約28mLだから，1.1ｇの２倍の2.2ｇのＸと過不足なく反応するＡは約28mLの２倍の約56mLである。よって，2.2ｇのＸと20mLのＡでは，20mLのＡがすべて反応したところで気体が発生しなくなるから，図１より，発生するＹの体積は200mLである。

3 問２ 網膜に映る像はレンズを通ってできる像なので左右が反対になることに注意する。 イ．図１で，ｂを切断すると，左目では，右側の矢印が脳に届かなくなる。これは左目の視野の左側である。右目についても同様に考えると，右目の視野の右側が見えなくなるので，④が正答となる。 ウ．イと同様に考える。ｃを切断すると，左目の視野の右側と，右目の視野の右側が見えなくなるので，②が正答となる。

図ｉ

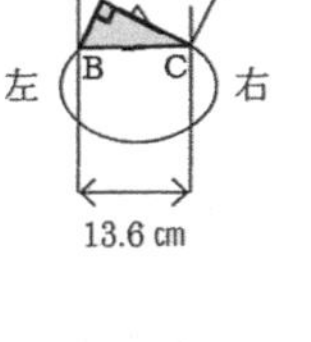

問４ 図ｉの色のついた△ＡＢＣに着目する。右耳と左耳に届く音が進む距離の差はＡＢの長さと等しい(左耳の方が遅く届く)。△ＡＢＣは∠ＡＢＣ＝90－30＝60(度)の直角三角形だから，ＡＢ：ＢＣ＝１：２であり，ＢＣ＝13.6cmより，ＡＢ＝13.6×$\frac{1}{2}$＝6.8(cm)→0.068mである。よって，左右の耳に届くときの「ずれ」は$\frac{0.068}{340}$＝0.0002(秒)→0.20ミリ秒である。

問５　１ミリ秒で10mm伝わるから，問４で求めた「ずれ」の0.20ミリ秒では2.0mm伝わる。よって，右耳からの信号が2.0mm伝わって⑤にきたとき，左耳からの信号が①から伝わり始めるから，左右の信号が同時に伝わるのは①と⑤のちょうど真ん中の③である。

4　問２　南半球の月は，逆立ちして月を見たときのように上下左右が逆に見える。

問３　暗く欠けて見える部分は，球体である地球の影だから，その影のふちが①～③のような形になることはない。また，18時45分頃は，部分食が始まってから皆既食が始まるまでのほぼ中間の時刻だから，半分ほど欠けている⑤が正答となる。

問４　月食が起こるのは満月のときであり，満月は日の入りの頃に東の地平線から現れる。2025年３月14日の月食は17時48分に終わるから，月が地平線から現れるのは月食が終わる頃で，満月の西側(右側)がわずかに欠けていると考えられる。

問５　日食は新月のときに観測される。月の満ち欠けの周期は約29.5日だから，新月から満月までは約15日である。よって，新月だと考えられるのは，満月(６月16日)の15日前の６月１日である。

問６　金環日食は，皆既日食が起こるときと同様に図１の本影にある地域において，皆既日食のときよりも月が地球から遠い位置にあることで月の見かけの大きさが小さくなり，太陽が完全に隠されず，輪のように光って見える現象である。つまり，図４の金環日食帯は，図１の本影が通る地域である。図４で，東京は金環日食帯より南にあるから，図１で，本影より下にあると考えると，金環日食のときと比べて太陽の欠けている部分が図５のように上にずれることがわかる。これに対し，図４で，★の地点は金環日食帯より北にあるから，図１で，本影より上にあると考えると，金環日食のときと比べて太陽の欠けている部分が下にずれることがわかる。また，★の地点の方が東京よりも金環日食帯に近いから，金環日食からのずれ方が東京よりも小さくなり，欠けている部分が大きくなると考えられるので，④が正答となる。

《2024　社会　解説》

1　問１　②，⑦　①誤り。アメリカ，イギリス，フランスは南半球に多くの海外領土を持つ。③誤り。Ｇ７で人口の多い国上位10か国に含まれている国はアメリカだけである。④誤り。アメリカとカナダは複数の標準時を持つ。⑤誤り。アメリカとカナダの首都は西経に位置する。⑥誤り。日本，ドイツ，イタリアは敗戦国である。⑧誤り。カナダ，ドイツ，イタリアは核兵器を保有していない。

問２(1)　③　人口密度が低く，道・県内総生産が多い①は北海道，農業産出額・製造品出荷額等が少ない④は沖縄県である。②と③は似た数値であるが，面積(人口÷人口密度)の大きい③を広島県，小さい②を三重県と判断する。

(2)　①　日本で初めてサミットが開催されたときには，第二次石油危機への対応が議論された。第四次中東戦争にともなって混乱した国際経済(第一次石油危機)の立て直しが議論されたのは，第１回サミットである。

問３(2)　①　中華人民共和国は崩壊したことはない。核兵器を配備する国家間で，軍事力の差がなくなりバランスがとれると，より緊張が増す。　(3)　④　生成ＡＩは，小説や楽曲，映画などを作ることができ，人間のする創作活動に影響を与えるといわれている。

問４(1)　④　真珠湾攻撃は1941年12月８日，広島への原爆投下は1945年８月６日であった。①は1938年，②は1939年，③は1941年７月，⑤は1945年８月８日。　(2)　②　Ａ．正しい。Ｂ．正しい。Ｃ．誤り。イギリスはＥＵに加盟していない。また，ウクライナは2022年にＥＵに加盟を申請し，2024年６月時点では加盟候補国である。　(3)　②　平清盛についての記述を選ぶ。Ｂは足利義満，Ｃは源頼朝。　(4)　③　①は西郷隆盛，②は板垣退助，④は大隈重信，⑤は加藤高明。

問５　①　広島県の広島平野を流れる太田川の河口は，三角州で知られる。

2 **問1⑴** ①　季節ごとに吹く向きが変わる風を季節風といい，夏は海洋から大陸に向かって，冬は大陸から海洋に向かって吹く。右図のように季節風が四国山地や中国山地にさえぎられるため，瀬戸内地方は一年中雨が少ない。 **⑵** ②　ワインは，伝統的な製法でつくられるため，ヨーロッパの国が上位に多い。オリーブは地中海沿岸国で盛んに栽培される。よって，Ｆがオリーブ，Ｇがワインである。

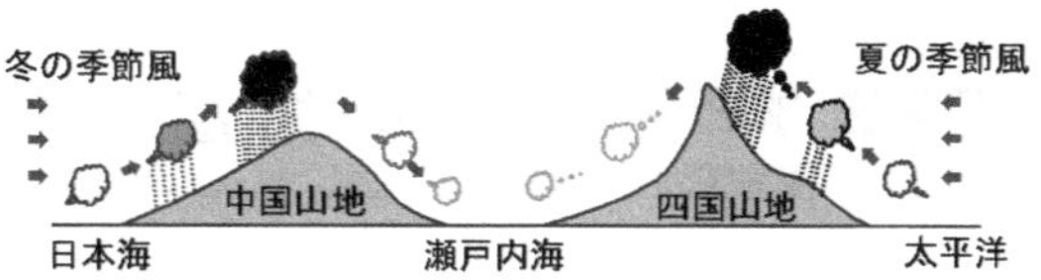

問2⑴ ⑧　Ｘ．誤り。南アメリカ大陸はスペインやポルトガルに侵略された。Ｙ．誤り。南アメリカ大陸では油やしのプランテーションは行われていない。油やしのほとんどがインドネシアとマレーシアで栽培されている。Ｚ．誤り。メスチソは先住民と白人の混血である。 **⑵** ④　フィリピンはスペインの植民地支配を受けていたため，カトリックの割合が多い。インドネシアは，世界最大のイスラム人口を有する国である。

問3 ③　赤潮は，海水の富栄養化が原因となる。海水に溶けている栄養塩が減少する貧栄養化は，魚のエサとなるプランクトンが減り，魚などの成長に影響を及ぼす。

問4 ④　①誤り。イギリスが世界で最も早く近代工業が生まれた場所である。②誤り。デトロイトでは自動車産業，ピッツバーグでは鉄鋼業が発展した。③誤り。北東部の工業は，1970年代から日本やヨーロッパに押されて伸び悩んだ。

3 **問1** ④　紀元後３世紀は弥生時代の末期である。標高約 260mとあることから，高地性集落であり，平野や海など周囲の眺望が良いため，敵の行動などを見張ることができた。

問2 ②　古代の駅には乗り継ぎのための馬が数頭から数十頭置かれていた。駅家は「うまや」または「えきか」と読む。長距離をたすきをつなげて走る駅伝も，この駅が語源となっている。

問3 ③　承久の乱は，源氏の将軍が三代で途絶えたことを契機に，政権を奪回しようとした後鳥羽上皇が，当時の執権北条義時に対して起こした乱である。京都所司代は，江戸時代に置かれた役職である。

問4 ⑦　Ａ．誤り。米を収穫したあとに麦などを栽培するのは二期作ではなく二毛作である。Ｂ．誤り。室町時代につくられた商人や手工業者の同業組合は座と呼ばれた。惣は室町時代の農村の自治組織である。Ｃ．正しい。

問5 ④，⑥　④誤り。毛利氏を攻めるために行ったのは中国征伐である。⑥誤り。蝦夷地や日本海側の産物を大阪まで運ぶ航路は西廻り航路である。

問6 ①　井上馨は，第１次伊藤内閣で外務大臣(1885～1887年)を務め，欧化政策を進めた。ノルマントン号事件は1886年に起きた。イギリスと交渉して日英通商航海条約に調印し，治外法権の撤廃と関税自主権の一部回復に成功した外務大臣は陸奥宗光，アメリカと交渉して関税自主権を完全に回復させた外務大臣は小村寿太郎。

4 **問1** ②　衆議院の優越によって，予算案は必ず衆議院で先に審議される。また，予算の議決，内閣総理大臣の指名，条約の承認について衆議院と参議院で異なる議決が行われたときは，必ず両院協議会が開かれる。

問2 ③　①誤り。社会保障制度は生存権などを定めた憲法第 25 条の考え方に基づく。②誤り。国民皆年金も実現している。④誤り。後期高齢者医療制度は 75 歳以上の高齢者と 65 歳以上の一定の障がいを有する人が加入する医療制度である。

問3 ①，⑤，⑧　①～⑧を分類すると右表のようになる。

	直接税	間接税
国税	法人税・相続税・所得税	消費税・酒税・関税
地方税	住民税・自動車税	(地方)消費税

問4 ③　地方交付税交付金は，地方自治体間の財政格差を是正するために国から給付されるお金で，多くの収入がある自治体は地方交付税交付金を受け取れない場合がある。

問5 ⑤　資料１に「防衛，社会保障費　過去最大」とある。また，資料２と資料３から 2023 年度と 2022 年度の一般会計を上から３桁の概数にして社会保障費を計算すると，2023 年度は 114×0.323＝36.822(億円)，2022 年度は 108×0.337＝36.396(億円)だから，2023 年の方が多いことが確認できる。

愛知高等学校

《国　語》

一　問一．㋓　問二．A．㋓　B．㋐　C．㋔　問三．①㋒　②㋓　③㋑　④㋒　⑤㋔　問四．㋓　問五．㋑
問六．一つめ…㋐　二つめ…㋔（一つめと二つめは順不同）　問七．㋒　問八．㋑　問九．㋕　問十．㋓

二　問一．A．㋒　B．㋔　問二．①㋑　②㋓　③㋐　問三．㋑　問四．㋓　問五．㋔　問六．㋒
問七．㋔　問八．㋓　問九．㋑

三　問一．a．㋒　b．㋔　問二．㋑　問三．㋔　問四．㋒　問五．④㋐　⑤㋓　問六．㋑　問七．㋔

《数　学》

1　(1)ア．①　イ．①　ウ．⑤　(2)エ．③　オ．⑧　カ．⑧　キ．⑧　ク．⑧　ケ．⑤　(3)コ．⑧　サ．④
(4)シ．①　(5)ス．①　セ．⑧　(6)ソ．⓪　タ．①　チ．⑧　(7)ツ．①　テ．②　(8)ト．④　ナ．⓪
(9)ニ．⑤　ヌ．②　ネ．⑦　ノ．③

2　(1)ア．②　イ．⑦　(2)ウ．①　エ．⑧　オ．①　カ．②

3　(1)ア．①　イ．⓪　ウ．⓪　エ．⓪　オ．⓪　(2)カ．④　キ．⑤
(3)ク．①　ケ．①　コ．①　サ．①　シ．①　ス．①　セ．⓪　ソ．⓪　タ．①　チ．①　ツ．①

4　(1)ア．①　イ．②　(2)ウ．⊖　エ．②　オ．①　カ．④　(3)キ．③　ク．⑤

《英　語》

Ⅰ　問1．③　問2．④，⑥　問3．④　問4．③　問5．ア．②　イ．②　ウ．①

Ⅱ　問1．③　問2．①　問3．④　問4．⑤　問5．A．⑥　B．②　C．④　D．③
問6．1つめ…③　2つめ…⑤（1つめと2つめは順不同）

Ⅲ　A．1つめ…②　2つめ…④　3つめ…⑦　4つめ…⑨（1つめ～4つめは順不同）
B．(1)●…④　▲…⑤　(2)●…⑨　▲…⑥　C．①

《理　科》

1　問1．ア．①　問2．イ．⓪　ウ．⑦　エ．⑤　オ．⑧　カ．⓪
問3．キ．⓪　ク．⑤　ケ．⓪　コ．⑥　サ．⓪　シ．②　問4．ス．③　セ．①

2　問1．ア．④　問2．イ．①　問3．ウ．③，⑥　問4．エ．③　オ．②　問5．カ．②
問6．キ．⓪　ク．⑥　ケ．⓪

3　問1．ア．①　問2．イ．③　問3．ウ．⑦　問4．エ．⑦　オ．⑤　問5．カ．④
問6．キ．①，②，③，④

4　問1．ア．⑦　問2．イ．④　問3．ウ．⑤　問4．エ．①　オ．②　問5．カ．②
問6．キ．①，②

《社　会》

1 問1．②　問2．⑥　問3．②　問4．③　問5．①　問6．④　問7．①，④，⑥，⑦
問8．ウ．⑥　オ．④　問9．③　問10．⑤

2 問1．⑤　問2．③　問3．⑥　問4．②　問5．⑦　問6．①

3 問1．③　問2．②　問3．①，⑥　問4．③　問5．④　問6．⑤

4 問1．①　問2．⑤　問3．③　問4．④　問5．②

愛知高等学校

《2023　国語　解説》

一　**問四**　登山者の間でＳＮＳが普及するまでは、「一般登山者、アマチュア登山者に対する観客は存在せず、したがって評価される機会というのもなかった」。しかし、「ＳＮＳの発達により、登山行為が、直接ではなくてもデータの形で可視化され」、「評価され得る対象になった」。よって、㋓が適する。

問五　筆者は「登山技術を独学していた」男性が、無謀にも「難易度の高いルートを、通常以上のスピードで登ることを自分のスタイルとしていて」遭難したことを例に、登山技術の独学そのものに否定的である。「雪の富士山を登るにはあまりにも貧弱な装備や、安全に下山するための行動プランの欠如などに唖然《あぜん》とする思いだ」と感想を述べている。よって、㋑が適する。

問六　「他人の評価を意識する気持ちが強いと」、「目に入った危険を危険ではないものとして、意識から押しやってしまう」「危険が迫る状況でも、他人の評価を意識する気持ちが強いと、安全よりも、本来得られるはずだった評価を優先する判断を下してしまう」とある。よって、㋐と㋔が適する。

問七　「南アルプスの広河原《ひろがわら》から白峰三山《しらねさんざん》、日帰りでサクッと縦走してきました！」などといった、「ＳＮＳでのスピード自慢的な投稿」ほど検索上位に表示される。それは、多くの登山者が「本当にそんなことが可能なのかと思ってついクリックする」からであり、「そのクリック回数の多さが検索エンジンのシステムに、『重要なページ』との判断を与えることになり、検索上位に上がる」ことになる。よって、㋒が適する。

問八　「パーティーで入山する場合は、下山まで行動を共にするという暗黙の了解がある」ため、「もし、同行者に技術や体力、装備などの不安があ」れば、「その時点で引き返すことや、エスケープルートからの下山を考えなければならない」し、「どうしても下山できない場合には、一緒にビバークすることも必要」となる。また、「一緒の行動が難しいと解った時点で、話し合ってパーティーを分ける」ことは、脱落者が遭難した場合の「責任が追及される」ので不可能である。よって、㋑が適する。

問九　㋕の「意気投合」は「互いの気持ちが合うこと」を意味する四字熟語。筆者はＳＮＳ上で気が合ったからといって「経験や技術など伝えあう機会を持つ」ことなく登山パーティーを組むことに警鐘を鳴らしている。

問十　筆者は、問四の解説にあるような登山における評価方法の変遷や、「ほかの人が歩くスピードや、コース上の険しい難所の様子を把握できる」一方で、承認欲求の「度が過ぎると危険になる」などの、ＳＮＳの普及による功罪について、具体的な事例を挙げながら説明している。よって、㋓が適する。

二　**問一Ａ**　「弧を描く」は、「丸い曲線の形になること」を意味する慣用表現。よって、㋒が正解。　**Ｂ**　「想像を絶する」は、「想像をはるかに超えている様子」を意味する慣用表現。よって、㋔が正解。

問三　私は学校で「わからなかったら、その都度、理解できるまで何度でも聞きなさい」と教わっており、「『なぜ？』と疑問を持つのは、いいことなのだとずっと思っていた」が、先生に「意味なんかわからなくてもいいから、そうするの」と言われ、「なんだかここでは勝手がちが」うと「妙な気がし」ている。よって、㋑が適する。

問四　「カラッポの『［Ｃ］』を作るなんて、ただの形式主義だわ。それって、人間を鋳型《いがた》にはめることでしょ？」とあることから、［Ｃ］には「形」が、［Ｄ］には対立概念の「心」が入るとわかる。よって、㋓が適する。

問五　私は茶道のことを「どこもかしこも、がんじがらめ。自由に振る舞える場面など一つもない」「意味もわからないことを、一から十までなぞるだけなんて、創造性のカケラもない」と思っている。よって、㋔が適する。

問六　私はお茶を習い始めて十五年になるが、「三年、五年と過ぎ、何とか手順が身についてきても、相変わらず」先生が「お点前《てまえ》のことしか言ってくれない」ことを十年も前から疑問に思っている。よって、㋒が適する。

問七　私は「どしゃぶりの雨」の日に「『聴雨』の掛け軸」をかけている先生の心に気づいたが、「走って誰かに伝えに行きたいような胸の熱さと、言葉が追いつかない虚《むな》しさと、言いたいけど言えないやるせなさが、せめぎあ」って沈黙するしかなかった。しかしその沈黙は「言葉では言えないことを、無言で語っている」濃密なものであり、「沈黙とは、こんなに熱かったのか……」と感じている。よって、㋔が適する。

問八　先生は、お茶事には「どれ一つ見ても、そこに季節があり、その日のテーマと調和がある」ことを、「私たちの内面が成長して、自分で気づき、発見するようになるのを、根気よくじっと待ってい」たのであり、もし「心の気づきの楽しさを、生徒にすべて教え」ていたら「相手の発見の歓《よろこ》びを奪」っていた。よって、㋓が適する。

問九　茶道の作法は厳格で『不自由』だが、逆に言えば作法以外は「自由」でもある。お茶を「本当に知るには、時間がかかる」が、理解するまでどれだけ時間をかけても「自由」だし、「先生は手順だけ教えて、何も教えない」が、それも答えが得られない以上どんな答えでも「自由」でいいということになる。よって、㋑が適する。

三　**問一 a**　動詞「おどろく」は、ここでは「目を覚ます」という意味。よって、㋒が適する。　**b**　形容詞「いみじ」の連用形「いみじく」が音便化した「いみじう」は、「たいへん・たいそう」という意味。よって、㋔が適する。

問二　「かく」は副詞で、「このように」という意味。姉の夢の中で、猫は「おのれは侍従《じじゅう》の大納言殿《だいなごんどの》の御むすめの、かくなりたるなり」と自己紹介している。よって、㋑が適する。

問三　前書きにあるように、筆者は「親しい人を次々に亡くし」ているが、その中には「侍従の大納言殿の御むすめ」も含まれている。筆者と「さるべき縁のいささかあ」った「侍従の大納言殿の御むすめ」は、「この中の君のすずろにあはれと思い出《い》でたまへ」たので、猫として現世にとどまっていたのである。よって、㋔が適する。

問四　姉には「あてにをかしげなる人」、すなわち「侍従の大納言殿の御むすめ」が泣いているように見えた。よって、㋒が適する。

問五　夢で見たことを傍線部④「語りたまふ」のは、㋐の「筆者の姉」である。その話を傍線部⑤「聞く」相手は、㋓の「筆者」である。

問六　「猫の正体を隠しておかなければならなかった」理由は文中から読み取れない。よって、㋑が正解。

問七　平安時代には本作の菅原孝標女《すがわらのたかすえのむすめ》以外にも、清少納言（枕草子）、紫式部（源氏物語）、和泉《いずみ》式部（和泉式部日記）、藤原道綱母《ふじわらのみちつなのはは》（蜻蛉《かげろう》日記）などの女流作家が多数活躍している。よって、㋔が適する。

【古文の内容】

病気の姉が目を覚まして「どうしたの、猫は。こちらへ連れて来て」と言ったのを、（筆者が）「なぜ」と聞くと、「夢でこの猫がそばに来て、（猫が）『私は侍従の大納言殿の娘が、こういう姿になったものです。前世の因縁が多少あって、この中の君（筆者）がしきりにしみじみと私のことを思い出しなさるので、ほんのしばらくの間こちらにおりますのに、最近は下仕えの者たちのなかにいて、たいそう情けない思いをしております』と言って、たいそう泣く様子は、（侍従の大納言殿の娘が）上品で美しい人に見えて、ふと目を覚ましたところ、この猫の声であったのが、たいそうかわいそうなのです」と（姉が）おっしゃるのを（筆者は）聞いて、たいそう心を打たれた。それからはこの猫を北側の部屋にも出さずたいせつに世話をした。

《2023　数学　解説》

1　(1)　与式 $=\dfrac{3(7x-3)-5(4x-2)}{15}=\dfrac{21x-9-20x+10}{15}=\dfrac{x+1}{15}$

(2)　一の位から万の位まで，それぞれの位の数の和は，$5+6+7+8+9=35$ だから，

与式 $=10000\times35+1000\times35+100\times35+10\times35+1\times35=11111\times35=$ **388885**

(3)　5人の得点の合計について，$58+65+72+x+76=71\times5$　　$271+x=355$　　$x=$**84**

(4)　$56-8n=8(7-n)=2^2\times2(7-n)$だから，$\sqrt{56-8n}$が自然数となるとき，$7-n=2\times a^2$（aは自然数）である。$a=1$のとき，$7-n=2\times1^2$となり，$n=5$で条件にあう。$a=2$のとき，$7-n=2\times2^2$となり，$n=-1$で条件にあわない。これよりaが2以上のとき，nが自然数にならない（負の数になる）ので，条件にあう自然数nは，$n=5$の**1**個だけである。

(5)　**【解き方1】$\sqrt{4}<\sqrt{5}<\sqrt{9}$より，$2<\sqrt{5}<\sqrt{3}$だから，$\sqrt{5}$の整数部分は2である。**
これより，$a=\sqrt{5}-2$と表せる。$a^2+\frac{1}{a^2}=(a+\frac{1}{a})^2-2$…㋐と変形し，まず$a+\frac{1}{a}$の値を求める。

$a+\frac{1}{a}=z$とすると，$a^2+1=az$となる。ここに$a=\sqrt{5}-2$を代入すると，$(\sqrt{5}-2)^2+1=(\sqrt{5}-2)z$
$5-4\sqrt{5}+4+1=(\sqrt{5}-2)z$　　$10-4\sqrt{5}=(\sqrt{5}-2)z$

ここで，$(x+y)(x-y)=x^2-y^2$となることを利用してzの係数を整数にするために，両辺に$\sqrt{5}+2$をかけると，
$(10-4\sqrt{5})(\sqrt{5}+2)=(\sqrt{5}-2)(\sqrt{5}+2)z$　　$10\sqrt{5}+20-20-8\sqrt{5}=(5-4)z$　　$z=2\sqrt{5}$
よって，$a+\frac{1}{a}=2\sqrt{5}$だから，㋐に代入すると，$(2\sqrt{5})^2-2=20-2=$**18**

【解き方2】$a=\sqrt{5}-2$より$a+2=\sqrt{5}$であり，この両辺を2乗してa^2について解く。
$(a+2)^2=(\sqrt{5})^2$　　$a^2+4a+4=5$　　$a^2=-4a+1$
これを$a^2+\frac{1}{a^2}$に代入すると，$-4a+1+\frac{1}{-4a+1}=\frac{(-4a+1)^2+1}{-4a+1}=\frac{16a^2-8a+1+1}{-4a+1}=\frac{16a^2-8a+2}{-4a+1}$
$a^2=-4a+1$を代入すると，$\frac{16(-4a+1)-8a+2}{-4a+1}=\frac{-64a+16-8a+2}{-4a+1}=\frac{-72a+18}{-4a+1}=\frac{18(-4a+1)}{-4a+1}=$**18**

(6)　**【解き方】$y=2x^2$のグラフは上に開いた放物線だから，xの絶対値が大きいほどyの値は大きくなる。**
$-1\leqq x\leqq3$でのyの最大値は，$x=3$のときの$y=2\times3^2=18$，yの最小値は，$x=0$のときの$y=0$である。
よって，yの変域は，**$0\leqq y\leqq18$**である。

(7)　**【解き方】右のように作図する（△ABC≡△ABD）。**

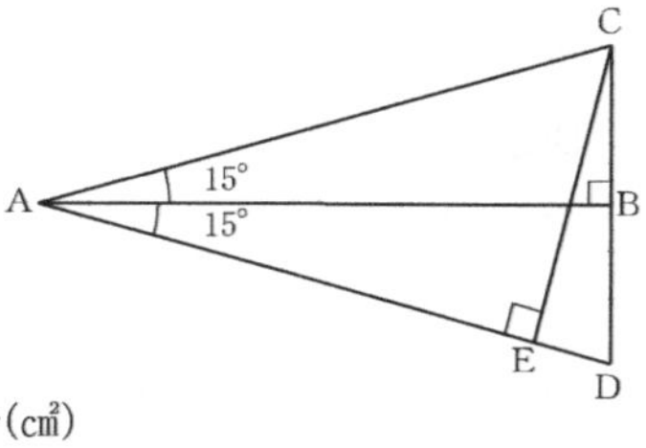

△ABC≡△ABDより，AD＝AC＝2㎝である。
また，△AECは，∠CAE＝30°の直角三角形だから，3辺の長さの比は$1:2:\sqrt{3}$である。したがって，$CE=\frac{1}{2}AC=1$（㎝）である。
よって，$\triangle ABC=\frac{1}{2}\triangle ADC=\frac{1}{2}\times(\frac{1}{2}\times AD\times CE)=\frac{1}{2}\times\frac{1}{2}\times2\times1=$**$\frac{1}{2}$**（㎠）

(8)　**【解き方】3の倍数となる整数は，各位の数の和も3の倍数である。**
3枚のカードの数の和が3の倍数となる組み合わせは，（0，1，2），（0，1，5），（0，2，4），（0，4，5），（1，2，3），（1，3，5），（2，3，4），（3，4，5）がある。それぞれ百の位の数から順に並べるとすると，0を含む組み合わせでは，百の位の数が0以外の2通り，十の位の数が残りの2通り，一の位の数は残りの1通りあるから$2\times2\times1=4$（通り）あり，0を含まない組み合わせでは，百の位の数が3通り，十の位の数が残りの2通り，一の位の数が残りの1通りあるから$3\times2\times1=6$（通り）ある。0を含む組み合わせは4つあり，0を含まない組み合わせは4つあるから，できる3桁の整数のうち，3の倍数は，$4\times4+6\times4=$**40**（個）ある。

(9)　解答欄より，x，y，m，nはすべて1桁の素数とわかる。1桁の素数は，2，3，5，7の4つある。
x，yがともに奇数だとm，nがともに偶数になるので，条件にあわない。したがって，x，yのどちらかが偶数の2であり，$x-y=n$より，$y=$**2**である。また，$(x+y)+(x-y)=m+n$より$x=\frac{m+n}{2}$だから，xは3，5，7のうち真ん中の**5**であり，$m=$**7**，$n=$**3**となる。

2　(1)　三平方の定理より，円すいの母線の長さは，$\sqrt{3^2+(6\sqrt{2})^2}=\sqrt{9+72}=\sqrt{81}=9$（㎝）である。側面のおうぎ形の弧の長さと底面の円周の長さは等しいから，おうぎ形の中心角の大きさは，$360°\times\frac{2\pi\times3}{2\pi\times9}=120°$である。
よって，求める面積は，$9^2\pi\times\frac{120}{360}=$**27π**（㎠）

⑵　**【解き方】求める長さは右図の太線の長さである。**

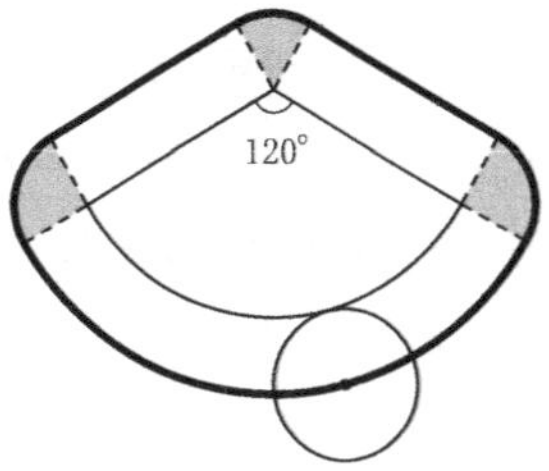

色付き部分のおうぎ形の中心角の和と，側面のおうぎ形の中心角の和は360°だから，色付き部分のおうぎ形の中心角の和は360°－120°＝240°である。
したがって，求める長さは，半径が３cm，中心角が240°のおうぎ形の弧の長さと，半径が９＋３＝12(cm)，中心角が120°のおうぎ形の弧の長さと，長さ９cmの直線２つ分の和である。よって，$2\pi\times3\times\frac{240}{360}+2\pi\times12\times\frac{120}{360}+9\times2=$**18＋12π**(cm)

3　このような数字の並びを２進数といい，０と１の２個の数字で全ての数を表す方法である。なお，普段使っている数は10進数といい，０～９の10個の数字で表している。

⑴　15番目の数字が1111だから，次の16番目の数字は**10000**である。

⑵　２進数では右の位の数から，$2^0=1$，$2^1=2$，$2^2=4$，$2^3=8$，$2^4=16$，$2^5=32$，…を表すので，101101は，32×１＋16×０＋８×１＋４×１＋２×０＋１×１＝**45**(番目)の数字である。

⑶　10進数の数値を０になるまで２で割り算していき，その結果の余りの数を並べると，２進数の値になる。よって，右筆算より，2023番目の数字は，**11111100111**である。

		余りの数 ↓
2)	2023	
2)	1011	… 1
2)	505	… 1
2)	252	… 1
2)	126	… 0
2)	63	… 0
2)	31	… 1
2)	15	… 1
2)	7	… 1
2)	3	… 1
2)	1	… 1
	0	… 1

4　⑴　A(３，４)は$y=\frac{a}{x}$のグラフ上の点だから，$4=\frac{a}{3}$となり，a＝**12**

⑵　**【解き方】ＤとＥの座標から傾きと切片を求める。**
Ｄは$y=\frac{12}{x}$のグラフ上の点だから，$x=6$より，$y=\frac{12}{6}=2$なので，Ｄ(６，２)である。また，Ｅは$y=\frac{12}{x}$のグラフ上の点だから，$x=1$より，$y=\frac{12}{1}=12$なので，Ｅ(１，12)である。したがって，直線ＤＥの傾きは$\frac{2-12}{6-1}=-2$だから，Ｅからx座標が－１増加して０になると，y座標は－１×(－２)＝２増加して12＋２＝14となるので，求める直線の式は，$y=-2x+14$である。

⑶　**【解き方】x座標が整数となるときのそれぞれについて，y座標が整数となる点の個数を数える。**
x座標は１～６の整数である。影のついた部分の周および内部について，y座標の最小値は０，最大値は$\frac{12}{x}$である。
$x=1$のとき，yの最大値は12だから，y座標が整数となる点は０～12の13個ある。同様に，$x=2$のとき，yの最大値は$\frac{12}{2}=6$だから７個，$x=3$のとき，yの最大値は$\frac{12}{3}=4$だから５個，$x=4$のとき，yの最大値は$\frac{12}{4}=3$だから４個，$x=5$のとき，yの最大値は$\frac{12}{5}=2.4$だから３個，$x=6$のとき，yの最大値は２だから３個である。
よって，求める点の個数は，13＋７＋５＋４＋３＋３＝**35**(個)である。

《2023　英語　解説》

Ⅰ【本文の要約】参照。

問３　接続詞や代名詞が指すものをヒントに並べかえる。

問４　最終段落１～２行目と一致する③が適切。

問５　**ア**「全米防火協会によると，火災を知らせる電話があった時，消防士は消防署から火災現場まで5分 20 秒以内に到着しなければならない」…第１段落１～３行目より，②が適切。

イ　「当時消防士たちはどこで暮らしていましたか？」…②「２階で」が適切。

ウ　「消防士たちはなぜ広い階段の代わりにらせん階段を使ったのですか？」…①「なぜなら消防士たちは馬に上の階へ上がってほしくなかったからです」が適切。　・want＋人／もの＋to～「(人／もの)に～してほしい」

【本文の要約】

火災と戦う時，一秒一秒が大切です。問5ア②アメリカの全米防火協会によると，消防士は，緊急電話を受けてから５

分 20 秒以内に現場に到着するべきだそうです。この時間には，ターンアウト（身支度）のための時間 80 秒が含まれています。ターンアウトタイムとは，緊急電話から消防士が消防署を出発するまでの時間です。このターンアウトタイムを短くするひとつの方法は，ファイヤーポール（滑り棒）を使うことです。ファイヤーポールを使うと，最大 25 秒ターンアウトタイムを短縮することができると言われています。

しかし，ファイヤーポールの考えはどこから来たのでしょう？最初の公のファイヤーポールは，1878 年シカゴに設置されました。当時，消防車を引くのに馬が使われていて，ほとんどの消防署は３階(＝stories)建てでした。１階は消防士の備品と馬のために使われていました。問5イ②２階では消防士が暮らしていて，３階は馬が食べる干し草がいっぱいありました。消防署には駆け降りやすい広い階段がありました。これにより消防士たちは消防署からすばやく出動することができました。しかし，馬が階段を上ってしまうことがありました。３階にある干し草のにおいをかぐと，それを食べたくて上ろうとすることがあったのです。馬は階段を上がるのは上手ですが，降りるのは上手ではありません。ですからそれが問題でした。問5ウ①馬が上れないようにという理由で，多くの消防署はらせん階段に変更しました。しかしながら，らせん階段は人間にとってはすばやく駆け降りるのが難しく，ターンアウトタイムが増えました。

そして 1878 年，George Reid という消防士がすべてを変えるものを発見したのです。Reid は，シカゴの消防隊 Engine Company 21 の隊員でした。当時 Engine Company 21 は，①３階に干し草を上げるために，長いポールを使っていました。ある日消防の警報が鳴った時，George Reid ともう一人の消防士は②３階で干し草を積み重ねているところでした。Reid は干し草のポールを見て，ある考えを思いつきました。他の隊員たちが③２階から降りていきました。彼らは階段を降りると，Reid がすでに④１階にいるのを見て驚きました！Reid は⑤３階から⑥１階にすべり降りるのにポールを使ったのです。Engine Company 21 の隊長は，ポールを使うとターンアウトタイムをずっと短くできることがわかり，シカゴ消防署長に２階に穴をあけ常設のポールを作るよう依頼しました。ファイヤーポールはこの時誕生したのです。

他の消防隊の消防士たちは，ポールを使ってすべり降りるという考えは「ばかげている」と思いました。しかしその時彼らは Engine Company 21 がいつも，他の消防隊よりも早く現場に着いているということに気づきました。

イ1888 年，シカゴの新聞は，Engine Company 21 のターンアウトタイムがたった 11 秒だと報道しました。ウそれはシカゴで最短のターンアウトタイムでした。少しずつ，ほかの消防隊もファイヤーポールを使い始めました。ア結局，シカゴ消防署長はすべてのシカゴの消防署にポールを設置することに決め，ついには，ファイヤーポールはアメリカ全土で，そして他の国でも，標準設備となりました。

しかしながら，ファイヤーポールにはいくつか問題点がありました。例えば，問4③消防士たちが夜間にポールから穴に落ちたり，あまりに急いで降りてけがをしたりすることがありました。また，１階の消防車から健康に悪い排気ガスが，穴を通って２階に上がってくることもありました。そして最近では多くの消防署が１階建てなので，以前ほど多くのファイヤーポールがありません。ファイヤーポールを使うのをやめたがっている人もいますが，今でもポールは１階に降りる最速の手段です。140 年以上前のひとりの勇敢な消防士の考えのおかげで私たちがいまだにファイヤーポールを使っているというのは驚くべきことです。

Ⅱ 【本文の要約】参照。

問１　直後の１文に regenerate の意味が書かれている。　・grow back「元のように生える／元の状態になる」

問２　アホロートルの再生プロセスがどのように人間の役に立つかを考える。

問３　メキシコシティにしか生息しないアホロートルがどういった経緯で世界中に広まったかを考える。

問４　Chalco 湖が汚染されてしまった→Xochimilco 湖が最後のすみか（＝home)となった，という流れ。

問６　①×「最近ではアホロートルの数は増加しているので世界中の多くの湖で見つけることができる」…本文にない内容。　②×「1980 年代にアホロートルが人気になった後も，日本の家族はそれらをペットにしたいと思わなかった」…本文にない内容。　③○「研究室で育てられたアホロートルは自然界の湖では生きていけないかもしれない」　④「×世界中の湖には 100 万匹以上のアホロートルが生息している」　⑤○「Xochimilco 湖では通常，ピンク色や白色のアホロートルは見つからない」　⑥「×アホロートルの交配種を作ることが，彼らを救う唯一の方法だ」

【本文の要約】

1980 年代にコマーシャルに登場して以来，日本人はかわいい顔とピンク色の羽のような王冠を持ったそのかわいい水中動物のとりこになりました。それは宇宙人のように見えます。日本では「ウーパールーパー」と呼ばれ，人気のペットとなっています。英語名は「アホロートル」または「メキシコサンショウウオ」で，今では世界中のペットショップで見ることができます。

アホロートルは科学者たちにも人気があります。それは繁殖しやすく，特別な特徴があります。驚くべきことに，アホロートルは体を再生する能力を持っています。つまり，しっぽや脚，更には心臓さえもとの状態にすることができるのです。科学者たちは，いつの日か再生プロセスについて十分学び，腕や脚ア を失った(＝have lost)人が新しい腕や脚をイ 手に入れる(＝get)のに役立てたいと思っています。科学にとってとても有用なので，世界中の研究室にアホロートルがいます。実際，世界中の研究室，ペットショップ，家庭に，100 万匹以上のアホロートルがいます。

しかし野生では，アホロートルはメキシコシティでしか見られません。何百年もの間，アホロートルは２つの湖に住んでいました。中央メキシコシティの Chalco 湖とメキシコシティの南にある Xochimilco 湖です。実際，1863 年にフランス人グループがメキシコに行くまで，メキシコ以外の地では人々はアホロートルのことを知りませんでした。フランス人科学者たちが，34 匹のアホロートルを含む珍しい動物を集めて，フランスに持ち帰りました。彼らはそれらをパリに持ち帰り，その驚くべき可能性を発見して育て始めました。すぐに他の国々出身の科学者たちもそれらを欲しがりました。④アホロートルはそのタイミングであっと言う間に世界中の研究室に広まりました。現在世界中の研究室にいるアホロートルのほとんどは最初の 34 匹のアホロートルに由来します。

残念ながら野生のアホロートルは絶滅危惧種になりました。メキシコシティが発展するにつれ，Chalco 湖の水はあまりに汚くなってしまい，今ではアホロートルにとって Xochimilco 湖が地球上で最後の(う)⑤すみか(＝home)となりました。そしてそこでさえ，彼らにとってはA⑥安全(＝safe)ではありません。アホロートルは，コイやティラピアのような外来種の魚に食べられてしまいますし，今では水が汚くなりつつあるので，アホロートルはB②簡単に(＝easily)病気になってしまいます。彼らを守るために何もしなければ，彼らはC④絶滅の危機(＝extinction)に瀕することでしょう。

研究室やペットショップのアホロートルの数は増えていますが，自然界では絶滅の危機にいます。研究室で育ったアホロートルを Xochimilco 湖に放ち，在来種と交配させたいと考えている人もいますが，研究室で育ったアホロートルはこの 150 年間で進化していて，今は見た目も行動もD③違っています(＝differently)。問６⑤Xochimilco 湖のアホロートルは，茶色か，金色の模様がある黒色をしていますが，研究室やペットショップのアホロートルはそのような見た目ではありません。彼らは通常赤い王冠があり，ピンク色か白色です。問６③また，研究室で育ったアホロートルは常に水槽にいるため，おそらく自然界では死んでしまいます。科学者たちは原種のアホロートルを守りたいと思っています。彼らは新しい交配種を作りたいと思っているわけではありません。ですから，私たちは湖の水をきれいにし，外来種の魚を隔離するべきです。それがアホロートルを守る唯一の方法です。時間はかかりますが，うまくいけば野生のアホロートルの数は少しずつ回復してくることでしょう。

Ⅲ　A　②should I read→I should read：間接疑問文だから，Please tell me which book のあとは肯定文の語順が正しい。　④feel like to go→feel like going：この like は前置詞だから，直後の動詞は動名詞にする。　・feel like ~ing「～したい気分だ」

⑦one of the thing→one of the things：・one of＋複数形の名詞「(複数ある名詞)のうちの１つ」

⑨There are→There is：There is/are ～.の be 動詞の部分は，あとに続く名詞に合わせる。

B⑴　Would you like me to make strong tea for you?：〈would like＋人＋to ～〉は〈want＋人＋to ～〉「(人)に～してほしい」を丁寧にした表現。英語では「濃いお茶」は strong tea と表す。

⑵　The sunflower my sister has taken care of is taller than mine.：「妹が育てたヒマワリ」と「私が育てたもの」を比較する文にする。「妹が育てたヒマワリ」は〈省略可能な関係代名詞＋語句(＝my sister has taken care of)〉で後ろから名詞(＝sunflower)を修飾して表す。「私が育てたもの」はここでは１語で mine「私のもの」になっている。

C　It will be too late if something happens.：「何かあってから」という漠然とした状況を It を主語にして表した文。if 以下は条件を表すから現在形になる。不要な語は there である。

《2023　理科　解説》

1　問１　ＡとＢには，それぞれつり合う力(重力とひもが物体を引く力)がはたらいているので，慣性の法則により，動き出した物体はそのまま等速直線運動を続ける。

問２⑴　300Ｎの人の体重を棒にかかる４本のロープで支えているような状態だから，１本のロープにかかる重さは300÷４＝75(Ｎ)である。　⑵　物体を同じ高さまで引き上げる場合，ロープを引く力が$\frac{1}{4}$倍になると，ロープを引く長さは４倍になる。よって，20×４＝80(㎝)が正答となる。

問３⑴　動滑車の左右のひもに重さが等しく分かれてかかっていく。物体の重さ４Ｎは，一番下の動滑車の左右のひもに２Ｎずつに分かれ，右のひもにかかった重さ２Ｎが真ん中の動滑車の左右のひもに１Ｎずつに分かれ，右のひもにかかった重さ１Ｎが一番上の動滑車の左右のひもに0.5Ｎずつに分かれるから，Ｆの大きさは0.5Ｎである。なお，定滑車は力の大きさは変えずに，力の向きを変えるためのものである。　⑵　Ｆの大きさが物体の重さの$\frac{1}{8}$倍になるから，ひもを引く長さは15㎝の８倍の120㎝→1.2ｍになる。よって，〔仕事(Ｊ)＝力(Ｎ)×力の向きに動かした距離(ｍ)〕より，0.5×1.2＝0.6(Ｊ)となる。なお，４Ｎの物体を直接15㎝→0.15ｍ持ち上げたときの仕事の大きさは４×0.15＝0.6(Ｊ)であり，図３のような装置を用いても仕事の大きさが変わらないことがわかる。これを仕事の原理という。　⑶　〔仕事率(Ｗ)＝$\frac{仕事(Ｊ)}{時間(ｓ)}$〕より，$\frac{0.6}{3}$＝0.2(Ｗ)となる。

問４　図４では，３つの動滑車の左右にある合計６本のひもで引き上げるから，F_1は物体の重さの$\frac{1}{6}$倍，図５では，２つの動滑車の左右にある合計４本のひもで引き上げるから，F_2は物体の重さの$\frac{1}{4}$倍である。よって，ひもを引く力はF_2の方が大きいが，仕事の原理より，仕事の大きさはどちらも同じである。

2　問１　ＢＴＢ溶液は酸性で黄色，中性で緑色，アルカリ性で青色に変化する。Ａ液は酸性，Ｂ液はアルカリ性だから，はじめは黄色で，Ｂ液を10mL加えたところで緑色に変化し，さらにＢ液を加えていくと青色に変化する。

問２　中和は，酸性の水溶液とアルカリ性の水溶液が互いの性質を打ち消し合う反応である。よって，Ａ液が残っていて，そこにＢ液を加えている間は常に中和が起こっている。

問３　①④⑤⑦⑨は酸性，②⑧は中性である。

問４　塩化水素の電離は〔$HCl \rightarrow H^+ + Cl^-$〕，水酸化ナトリウムの電離は〔$NaOH \rightarrow Na^+ + OH^-$〕と表せる。また，Ａ液にＢ液を加えていくと，酸性の性質を示す水素イオンとアルカリ性の性質を示す水酸化物イオンは１：１の割合で結びついて水になり〔$H^+ + OH^- \rightarrow H_2O$〕，塩化物イオンとナトリウムイオンは水溶液中では結びつかない。よって，水素イオンの数は，加えたＢ液の体積が大きくなるにしたがって減っていき，加えたＢ液が10mLになった(中性になった)ときに０になる。また，ナトリウムイオンの数は，加えたＢ液の体積に比例して増えていく。

問５　Ａ液15mL中の水素イオンと塩化物イオンの数をそれぞれ２x個とすると，Ｂ液５mL中のナトリウムイオンと水酸化物イオンの数はx個となる。これらを混ぜ合わせると，問４解説より，水素イオンはx個減ってx個になり，水酸化物イオンは残らない。また，塩化物イオンは２x個のまま，ナトリウムイオンはx個になるから，最も多いイオンは塩化物イオンである。

問６　Ｂ液10mLと過不足なく反応するＣ液の体積はＡ液の$\frac{1}{3}$倍だから，Ｃ液の濃度はＡ液の３倍であり，Ｃ液９mLはＡ液９×３＝27(mL)に置き換えて考えることができる。Ｂ液22mLと過不足なく反応するＡ液は$15\times\frac{22}{10}=33$(mL)だから，中性にするのに必要なＡ液は33－27＝６(mL)である。

3　**問１**　Ａ(赤血球)のはたらきはＤ，Ｂ(白血球)のはたらきはＦ，Ｃ(血小板)のはたらきはＥである。

問２　無性生殖では，元の個体の遺伝子がそのまま新しい個体に受け継がれるので，全く同じ形質になる。

問４　愛子がＯ型であることから，愛子の母と父はどちらもＡＯのＡ型である。ＡＯどうしをかけ合わせると，遺伝子の組み合わせは，ＡＡ《A型》：ＡＯ《A型》：ＯＯ《O型》＝１：２：１となり，血液型は，Ａ型：Ｏ型＝(１＋２)：１＝３：１となる。よって，愛子の兄がＡ型である確率は$\frac{3}{3+1}\times100=75$(％)である。

問５　母方の叔父がＯ型であることから，祖母はＢＯのＢ型，祖父はＡＯのＡ型である。

問６　ＢＯとＡＯをかけ合わせると，遺伝子の組み合わせは，ＡＢ《AB型》：ＢＯ《B型》：ＡＯ《A型》：ＯＯ《O型》＝１：１：１：１となるから，すべての血液型の可能性がある。

4　**問１**　⑦×…月の重力よりも影響は小さいが，太陽の重力も潮の満ち引きに関係している。

問２　④○…固体であれば，緯度にかかわらず時間当たりの回転角度は同じになる。

問４　エ．Ａ～Ｄは木星の動きに合わせて視点を変えているが，地球から見た木星の動きを考える場合には，位置をほとんど変えないHIP20417を基準にして考える必要がある。木星はHIP20417に対して，左側から近づき，右側へ遠ざかっていく。　オ．木星からの距離が遠いものほど公転半径が大きいと考えればよい。Ａ～ＤのすべてでCallistoが木星から最も遠い位置にある。

問５　星の日周運動は地球の自転による見かけの動きである。自転は地軸を回転軸として起こる運動だから，極軸が地軸の延長線付近にある北極星の方向を向くように調節する。

問６　１○…図２の状態のとき，日本が夏至とすると，歳差運動で半周したときには，太陽の光の当たり方が冬至のときと同じになる。　２○…北極側の地軸の延長線が天球と交わった点を天の北極という。これに対し，北極星は現在の北極側の地軸の延長線付近にある。歳差運動によって天の北極の位置は変わるが，北極星の位置は変わらないので，ずれが生じる。

《2023　社会　解説》

1　**問１**　②は世界保健機関ではなく，赤十字についての記述。世界保健機関は「全ての人々が可能な最高の健康水準に到達すること」を目的として設立された国連の専門機関であり，全世界の人々の健康を守るための活動を行っている。

問２　ア．誤り。リンカン大統領についての説明。イ．正しい。ウ．誤り。ビスマルクについての説明。

問４　ア．「企業の中に世界中の人材を幅広く採用」などからＡグループ。イ．「外国人だからといって特別扱いをする必要はない」「入浴禁止は，これからも維持すべき」などからＢグループ。ウ．「着用を控えてもらうべき」「統一した基準の中で生活する」などからＢグループ。エ．「色々な食文化があることをお互いに理解」などからＡグループ。

問５　『燕子花図屏風』で知られる尾形光琳は，浮世絵ではなく，俵屋宗達を祖とする琳派様式を展開した。

問６　紀元前18世紀中ごろの日本は縄文時代である。①は旧石器時代，②は古墳時代，③は弥生時代の説明。

問7　パルテノン神殿はギリシャの首都アテネにある。アテネの気候は夏に乾燥する温帯の地中海性気候である。②と③は冷帯，⑤と⑧は温帯の温暖湿潤気候。

問8　ア(③)→イ(⑤)→ウ(⑥)→エ(①)→オ(④)→カ(②)

問9　X．李成桂は朝鮮を建国した人物，コシャマインは室町時代にコシャマインの戦いを起こしたアイヌ民族の首長であった人物。Y．道元は鎌倉時代に曹洞宗を開いた人物，最澄は平安時代に天台宗を開いた人物。

問10　デジタルデバイド…インターネットやパソコン等の情報通信技術を利用できる者と利用できない者との間に生じる格差。マイクロクレジット…貧困層や失業者に対して，無担保で行う少額の融資。フェアトレード…発展途上国の農産物・鉱産資源・工業製品を適正な価格で持続的に購入することで，発展途上国の生産者や企業の自立を促す取り組み。セーフティーネット…網の目のように救済策を張ることで，安全や安心を提供する仕組み。

2　**問1**　メモⅠ…「桜島」などから鹿児島県。メモⅡ…「磐梯山」「白虎隊」などから福島県。メモⅢ…「八ヶ岳」「千曲川」などから長野県。

問2　サウジアラビア，イラクなどの西アジアの国が上位に入っているAが原油である。Xはアメリカ，Yはロシア。世界の工場と呼ばれる中国では，エネルギーの資源の輸入量が多く，輸出量は少ない。

問3　図3はレタスの月別入荷割合を表している。文章…Xは誤り。冷涼な気候が適したレタス栽培では，ビニールハウスを使わない。春と秋に多く入荷している茨城県では，レタスの露地栽培が行われている。農作物…キャベツ・レタス・セロリなどが高原野菜と呼ばれる。

問4　②に広がるヒマラヤ山脈は，横から圧力を受けて地層が褶曲《しゅうきょく》してできたものであり，溶岩が積み重なってできた火山ではない。ヒマラヤ山脈には海底でたい積したたい積物が地層として残されている。

問5　X．誤り。新幹線が新規開通すると，並行する在来線の経営がJRから第三セクターに移されることが多く，運賃が値上げされたり，運転本数が減らされたりする。Y．誤り。新幹線や高速バスが整備され，移動時間が短縮されると，地方からでも大都市へ通勤・通学ができるようになるので，大都市への人口流出の促進にはつながらない。Z．正しい。

問6　「2022年9月23日開通の新幹線(＝西九州新幹線)」「雲仙普賢岳」「反対側には有明海」などから，長崎県と判断する。穂高さんが乗車したのは，諫早駅を始発駅とする島原鉄道線である。②は山口県，③は青森県，④は佐賀県についての記述。

3　**問1**　聖武天皇に関わる説明として，ⅡとⅢを選ぶ。Ⅰは桓武天皇，Ⅳは醍醐天皇についての説明。

問2　表より，東大寺の大仏殿の1度目の焼失は1181年，再建は1190年なので，1192年の②を選ぶ。①と③は1185年，④は1189年。

問3　①・⑥は豊臣秀吉についての記述。②・⑤は織田信長，③・④は徳川家康についての記述。

問4　徳川綱吉が定めた生類憐みの令である③を選ぶ。

問5　1904年に始まった三国干渉で日本と対立した国々と日本との間での国際的な戦争は，日露戦争である。Ⅰは第一次世界大戦(1914～1918年)の間の1915年に日本が中国に提出した二十一か条の要求，Ⅲは1880年代の日本の様子についての記述。

問6　表より，大仏殿が国宝に指定されたのは1952年，昭和の大修理が終わったのは1980年である。④1952年→③1955年→⑤1960年→②1971年→①1975年

4　**問2**　クーリング・オフ制度は，訪問販売や電話勧誘販売等での契約で適用される制度であり，対面販売では適用されない。訪問販売や電話勧誘販売等での契約は，契約から一定期間内であれば契約を解除できる。

問3　臨時会ではなく，特別会の説明である。臨時会は，内閣が必要に応じて，またはいずれかの議院の総議員の

４分の１以上の要求があったときに開かれる。

問４　県議会の議員の被選挙権は25歳以上に認められている。

問５　①３段目に「国民投票の手続き法は 50 年代に案として示されたことがあるだけで，長く放置されてきた」「07 年に成立した国民投票」とある。③４段目に「法制審での審議は白紙～などと反対意見が相次ぎ，賛否は最終盤まで拮抗した」とある。④左上の表に「デート商法による契約を取り消せるとした」とある。

2022 解答例 令和４年度　愛知高等学校

《国　語》

一　問一．A．イ　B．カ　問二．オ　問三．それは人類　問四．イ　問五．エ　問六．ウ　問七．オ　問八．また、音楽　問九．イ

二　問一．①専念　②比較　問二．オ　問三．イ　問四．ウ　問五．(1)ア　(2)エ　問六．イ　問七．ウ　問八．最初…観察眼　最後…的確さ　問九．オ

三　問一．(1)オ　(2)エ　問二．ア　問三．ア　問四．ウ　問五．イ

《数　学》

1　(1) $-\frac{8}{5}$　(2) 8　(3) -2　(4) $a=2$　$b=2$　(5) 13，14，15　(6) 12，13，15，20，37　(7) 72°　(8) $\frac{20}{3}\pi$　(9) 7　(10) 6

2　(1) $y=x+1$　(2) $y=x+9$　(3) $y=x+15$

3　(1) 3　(2) 9　(3) 10112

4　(1)(a) $\frac{1}{5}$　(b) 1と10，2と9，3と8，4と7，5と6　のうち２組　(2)(a) 7　(b) 2，6

《英　語》

I　問１．(ア)か　(イ)え　(ウ)う　問２．え　問３．え　問４．(1)い　(2)い　(3)う　問５．え　問６．う　問７．(a)た　(b)す　(c)お　(d)あ　(e)け　問８．い

II　問１．easier　問２．い　問３．help　問４．あ，お　問５．(1) 4　(2)(Yes の例文) singing karaoke is something you enjoy, and you can study on Wednesday　(No の例文) studying is more important and you can sing karaoke after the tests

III　(1)●since　▲we　(2)●about　▲walk　(3)●enough　▲each other　(4)●who　▲love　(5)●has　▲was

IV　(1)あ　(2)え　(3)い　(4)え　(5)う

《理　科》

1　問１．フック　ばねののび…４　問２．２　問３．糸A…ウ　糸B…ウ　問４．エ　問５．３　問６．ウ

2　問１．ウ　問２．オ　問３．$CaSO_4$　問４．電解質　問５．37.5　問６．イ

3　問１．A．イ　b．ウ　問２．突然沸騰するのを防ぐため　問３．ア，ウ　問４．アミラーゼ　問５．ウ　問６．③，⑤，⑥

4　問１．プレートテクトニクス　問２．ユーラシアプレート　問３．イ　問４．フォッサマグナ　問５．①25，２　②(13，22)

《社　会》

1　問１．カ　　問２．大輪田泊　　問３．⑴ア　⑵精神　　問４．イ　　問５．ア

2　問１．ウ　　問２．カ　　問３．モーダルシフト　　問４．ア　　問５．イ　　問６．Ｙ．季節〔別解〕太陽高度

Ｚ．日照時間

3　問１．イ　　問２．⑴エ　⑵イ　　問３．ウ　　問４．ア　　問５．⑴陸奥宗光　⑵イ

4　問１．中小　　問２．イ　　問３．ＣＳＲ　　問４．ウ　　問５．⑴ア　⑵エ

2022 解説 令和４年度　愛知高等学校

《2022　国語　解説》

一　**問二**　ここでは、コロナウイルスの影響を受けた芸術の状況(「今回の事態」)を「手短に」いうなら、という意味。

問三　傍線部②の「過去の記憶」とは、前の段落の「人は特別な場所に集って肩を寄せ合うことを通して、これまでなんとか生き延びてきた」記憶のこと。この内容を具体的に述べていて、同じ「遠い過去の記憶」という言葉が含まれている「それは人類が地上で最もか弱き動物の一種だった遠い過去の記憶、洞穴の中で～身を寄せるしかなかった時代の思い出だ」がふさわしい。

問四　「『聖』の領域」について、直前に「『聖』の世界は不均質で周囲から断絶されているという言い方をする。周囲から切り取られ、囲い込まれている」とある。「劇場」「図書館」「カラオケ」「芝居」「ライブハウス」「競馬」「野球観戦」などの「文化」は、世俗的に見えても、ある特別な場所に人々が集って「ともに祈る」という一面があるので、「『聖』の領域」に属するのである。

問五　美術館のような「『文化』と思っているもの」もゲームセンターのような「『風俗（娯楽、遊興、芸能など）』のレッテルを貼っているもの」も「『聖』の領域」が起源となっているということである。「『聖』の領域」は「周囲から断絶され」「特別な場所に集ってともに祈る」という特徴を持つから、一人でする、エ「自宅での試験勉強」があてはまらない。

問六　前後の「宗教的なもののおよそ対極」で「金をとり、利潤をあげる」という内容に当てはまるのは、ウの「資本」主義である。

問七　「ギリシャ悲劇も～能も、屋外で行われるもの」で、「神々《かみがみ》に捧《ささ》げるものであって、人間はそこに立ち会うだけ」だったとあるように「芸術やスポーツの起源の多くは奉納だった」のが、「劇場に屋根で蓋がされ」「雲に乗った神々に見せるものではなくなった」ということである。後に「人間のための劇場」とも表現されている。

問八　次の段落に「そもそも音楽とは『絆《きずな》』を確認したり、『感動』を消費したりするようなものだったのだろうか？」とあり、説明文の「音楽が生み出す～源泉となること」が音楽の本来の意義とは違った内容になっている。

問九　筆者は、文章Ⅰでは、自粛が求められる「三密」こそが、「『聖』の領域」に属するという本質を指摘し、文章Ⅱでは、お寺でお経を聞いた経験などを通して「密閉空間に少しだけ隙間を穿《うが》ち～『外』と『内』の境界領域を作ることは、まったく別の表現を切り開く端緒になると思う」と、コロナ禍における芸術のあり方の可能性を提示している。よってイが適する。ア・オは文章Ⅰの内容が不適当で、ウ・エは文章Ⅱの内容が不適当である。

二　**問二**　オの「地獄で仏」は、「苦しい時に思いがけない助けにあったうれしさ」を表す言葉で、さと美の手伝いの申し出に「ほんとに助かる」と千秋《ちあき》が喜んでいるこの場面にふさわしい。

問三　急な仕事の予定の変更に戸惑っていた千秋が、さと美の「泣いてたってどうにもなんないじゃん」という言葉に「だ、誰が泣いてるって？」と言い返し、前向きに気持ちを切り替えている。

問四　直後に「とりあえず商品そのもののデータや、他社の競合品との比較資料は用意できても、それだけで相手を説得することができるようには思えない～商品の持ち味や魅力がいったいどれだけ伝わるだろう」とある。この後半部分が千秋の疑問である。

問五　(1)　「怪訝《けげん》」は不思議に思うこと。さと美は、急に電話をかけ始めた千秋の意図がよくわからず、不思議そうにしているのである。　(2)　千秋の「頷《うなず》いてみせ」たという行動には、怪訝そうな表情のさと美の心配は理解した上で、この電話がうまくいくかどうかはわからないが、「とりあえず」何とか自分で切り抜けようという気持ちが表れている。

問六　千秋が、電話の相手に見えなくてもお辞儀をしながら、外出の準備を手際よく進める場面。イ「デスクの下の奥深くにバッグをしまい込む」のは「慎重さ」からではなく、社内では使わないものをしまい込んでいるに過ぎない。

問七　「手帳の陰で」は、相手に見えないように時間を確認したということで、恵美子に気を遣わせないためである。このあと千秋が「大事な聞き込み調査です」と言って詳しく話を聞き出していることからも、恵美子に時間を気にせず、きちんとした内容の意見を伝えてくれることを求めていることが読み取れる。

問八　「商品の持ち味や魅力」をどうしたら伝えられるかを考えていた時に思い浮かんだのが恵美子の顔なので、商品の持ち味や魅力を十分に説明できる人物だと判断できる。それを表しているのは、過去の営業の経験による「観察眼の鋭さ～言葉の的確さ」である。この１～２行後に「だからこそ自分は、追い詰められた時にこのひとの顔を思い浮かべたのだ」とある。

問九　ア.「あらゆる難局を切り抜けてきた経験」は本文からは読み取れない。　イ.「短時間で効率よく進めることが全てだ」という「信念」ではなく、仕事に対する厳しさや、結果を求める姿勢が読み取れる。　ウ.「千秋の慎み深さ」ではなく、言えない苦しさである。　エ.「快く協力しようとする」のではなく、「面倒くさそうに」応対したり、(え) のように、自分が協力しなければならないのかと尋ねたりするなど、あまり協力したくなさそうな態度をとっている。　オ. これより前の部分に、「注がれる視線を感じ～田丸恵美子と目が合った。慈愛に満ちあふれた眼差《まなざ》しだ」とあるのも参照。恵美子は思いやりのある人物として描かれているので、適する。

三　**問一**(1)　「一点」がある「一事」の「事」から「二点」がある「有」に返って「一事有り」となる。「見之已久」は「見」と「之」の間に「レ点」があるので「之」「見」の順になる。　(2)　次の文に「言はんと欲するも、君の性の急なるを恐る（言おうと思うけれども、あなたが短気な性格であることを恐れています)」とある。

問二　「傷つけんこと」の「ん」は推量の意で、「傷をつけるだろうこと」となる。着物に火がついていることを言わないことで、Bに火傷《やけど》を負わせてしまうことが心配なのである。

問三　「何ぞ」は、「どうして」「なぜ」という疑問・反語の意味を表す。「ざる」は打ち消しの助動詞(終止形は「ず」)なので、「どうして～言わなかったのか」とあるアが適する。

問四　前に「君が性急なりと道《おも》ふに」とあることから、Bが短気であると思っていたが、やはりそのようであったという文脈。Bが火事を知ってすぐに怒ったことに対して、Aが思ったことである。

問五　Bの着物に火がついて危険な状態になっているにもかかわらず、それをBに知らせるのがよいのか、知らせないのがよいのかを迷っている点がのんきで分別がないと言える。

【漢文の内容】

冬の日に、(Aが) ある人 (B) と一緒に炉を囲んで、ある人 (B) の着物の裾が火に焼かれているのを見て、そこで (Aが) 言ったのは、「あることがあって、長い間これを見ていました。言おうと思うけれども、あなたが短気な性格であることを恐れています。言わなければ、(そのことも) またあなたを傷つけてしまうことを恐れています。そうであるなら言うことが正しいのか、言わないことが正しいのか」と。

その人 (B) が何事があったのかとたずねると、(Aが) 言ったのは、「火があなたの着物を焼いています」と。その人 (B) は急いで着物(の火)を収めて怒って言うことには、「どうして早く言わなかったのか」と。(Aが) 言うことには、「私はあなたが短気な性格であると思っていたが、やはりその通りであった」と。

《2022　数学　解説》

1 (1)　与式$=\{-16-7\times(-8)\}\div(-25)=(-16+56)\div(-25)=40\div(-25)=-\frac{8}{5}$

(2)　与式$=7-2\sqrt{7}+1+\frac{14\sqrt{7}}{7}=8-2\sqrt{7}+2\sqrt{7}=8$

(3)　**【解き方】反比例の式は$y=\frac{a}{x}$（aは比例定数）と表せる。このとき，$a=xy$である。**

$x=-21$のとき$y=\frac{2}{7}$となるので，$a=-21\times\frac{2}{7}=-6$

よって，$-6=xy$だから，$y=3$のとき，$3x=-6$より，$x=-2$

(4)　$3ax-by=10$に$x=1$，$y=-2$を代入すると，$3a+2b=10$…①

$bx+2ay=-6$に$x=1$，$y=-2$を代入すると，$b-4a=-6$　　$b=4a-6$…②

①に②を代入すると，$3a+2(4a-6)=10$　　$3a+8a-12=10$　　$11a=22$　　$a=2$

②に$a=2$を代入すると，$b=4\times2-6$　　$b=2$

(5)　8倍すると3桁(100以上)になるので，$100\div8=12$余り4より，2桁の整数は13以上である。さらに8倍，つまり，$8\times8=64$(倍)しても3桁(1000未満)になるので，$1000\div64=15$余り40より，2桁の整数は15以下である。よって，考えられるものは，13，14，15である。

(6)　**【解き方】p，qを自然数とすると，左辺が$(x-p)(x-q)$の形で因数分解できれば，2つの解がともに自然数($x=p$，q)となる。**

$(x-p)(x-q)=0$より，$x^2-(p+q)x+pq=0$　　よって，$pq=36$，$p+q=a$となる。

36の約数は1と36，2と18，3と12，4と9，6だから，考えられるaの値は，

$6+6=12$，$4+9=13$，$3+12=15$，$2+18=20$，$1+36=37$である。

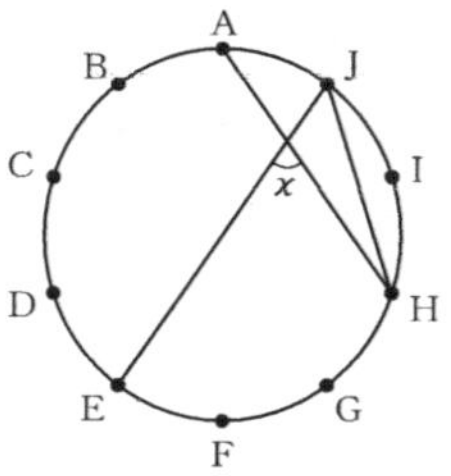

(7)　**【解き方】右のように作図する。円周の$\frac{1}{10}$の弧に対する円周角の大きさは，$360°\times\frac{1}{10}\times\frac{1}{2}=18°$である。**

$\angle AHJ=18°$，$\angle EJH=18°\times3=54°$

三角形の外角の性質より，$\angle x=18°+54°=72°$

(8)　**【解き方】右のように作図する。**

求める長さは，右図の太線部分の長さの5倍である。

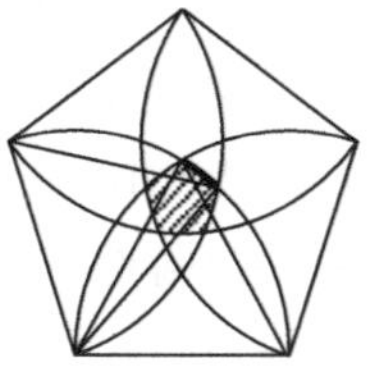

正三角形の1つの内角の大きさは60°，正五角形の1つの内角の大きさは

$180°\times(5-2)\div5=108°$である。よって，太線部分の長さは，半径が20cm，

中心角が$60°+60°-108°=12°$のおうぎ形の曲線部分の長さになるので，

求める長さは，$2\pi\times20\times\frac{12°}{360°}\times5=\frac{20}{3}\pi$(cm)

(9)　$35\div2=17$余り1より，中央値は得点を大きさ順に並べたときの18番目の得点である。

7点の生徒は9点の生徒のちょうど3倍で，他の点数の生徒の合計が35人より少ないのだから，7点の生徒は3人以上だとわかる。6点以下が$2+5+8+1=16$(人)いるので，7点以下の生徒は$16+3=19$(人)以上いる。

よって，中央値は7点だとわかる。

(10)　**【解き方】図を正面から見て，右のようにサイコロに記号をおく。**

接する面の数の和が6になるので，接する面の数が6になることはない。

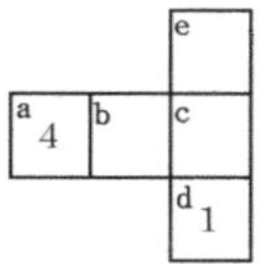

サイコロaの上下の面の数は5と2，前後の面の数は3と4なので，左右の面の数は1と6である。aの右の面が接する面なので，右の面の数は1とわかる。

bの左の面の数は$6-1=5$だから，bの右の面の数は2である。

cの左の面の数は$6-2=4$だから，cの右の面の数は3である。

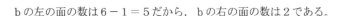

よって，cの上下の面の数は「1と6」か「2と5」になるが，cの上下の面は接する面なので，上下の面の数は「2と5」になるとわかる。dの正面の面の数が1なので，cの下の面が5になることはない。

したがって，cの下の面の数は2，上の面の数は5である。

eの下の面の数は6－5＝1だから，eの上の面の数は，X＝6である。

2 (1) **【解き方】直線ℓの式を$y=sx+t$として，2点A，Bの座標を代入することで，連立方程式をたてる。**

A，Bは放物線$y=2x^2$上の点で，x座標がそれぞれ$x=-\frac{1}{2}$，$x=1$だから，Aのy座標は$y=2\times(-\frac{1}{2})^2=\frac{1}{2}$，Bの$y$座標は$y=2\times1^2=2$

直線$y=sx+t$は，A$(-\frac{1}{2}, \frac{1}{2})$を通るので，$\frac{1}{2}=-\frac{1}{2}s+t$，B(1，2)を通るので，$2=s+t$が成り立つ。

これらを連立方程式として解くと，$s=1$，$t=1$となるので，直線ℓの式は，$y=x+1$となる。

(2) **【解き方】ℓ//mより，△ABD＝△ABFである。右の「座標平面上の三角形の面積の求め方」を利用して，EFの長さ→Fの座標→直線mの式，の順で求める。**

座標平面上の三角形の面積の求め方

下図において，△OPQ＝△OPR＋△OQR＝△OMR＋△ONR＝△MNRだから，△OPQの面積は以下の式で求められる。

$\triangle OPQ=\frac{1}{2}\times OR\times$（PとQの$x$座標の差）

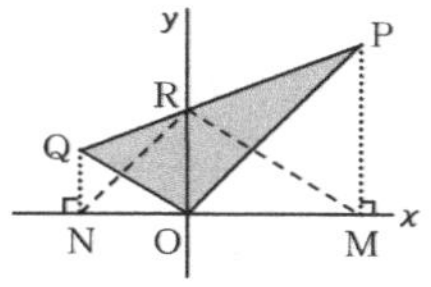

△ABD＝6のとき，△ABFの面積について，

$\frac{1}{2}\times EF\times$（AとBの$x$座標の差）＝6

$\frac{1}{2}\times EF\times\{1-(-\frac{1}{2})\}=6$　$\frac{3}{4}EF=6$　$EF=8$

よって，OF＝1＋8＝9だから，F(0，9)

直線mの傾きは直線ℓの傾きに等しく1であり，切片はF(0，9)だから，式は，$y=x+9$である。

(3) **【解き方】Cのx座標をp，Dのx座標をqとして，直線mの傾き，四角形AEFCと四角形EBDFの面積比について，pとqの連立方程式をたて，pとqの値を求めることで，直線mの式を求める。その際，放物線$y=ax^2$上にあるx座標がそれぞれb，cとなる2点を通る直線は，傾きが$a(b+c)$，切片が$-abc$で求められることを利用する。**

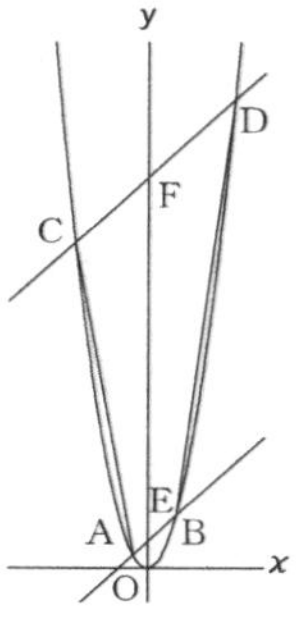

直線mの傾きは1だから，$2(p+q)=1$より，$p+q=\frac{1}{2}$…①

四角形AEFCと四角形EBDFは高さの等しい台形だから，（上底）＋（下底）の比は，面積比に等しく3：4となる。よって，（AE＋CF）：（BE＋DF）＝3：4

3点A，B，Eと3点C，F，Dはすべて平行な直線上にあるので，

（AE＋CF）：（BE＋DF）＝{（AとEのx座標の差）＋（CとFのx座標の差）}：{（BとEのx座標の差）＋（DとFのx座標の差）}＝$\{\frac{1}{2}+(-p)\}:(1+q)=(-p+\frac{1}{2}):(q+1)$

よって，$(-p+\frac{1}{2}):(q+1)=3:4$だから，$4(-p+\frac{1}{2})=3(q+1)$　$4p+3q=-1$…②

①，②を連立方程式として解くと，$p=-\frac{5}{2}$，$q=3$となる。

よって，直線mの切片は$-2\times(-\frac{5}{2})\times3=15$だから，直線mの式は，$y=x+15$である。

3 **【解き方】一の位の数だけを考えればいいので，3を何回かかけあわせていくとき，計算結果の一の位だけに3をかけることをくり返し，一の位の数の変化を調べる。一の位の数は，3→3×3＝9→9×3＝27→7×3＝21→1×3＝3→…，と変化するので，3，9，7，1という4つの数がくり返される。**

(1) 13÷4＝3余り1より，3を13回かけると，一の位の数は「3，9，7，1」を3回くり返し，その後3と変化するので，$\langle 3^{13}\rangle=3$

(2) 一の位の数の変化を考えるので，(1)と同様に考えられる。2022÷4＝505余り2より，3を2022回かけると，一の位の数は「3，9，7，1」を505回くり返し，その後3，9と変化するので，$\langle 3^{2022}\rangle=9$

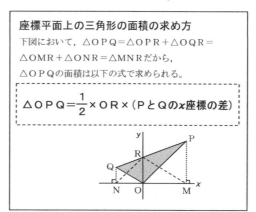

(3)　(1)，(2)より，求める値は，$(3+9+7+1)\times505+3+9=10112$

4　(1)(a)　カードの引き方は，1～10の10通りある。そのうち，4枚の円板が黒となるのは4，6を引いたときの2通りあるので，求める確率は，$\frac{2}{10}=\frac{1}{5}$

(b)　2枚のカードの数の和は$1+2=3$以上$9+10=19$以下である。そのうち，図4のようになるのは，和が11になるとき(6のときは図4と白黒が逆になる)だから，考えられるカードの組み合わせは，(1，10)(2，9)(3，8)(4，7)(5，6)の5組ある。

(2)(a)　**【解き方】Aさん，Bさんの裏返した枚数の合計について，xの方程式をたてる。**

Aさんについて，右端の円板を1回目に白から黒に裏返すのは10枚裏返したときで，2回目に白から黒に裏返すのは，さらに$10\times2=20$(枚)裏返したときだから，裏返した枚数の合計は，$10+20=30$(枚)

Bさんについて，左端から2番目の円板を1回目に白から黒に裏返すのは2枚裏返したときで，2回目に白から黒に裏返すのは，さらに$x\times2=2x$(枚)裏返したときだから，3回目に裏返したとき，裏返した枚数の合計は，$2+2x\times2=4x+2$(枚)　　よって，$30=4x+2$　　$4x=28$　　$x=7$

(b)　**【解き方】すべての円板が黒になるのは，右端の円板を白から黒に裏返したときである。(a)をふまえる。**

裏返せる枚数の合計は，最大で，$1+2+3+4+5+6+7+8+9+10=55$(枚)

Aさんの円板がすべて黒になるのは，裏返した枚数の合計が，㋐10枚，30枚，50枚のときである。

Bさんについて，右端の円板を1回目に白から黒に裏返すのはx枚裏返したときで，ここから，さらに$2x$枚裏返すごとに円板がすべて黒になる。よって，Bさんの円板がすべて黒になるのは，裏返した枚数の合計が，㋑x枚，$3x$枚，$5x$枚，$7x$枚，…となるときである。

裏返した枚数の合計の値は，下線部㋐から偶数でなければならず，下線部㋑も偶数になることから，xは10未満の偶数で，2，4，6，8のいずれかである。

$x=2$のとき，$5\times2=10$，$15\times2=30$，$25\times2=50$のように，㋐の値になる。

$x=6$のとき，$5\times6=30$のように，㋐の値になる。xが4か8のとき，㋑のいずれも㋐の値になることはない。

よって，考えられるxの値は，2，6である。

《2022　英語　解説》

I　【本文の要約】参照。

問2　的からの距離の話だから，えが適当。

問3　e)「ヘリゲルは教授として日本に来ました」→d)「ヘリゲルは，弓道を習い始めました」→a)「ヘリゲルは2メートル離れた的を射る練習をしました」→c)「ヘリゲルは，30メートル離れた的に命中させることができませんでした」→b)「ある晩，研造は暗闇で2本の矢を放ちました」

問4(1)　あ「ヘリゲルは×弓道を習うために日本に来ました」　い○「研造は，実際の的を射る前に，初心者は弓道の基本的な型を学ぶべきだと考えました」　う「ヘリゲルは研造の教え方に×満足していました」

(2)　あ×「ヘリゲルは有名な弓道の先生に出会ったため，弓道を習うことを決意しました」…本文にない内容。い○「研造は重要なのは良い姿勢で射ることだと思っていました」　う「弓道の基本を学んだあと，ヘリゲルは簡単に的を射ることができました」…本文にない内容。　(3)　あ×「ある晩，研造の矢は全く的に命中しませんでした」…本文にない内容。　い×「ヘリゲルは暗闇で的が見えなかったので悲しくなりました」…本文にない内容。う○「ヘリゲルは研造が2回目に矢を放ったあとに変な音を聞きました」

【本文の要約】

(A)1920 年代，問３e)オイゲン・ヘリゲルというドイツ人教授は，仙台の大学で哲学を教えるために日本に移住しました。日本にいる間に，彼は日本の文化について学びたいと思っていました。問３d)彼は日本式アーチェリーの弓道を習うことを決意しました。その後，彼は阿波研造という有名な弓道の先生を見つけました。問４(1)い研造は，初心者は本物の的に向かって射る前に弓道の基本的な型を学ぶべきだと考えました。問３a)実際，最初の４年間の訓練の間，ヘリゲルは２メートル離れたわらを巻いたものをめがけて射ることしかできませんでした。

ヘリゲルは研造の教え方があまりにもア か時間がかかる(＝slow)と思いました。しかし，研造は次のように話しました。「目標に到達するのにどれだけ時間がかかるかは重要ではありません。重要なのは，目標を達成する方法です」

ついにその日が来ました！ヘリゲルは約 30 メートル離れた本物の的を射る機会を得ました。問３c)ヘリゲルは的めがけて矢を放ちましたが，彼の矢は全く的に命中しませんでした。数日間努力したあと，ヘリゲルはとても悲しくなりました。彼は言いました。「近い的で練習したことしかないせいで，的に命中させることができません。どうやって遠くの的に命中させればいいのかわかりません！」

研造はヘリゲルを見て言いました。「問４(2)い重要なのは，的に命中させられるかどうかではありません。正しい姿勢で無心で射ることが重要です」

ヘリゲルはいらいらしていたので，言いました。「そうですね，それが本当なら目隠しで的を射ることができるはずです！」

研造は静かに聞き，それから彼は言いました。「今夜，私に会いに来なさい」

夕方，日が暮れると，ヘリゲルは再び研造に会いに行きました。夜だったので，暗闇の中で的を見るのはイ え不可能(＝impossible)でした。弓道師範はいつも通りの一連の動作を行いました。問３b)彼は静かに立ち，弓の糸をしっかりと引き，闇の中に最初の矢を放ちました。

ヘリゲルはその音から，矢が的に当たったことがわかりました。

問４(3)う研造は２本目の矢を引き，最初の矢のように闇の中に放ちました。今回は変な音がしました。

研造は微動だにしませんでしたが，ヘリゲルは的を見るために走って庭を横切りました。彼は矢を見て驚きました。著書『Zen in the Art of Archery』の中で，ヘリゲルは「私が明かりをつけたとき，１本目の矢が的のちょうど真ん中に突き刺さっており，その上，２本目の矢が最初の矢を引き裂くようにして的に突き刺さっていたことに驚きました」とつづりました。研造は的を見ることなく，２度も的の中心に命中させました。

弓道師範は，弓道はウ う目(＝the eyes)だけで行うものではないと言います。全身，つまり立っている時の姿勢，弓の持ち方，息使いで行います。これらはすべて見ることと同じくらい重要なのです。

問５　「あなたは矢を射たあとに(　　)」…第２段落３～４行目より，え○「動かずに的を見続けます」が適切。あ×「的を見に行きます」，い「アドバイスをもらうためにコーチのところに行きます」，う「矢を回収するために的のところに行きます」は不適切。

問７(a)　剣道の例は第２段落１～２行目に書かれている。　(b)(c)　茶道の例は第３段落１～３行目に書かれている。　(d)(e)　ことわざの例は第４段落に書かれている。２～４行目参照。

問８　あ「あなたは相手を投げたあと，次の攻撃を考える」　い×「あなたは１本勝ちをした直後に，喜びで跳び上がる」…残心(残身)の考え方では一本勝ちしたあとも集中し続けなければならない。　う「あなたは試合の最中もあとも常に注意を怠らない」

【本文の要約】

(B)残心(残身)という日本語を知っていますか？空手，柔道，弓道などの武道で使われる言葉です。試合中あなたはすべてに注意を払います。試合が終わって体が落ち着いても，集中し続けるべきです。これが残心(残身)です！

例えば，問７(a)剣道では，常に集中力を保ち，相手の攻撃に備えていなければならないということです。弓道では，矢が放たれたあとも，問５え心身ともに射る姿勢を保ち，矢が当たった場所に視線を集中させるべきだということです。

この考え方も日本文化の一部です。問７(b)(c)茶道では，会が終わって客が帰ったあと，昼間に何をしたか思い返すべきです。別れたあとも，客のことを考えるのが茶道の残心(残身)の一種です。それはおもてなしの精神に似ています。

有名な日本のことわざに「勝って兜の緒を締めよ」という言葉があります。それは「勝利したあとに油断するな」という意味です。問７(d)(e)注意するのをやめず，勝ったときこそ集中しなさい。戦いは終わっていません。ポイントは，目標を達成する前も後も集中することです。このことわざは残心(残身)に似ていると思うかもしれません。

Ⅱ 【本文の要約】参照。

問１　友人に頼まれごとをしたとき，yes と言うのは no と言うよりも簡単だという文にする。直後に than があるので，比較級の easier にする。

問２　直前の no の文に対して，But「しかし」と続いているので，②には yes が入る。友人からの頼まれごとに yes と言うことで，たくさんのことができなくなるので，③には no が入る。

問３　直後の１文「あなたが no と言うと，自分のために時間を使うことができます」より，相手の頼みに no と言えるようになると自分自身が助かる(＝help)ということである。

問４　あ○「友情のために，人々は時々，やりたくないことにも yes と言います」　い×「友達のペットの世話をするのは，自分の時間を使うよい方法です」…本文にない内容。　う×「もし友達をたくさん作りたいなら，あなたが頼まれたすべてのことに yes と言わなければなりません」…本文にない内容。　え「もしあとで何かをしたくないなら，あなたは今日それをすべきです」…本文にない内容。　お○「もし金曜日の夜に仕事をすることに対して no と言えば，時間を自由に使えます」

問５　【会話文の要約】参照。　(1)（イ），（ウ），（エ），（カ）に yes が入るので，４つである。　(2)無理に難しい表現は使わなくてもいいので，文法・単語のミスがないこと，そして内容が一貫していることに注意しながら文を書こう。６語以上 12 語以内の条件を守ること。(no の例文)「もし私が君だったら，no と言うだろうね。勉強の方が大切だし，テストのあとカラオケを歌うことができるよ」

【本文の要約】

誰かに何かを頼まれたら，あなたはいつも yes と言いますか？そうすると，あとでやることが多すぎて忙しすぎると感じますか？あなたは自分自身に「自分は本当に yes と言ったことをすべてやりたいのか？」と問いかけるべきです。時には，あなたの答えは「No」です。でも，no と言うのは難しいかもしれません。例えば，友達があなたに，夏にアメリカに行く間の２週間，３匹の猫の世話をしてほしいと頼んできます。問４あ友情は大切で，友達の笑顔を見て楽しむことができるので，no と言うより yes と言う方が①より簡単(＝easier)だということがわかります。でも，猫のために彼女の家に行けば，それは大仕事だと思うかもしれません！おそらく「なぜ自分は yes と言ってしまったのだろう？」と自問自答するかもしれません。

yes と no の違いを考えてみてください。no と言うことは，たった１つのことに対して no と言うということです。しかし，あなたが②yes と言うということは，他のたくさんのことに対して③no と言わなければならないということです。例えば，２週間友人の猫の世話をするということは，その間はあまり眠れず，雨の日でも家にいることができず，自分のバカンスにも行けないということです。あなたはたくさんのことができません！

もちろん，いつも no と言うべきではありません。あなたがいつも全てのことに no と言うと，人々はあなたと一緒に働きたくなくなります。しかし，no と言えるようになることは，時にあなた自身を④助けて(＝help)くれます。あなたが no と言うと，自分に時間を使うことができます。もし金曜日の夜遅くまで働くことに対して no と言えば，夜は家で家族と一緒に過ごすことができます。だから，自分が本当にやりたいことにだけ yes と言えばいいんです。次に誰かに何かを頼まれたら，yes と言うことと no と言うことの違いを考えてみてください。あなたの時間はとても大切なので，本当にやりたいことをして過ごすのが一番です。

【会話文の要約】

A：僕は人に(ア)no と言うのが得意ではありません。それでいつもただ yes と言ってしまいます。

B：君は親と先生に(イ)yes だけ言うってこと？

A：ええ，でも友達でも同じです。例えば，この前の日曜日に，僕は宿題がたくさんあったのですが，友達に映画を観に行こうと誘われて，(ウ)yes と言ってしまいました！

B：宿題を仕上げることはできたの？

A：はい，でも仕上げるのに一生懸命がんばらなければならなかったので，翌日の学校でとても疲れてしまいました。宿題について言うと，僕には，いつも宿題を忘れて僕に写させてくれと頼む友達がいます。

B：そのとき，君は何て言うの？

A：もちろん，僕は(エ)yes と言います。僕は(オ)no と言うべきだと思いますか？

B：そうだね。もしいつも君が彼に宿題を見せていたら，彼は自分でそれをやらないよ。また，君の友達が君のことを「(カ)yes guy」だと思えば，他の人も頼み事をしてくるだろうね。

A：実際に，今日テニス部の部員が，何かするように頼んできました！

B：本当に？彼は君に何を頼んだの？

A：火曜日に一緒にカラオケに行こうと誘われましたが，テストは木曜日からです。どう言うべきでしょうか？

B：もし私が君だったら，(2)(yes の例文)yes と言うだろうね。なぜなら，(2)(例文)カラオケで歌って楽しめて，水曜日に勉強することができるからだよ。

Ⅲ (1) It has been seven months since the last time we traveled by Shinkansen.：It has been＋期間＋since the last time～.「最後に～以来(期間)が経ちました／～するのは(期間)ぶりです」の構文。

(2) I think that bank is about a five-minute walk from here.：I think (that)～.「私は～だと思います」の構文。「約５分歩いたところに」＝a five-minute walk　「ここから」＝from here

(3) They became friendly enough to tell each other their e-mail address.：〈…enough＋to ～〉「～するほど…／～するのに十分…」を使った文。「(人)に(物)を言う／教える」＝tell＋人＋物

(4) The people who live here love their hometown.：関係代名詞(＝who)と語句(＝live here)がうしろから名詞(＝people)を修飾する形にする。

(5) The temple which has a famous garden was built in the Muromachi period.：関係代名詞(＝which)と語句(＝has a famous garden)がうしろから名詞(＝temple)を修飾する形にする。

Ⅳ (1) あ：few→little：water のような数えられない名詞では，little ～「ほとんど～ない」を使う。

(2) あ：what she likes color→what color she likes：間接疑問文であっても，「何色？」と尋ねる時と同様に〈疑問詞＋名詞〉の語順にする。

い：where is the station→where the station is：文中に疑問文を含む間接疑問の文だから，疑問詞のうしろは肯定文の語順になる。

(3) い：long river→the/a long river：river には冠詞を付ける。

(4) あ：for→to：・teach＋もの＋to＋人「(人)に(もの)を教える」

い：looked like→looked：・look＋形容詞「～そうに見える」　・look like ＋名詞「～のように見える／～に似ている」

《2022　理科　解説》

1 **問1**　図３より，このばねは0.6Nで２cmのびることがわかる。120ｇのおもりにはたらく重力は$\frac{120}{100}=1.2$(N)だから，120ｇのおもりをつけたときのばねののびは$2\times\frac{1.2}{0.6}=4$(cm)である。

問2　60ｇの物体にはたらく重力は0.6Nである。図４のように60ｇのおもりをばねの両側につるしたときも，60ｇのおもりをつけたばねを図２のように天井からつるしたときも，ばねは両側から0.6Nの力で引かれて静止している(ばねにはたらく力がつり合っている)。よって，図４のばねののびは，天井からつるしたばねに60ｇのおもりをつけたときと同じ２cmである。

図Ｉ

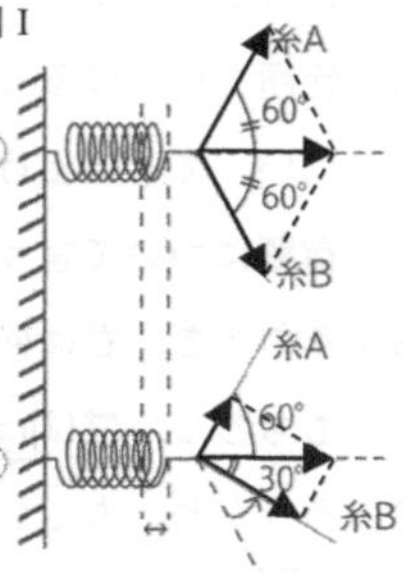

問3　ＡとＢがばねを引く力をとなり合う２辺とする平行四辺形の対角線が２力の合力であり，ばねののびと向きを変えないから，①と②でＡとＢがばねを引く力の合力は同じになる。したがって，図Ｉのように作図でき，①は正三角形を２つ組み合わせた平行四辺形(ひし形)，②は１つの角が60度の直角三角形を２つ組み合わせた平行四辺形(長方形)の対角線が合力となる。①において，ＡとＢのそれぞれがばねを引く力の大きさと合力の大きさは等しい。②において，Ａがばねを引く力は合力の$\frac{1}{2}$，Ｂがばねを引く力は合力の$\frac{\sqrt{3}}{2}$とわかる(１つの角が60度の直角三角形の３辺の長さの比は$1:2:\sqrt{3}$)。よって，ＡもＢも①のときより小さくなる。

問4　図６のようにばね２本を並列につなぐと，おもりの重さがそれぞれのばねに均等にかかるから，おもりにはたらく重力は$\frac{1}{2}$倍になり，ａは図２のばねののびの$\frac{1}{2}$倍になる。したがって，グラフの傾きは図３より小さくなる。また，図７のようにばね２本を直列につなぐと，それぞれのばねにおもりの重さがかかるから，それぞれのばねののびは図２のばねののびと同じになり，ばね２本ののびの和であるｂは図２のばねののびの２倍になる。したがって，グラフの傾きは図３より大きくなる。

問5　270ｇ→2.7Nだから，問４解説より，ばね１本にかかる力は，$\frac{2.7}{3}=0.9$(N)である。よって，$2\times\frac{0.9}{0.6}=3$(cm)である。

問6　図10のように直列につないだときは，ばね３本を合わせた長さが10cmになるようにすればよいから，$10=2.5\times2+5$より，Ａ２本とＢ１本をつなげばよい。また，図11の④のように２本のばねを並列につなぐと，ばねののびは同じ長さのばね１本のときの半分になるから，$10=5\div2+7.5$より，④をＢ，⑤をＣにすればよい。

2 **問1**　ウ○…水酸化カルシウムは水に溶けると，水酸化物イオンを生じる〔$Ca(OH)_2\rightarrow Ca^{2+}+2OH^-$〕。このように水溶液中で電離して水酸化物イオンを生じる物質をアルカリという。

問2　オ○…カルシウムイオン〔Ca^{2+}〕は，カルシウム原子が(－の電気を帯びた)電子２個を失って，＋の電気を帯びた陽イオンである。

問3　硫酸に水酸化カルシウム水溶液を加えると，中和によって，硫酸カルシウム(水に溶けにくい塩《えん》)と水ができる〔$H_2SO_4+Ca(OH)_2\rightarrow CaSO_4+2H_2O$〕。

問5　沈殿の質量と中和した水酸化カルシウム水溶液の体積は比例する。水酸化カルシウム水溶液10mLがすべて中和すると27.2mgの沈殿ができ，うすい硫酸50mLがすべて中和すると102mgの沈殿ができるから，うすい硫酸50mLを完全に中和する水酸化ナトリウム水溶液は，$10\times\frac{102}{27.2}=37.5$(mL)である。

問6　イ○…この実験で中和が起こると，水と水に溶けにくい塩《えん》ができるので，中和が起こると水溶液中のイオンの数は減っていき電流は流れにくくなる。うすい硫酸と水酸化カルシウム水溶液がちょうど中和したとき水溶液中のイオンの数は０になるので電流は流れなくなる。そのあとは，水酸化カルシウム水溶液を加えても中和は起こらないので水溶液中のイオンの数は増えて，電流が流れるようになる。

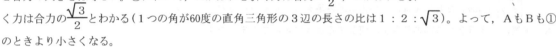

3 問１　ヨウ素溶液はデンプンに反応して青紫色に変化する。ベネジクト溶液は麦芽糖のようなデンプンが分解された物質があるとき，加熱すると赤褐色になる。デンプンは水では変化しないのでAは青紫色になる。また，デンプンはだ液によって麦芽糖などになるので，ｂは赤褐色になる。

問４　だ液にはアミラーゼというデンプンを分解する消化酵素が含まれている。

問５　ウ○…小腸の内壁にはひだがあり，ひだの表面は柔毛という小さな突起におおわれている。この無数の柔毛があるため小腸の表面積は非常に大きく(テニスコートくらいの大きさに)なり，養分の吸収が効率よく行われる。

問６　③×…肝臓でつくられた胆汁という消化液は胆のうにためられる。胆汁は消化酵素を含まないが，脂肪の消化を助けるはたらきがある。⑤×…小腸の壁の消化酵素はデンプンとタンパク質を最終的にブドウ糖とアミノ酸に分解するが，脂肪にははたらかない。⑥×…消化管は，口→食道→胃→小腸→大腸→こう門とつながる食べ物の通り道となる一本の管のことである。

4 問２　①はユーラシアプレート，②はフィリピン海プレート，③は太平洋プレート，④は北アメリカプレートである。

問３　イ○…④が大陸プレート，③が海洋プレートであり，海洋プレートは大陸プレートを引きずりこむようにして，大陸プレートの下にもぐり込んでいく。

問５　初期微動を起こす波をＰ波，主要動を起こす波をＳ波といい，Ｐ波とＳ波は同時に発生する。Ｐ波の方がＳ波よりも速さが速いため，震源から遠いほど初期微動継続時間が長くなり，初期微動継続時間は震源からの距離に比例する。Ｘの震源からの距離を$x$kmとすると，初期微動継続時間について，$\frac{x}{3}-\frac{x}{5}=4$が成り立つ。$x=30$より，Ｘの主要動開始時刻は，地震発生時刻の30÷３＝10(秒後)だから，地震発生時刻は18時25分２秒である。また，ＸとＺの震源からの距離の比は，４：12＝１：３となるから，震源は線分ＸＺを１：３に分ける点(13，22)(Ｍとする)を通り，線分ＸＺに垂直な直線(図Ⅱ太線)上にあると分かる。さらに，ＸとＹの震源からの距離の比は４：６＝２：３であり，図Ⅱより，ＸＭ：ＹＭ＝６：９＝２：３であることから，Ｍ(13，22)が震源であるとわかる。

図Ⅱ

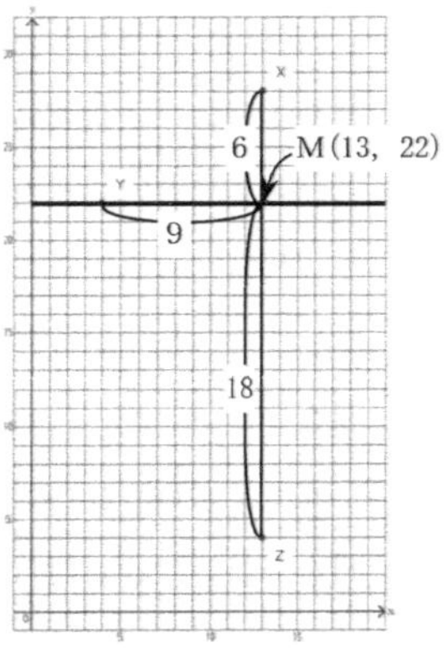

《2022　社会　解説》

1 問１　カ　　鹿児島市(鹿児島県)，甲府市(山梨県)，函館市(北海道)は，緯度差が大きいから，冬の気温を比べるだけで見分けがつく。氷点下まで下がるＡは函館市，次に気温が低いＢが甲府市，最も温かいＣが鹿児島市。

問２　大輪田泊　　武士として初めて太政大臣に就いた平清盛は，日宋貿易の利益に着目し，大輪田泊を修築・瀬戸内海の航路の整備をした。また，航路の安全を祈願して，氏神である厳島神社に経典を奉納した(平家納経)。

問３⑴　ア　　Ａはキリスト教だからＸ，Ｂはイスラム教だからＹ，Ｃはヒンドゥー教だからＺである。世界三大宗教は，キリスト教・イスラム教・仏教で，ヒンドゥー教は多くの国・民族で信仰されていないため，三大宗教に含まれない。　⑵　精神　　自由権には，精神の自由，生命・身体の自由，経済活動の自由がある。

問４　イ　　ア．「ヨーロッパの国々が独立して政治を行う」の部分が誤り。ウ．「ＷＨＯ」は「ＷＴＯ」の誤り。エ．多国籍軍が攻撃したのは，クウェートに侵攻したイラクであり，この湾岸戦争は1991年の出来事である。

問５　ア　　Ｘ．正しい。Ｙ．正しい。Ｚ．誤り。アイヌ民族支援法では，アイヌ民族への差別の禁止や，観光・産業振興などへの支援のための交付金の創設が明記された。

2 問１　ウ　　気温や降水量の季節による差が小さいウの西岸海洋性気候の雨温図を選ぶ。アは地中海性気候(夏に乾燥し冬に雨が降る温帯気候)，イは温暖湿潤気候(夏に雨が多く冬に雨が少ない温帯気候)，エはサバナ気候(雨季と乾季がある熱帯気候)。

問２　カ　　フランスは，モロッコなどの北西部から横断するように侵攻し，イギリスはエジプトなどの北東部から縦断するように侵攻したことを覚えておきたい。その結果，スーダン付近でイギリスとフランスが衝突し，ファショダ事件が発生した。

問３　モーダルシフト　　温室効果ガスである二酸化炭素の排出量が多いトラック輸送から，二酸化炭素の排出量が少ない船舶輸送や鉄道輸送に切り替えることをモーダルシフトと呼ぶ。

問４　ア　　アマゾン川流域は，熱帯雨林が広がる平原地帯である。イにはアンデス山脈，ウにはヒマラヤ山脈がある。エのニュージーランドは，島全体が山がちである。

問５　イ　　図３にブリュッセルと書かれている。ブリュッセルはベルギーの首都である。アはロンドン，ウはベルリン，エはベルン，オはローマ。

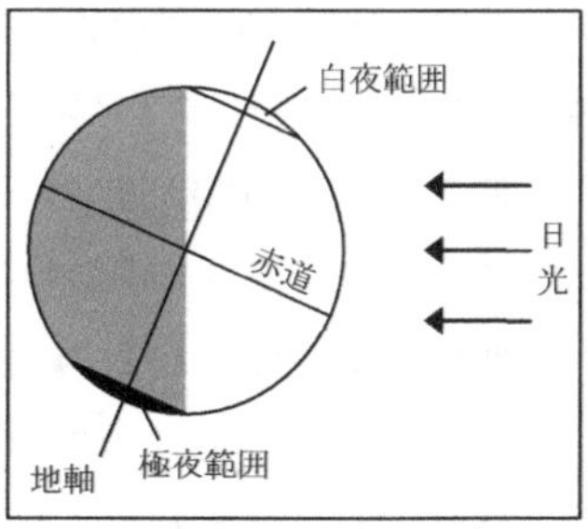

問６　Ｙ＝季節(太陽高度)　Ｚ＝日照時間　　右図は，北半球が夏のときを表している。地球は，交点面に立てた垂線に対して，地軸を23.4度傾けた状態で公転しているので，北極圏や南極圏が白夜・極夜の範囲になる。

3　問１　イ　　ウ(十七条の憲法・飛鳥時代)→ア(国分寺の建立・奈良時代)→イ(天台宗，真言宗の流行・平安時代前半)→エ(浄土信仰・平安時代中期)

問２(1)　エ　　縄文時代に竪穴住居がつくられはじめ，定住生活が始まった。ア．縄文時代に，海面が上昇し，日本列島と大陸が分かれた。イ．ムラとムラの争いが起き始めるのは，稲作が始まった弥生時代以降である。ウ．古墳時代の記述である。　(2)　イ　　朝鮮半島で高句麗・百済・新羅の三国が争ったのは，５世紀の古墳時代である。

問３　ウ　　徳川吉宗は，自らが享保の改革を行った。新井白石は，６代家宣・７代家継に仕えた儒学者で，彼の改革は正徳の治と呼ばれる。

問４　ア　　鎌倉時代の将軍の補佐役である執権は，北条氏が代々世襲した。有力な守護大名が交代で将軍の補佐役を務めたのは室町時代の管領である。

問５(1)　陸奥宗光　　陸奥宗光は，領事裁判権の撤廃，下関条約の全権として活躍した外務大臣である。

(2)　イ　　ウ(五・一五事件，1932年)→エ(二・二六事件，1936年)→イ(国家総動員法の制定，1938年)→ア(東條英機内閣成立，1941年)

4　問１　中小　　日本の中小企業と大企業について，企業数の比は99.7：0.3，従業員数の比は68.8：31.2，製造品出荷額等の比は，52.9：47.1(2020年時点)

問２　イ　　ア．「必ず配当を行う」の部分が適当でない。業績によって配当が行われないこともある。ウ．「企業の実際の利潤が株価の変動に影響することは絶対にない」の部分が適当でない。ある企業が新たな技術を開発し利益を増やしたといった情報が流れれば，当然株価は上昇する。エ．「株主は企業の借金などの全責任を負う」の部分が適当でない。株主は，出資した株式以外に責任を負う必要はない。これを株主の有限責任と言う。

問４　ウ　　Ｘ．「少なくとも週２日以上」の部分が誤り。労働基準法では，週１日以上の休日が保障されている。Ｙ．正しい。東南アジアから多くの外国人技能実習生を受け入れている。

問５(1)　ア　　男女の同一賃金を原則とすることを定めたのは，男女雇用機会均等法ではなく労働基準法である。

(2)　エ　　Ｘ．「法律案は，必ず先に衆議院で審議しなければならない」の部分が誤り。必ず先に衆議院で審議しなければならないのは予算案である。Ｙ．「衆議院に対してのみ認められている」の部分が誤り。国政調査権は，衆議院・参議院のどちらにも認められている。

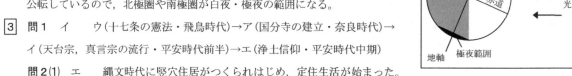

愛知高等学校

《国　語》

一　問一．①開催　②創造　問二．A．オ　B．エ　C．ア　問三．最初…美術作品　最後…的だった
問四．イ　問五．オ　問六．(1)エ　(2)イ　(3)ア　問七．エ　問八．したたかさ　問九．ウ

二　問一．A．ア　B．オ　問二．エ　問三．自分の気持ちと体にぴったりする　問四．ウ　問五．イ，エ
問六．ウ　問七．(その)文体に表れるもの　問八．生きて行く中で常に大小の選択をしている　問九．ア

三　問一．ウ　問二．ウ　問三．衣更　問四．滝の裏より見れば　問五．カ

《数　学》

1　(1) 1　(2) $-\frac{2\sqrt{3}}{3}$　(3) $\frac{1}{72}$　(4) $-\frac{1}{2}$　(5) m＝43　n＝47　(6) 151　(7) －２，$-\frac{1}{2}$，$\frac{1}{2}$　(8) $\frac{4b}{4-\pi}$
(9) $\frac{3}{4}\pi$　(10) 5.5　(11) ① 9　② 8

2　(1) a＝2　b＝1　(2) (－１，２)　(3) $(\frac{1}{3}, \frac{1}{3})$

3　(1) $650x+2000 \leqq 10000$　(2) (う)　(3) A＋B　(4) 12

4　(1) 11　(2) 13

《英　語》

I　問１．い　問２．four seasons〔別解〕each season　問３．罰金　問４．う　問５．い

II　問１．う　問２．い　問３．B．い　C．い　D．あ　問４．え

III　1．い　2．う　3．い　4．あ　5．う

IV　(1)●do　▲without　(2)●it　▲here　(3)●asked　▲I　(4)●a friend　▲made

V　い，お，き

VI　(例文) I stayed home and studied or watched YouTube videos.　I also went to the park to get exercise and meet my friends.

《理　科》

1　問１．6000　問２．イ，エ　問３．オ　問４．(1) 80　(2) 1.5　(3) 0.8

2　問１．2.79　問２．$2Ag_2O \rightarrow 4Ag + O_2$　問３．イ　問４．エ，カ
問５．ガラス管を水から出す。　問６．4.65　問７．2.43

3　問１．オ，カ　問２．１　問３．オ　問４．①カ　②エ　問５．(1)ウ，エ　(2)ウ

4　問１．A．イ　B．ア　C．ウ　問２．線状降水帯　問３．右図　問４．オ
問５．996　問６．(1) 22　(2) 48

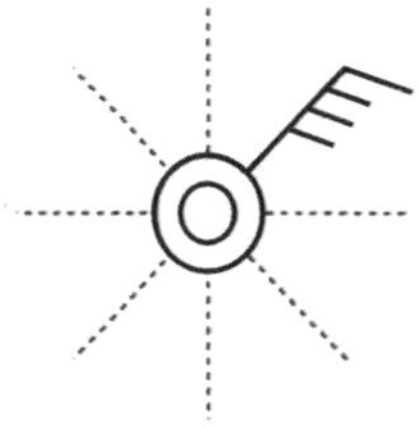

《社　会》

1　問1．イ　問2．ウ　問3．アパルトヘイト　問4．エ　問5．冷戦〔別解〕冷たい戦争

2　問1．1　問2．白豪主義(の政策)　問3．アボリジニ(ー)　問4．ウ　問5．カ
問6．要素…イ　特徴…オ

3　問1．(1)十七条の憲法／憲法十七条／十七条憲法 のうち1つ　(2)ア　(3)エ　問2．(1)ア　(2)下剋上
問3．エ　問4．(1)イ　(2)御成敗式目〔別解〕貞永式目

4　問1．ウ　問2．ア　問3．イ，エ　問4．ア　問5．ア　問6．イ
問7．録画・録音〔別解〕録音・録画

←解答例は前のページにありますので，そちらをご覧ください。

《2021　国語　解説》

一 **問三**　バンクシーがシュレッダーを取りつけた経緯が書かれている、傍線部❷のある段落を参照。「バンクシーは美術作品をお金の価値でしか判断しないオークションという制度に徹底的に批判的だったのです」より。

問四　「いびつな」とは、「ゆがんだ」という意味。バンクシーのプロジェクト「シュレッダー事件」に見られるいびつさとは何か。前文の「その意味では」が指す内容を読み取る。それは、「裁断でこの作品は絵画としては破壊されてしまったにもかかわらず、現代美術の作品としては価値が上がってしまった～落札者は～落札価格どおりで購入～オークション会場で作品が裁断されるという前代未聞《みもん》の出来事によって～落札価格の二倍にもなったのではないか」という驚きを世にもたらしたこと。この内容を説明しているイが適する。

問五　ここでの「矛盾」とは、直前の「ありとあらゆる制度批判が、過激であればあるほど、マーケットの中で高く評価され、新たな商品として消費されるようになる」こと。「皮肉」にもそうなった、つまり、本来のねらいとは違う結果だということ。傍線部③の直後の段落でも述べているが、作品をお金の価値でしか判断しない制度を批判するための「シュレッダー事件」が、その話題性によって作品の価格を倍増させることになった出来事に、「皮肉な矛盾」が端的に表れているのである。よって、オが適する。

問六(1)　バンクシーは「『競売にかかったら裁断するために』シュレッダーを数年前に取りつけたことを明らかにしました」(傍線部❷のある段落)とあるので、エが適する。　**(2)**　「私は次のように推察しています」(傍線部④の直後の段落)以降で、「サザビーズがこの仕掛けに事前に気がつかなかったというのも考えにくいことです」と述べていることに、イが適する。「バンクシーが直接サザビーズと交渉をすることはないでしょう」とあるので、ウは適さない。　**(3)**　(2)と同じく筆者の推察で、「会場にいた人の反応を見る限り～まったく予想していないゲリラプロジェクトだったのでしょう」と述べていることから、アが適する。

問七　「シュレッダー事件」が両者にもたらした良い結果とは何か。直前の段落で「サザビーズは～この作品の価値を高めることはあっても、低くすることはないと確信していたのではないでしょうか」「バンクシー側も～自分のほかの作品の価値が上がることはあっても、下がることはないと自信を持っていたと思います」と筆者が考えていることから、双方にとってそのようなプラスがあったことが読み取れる。よって、エが適する。

問九　傍線部④の１～２段落前で「バンクシーのアート・マーケット批判は当初から一貫していますが～シニシズムが色濃く出すぎている～どれだけ過激なこと～をやっても市場の方が回収をしてしまうという一種の諦念(あきらめの気持ち)です」「裁断には、そうした諦念があらかじめ存在したのでは～裁断してもマーケットが回収するだろうというバンクシーの～諦念と結びついているようにどうしても思える」と述べていることに、ウが適する。アの「評価がさらに上がることを見越して～二倍の価格で」、イの「さらなる暴走を生んだ」、エの「巧みに隠すことが可能だった」、オの「裁断された今回の作品ほど～興味深い作品はない」は、本文の内容と異なる。

二 **問二**　ジーンズについて書かれた第1～3段落を参照。エの「自分のふさぎ込んだ感情を解放してくれるものである」ということは本文に書かれていない。

問三　傍線部②は、タキシードなどを着ることに対する印象で、第2段落に「窮屈な服を着たくない～窮屈な組織に縛られたくない」とある。その反対は、ジーンズの「自分の気持ちと体にぴったりする」という感覚。

問四　傍線部③の前に「私」の父は「家では和服～きちんとネクタイをしめる人だった」とあり、筆者が嫌いな「窮屈な服」を着て「私の服装をいつも苦々しく思っていたらしい」とある。そのような父が、窮屈でない「もんぺ」を愛用している姿に、筆者は自分にとってのジーンズと通じるものを感じたのだ。よって、ウが適する。

問五　傍線部④の直後に「サラリーマンは～自ら選んでなったのとは少々違うと思ったからだろう」とあることか

ら、エが適する。また、その後に「自分の意志で選んだ、大多数の人とは違う生き方、もしかすると大多数の人と対立するような生き方をライフ・スタイルの名で呼んだのではないだろうか」とあることから、イが適する。

問六　「スタイルでは律しきれない～心のうちをかいま見て感動した」ことから読み取れること。つまり、ライフ・スタイルが「崩れる」ことで「その人の本質や生き方が見える」ことがあるということ。よって、ウが適する。

問七　「文体」そのものではないことに注意。文学における「スタイル」は「文体」のことであるが、「ではその文体に表れるものはいったい何なのだろう」と述べ、「その文体に表れるもの」を受けて「それ」と言っている。

問八　空欄の後の「そのつながりと、人間の『生き方』そのものこそがライフ・スタイルである」が、第11段落の「ライフ・スタイルとはそういう選択のつながりと～一人の人間の『生き方』そのもののこと」にあたる。よって空欄には、「そういう選択」を説明する内容が入る。それは、第10段落の最後の「私たちは生きて行く一瞬一瞬に～常に自分のライフ・スタイルにつながる大小の選択をしている」というものである。この部分をまとめる。

問九　イ.「ここまでの内容の理解を深める助け」をする問いかけではない。　ウ．第5段落に他者の見解の引用は見られない。　エ.「相違点」ではなく、「目に見えにくくなっている」という共通点について述べている。
オ.「筆者の経験」は書かれていない。

三　**問一**　句の後で、曾良《そら》について説明している。「旅だつ暁《あかつき》、髪を剃《そ》りて、墨染《すみぞめ》に様を変へ」を参照。黒髪山《くろかみやま》に衣替えの日に来て、出発した時の、剃髪して僧衣に着替えた時の気持ちを思い出し、この先の旅の覚悟を新たにしたということ。よって、ウが適する。

問二　「薪水《しんすゐ》」は、薪《たきぎ》を拾い水をくむこと、つまり、炊事を意味する。よって、ウが適する。

問三　【古文の内容】の句の意味を参照。この句の「衣更《ころもがへ》」は、季節の衣替えを意味するだけでなく、旅立ちの際に、墨染の衣(僧衣)に替えた時の気持ちが込められた言葉である。

問四　滝の裏の岩のほらあなにこもるのは、裏側から滝を見るため。

問五　Dは「行く春」なので春の終わり(3月末)。Cは「五月雨」なので5月。Bは「天河《あまのがは》」なので七夕。

【古文の内容】

黒髪山は、霞《かすみ》がかかっているが、(頂に残った)雪がいまだに白い。

　黒髪を剃り捨てたことを思わせる黒髪山に、墨染の衣に替えたことを思わせる衣替えの日に来たことだ　曾良

曾良は、(姓は)河合《かわい》氏で(名は)惣五郎《そうごろう》と言った。私の住まいの近くに住んで、私の家事や炊事の手伝いをしてくれた。このたび松島・象潟《きさかた》のながめを(私と)共に見物することを喜びとし、また、私の旅中の苦労をなぐさめようと、旅立つ朝に、髪を剃って、墨染の衣に姿を変え、惣五《そうご》の名を改めて宗悟《そうご》とする。それで、この黒髪山の句を詠んだのである。「衣更」の二字は、力がこもっているように思われる。

　二十丁余りの山を登って行くと滝がある。岩のほらあなの頂から飛ぶように流れ落ちること百尺で、多くの岩で囲まれた、青々とした滝つぼに落ち込んでいる。岩のほらあなに身をしのばせて入って、滝の裏から(滝を)見るので、「裏見《うらみ》の滝」と申し伝えています。

　しばらくのあいだ滝の裏の岩のほらあなにこもって、夏の修行の初めである

《2021　数学　解説》

1　(1)　与式 $=\frac{7}{9}-(-\frac{1}{2})\div(-\frac{3}{2})^2=\frac{7}{9}-(-\frac{1}{2})\div\frac{9}{4}=\frac{7}{9}+\frac{1}{2}\times\frac{4}{9}=\frac{7}{9}+\frac{2}{9}=\frac{9}{9}=1$

(2)　与式 $=1-\frac{\sqrt{6}}{\sqrt{2}}+\frac{\sqrt{2}}{\sqrt{6}}-1=-\sqrt{3}+\frac{1}{\sqrt{3}}=-\frac{3\sqrt{3}}{3}+\frac{\sqrt{3}}{3}=-\frac{2\sqrt{3}}{3}$

(3)　**【解き方】$\frac{1}{a}-\frac{1}{b}=\frac{b-a}{ab}$ だから，$b-a$ が最小，ab が最大となる a，b の値を考える。**

$b-a$ が最小となるのは，$b-a=1$ となるときである。そのうち，ab が最大となるのは，$a=8$，$b=9$ となるときだから，求める値は，$\frac{1}{8}-\frac{1}{9}=\frac{9-8}{72}=\frac{1}{72}$

⑷　**【解き方】yの変域が$-2 \leqq y \leqq 0$だから，関数$y = ax^2$のグラフは，下に開いた放物線である。**
よって，xの絶対値が大きいほど，yの値は小さくなる。
$-2 \leqq x \leqq 1$では，$x=-2$のときに最小値$y=-2$となるから，$-2 = a \times (-2)^2$　　$4a=-2$　　$a=-\frac{1}{2}$

⑸　**【解き方】2021を素因数分解すると43×47となることを覚えていれば，簡単に解ける問題である。覚えていない場合は，和が一定の2数の積をより大きくするには，2数の差をなるべく小さくすることを利用する。**
40＋50＝90で，40×50＝2000は2021より小さいから，mとnはともに十の位が4の2けたの数である。積の一の位が1であることからmとnの一の位は3と7とわかるので，m＝43，n＝47である。
なお，自分が受験する年度(西暦)の素因数分解は覚えるようにしておこう。ちなみに，2022を素因数分解すると2×3×337となる。

⑹　**【解き方】499以下の数を🄰🄱🄲と表す(A，B，Cはそれぞれ百の位，十の位，一の位)。**
(🄱が5の数の個数)＋(🄲が5の数の個数)－(🄱，🄲がともに5の数の個数)から，5の入った数字のうち499以下の数の個数が求められる。
🄱が5の数は，🄰が0～4の5通り，🄲が0～9の10通りあるから，5×10＝50(個)ある。
🄲が5の数は，🄰が0～4の5通り，🄱が0～9の10通りあるから，5×10＝50(個)ある。
🄱，🄲がともに5の数は，🄰が0～4の5通りある。
したがって，5の入った数字のうち499以下の数は，50＋50－5＝95(個)ある。
500～555までの555－500＋1＝56(個)の自然数はすべて5の数字が入っているので，1～555までの数で，5の数字が入っているのは，95＋56＝151(個)あるから，555は最初から数えて151番目の数字となる。

⑺　**【解き方】3直線が三角形をつくらないのは，「①3直線のうち2直線(またはすべての直線)が平行であるとき。」「②3直線がすべて同じ点で交わるとき。」である。**
①について，平行な直線は傾きが等しいから，$a=-2$，$\frac{1}{2}$のときが条件に合う。
②について，直線$y=-2x-3$…㋐と直線$y=\frac{1}{2}x+2$…㋑との交点の座標を，連立方程式を用いて求める。
㋐に㋑を代入すると，$\frac{1}{2}x+2=-2x-3$　　$x+4=-4x-6$　　$5x=-10$　　$x=-2$
㋐に$x=-2$を代入すると，$y=-2\times(-2)-3=1$となるから，交点の座標は，$(-2,\ 1)$
②になるとき，直線$y=ax$が点$(-2,\ 1)$を通るから，$1=a\times(-2)$　　$-2a=1$　　$a=-\frac{1}{2}$
よって，求めるaの値は，$a=-2,\ -\frac{1}{2},\ \frac{1}{2}$

⑻　**【解き方】1辺がa cmの正方形の面積は，$a \times a = a^2$(cm²)と表せるから，まずはbをa^2の式で表す。**
円の半径は$\frac{a}{2}$cmだから，面積は，$(\frac{a}{2})^2\pi=\frac{\pi}{4}a^2$(cm²)
よって，斜線部分の面積について，$a^2-\frac{\pi}{4}a^2=b$より，$a^2(1-\frac{\pi}{4})=b$　　$a^2\times\frac{4-\pi}{4}=b$　　$a^2=\frac{4b}{4-\pi}$
したがって，正方形の面積は，$\frac{4b}{4-\pi}$cm²と表せる。

⑼　**【解き方】右図のように記号をおく。△ABCと△DAEは，ともに3辺の長さの比が$1:2:\sqrt{3}$の直角三角形であり，AB＝DA＝3cmだから，△ABC≡△DAEである。**
よって，㋐と㋑の面積の和と，㋐と㋒の面積の和が等しいから，㋑と㋒の面積は等しい。

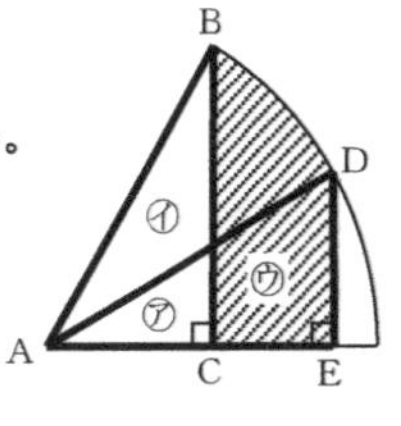

斜線部分のうち，㋒の部分を㋑の部分に移動させると，求める面積は，半径が3cm，中心角が30°のおうぎ形の面積に等しいから，$3^2\pi\times\frac{30^\circ}{360^\circ}=\frac{3}{4}\pi$(cm²)

⑽　**【解き方】(範囲)＝(最大値)－(最小値)が8点であり，G，Hを除く8人の最大値は9，最小値は2だから，G，Hのうち，どちらかは得点が9－8＝1(点)か2＋8＝10(点)となる。**
10人の合計点は6.0×10＝60(点)だから，GとHの点数の和は，60－(9＋5＋9＋6＋3＋9＋4＋2)＝13(点)
一方が1点のときはもう一方が12点となり条件に合わないので，一方(G)が10点，もう一方(H)が3点だとわかる。10÷2＝5より，中央値は小さい(または大きい)順で5番目と6番目の点数の平均であり，小さい順に並べると，2，3，3，4，5，6，…となるから，中央値は，(5＋6)÷2＝5.5

(11) **【解き方】右のように記号をおく。ＡＢ//ＦＧより，△ＥＡＢ∽△ＥＦＧであることを利用する。台形ＡＢＣＤの面積は，正方形5個分の面積と，△ＥＦＧの面積9個分と，△ＧＨＢの面積の和で求められる。**

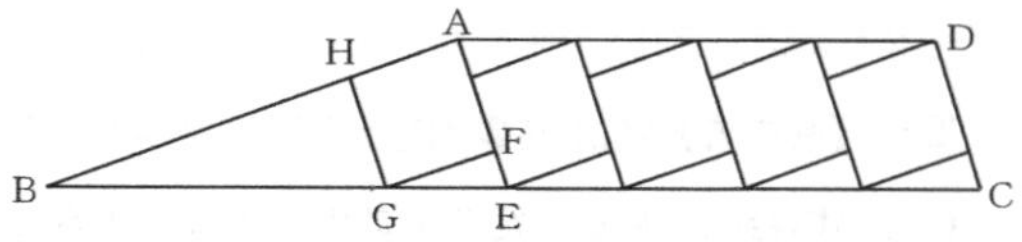

ＥＦ：ＦＧ＝ＥＡ：ＡＢ＝ＣＤ：ＡＢ＝12：4＝3：1だから，ＥＦ：ＦＡ＝ＥＦ：ＦＧ＝3：1，

ＥＡ：ＦＡ＝(3＋1)：3＝4：3となる。ＦＡ＝$\frac{3}{4}$ＥＡ＝$\frac{3}{4}\times 4=3$(cm)なので，正方形の面積は，$3^2=$①9(cm²)

ＥＦ＝ＥＡ－ＦＡ＝4－3＝1(cm)より，△ＥＦＧ＝$\frac{1}{2}$×ＥＦ×ＦＧ＝$\frac{1}{2}\times 1\times 3=\frac{3}{2}$(cm²)

△ＧＨＢ＝$\frac{1}{2}$×ＧＨ×ＨＢ＝$\frac{1}{2}\times 3\times(12-3)=\frac{27}{2}$(cm²)

台形ＡＢＣＤの面積は，$9\times 5+\frac{3}{2}\times 9+\frac{27}{2}=72$(cm²)だから，正方形1個の面積の 72÷9＝②8(倍)である。

2 (1) **【解き方】Ａからx軸に対して垂線をひき，x軸との交点をＨとすると，∠ＡＯＨ＝90°－45°＝45°より，△ＯＡＨはＨＡ＝ＨＯの直角二等辺三角形だとわかる。よって，Ａのy座標はＡのx座標に等しく$y=\frac{1}{2}$である。**

放物線$y=ax^2$はＡ$(\frac{1}{2},\ \frac{1}{2})$を通るので，$\frac{1}{2}=a\times(\frac{1}{2})^2$　　$\frac{1}{4}a=\frac{1}{2}$　　$a=2$

直線$y=bx$はＡを通るので，$\frac{1}{2}=b\times\frac{1}{2}$　　$b=1$

(2) **【解き方】Ｂは放物線$y=2x^2$と直線ＡＢとの交点だから，直線ＡＢの式を求め，連立方程式を解くことで，Ｂの座標を求める。**

直線ＡＢはＣ(0，1)を通るから，式は$y=mx+1$と表せる。Ａを通るから，$\frac{1}{2}=m\times\frac{1}{2}+1$より，$m=-1$

よって，Ｂは放物線$y=2x^2$…①，直線$y=-x+1$…②の交点だから，この2式を連立方程式として解く。

①に②を代入すると，$-x+1=2x^2$　　$2x^2+x-1=0$

2次方程式の解の公式より，$x=\frac{-1\pm\sqrt{1^2-4\times 2\times(-1)}}{2\times 2}=\frac{-1\pm\sqrt{9}}{4}=\frac{-1\pm 3}{4}$

Ａのx座標は$x=\frac{-1+3}{4}=\frac{1}{2}$だから，Ｂの$x$座標は$x=\frac{-1-3}{4}=-1$

②に$x=-1$を代入すると，$y=-(-1)+1=2$となるから，Ｂ(－1，2)

(3) **【解き方】△ＢＣＥ＝△ＯＤＥのとき，△ＢＡＤ＝△ＢＣＥ＋(四角形ＣＥＤＡの面積)，△ＯＡＣ＝△ＯＤＥ＋(四角形ＣＥＤＡの面積)だから，△ＢＡＤ＝△ＯＡＣである。高さの等しい三角形の底辺の長さの比は，面積比に等しいことを利用して，ＯＡ：ＯＤを求める。**

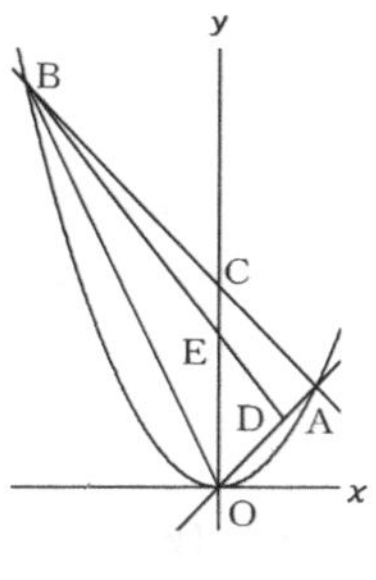

△ＢＡＤ＝△ＯＡＣ＝$\frac{1}{2}$×ＯＣ×(ＯとＡのx座標の差)＝$\frac{1}{2}\times 1\times\frac{1}{2}=\frac{1}{4}$

△ＯＢＣ＝$\frac{1}{2}$×ＯＣ×(ＯとＢのx座標の差)＝$\frac{1}{2}\times 1\times\{0-(-1)\}=\frac{1}{2}$

よって，△ＯＡＢ＝△ＯＡＣ＋△ＯＢＣ＝$\frac{1}{4}+\frac{1}{2}=\frac{3}{4}$だから，

ＯＡ：ＤＡ＝△ＯＡＢ：△ＢＡＤ＝$\frac{3}{4}:\frac{1}{4}$＝3：1となるので，ＯＡ：ＯＤ＝3：(3－1)＝3：2

3点Ｏ，Ｄ，Ａは同一直線上にあるので，(ＯとＡのx座標の差)：(ＯとＤのx座標の差)＝ＯＡ：ＯＤ＝3：2となるから，Ｄのx座標は，(Ａのx座標)$\times\frac{2}{3}=\frac{1}{2}\times\frac{2}{3}=\frac{1}{3}$

Ｄは直線$y=x$上の点でx座標が$x=\frac{1}{3}$だから，y座標は$y=\frac{1}{3}$となるので，Ｄ$(\frac{1}{3},\ \frac{1}{3})$

3 (1) 買った品物の代金は650x円，箱の代金は2000円で，合計の代金が10000円以下になるから，$650x+2000\leqq 10000$

(2) 不等式の両辺から同じ数をひいても，不等号の向きは変わらないから，「(う)　Ａ＞ＢならばＡ－Ｃ＞Ｂ－Ｃ」

(3) Ａ＞Ｂの両辺からxをひくとすると，Ａ－x＝－Ｂ，Ｂ－x＝－Ａが成り立てばよいので，x＝Ａ＋Ｂ

よって，③にあてはまる式は，Ａ＋Ｂである。

(4)　$650x+2000 \leqq 10000$ の両辺から2000を引くと，$650x \leqq 8000$

$650x \leqq 8000$ の両辺を650で割ると，$x \leqq \frac{8000}{650}$ より，$x \leqq \frac{160}{13}$

$12 < \frac{160}{13} < 13$ であり，x は自然数なので，品物は最大で12個買える。

4　(1)　さいころを１回ふってゲームが成功するのは，５の目が出る場合の１通り。

さいころを２回ふってゲームが成功するのは，（１回目，２回目）のさいころの目が，（１，４）（２，３）（３，２）（４，１）の４通り。

さいころを３回ふってゲームが成功するのは，（１回目，２回目，３回目）のさいころの目が，（１，１，３）（１，２，２）（１，３，１）（２，１，２）（２，２，１）（３，１，１）の６通り。

よって，ゲームが成功する目の出方は全部で，１＋４＋６＝11(通り)

(2)　**【解き方】１回目のさいころの目は偶数となる(奇数の場合はゲームが終了する)ので，さいころを２回ふってゲームが成功する場合と，３回ふってゲームが成功する場合がある。３回ふってゲームが成功するのは，出た目が順に偶数，奇数，偶数の場合と，偶数，偶数，奇数の場合がある。**

２回ふってゲームが成功するのは，１回目が６で２回目が１の１通り。

３回ふってゲームが成功する出方のうち，偶数，奇数，偶数と出るのは，（１回目，２回目，３回目）のさいころの目が，（２，１，４）（４，１，２）（４，３，４）（６，３，２）（６，５，４）の５通り。

偶数，偶数，奇数と出るのは，（２，４，１）（２，６，３）（４，２，１）（４，４，３）（４，６，５）（６，２，３）（６，４，５）の７通り。

よって，ゲームが成功する目の出方は全部で，１＋５＋７＝13(通り)

《2021　英語　解説》

I　【本文の要約】参照。

問１　one は２つ以上あるもののうちの不特定の１つを表す。another は３つ以上あるもののうち，１つ(＝one)を取り上げたあとの，残った不特定の１つを表す。

問２　「質問に英語で答えなさい。新しい高齢者マークの色は何を表していますか？」→「答え：それらは４つの季節(＝four seasons)を表しています」　each season「それぞれの季節」でも可。

問５　あ×「日本の高齢者は最初の高齢者マークに満足していた。なぜならそれはオレンジ色の葉のような見た目だったからだ」…本文にない内容。　い○「初心者であることを示すために若葉マークを使う人もいる」

う×「アメリカでは運転免許証取得後１年以上『Student Driver』のステッカーを貼っておかなければならない」…本文にない内容。　え「日本では70歳未満の人は高齢者マークを×使ってはいけない」

【本文の要約】

日本では車に貼られているステッカーにはいくつかの種類があります。それらは異なる意味を持っています。①あるもの(＝One)は緑色と黄色の矢のように見えます。②別のあるもの(＝Another)は四季の色を表しています。チョウと四つ葉のクローバーがついたステッカーを見かけることもあります。それらは私たちに，その運転者に関する何かを知らせています。何のためにあるのか，わかりますか？最初のものは，その運転者は初心者で，運転の経験が浅いということを示しています。２つ目は，その運転者が70歳以上であることを知らせています。他の運転者についてわかっていれば，私たちは更に注意して運転することができます。

アメリカでは，運転技術を学んでいるとき，車に「Student Driver」という目印をつけることがあります。これは，その運転者の経験が浅いことを他の人たちに示しています。しかし，このような運転者は免許を取得したあと，その目印を取り外してしまいます。すると彼らの車は他の車と同じように見え，だれも彼らが初心者だとはわかりません。このシステムは日本では異なります。その過程はもっと多くの段階を踏みます。初心者の運転者は，初心者マーク（若葉マ

ーク）を，車の前方と後方に貼ります。スクーターの運転者でも，スクーターにステッカーを貼ります。黄色と緑色のステッカーは他の運転者に，その初心者の運転者の近くでは注意するべきだということを知らせています。たとえば，他の運転者は初心者を追い越したりさえぎったりするべきではありません。初心者は緊張しているかもしれないので，このステッカーが他の運転者に，彼らにやさしくするように，と知らせているのです。もし若葉マークをつけた車をさえぎったら，5,000から7,000円の問3罰金を科せられます。問5い日本の初心者は，１年間車にこのステッカーを貼っておく義務がありますが，それ以降も貼ったままでもかまいません。

四季の色がついたステッカーは，日本では高齢者マークと呼ばれます。このステッカーは，運転者が70歳以上だということを示しています。このシステムは1997年に始まりました。最初，高齢者マークはオレンジ色と黄色の涙の形でした。しかし2011年に四つ葉のクローバーの形に変更されました。最初のステッカーは紅葉《もみじ》マーク，枯葉マーク，落ち葉マークなどと呼ばれていました。高齢者の中には，枯葉や落ち葉のイメージをうれしく思わない人もいました。問2新しいステッカーには四季の色が描かれています。よりポジティブなイメージになったため，以前よりも高齢者マークを貼る人が増えました。若葉マーク同様，高齢者マークをつけている車に対しても，運転者は追い越しやさえぎりをしようとしてはいけません。さもないと罰金を払うことになります。

若葉マークや高齢者マークは，今や他のものにも使われています。たとえば，店員は自分が初心者だということを示すために若葉マークを付けます。ゲームの中にも，簡単なレベルだということを示すために，このマークを使用しているものがあります。また，運転者の中には，70歳以下であっても，自分が経験のある運転者だということを示すために高齢者マークを付けている人がいます。

ほとんどの国では，青色の背景で車いすの人が描かれているデザインは，その運転者は障がい者であるということを示しています。日本では四つ葉マークも使われています。さらに日本には耳の聞こえない運転者のための美しいステッカーがあります。聴覚障害者マークと呼ばれる，緑色と黄色のステッカーです。問4これはチョウの形の中に２つの耳が描かれています。他の国にも耳の聞こえない人のためのステッカーはありますが，たいていは文字だけ，あるいは単純なデザインです。日本のものは意味と美しさの両方を兼ね備えています。

Ⅱ 【本文の要約】参照。

問１ う「イギリスのタバコ(1615年)→イギリスの切手(1857年)→アメリカのガム(1888年)→日本の缶コーヒー(1970年代)」の順である。

問２ 125000000《おおよその日本の人口》 ÷ 5000000《おおよその自動販売機の数》 ＝25。この答えに近い数を選べばよい。

問３Ｂ ・nobody ～「誰も～ない」

Ｃ 話の流れやbut「しかし」から，あてはまらないのはcredit cardsである。

Ｄ 土地の値段に関する内容。店舗に比べ自動販売機は狭い面積に設置可能だから，土地の賃料も安く済む。

問４ あ「日本の自動販売機では衣類や野菜を買うことができる」 い「１人あたりの自動販売機の数は，世界中で日本が最多である」 う「世界中で全自動の自動販売機は150年以上の歴史がある」 え「×すべての日本の自動販売機が災害時に無料で飲み物を供給してくれる」

【本文の要約】

自動販売機はとても便利です。お金を入れれば飲み物が手に入ります。自動販売機は私たちの生活の重要な一部ですが，世界で初めての自動販売機が215年に作られたということを知っていましたか？その自動販売機以降は数百年間，新たな自動販売機はありませんでした。問1うしかし1615年，イギリスにおいて自動販売機でタバコが売られるようになりました。その後1822年に，Richard Carlileという書籍販売人が新聞を販売する自動販売機を作り，問1う，問4う1857年にはまた別のイギリス人Simeon Denhamが切手を販売するための全自動の自動販売機を作りました。初のコインで操作するタイプの自動販売機は，1880年代にロンドンで絵葉書を販売しました。問1うそしてアメリカではThomas Adams Gum社が1888年に自動販売機の生産を始めました。その機械は，ニューヨーク市でTutti Fruitiガムを売り始めました。

まもなく自動販売機は世界中の多くの国で見られるようになり，卵，じゃがいも，本や雑誌のような品物が売られました。

日本で最初の自動販売機はタバコの販売機でした。全自動の自動販売機が人気になったのは，第二次世界大戦後の1950年代です。多くの飲料やビールを扱う会社が導入したので，自動販売機の数は1964年の24万台から，1973年には200万台にまで増加しました。問1う その後1970年代には，日本の飲料会社が自動販売機で缶コーヒーの販売を始めました。その販売機は飲み物を冷たくしておくことも，温かくしておくこともできました。これにより，冬の自動販売機の売り上げが増加しました。今日，日本には500万台以上の自動販売機があります！つまり 問2い 23 人あたり1台あることになります。問4い これは1人あたりの自動販売機の数が世界最多だということを意味します。日本のいたるところで自動販売機を見つけることができます。富士山の頂上にさえあるのです！問4あ 日本の自動販売機では，Tシャツ，花，ニンジン，卵，リンゴ，米，そしてもちろん寿司が販売されています。

しかし，なぜ日本には他の国よりも多くの自動販売機があるのでしょうか？いくつか理由があります。1つは安全性です。日本は安全な国なので，自動販売機はどこにでも設置でき，そこから盗もうとする人は Bい 誰もいません（＝nobody）。ほとんどの国では，自動販売機を屋外に置くことはできません。なぜなら泥棒がそれを壊してお金を取っていくからです。もう1つの理由は，日本が現金社会だという点です。他の国では，しばしば小切手やクレジットカードを使って支払いをします。しかし日本では，多くの人がいまだに Cあ 硬貨（＝coins）／う 現金（＝cash） で支払いをしています。日本人はいつもある程度の硬貨を持っているので，簡単に自動販売機で品物を買うことができます。3つめの理由は土地の値段です。日本は人口が多い狭い国ですから，土地がとても高価です。店舗用の場所を借りるより，自動販売機を置く場所を借りた方がずっと Dあ 安く（＝cheaper） すみます。

また，自動販売機は災害時にも役立ちます。自動販売機の中には，「free vend」と呼ばれる設定があります。地震などの災害時にこの設定を使うと，自動販売機が人々に無料で飲み物を提供してくれます。また，画面があって災害時にどこに行けばいいかという情報を提供してくれる自動販売機もあります。

たくさんの種類の自動販売機がありますね。将来の自動販売機についてあなたはどう思いますか？

Ⅲ 【本文の要約】参照。

【本文の要約】

医師：1い どうされましたか？

患者：腕に違和感があります。

医師：何かしましたか？

患者：テニスをしている時に 2う 滑ってコートに倒れてしまいました。 それで，腕に鋭い痛みを感じるようになってしまいました。

医師：「鋭い」というのはどういう意味ですか？

患者：3い あまりにも痛くて腕を動かせません

医師：ちょっと見せてください。うーん，折れているようには見えません。傷もありません。薬をお出ししますね。痛むようなら腕に氷を当てておくといいでしょう。4あ 学校を休んで家にいる必要はありません が，1週間はテニスをしない方がいいでしょう。

患者：そのあとはまたテニスができますか？私はたいてい毎日テニスをするんです。

医師：はい，5う 来週には良くなりますよ。

Ⅳ (1) I couldn't do my homework without his help.：選択肢より「私は彼の手助けなしには宿題をすることができなかった」という文にする。　・do one's homework「宿題をする」　・without ～「～なしに」　[he が不要]

(2) How long does it take from here to the station by taxi?：・How long does it take from A to B?「A から B までどれくらい時間がかかりますか？」　・by＋乗り物「(乗り物)で」

(3) She asked me which movie I would like to see.：文中に疑問詞を含む間接疑問文だから，which movie のあとは肯

定文の語順にする。［saidが不要］

(4)　The letter from a friend in America made me happy.：選択肢より「アメリカにいる友達からの手紙は私を嬉しくさせた」という文にする。　・make＋人＋状態「(人)を(状態)にする」　［readが不要］

V　×あ：One of my child → One of my children：「～の中の１人」は〈one of＋名詞の複数形〉で表す。

×う：to my family →　for my family：・make＋もの＋for＋人「(人)のために(もの)を作る」

×え：during it is cold →　when it is cold：duringは前置詞だから，直後に〈主語＋動詞〉を置くことはできない。

×か：I am usually washing → I usually wash：「現在の習慣」は現在形の文で表す。

×く：bread making from rice → bread made from rice：「米から作られたパン」は〈過去分詞(made)＋語句(from rice)〉で後ろから名詞(bread)を修飾して表す。

VI　質問「あなたは去年の春，休校の間に何をしましたか？」…まず指定された条件を守ること。無理に難しい表現を使わなくてもいいので，自分が書きやすい内容を，文法やスペルのミスがないように書くこと。(例文)「私は家で勉強をしたりユーチューブの動画を見たりしました。また，体を動かしたり友達に会ったりするために公園に行きました」

《2021　理科　解説》

1　**問１**　〔圧力(Pa)＝$\frac{力(N)}{面積(m^2)}$〕，500cm²→0.05m²より，$\frac{300}{0.05}$＝6000(Pa)である。

問２　イ○…水圧は，上にある水の重さにより生じるので，水の深さが深いほど大きくなる。　エ○…標高が高い地点ほど，その上にある空気の重さが軽くなるので，大気圧は小さくなる。

問３　ア×…浮力は物体の上面と下面にはたらく水圧の差によって生じるので，物体がすべて水中に入ってからは，より深く沈めても浮力の大きさは変化しない。　イ×…物体の上面にはたらく水圧は下向き，下面にはたらく水圧は上向きであり，深いところにある下面にはたらく水圧の方が大きいので，浮力は上向きにはたらく。

ウ，エ×…浮力の大きさは，物体が押しのけた水にはたらく重力と等しい。よって，水中にある物体の体積が大きいほど大きな浮力がはたらく。図２では，水中にある体積が大きいＺの方が大きな浮力がはたらいている。

問４(1)　図３で，Ａ～Ｃの水中にある体積はすべて120cm³である。よって，Ｄについても1.5cm沈んだときの水中にある体積が120cm³になるように，底面積を$\frac{120}{1.5}$＝80(cm²)にすればよい。　**(2)**　Ａの重さはＡが２cm沈んだときにはたらく浮力と等しい。同様に考えると，おもりの重さはＡが５－２＝３(cm)沈んだときにはたらく浮力と等しいから，おもりの重さはＡの重さの$\frac{3}{2}$＝1.5(倍)である。　**(3)**　飽和食塩水中にあるＢの体積は40×2.5＝100(cm³)だから，Ｃを飽和食塩水に入れると$\frac{100}{30}$＝$\frac{10}{3}$(cm)沈む。(2)解説と同様に考えると，おもりの重さはＣが６－$\frac{10}{3}$＝$\frac{8}{3}$(cm)沈んだときにはたらく浮力と等しいから，おもりの重さはＣの重さの$\frac{8}{3}$÷$\frac{10}{3}$＝0.8(倍)である。ＡとＣの重さは等しいから，おもりの重さはＡの重さの0.8倍である。

2　**問１，２**　酸化銀を加熱すると，銀と酸素に分解する〔$2Ag_2O \rightarrow 4Ag + O_2$〕。反応に関わる物質の質量比は常に一定になる。Ａでは1.00ｇの酸化銀の分解によって0.93ｇの銀が残ったから，酸化銀の質量を1.00ｇの３倍の3.00ｇにしたＣでは残った銀の質量が0.93ｇの３倍の2.79ｇになる。

問３　イ○…アは窒素，ウは二酸化炭素，エは塩素，オはアンモニアの性質である。

問４　エ，カ○…カでは水の電気分解により，陽極から酸素，陰極から水素が発生する。アでは気体が発生しない。イは二酸化炭素，ウは硫化水素，エは酸素，オは塩素が発生する。

問５　火を消すと，加熱していた試験管内の気圧が下がるので，ガラス管の先にあるものを吸い込む。このとき，ガラス管の先が水の中にあると，水が逆流して加熱していた試験管が割れるおそれがある。

問６　問１，２解説より，残る銀の質量はＡの５倍だから，0.93×５＝4.65(ｇ)である。

問７　表より，Ａで1.00ｇの酸化銀の分解によって発生した酸素は1.00－0.93＝0.07(ｇ)である。この実験で発生した酸素は5.00－4.82＝0.18(ｇ)だから，分解された酸化銀は1.00×$\frac{0.18}{0.07}$＝$\frac{18}{7}$(ｇ)であり，反応せずに残った酸化銀は$5.00-\frac{18}{7}=2.428\cdots\rightarrow 2.43$ g である。

3 **問1**　ア×…和ではなく積で求められる。　イ×…顕微鏡で，視野の右上に見えるものは実際には左下にある。よって，見たいものを中央で観察するためには，プレパラートを右上に動かす必要がある。　ウ×…低倍率にすると，見える範囲(視野)は広くなり，入ってくる光の量がふえるので明るくなる。　エ×…プレパラートと対物レンズがぶつかって割れないように，横から見ながら対物レンズとプレパラートをできるだけ近づけた後，接眼レンズをのぞきながら調節ねじを回して，対物レンズとプレパラートを遠ざけていくことでピントを合わせる。

問2　顕微鏡の倍率を100倍から４倍大きくして400倍にすると，見える範囲は$\frac{1}{4}\times\frac{1}{4}=\frac{1}{16}$になる。100倍のときに見えている気孔は16個だから，400倍にすると見える気孔は$16\times\frac{1}{16}=1$(個)になると考えられる。

問3　オ○…オオカナダモは種子植物の被子植物で，単子葉類に分類される。アはコケ植物，イはシダ植物，ウは裸子植物，エは藻類，カは双子葉類である。

問4　①カ○…青色のＢＴＢ溶液に二酸化炭素をふきこんで緑色にした。Ａでは光合成によって二酸化炭素が使われたため，ＢＴＢ溶液の色が元に戻った。植物は１日中呼吸を行っているので，Ａでは呼吸よりも光合成が盛んに行われたことがわかる。　②エ○…オオカナダモに光が当たらなければ光合成は行われないので，Ｃでは呼吸だけが行われて二酸化炭素がふえたため，ＢＴＢ溶液の色が酸性を示す黄色に変化した。

問5(1)　ア×…光の強さがＺ以上になると二酸化炭素の吸収量はふえなくなる。　イ×…光の強さが０のとき，二酸化炭素が放出されているから，呼吸をしている。　オ×…光合成の量＝呼吸の量となるのは，二酸化炭素の増減が０になるとき(光の強さがＹのとき)である。　カ×…光の強さがＺ以上のときには，Ｚと同じ量の光合成を行っている。　**(2)**　ウ○…グラフより，光の強さをＺより強くしても二酸化炭素の吸収量が増えないから，④を含むイ，エ，オ，カ，キは誤り。アとウのうち，光合成の材料となる二酸化炭素がふえる②を含むウが適する。

4 **問1**　Ａ．イ○…日本列島が高気圧におおわれ，南高北低の気圧配置になっているから，夏の天気図である。
Ｂ．ア○…等圧線が縦に並び，西側に高気圧，東側に低気圧がある西高東低の気圧配置になっているから，冬の天気図である。　Ｃ．ウ○…九州付近に停滞前線が見られるから，梅雨のころの天気図である。

問4　オ○…低気圧の中心から南西に伸びる前線が寒冷前線，南東に伸びる前線が温暖前線である。この低気圧は北東へ移動中だから，まもなくＡ地点を温暖前線が通過する。温暖前線が通過する前には，乱層雲によっておだやかな雨が長時間降る。温暖前線が通過すると，暖気におおわれるため，気温が上昇する。

問5　等圧線は４hPaごとに引かれ，20hPaごとに太線になる。Ａ地点は1000hPaを表す太線より１つ低気圧の中心に近い等圧線上にあるから，$1000-4=996$(hPa)である。

問6　空気の塊①は気温20℃(飽和水蒸気量は17.3 $\mathrm{g/m^3}$)湿度62％だから，水蒸気量は$17.3\times0.62=10.726$(g)である。よって，飽和水蒸気量が10.726 $\mathrm{g/m^3}$に最も近い12℃が，空気の塊①の露点である。つまり，空気の塊①の気温が$20-12=8$(℃)下がると露点に達する(雲ができ始める)から，100m上昇するごとに気温が1.0℃下がることから，雲ができ始めるのは$100\times8=800$(m)地点である。雲ができ始めた地点から頂上までの$1200-800=400$(m)は，100m上昇するごとに気温が0.5℃下がるから，山頂では$12-(0.5\times\frac{400}{100})=10$(℃)になる。さらに，山頂からふもとまでの1200mは，100m下降するごとに気温が1.0℃上がるから，空気の塊②の気温は$10+(1\times\frac{1200}{100})=22$(℃)になる。22℃の飽和水蒸気量は19.4 $\mathrm{g/m^3}$であり，空気の塊②の水蒸気量は，山頂での水蒸気量，つまり10℃の飽和水蒸気量(9.4 $\mathrm{g/m^3}$)と等しいから，〔$\text{湿度(\%)}=\frac{\text{空気中の水蒸気量}(\mathrm{g/m^3})}{\text{飽和水蒸気量}(\mathrm{g/m^3})}\times100$〕より，湿度は$\frac{9.4}{19.4}\times100=48.4\cdots\rightarrow48$％である。

《2021　社会　解説》

1 **問1**　イが正しい。ベルリンは西岸海洋性気候，モスクワは亜寒帯(冷帯)気候，ロサンゼルスは地中海性気候。
西岸海洋性気候は，比較的温暖で１年を通して安定した降水がある。亜寒帯(冷帯)気候は，冬の寒さが厳しく，夏と冬の気温差が大きい気候である。地中海性気候は，夏に乾燥し，冬にまとまった雨が降る温暖な気候である。

問2　ウが誤り。潜水艦による無差別攻撃やルシタニア号を撃沈したのはイタリアではなくドイツである。

問3　アパルトヘイト撤廃に尽力したネルソン・マンデラは，ノーベル平和賞を受賞し，その後大統領に就任した。

問4　エが正しい。大豆であればアメリカ合衆国＞ブラジル＞アルゼンチン，カカオであればコートジボワール＞ガーナ＞インドネシア，バナナであればインド＞中国＞インドネシアの順になる。

問5　冷戦が正しい。冷戦は，1989年のブッシュ大統領とゴルバチョフ書記長によるマルタ会談で終結した。

2　**問1**　21：00から7時間15分のフライトをすると，時差がなければ翌日の4時15分に到着するが，到着時のケアンズの時刻が5時15分であることから，時差は1時間になる。

問2　白豪主義とは，アボリジニなどの先住民族を迫害する白人至上主義のこと。他民族の文化を尊重する多文化主義に変わったことで，アジアとの関係が密接になり，中国やインドからの移民が増えた。

問3　アボリジニは，オーストラリアの先住民族で，ウルル(エアーズロック)の所有権を持つ。

問4　ウが誤り。Bにはエ，Cにはア，Dにはイがあてはまる。

問5　カが正しい。ボーキサイトはアルミニウムの原料である。

問6　イの正距方位図法が正しい。正距方位図法は航空図に，緯線と経線が交わったメルカトル図法やミラー図法は航海図に，面積が正しいモルワイデ図法やハンメル図法などは分布図に利用されることが多い。

3　**問1**(1)　聖徳太子は，身分にとらわれず能力に応じて豪族を役人に取り立てるための冠位十二階を制定し，取り立てた豪族に役人としての心構えを教えるために十七条の憲法を定めた。　(2)　アが誤り。聖徳太子が小野妹子を送ったのは唐ではなく隋である。　(3)　エが正しい。ウ(奈良時代)→ア(平安時代 11 世紀)→エ(平安時代・12 世紀)→イ(鎌倉時代)　　浄土の教え(浄土信仰)は，末法の世が始まると言われた1052年頃に流行した。11世紀後半の後三年の役をきっかけに，平泉を中心に東北地方を支配した奥州藤原氏は，清衡・基衡・秀衡・泰衡の四代にわたって栄華をきわめた。中尊寺金色堂は，1117年清衡によって建立された。

問2(1)　アが誤り。フランシスコ＝ザビエルが上陸したのは，長崎ではなく鹿児島の坊津である。　(2)　下剋上が正しい。身分の下の者が実力で身分の上の者と変わることを下剋上と呼んだ。下剋上の風潮とともに戦国大名が台頭した。

問3　エが誤り。法華経で唱えるのは念仏ではなく題目(南無妙法蓮華経)である。念仏(南無阿弥陀仏)は浄土宗で唱える。

問4(1)　承久の乱は，後鳥羽上皇が当時の執権・北条義時追討をかかげて挙兵した。北条政子の呼びかけに集まった関東の御家人たちの活躍によって，幕府側が勝利し，鎌倉幕府の支配力は関東だけでなく西日本まで広まった。また，朝廷と西国の武士の監視・監督のために，京都に六波羅探題が設置された。　(2)　1232年，鎌倉幕府第3代執権・北条泰時によって御成敗式目が制定され，長く武家の裁判の基準として使われた。

4　**問1**　ウが正しい。イ(権利の章典・1689年)→ア(アメリカ独立宣言・1776年)→ウ(ワイマール憲法・1919年)→エ(日本国憲法・1945年)

問2　どちらも正しいからアを選ぶ。

問3　イとエが誤り。イ．公共の福祉は，社会全体の共通の利益という意味で，経済活動の自由を妨げる場合もあるので誤り。エ．日本における参政権は，18歳以上の日本国民に限定されるので誤り。

問4　アが誤り。常会は1回のみ延長が可能である。また，臨時国会は2回まで延長が可能である。

問5　アが正しい。Ⅱ．誤り。自白のみを証拠として被告人を有罪にすることはできない。Ⅳ．誤り。被告人は，有罪が確定するまでは無罪として扱われる(推定無罪の原則)。

問6　イが誤り。裁判員裁判では，被告人の有罪・無罪を審議し，有罪であればその量刑まで審議する。その際，3人の裁判官と6人の裁判員による合議で話し合われ，最終的に多数決で判決が決定されるが，判決には少なくとも1名以上の裁判官の合意が必要とされる。

問7　録音・録画技術の発達によって，取り調べの可視化が進んだ。取り調べを可視化することで，取り調べ段階における密室での容疑者への自白の強要を制限することができ，冤罪を防ぐ効果がある。

2020 解答例 令和2年度　愛知高等学校

《国　語》

一　問一．A．オ　B．ア　C．エ　D．ウ　問二．エ　問三．温かい給食を食べる量が調整しやすい形で、調理施設のない学校にも提供できる。　問四．ア　問五．エ　問六．気高く　問七．イ
問八．子どもの自尊心〔別解〕貧困層の子ども　問九．ウ→オ→イ→ア→エ　問十．①イ　②オ

二　問一．イ　問二．イ　問三．ア　問四．エ　問五．ウ　問六．交易／商売／取引 などから1つ
問七．オ　問八．オ　問九．エ　問十．息

三　問一．A．きわ　B．ついいて　問二．X．ウ　Y．ア　問三．ア　問四．競馬　問五．オ　問六．イ
問七．エ　問八．ウ　問九．作者名…兼好法師〔別解〕吉田兼好　作品名…エ

《数　学》

1　(1) $\frac{1}{2}$　(2) $\frac{32}{3}a^4b^4$　(3) $\frac{9}{16}$　(4)×　(5)150　(6) 56π　(7)252　(8)2　(9) $\frac{2}{3}$　(10)(ア)
(11)お買い得な袋…B　理由…小と大の底面の半径の比が1：2なので，体積比は1：8になる。個数はそれぞれ14個，2個なので量の比は14：16になるから。

2　(1) $1-\frac{\sqrt{3}}{2}$　(2) $2-\sqrt{3}$

3　(1)－2　(2)点Tは直線RS上にある　(3) $\frac{1}{3}$

4　(1)89　(2)(D)　(3)25　(4)89

《英　語》

I　問1．う→あ→お→い→え　問2．A．more　B．At　C．wanted　問3．throwing　問4．would

II　問1．ひつぎ　問2．(1)い　(2)う　(3)う　(4)い　(5)う

III　(1)け　(2)こ　(3)う　(4)お　(5)き　(6)い

IV　(1)●not　▲as　(2)●talking　▲never

V　(1)え　(2)い　(3)あ

VI　(例文)I was practicing soccer with my teammates for the next tournament.　We practiced very hard, but we couldn't win the first prize.

《理　科》

1 問1．①重力…オ　摩擦力…カ　②重力…オ　摩擦力…イ　　問2．60　　問3．30
問4．運動中…7.5　静止中…15

2 問1．①ウ　②イ　　問2．ウ，エ　　問3．21.6　　問4．燃料電池
問5．水素と酸素から水しか発生しないため。　　問6．Li

3 問1．緊急地震速報／S　　問2．マグニチュード　　問3．P波…6　S波…3　　問4．エ
問5．浅い地震…ア　深い地震…イ　　問6．6　　問7．54

4 問1．A＞C＞B　　問2．キ　　問3．特定外来生物　　問4．キ　　問5．イ，ウ　　問6．432

《社　会》

1 問1．からかさ連判状　　問2．ア　　問3．エ　　問4．エ　　問5．ア　　問6．(1)再生可能　(2)全国的に見て降水量が多く，山に囲まれていて水が集まりやすいから。

2 問1．ア　　問2．サバナ　記号…ウ　　問3．イ　　問4．ウ　　問5．エ　　問6．イ

3 問1．ア　　問2．平等院鳳凰堂　　問3．オ　　問4．イ　　問5．ウ　　問6．犬養毅

4 問1．軽減税率　　問2．ウ　　問3．オ　　問4．イ　　問5．エ　　問6．カ

2020 解説 令和２年度 ▶ 愛知高等学校

←解答例は前ページにありますので，そちらをご覧ください。

―《2020　国語　解説》

一 【問二】 給食の定義が、２段落目にまとめられており、これとエの内容が一致する。

【問三】 親子方式は、調理場が付属している学校が、「調理施設のない～学校のために調理して配送する方法」である。また、食缶方式の特徴として「温かくて味がよく、食べる量も調節しやすい」ことが挙げられている。

【問四】 傍線部③の２行前までに書かれている、給食の３つの「基本的性格」の内容から考える。第一の性格の「給食には家の状況は反映されない。各生徒の家庭の内実が一旦『棚上げ』される」や、第二の性格の「貧富の差が露呈せぬよう」とあるように、給食は差別のない平等な空間を目指しているといえる。一方、第三の性格に「給食は食品関連企業の市場であること」とあるように、給食はそれに関わる企業や事業者の競争の場でもある。平等な空間を目指しながら、競争の場でもあるという状況を、「不思議な雰囲気」と表現しているので、アが適する。

【問五】 直後の段落の内容から考える。「日本の給食は度重なる災害の経験抜きには発展しなかったことが分かった～先行研究では深く追究されてこなかった論点である」とある。筆者は、資料を収集整理するうちにこのことに気づき、もともと書く予定のなかったにもかかわらず、視角の一つとして加え、執筆することにした。よって、エが適する。

【問六】 「とりわけ」は、特に、ことにという意味で、ここでは「気高く」を強調している。

【問七】 傍線部⑥の直後の２段落で、世界の給食の歴史について説明している。十九世紀になると、世界各地で国民国家が成立し、それに伴う義務教育制度の創設により、貧困家庭の子弟のような弱者もふくめて国家の担い手にしようとする動きが広まった。そうした中で、十九世紀末から二〇世紀初頭には学校給食が試験的に導入され、その後、各家庭の貧困が目立たないように、その多くが全校給食に移行していった。こうした世界各地で共通する動きについて、最後の段落で「日本もその例外ではない」とし、世界の給食の動きが日本の給食に大きな影響を与えたことが説明されている。よって、イが適する。

【問八】 各自治体が苦心したのは、貧困者が目立たないようにすることである。空欄［ C ］を含む段落にあるように、「貧富の差が露呈」すると、「子どもの自尊心は深く傷つ」いてしまう。つまり、各自治体がこのように苦心したのは、「子どもの自尊心(貧困層の子ども)」を守るためである。

【問九】 まず、２段落目で給食の定義を説明しているので、最初はウである。次に４、５段落目で学校給食の方式を説明しているので、２番目はオである。６段落目に「給食について～その基本的性格を三点おさえておきたい」とあり、ここから傍線部③を含む段落まででその説明を行っているので、３番目はイである。その次の段落に「下記の五つの視角から給食史をとらえたい」とあるので、４番目はアである。最後の段落の内容から、５番目はエである。

二 【問一】 叔父の「戦があればのう～加増《かぞう》もあるものを」という愚痴から、戦で功績を立てる機会が失われているとは思っていないことがわかる。よって、イが正解。

【問二】 侍は、父や叔父とは異なり、「この野谷地が嫌いではなかった」とあり、この土地の百姓たちに対して、「自分と彼らとを結びつけているものを感じ」ている。また、「彼(＝侍)と同じように眼がくぼみ、頬骨が突き出た百姓たちは」という表現から、侍が苦労して生活していることがうかがえる。これらの内容から、傍線部②は、荒れた土地を与えられたことに対して文句を言うのではなく、この地を治めていくことを受け入れて、苦労しながらも生活している侍の姿を表現していることがわかる。よって、イが適する。

【問三】 【問二】の解説にもあるように、侍は過去に固執するのではなく、この地を治めていくことを受け入れている。そのため、「過ぎ去った出来事にしがみついている叔父の話はやはり彼の心には重かった」のである。よって、アが適する。

【問四】 カビの生えたようなという表現は、今の時代に合わない古くさいものや保守的なものを表す。戦のあった時代をなつかしみ、戦で功績を立てて黒川の土地に戻ろうと考えている叔父の考えは、今の時代に合わない。そんな叔父の手柄話や愚痴は何の生産性もないが、一本気な叔父はそれらを話して聞かせることで不満をまぎらわしており、そうして生きていくしかないのである。よって、エが適する。

【問五】 ２つ前の段落の内容から、侍の百姓への共感が読み取れる。また、傍線部⑤の直後の段落の内容から、現状を受け入れ、この土地で一生生きていくことを受け入れていることが読み取れる。よって、ウが適する。

【問六】 後の方に「殿は内府さまのお許しを得てその国（＝ノベスパニヤ）と商いを取りかわし」とある。

【問七】 少し前の「考えもしなかった出来事が不意に我が身に襲ってきたようで」や、後の方の「どうしても実感が湧《わ》かない」より、侍にとっては、ノベスパニヤという名前に現実味がなく、理解できないことが読み取れる。一方、「太い筆で～大きく書かれていく気がした」とあるのは、格式の低い家臣である自分が、大事な使者の一員として聞いたこともない遠い国に行くという、事の重大さだけは伝わってきたことを表している。よって、オが適する。

【問八】 叔父は、戦で手柄を立てて黒川の土地に戻ろうと考えていた。しかし、石田様が持ってきた「大手柄をたてる道」の話は、叔父にとってもまったく未知の話であった。それだけに、遠い国に行く侍のことが心配であり、自分たち一族がこれからどうなるのか想像もつかず、不安になっている。よって、オが適する。

【問九】 傍線部③の前後の描写や、本文の最後の２行の描写から、侍とりくが互いの考えや思いを理解していることが読み取れる。よって、エが適する。

三 【問一】 A 古文で言葉の先頭にない「はひふへほ」は、「わいうえお」に直す。 B 古文の「わゐうゑを」は、「わいうえお」に直す。

【問二】 X 「物見るあり」は、“見物する法師がいた”という意味なので、ウの「人物」が適する。

Y 直前の「人」は主語なので、主語であることを示す主格の格助詞「が」を補えばよい。よって、アが適する。

【問四】 筆者は賀茂の競馬を見に来ている。

【問五】 「やう」には、状態、方法、理由などの意味がある。筆者らは、競馬が見えないので、車を降りて移動した。しかし、人があまりに多く、競馬が見える所に分け入っていけそうもない状態だった。よって、オが適する。

【問七】 呼び入れたのは「みな」「前なる人ども」なので、雑人である。雑人たちは木の上にいたわけではないので、筆者に譲ったのは競馬を見やすい場所だと考えられる。よって、エが適する。

【問八】 古文の最後の３行の内容と一致するものを選べばよい。よって、ウが適する。

【古文の内容】

五月五日、賀茂《かも》の競馬を見物しましたが、牛車の前に群衆が立ちふさがっていて（競馬が）見えなかったので、それぞれ（牛車を）降りて、柵のそばに寄ったが、特に多くの人が立っていて、押し分けて入れそうもない。このような時に、向かいにある楝の木に、法師で（木に）登って、木の股に座って見物する者がいた。（木に）つかまりながら、すっかり眠って、落ちそうになった時に目を覚ますことを何度も繰り返している。これを見る人が、嘲りあきれて、「この世で一番の愚か者よ。こんな危ない枝の上で、安心して眠るとは」と言うので、私の心にふと思いついたままに、「われわれの死が訪れるのは今すぐかもしれない。それを忘れて、見物して過ごすのは、愚かなことについては、さらにまさっているのに」と言うと、前にいる人々が、「本当にその通りでございます。いかにも愚かでございます」と言って、皆うしろを振り返って、「ここへお入りください」と言って、場所を譲って、呼び入れました。

これくらいの常識は、誰でも思いつかないことではないことだが、その時思いがけない心地がして、心に響いたのだろうか。人は木や石ではないから、時として、物事に感動することがないことはない。

《2020　数学　解説》

1 (1)　与式$=2-1\div(1-\frac{1}{3})=2-1\div\frac{2}{3}=2-\frac{3}{2}=\frac{1}{2}$

(2)　与式$=a^3b^6\times\frac{3}{2a^2b^5}\times\frac{64a^3b^3}{9}=\frac{a^3b^6\times3\times64a^3b^3}{2a^2b^5\times9}=\frac{32}{3}a^4b^4$

(3)　与式$=\{1^2-(\frac{1}{2})^2\}\times\{1^2-(\frac{1}{3})^2\}\times\{1^2-(\frac{1}{4})^2\}\times\cdots\times\{1^2-(\frac{1}{8})^2\}=$

$(1+\frac{1}{2})(1-\frac{1}{2})\times(1+\frac{1}{3})(1-\frac{1}{3})\times(1+\frac{1}{4})(1-\frac{1}{4})\times\cdots\times(1+\frac{1}{8})(1-\frac{1}{8})=$

$(\frac{3}{2}\times\frac{1}{2})\times(\frac{4}{3}\times\frac{2}{3})\times(\frac{5}{4}\times\frac{3}{4})\times\cdots\times(\frac{9}{8}\times\frac{7}{8})=(\frac{3}{2}\times\frac{4}{3}\times\frac{5}{4}\times\cdots\times\frac{9}{8})\times(\frac{1}{2}\times\frac{2}{3}\times\frac{3}{4}\times\cdots\times\frac{7}{8})=\frac{9}{2}\times\frac{1}{8}=\frac{9}{16}$

(4)　右図のような位置関係の場合，ℓ//P，P⊥Qであっても，ℓ⊥Qとはならないので，「×」である。

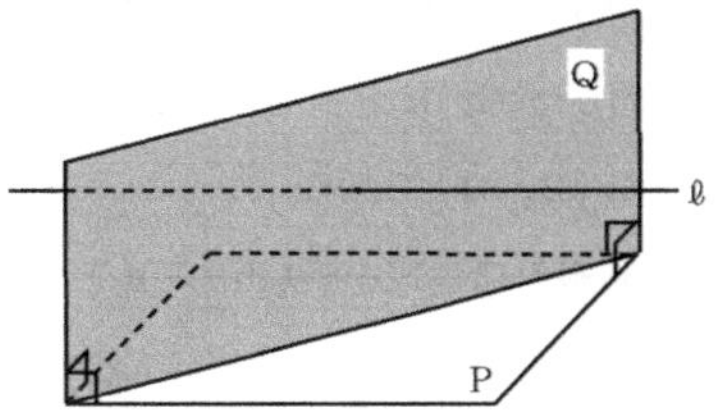

(5)　13%の食塩水をx g混ぜるとすると，７%の食塩水は$(450-x)$ g混ぜるので，含まれる食塩の量について方程式を立てて解くと，

$\frac{13}{100}x+\frac{7}{100}(450-x)=450\times\frac{9}{100}$　　$13x+3150-7x=4050$

$6x=900$　　$x=150$　　よって，13%の食塩水を150 g混ぜればよい。

(6)　この円すいの展開図は右図のようになる。側面のおうぎ形の弧の長さは，底面の円周と等しく，8π㎝である。おうぎ形の面積は，$\frac{1}{2}\times$(弧の長さ)×(半径)で求められるから，側面積は，$\frac{1}{2}\times8\pi\times10=40\pi$ (㎠)

底面積は$4^2\pi=16\pi$ (㎠)だから，表面積は，$40\pi+16\pi=56\pi$ (㎠)

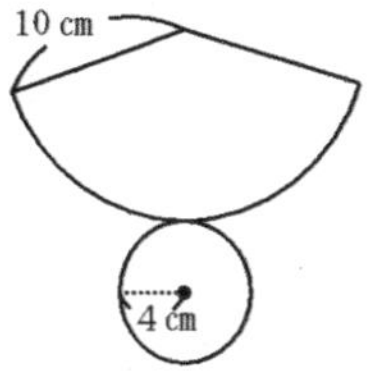

(7)　221を素因数分解すると，221＝13×17となる。

よって，221の正の約数は，１，13，17，221であり，これらの和は，252である。

(8)　すべての生徒の得点の合計について，

$2\times1+3x+4\times3+5\times2+6y+7\times2+8\times3+9\times2+10\times1=120$　　$3x+6y+90=120$

$3x+6y=30$　　$x+2y=10$

最頻値が６点だから，yの値は４以上である。$y=4$のとき，$x+2\times4=10$より$x=2$，$y=5$のとき，$x+2\times5=10$より$x=0$となるが，$x\geqq1$なので，$y=5$は条件に合わない。yの値を５より大きくするとxの値は負になるので，$x=2$，$y=4$である。

(9)　AS$=x$㎝，SP$=(1-x)$㎝，AP$=\frac{1}{2}$㎝だから，$SP^2=AS^2+AP^2$より，

$(1-x)^2=x^2+(\frac{1}{2})^2$　　$1-2x+x^2=x^2+\frac{1}{4}$　　$2x=\frac{3}{4}$　　$x=\frac{3}{8}$

△ASP∽△BPTより，AP：BT＝AS：BP　　$\frac{1}{2}$：BT$=\frac{3}{8}:\frac{1}{2}$　　BT$=\frac{1}{2}\times\frac{1}{2}\times\frac{8}{3}=\frac{2}{3}$(㎝)

(10)　Cさんから見えるAさんとBさんの帽子の色は，(Aさん，Bさん)＝(赤，赤)(赤，白)(白，赤)(白，白)の４通りがある。このうち(白，白)だとすると，Cさんは自分の帽子が赤だとわかるので，実際は(白，白)以外の３通りのいずれかである。そして，Cさんが「わからない」と答えたのを聞いたBさんは，(白，白)ではない，ということがわかる。Bさんから見てAさんの帽子が白だとすると，(白，白)ではないのだから，Bさんは自分が赤だとわかるが，Bさんは「わからない」と答えているので，Bさんから見えるAさんの帽子の色は赤である。よって，(ア)が適切である。

(11)　相似比が１：２だと体積比は$1^3:2^3=1:8$になるから，小さいチョコレートの体積をV，大きいチョコレートの体積を8Vと表すと，袋Aと袋Bの中のチョコレートの量の比は，(V×14)：(8V×2)＝14：16となる。

2 (1) 正六角形ＡＣＥＧＩＫは直線ＬＦについて対称なので，$\angle \mathrm{OMA}=90^\circ$ である。

また，$\angle \mathrm{AOL}=360\div 12=30(^\circ)$ だから，△ＯＭＡは３辺の比が $1:2:\sqrt{3}$ の直角三角形である。

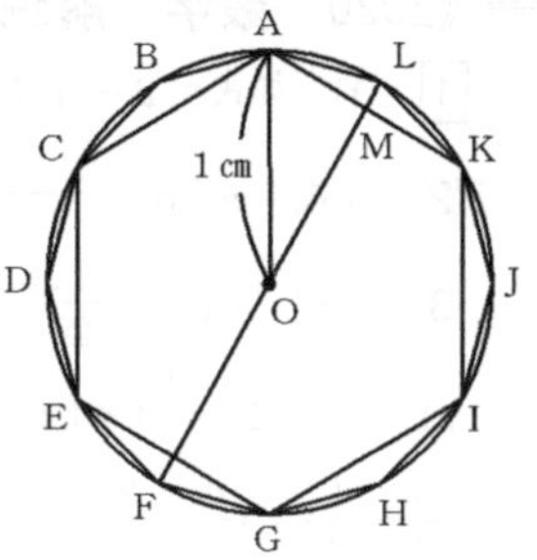

よって，$\mathrm{OM}=\dfrac{\sqrt{3}}{2}\mathrm{OA}=\dfrac{\sqrt{3}}{2}$(cm)だから，$\mathrm{LM}=(1-\dfrac{\sqrt{3}}{2})$cm

(2) (1)の解説より，$\mathrm{AM}=\dfrac{1}{2}\mathrm{OA}=\dfrac{1}{2}$(cm)

$\angle \mathrm{AML}=90^\circ$ だから，三平方の定理より，

$\mathrm{AL}^2=\mathrm{AM}^2+\mathrm{LM}^2=(\dfrac{1}{2})^2+(1-\dfrac{\sqrt{3}}{2})^2=\dfrac{1}{4}+1-\sqrt{3}+\dfrac{3}{4}=2-\sqrt{3}$

3 (1) $y=x^2$ にＰ，Ｑの x 座標をそれぞれ代入すると，$y=(-1)^2=1$，$y=2^2=4$ となるから，Ｐ$(-1,\ 1)$，Ｑ$(2,\ 4)$である。

直線ＰＱの式を $y=\mathrm{m}x+\mathrm{n}$ とする。Ｐの座標から $1=-\mathrm{m}+\mathrm{n}$，Ｑの座標から $4=2\mathrm{m}+\mathrm{n}$ が成り立つ。

これらを連立方程式として解くと，$\mathrm{m}=1$，$\mathrm{n}=2$ となるから，直線ＰＱの式は，$y=x+2$ である。

$y=x+2$ にＴの y 座標の $y=0$ を代入すると，$0=x+2$ より $x=-2$ となるから，Ｔ$(-2,\ 0)$である。

(2) 直線ＲＳの式において $x=-2$ のとき $y=0$ になるということは，直線ＲＳはａの値に関係なく点$(-2,\ 0)$を通るということである。この座標はＴの座標だから，Ｔは直線ＲＳ上にあるとわかる。

(3) Ｔが直線ＲＳ上にあり，ＲＰ//ＳＱであることから，

△ＴＰＲ∽△ＴＱＳが成り立ち，相似比はＴＰ：ＴＱである。

３点Ｔ，Ｐ，Ｑは同一直線上にあるので，

ＴＰ：ＴＱ＝(ＴとＰの y 座標の差)：(ＴとＱの y 座標の差)＝１：４

したがって，△ＴＰＲ：△ＴＱＳ＝$1^2:4^2=1:16$ だから，

△ＴＰＲ：(四角形ＰＱＳＲの面積)＝１：(16－１)＝１：15

よって，△ＴＰＲの面積は，(四角形ＰＱＳＲの面積)$\times\dfrac{1}{15}=5\times\dfrac{1}{15}=\dfrac{1}{3}$

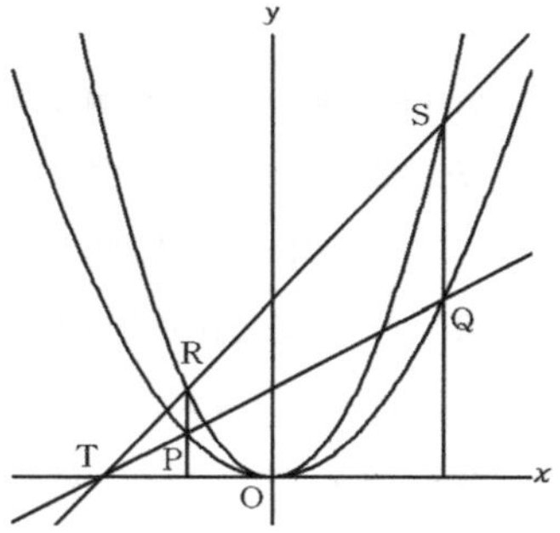

4 (1) 21，34，55，㋐がフィボナッチ数列に現れる，と書かれており，

21がフィボナッチ数列８番目だから㋐はフィボナッチ数列11番目である。21＋34＝55だから，㋐＝34＋55＝89

(2) 分母が０以外の整数，分子が整数である分数で表せる数を有理数という。$\sqrt{5}$ などの有理数でない数を無理数という。

(3) ある整数を３で割ったときに余りがａになるとき，その整数をⓐと表すとすると，どのような整数でも３で割ったときの余りは０か１か２だから，すべての整数は⓪か①か②となる。⓪が３の倍数である。そして，⓪と①の和は０＋１＝１より①に，①と②の和は１＋２＝３，３－３＝０より⓪になり，②と②の和は２＋２＝４，４－３＝１より①になるなどとわかる。フィボナッチ数列の数を１番目から順にこの表記で表すと，

①，①，②，⓪，②，②，①，⓪，①，①，②，⓪，…となり，８番目までの並びが周期として繰り返されるとわかる。100番目の数は，100÷８＝12余り４より，12回の周期が終わったあとの４つ目の数の⓪である。

１回の周期の中に⓪は２個あるから，求める個数は，２×12＋１＝25(個)

(4) １段目までの上がり方は，０段目から１段上がる場合の１通りである。

２段目までの上がり方は，０段目から２段上がる場合と，１段目から１段上がる場合の，合わせて２通りである。

３段目までの上がり方は，１段目から２段上がる場合と，２段目から１段上がる場合がある。

１段目から２段上がる上がり方は，１段目までの上がり方と等しく１通りある。

２段目から１段上がる上がり方は，２段目までの上がり方と等しく２通りある。

したがって，３段目までの上がり方は，（１段目までの上がり方）＋（２段目までの上がり方）＝１＋２＝３（通り）
４段目までの上がり方は，（２段目までの上がり方）＋（３段目までの上がり方）＝２＋３＝５（通り）
以下同様に求められるので，５段目までの上がり方から順に，３＋５＝８（通り），５＋８＝13（通り），８＋13＝21（通り），13＋21＝34（通り），21＋34＝55（通り），34＋55＝89（通り）となるので，10段目までの上がり方は89通りある。

《2020　英語　解説》

Ⅰ 【本文の要約】参照。**問１**　Finally，So，Then などの語句に着目して，話の流れを読み取ること。

問２（Ａ）　前にある cleaner，safer が比較級であることに着目する。friendly の比較級は more friendly だから，more が適切。　**（Ｂ）**　・at first「最初は」　**（Ｃ）**　直後のpeople《人》 to stop《to＋動詞の原形》 と話の流れから，wanted が適切。　・want＋人＋to ～「（人）に～してほしい」

問３　「最初，ダンとルーは，人々が公園にゴミを投げ捨てることをやめてほしかった」という文にする。stop には，stop to ～「～するために立ち止まる」と，stop ～ing「～することをやめる」の２つの意味がある。話の流れと第３段落１行目より，stop ～ing の意味になるから，throwing が適切。

問４　前にある did not より過去の文だから，will の過去形 would が適切。

【本文の要約】

ダンはもの静かな男でした。彼はカリフォルニア州のオークランドの，ギャングやホームレスが多い地域に住んでいました。その地域はいつも騒がしく，犯罪の多いところでしたが，ダンは警察に不平を言ったことがありませんでした。しかし，市が彼の家の前に小さな公園をつくると，近隣の人々はそこにゴミを投げ捨てるようになり，ダンは腹を立てました。彼は市に，ゴミについて報告しました。すると市は，公園の前に「ここにゴミを置くな！」という看板を立ててくれました。その効き目はありませんでした。人々はそこに古着，ゴミ袋，時には家具まで，置き続けました。ゴミの山はどんどん大きくなりました。ダンは再び市に苦情を言いに行きましたが，市は何もしてくれませんでした。
うダンと妻のルーはこのゴミ問題を解決する方法について長い間話し合いました。あようやくアイデアが浮かびました。お彼らのアイデアとは，公園に仏像を置くことでした。いそれでルーはゴミを片付け，ダンは仏像を買いにホームセンターへ行きました。えそしてダンはそれをコンクリートブロックの上に設置して，公園に置きました。

仏像が来てから，人々は公園にゴミを投げ捨てることをやめました。ダンは満足でした。毎日家に戻ると静かな仏像を見て喜びました。そしてしばらくはそのことをあまり考えませんでした。それから数か月後，あることが起こったのです。ダンが仕事から戻ると，仏像が白く塗られているのに気づきました。「これは変だぞ」とダンは思いました。その後，毎日仏像の隣に，果物や硬貨といった小さなものが置いてあるのが見えました。その後，誰かが仏像をテーブルの上に置き，そしてそれは金色に塗られました。ついには誰かが仏像を雨から守るための小さな家を作ったのです。朝，ダンとルーは，人々が仏像のところにやってきて，お香に火をつけ，お祈りをするのを見かけるようになりました。興味深いことに，その地域の犯罪は少なくなりました。

ダンは誰が仏像の世話をしていたのか，わかりました。それはオークランドに住む，ベトナム人仏教徒グループの人々だったのです。その人々は毎朝，祈りをささげるために仏像を訪れました。仏像の世話を始めたのはヴィナ・ヴォでした。ヴィナ・ヴォはベトナム出身です。彼女が若い頃，友達と家族の多くがベトナム戦争で亡くなりました。また，彼女の村の寺院も破壊され，彼女は悲しく淋しい気持ちでした。1982年，彼女はカリフォルニア州のオークランドに引っ越し，そして2010年，ダンの家の前の仏像を見つけたのでした。彼女はそれを見た時，ベトナムの寺院を思い出し，その世話をすることにしたのでした。ヴィナ・ヴォや他のベトナム人グループはダンが公園に仏像を置いたことがわかると，彼に贈り物をし始めました。彼らはダンの家の前に食べ物やお菓子を置くようになりました。そのためダンは彼らに「私に食べ物を持ってこないでください。今やこの仏像はあなたたちのものです」と言いました。

旅行者たちもこの仏像のことを聞き，それを見学するためにオークランドへ足を運ぶようになりました。市は交通量を心配して，仏像を撤去しようとしましたが，今では多くの人々がその仏像を愛していました。それで市は仏像を撤去しませんでした。その地域は，前よりきれいで安全な，そしてもっと親しみやすい場所になりました。

今ではオークランド周辺の他の地域にも仏像や寺院があります。人々はダンとルーの仏像にまつわる話を知ると，自分たちの住む地域にも仏像を置くことにしたのでした。

最初，ダンとルーの願いは，公園にゴミを投げ捨てるのをやめてほしいということでした。ホームセンター（で買った）仏像が，寺院となり，ベトナム人グループ，そして他の多くの人々に幸せをもたらすことになろうとは，思いもよらなかったのです。

Ⅱ 【本文の要約】参照。

問1　直後の When someone dies, the body is put in a box called a coffin.より，「死者を入れる箱」＝「ひつぎ」。

問2⑴ 「第1段落によると」に続くのは，5行目 Houses are also different because of the culture of each area.より，い「文化が違えば，家の建築方法も違う」が適切。あ「全ての家は悪霊を追い払うために建てられる」，う「ウィッチウィンドウは良い霊を迎え入れるために造られる」は，第1段落の内容にはない。

⑵ 「バーモントでは」に続くのは，第2段落最後の文 They are proud of their witch windows.より，う「彼らは自分の家にはウィッチウィンドウがあると言うことを好む」が適切。あ「彼らは魔女が簡単に家に入るように，ウィッチウィンドウを傾けさせた」，い「彼らは日光をたくさん入れるためにウィッチウィンドウが付いた新しい家を造る」は，第2段落の内容にはない。

⑶ 「アメリカでは，青色に塗られた家がある。その理由は」に続くのは，第3段落最後の文 They say that the color of blue looks like water, and ghosts don’t like to fly over water.より，う「幽霊は青色の上では飛ばないと考えているからだ」が適切。あ「それは水のように見え，人々は水を愛してやまないからだ」，い「幽霊は海で泳ぐことができないと信じているからだ」は，第3段落の内容にはない。

⑷ 「アジアのある国では」に続くのは，第4段落4～6行目の内容より，い「幽霊を留め置くための専用の家がある」が適切。あ「もし悪霊が『鬼門』でドアを見ると混乱する」，う「幽霊がいつでも家に入ることができるように，地下にドアを造る」は，第4段落の内容にはない。

⑸ 「悪霊を寄せ付けないために」に続くのは，第5段落1行目 If you want a way to keep bad spirits out of your house, …,there are many kinds of charms you can put around your house to keep spirits away.より，う「家中に様々なお守りを置く」が適切。あ「庭で様々な種類の食用野菜を育てる」，い「壁には何もかけない」は，第5段落の内容にはない。

【本文の要約】

「ウィッチウィンドウ」とは何か，知っていますか？「ウィッチ」とは魔女のことです。アメリカのバーモント州では，多くの古い家に，魔女が家に飛び込むのを防ぐ，傾いた「ウィッチウィンドウ（魔女の窓）」があります。世界中の家は国によって異なります。気候，土地の種類，建築材料など，多くのものが家のスタイルを変えることができます。問2⑴いまた，家はそれぞれの地域の文化によっても異なります。例えば，悪い幽霊を追い払うために建てられた家もあれば，親切な霊を迎え入れるために建てられた家もあります。

バーモント州では多くの人が，ウィッチウィンドウが傾いているのは，魔女は傾いた窓枠を通って飛び込むことができないからだと言います。しかし，それは本当に彼らが窓を傾けさせる理由でしょうか？窓がなぜそのように造られたのかについて，違う見解を持っている人もいます。彼らは，斜めの屋根の下の屋根裏部屋には傾いた窓がぴったり合い，部屋の中により多くの日光を入れられると考えています。また，その窓を「コフィンウィンドウ」と呼ぶ人もいます。人は死ぬと，その遺体はコフィン（＝ひつぎ）と呼ばれる箱に入れられます。彼らは，かつてその窓はコフィンを家に入れたり家から出したりするために使われたと考えています。しかし，バーモント州のほとんどの人は，その窓は「ウィッチウィンドウ」だと言うことでしょう。問2(2)う彼らは「ウィッチウィンドウ」を誇りに思っているのです。

幽霊を入らせないために造られた家は，アメリカの他の地域でも見られます。例えば，南部の州では「ヘイントブルー（幽霊の青)」と呼ばれる青色のペンキがあり，幽霊を家に入れさせないために使われています。問2(3)うそれは水のような青色で，幽霊は水の上を飛ぶのを好まないと言われています。

中国で，屋根が曲がっているのは，悪霊を混乱させるためです。悪霊はまっすぐにしか移動できないからです。また，海を越えた日本では，家の北東の方角は「鬼門」，つまり悪魔の門と呼ばれます。日本人の中には，悪霊は北東からやって来ると思って，玄関や窓を家の北東の角に設置することを好まない人がいます。問2(4)いタイなどの東南アジアの国々では，死者の幽霊のためだけの家を建てます。彼らは死者の幽霊を自分の家から離れたところに留め置こうとはしません。その代わりに，霊が留まるための家を別に建てるのです。フィリピン人は，違った方法で幽霊と共に暮らします。幽霊は地下のような低い場所に行くのを好むと考えているので，彼らは地下に専用のドアと出口を作るのです。これで幽霊は容易に彼らの家から出ていくことができます。

問2(5)うもしあなたが家に悪霊を寄せ付けたくないが，リフォームもしたくない場合は，悪霊を近づかせないために家の周囲に置くお守りがたくさんあります。お守りは，幸運をもたらすものです。世界を見渡してみると，人々は幸運を呼び込むために，馬蹄，風鈴，薬草，花といった多くの品々を家中に置いています。

Ⅲ 【本文の要約】参照。１　・surprising「(人を) 驚かせるような」　２　・be surprised「(人が) 驚く」
３　・smell ～「～の匂いがする」　・taste ～「～の味がする」　４　bad の最上級は worst。bad-worse-worst と変化する。

【本文の要約】

トム：久しぶり。

メグ：ええ，あなたが来てくれて嬉しいわ。私，あなたに伝えなくてはいけない，1けびっくりさせるような(surprising)ことがあるの。

トム：本当？何だい？

メグ：今朝，あなたのために，クッキーを焼いたの。

トム：おお！そりゃすごい。クッキーは大好きなんだ。どんな種類の？

メグ：2こ驚く(surprised)わよ。食べてみて。

トム：わかった。おえ！ひどくべとべとするよ。それに3う腐ったような(bad)匂いがする。

メグ：え，私，チョコレートは入れなかったわよ。あなたがダイエット中だと知っているから。

トム：味もひどい。今まで食べた中で4お最悪な(worst)クッキーだよ。

メグ：このクッキーを作るのに，午前中いっぱい（時間が）かかったのに！

トム：だっておいしくないもん。表面に何か茶色いものが見えるけど。これは何？

メグ：納豆よ。とても5き健康に良い(healthy)食材よ，知っているでしょ？

トム：納豆は健康に良いかもしれないけど，クッキーにはだめだよ。

メグ：もういい！あなたってひどいわ。ありがとうくらい言ってもいいのに。

トム：ごめんよ。ありがとう。でも，本当に，もういらない。

メグ：あら，それは6い残念(sorry)だわ。

Ⅳ ⑴ The second book which I borrowed was <u>not</u> as difficult <u>as</u> the first one.：「私が借りた二冊目の本」は，〈which《関係代名詞》＋I《主語》＋borrowed《動詞》〉が後ろから前にある book を修飾して表す。　・not as … as ～「～ほど…ではない」

⑵ That new student <u>talking</u> with Mr. Brown has <u>never</u> been to the school library.：現在完了の“経験”の否定文。「（1度も）～に行ったことがない」は〈have/has＋never＋been《過去分詞》 to ～〉で表す。また，「ブラウン先生と話しているあの新入生」は，talking with Mr. Brown〈現在分詞＋語句〉が前にある student を後ろから修飾して表す。

・talk with～「（人）と話す」

Ⅴ ⑴ あ「兄（弟）は私を怒らせた。私のスマートフォンを壊したからだ」…<u>because of</u> に he《主語》 broke《動詞》 ～が続いているから，間違い。接続詞の because が正しいから，of は不要。　い「私はあなたが私に話してくれたその生徒に会いたい」…「（人）に～（目的語）を話す」は〈tell ～ to＋人〉だから，me の前には to が必要。

⑵ い「あなたはここから1番近い駅までどのくらい時間がかかるか，知っていますか？」…間接疑問の文は，〈Do you know＋疑問詞＋主語＋動詞～?〉の語順になるから，正しい文は Do you know how long <u>it takes</u> from here to the nearest station?となる。

⑶ あ「私はオーストラリアに3回行ったことがあります」…現在完了の“経験”の文「～に行ったことがある」は〈have/has been to ～〉で表すから，ever は不要。

Ⅵ 質問「あなたは昨年の今頃に何をしていましたか？」…まず指定された条件を守ること。難しい表現は使わなくてもいいので，自分が書きやすい内容を，文法やスペルのミスがないように書くこと。（例文）「私は次のトーナメントに向けてチームメイトとサッカーの練習をしていました。私たちは熱心に練習しましたが，優勝することはできませんでした」

《2020　理科　解説》

1 問1① 重力は鉛直下向き（オ），摩擦力は物体が運動する向きと逆向き（カ）にはたらく。　② 重力は斜面に垂直な分力と斜面に平行な分力に分けることができる（図Ⅰ）。斜面に垂直な分力は垂直抗力とつり合い，斜面に平行な分力は摩擦力とつり合うので物体は斜面上に静止している。よって，摩擦力の向きはイである。斜面が滑らかで摩擦力がはたらかなければ，斜面に平行な分力によって物体は斜面をすべり降りていくはずである。

図Ⅰ
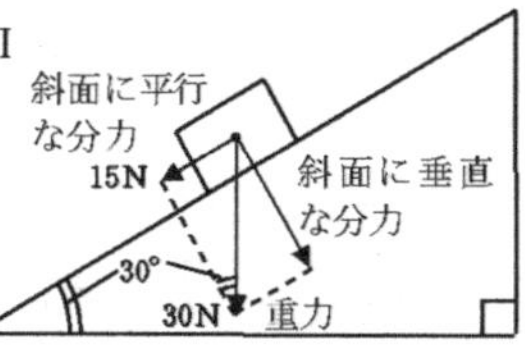

図Ⅱ
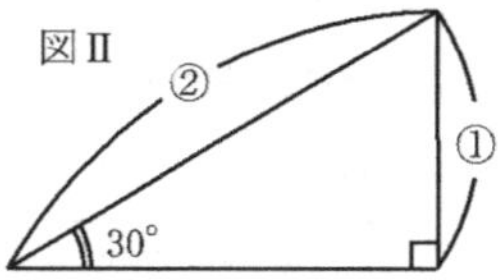

問2 30°の角をもつ直角三角形の辺の比（図Ⅱ）より，地点Bの（地点Aからの）高さは $4.0\times\frac{1}{2}=2.0$（m）である。よって，3.0 kgの物体が地点Bでもつ位置エネルギーの大きさは，〔仕事（J）＝力の大きさ（N）×力の向きに動いた距離（m）〕，3.0 kg→30Nより，30×2.0＝60（J）である。

問3 斜面を上向きに 6.0m運動したときの地点Aからの高さは $6.0\times\frac{1}{2}=3.0$（m）だから，物体がもつ位置エネルギーは 30×3.0＝90（J）である。よって，摩擦力がはたらく場合に摩擦力がした仕事は 90－60＝30（J）である。

問4 斜面上を運動しているときにはたらく摩擦力は 30÷4.0＝7.5（N）である。また，問1②解説より，物体が斜面上で静止しているとき，物体にはたらく重力の斜面に平行な分力と摩擦力がつり合っているから，静止しているときにはたらく摩擦力の大きさは $30\times\frac{1}{2}=15$（N）である（図Ⅰ）。

2 問1 ①ウ，②イ○…塩化銅は水溶液中で銅イオンと塩化物イオンに電離している〔$CuCl_2 \rightarrow Cu^{2+}+2Cl^-$〕。青色は銅イオンの色である。電流を流すと銅イオンは陰極から電子をもらって銅になり，陰極に付着する。電流を流し続けると水溶液中の銅イオンの数は減っていくので，青色はうすくなる。

問2　ウ，エ○…塩化物イオンは陰イオンなので陽極に移動し，陽極に電子を渡して塩素原子になり，塩素原子が２個結びついて塩素分子となる。つまり，陽極で発生した気体は塩素である。

問3　塩化銅水溶液200㎤の質量は200×1.08＝216(g)だから，溶けている塩化銅は216×0.1＝21.6(g)である。

問4　水酸化ナトリウム水溶液に電流を流す(電気エネルギーを与える)と，水が電気分解されて陰極から水素，陽極から酸素が発生する〔$2H_2O \to 2H_2 + O_2$〕。この逆の反応を起こして，電気エネルギーを取り出す装置を燃料電池という。

3　問3　P波による最初に起こる小さなゆれを初期微動，S波による後から起こる大きなゆれを主要動という。つまり，図1の直線aはP波の到達時刻，直線bはS波の到達時刻を表している。P波が，震源から20㎞の地点に到達した時刻と110㎞の地点に到達した時刻の差は15秒だから，P波の速さは $\frac{110-20}{15}$＝6(㎞/s)である。また，S波が震源から20㎞の地点に到達した時刻と65㎞の地点に到達した時刻の差は15秒だから，S波の速さは $\frac{65-20}{15}$＝3(㎞/s)である。

問4　エ○…P波とS波は同時に発生するから震源の初期微動継続時間は0であり，初期微動継続時間は震源からの距離に比例する。

問5　ゆれは震源を中心に同心円状に伝わっていく。立体的に見ると球面がふくらむように伝わっていくので，震源が浅い場合はアのようにほぼ等間隔の同心円状になるが，震源が深い場合はイのようになる。

問6　速さは，P波が6㎞/s，S波が3㎞/sだから，震源からの距離d㎞のある地点に到達するまでに，P波は$\frac{d}{6}$秒，S波は$\frac{d}{3}$秒かかる。よって，初期微動継続時間(t)は，$t=\frac{d}{3}-\frac{d}{6}=\frac{d}{6}$と表せるから，d＝6tである。

問7　緊急地震速報が発表されたのは地震発生の$\frac{12}{6}$＋4＝6(秒後)で，震源から180㎞離れた地点にS波が到達するのは地震発生の$\frac{180}{3}$＝60(秒後)だから，発表から主要動が観測されるまでの時間は60－6＝54(秒)である。

4　問1　群れで生活することによって，分担して見張りを行うことができる。しかし，エサの奪い合いが起こる頻度は増える。つまり，群れが大きいほど，警戒時間は短く，奪い合いの時間は長くなる。

問2　キ○…①天敵が増えた場合，群れを大きくすると警戒が容易になり各個体が捕食される確率も低くすることができる。②食料が不足してきた場合，そのままではエサの奪い合いが多くなるので，群れは小さくなる。

1問6　池に生息するこの生物の個体数をx匹とすると，x：48＝54：6という式が成り立つ。よって，6x＝48×54　x＝432(匹)となる。

《2020　社会　解説》

1　問1　一揆の首謀者は処罰の対象となったので，署名を円形にして責任を平等化した。

問2　アの秋冬山水図(秋景)が正しい。

問3　エが誤り。眼鏡枠は，福井県の鯖江市でさかんな地場産業である。

問4　エが正しい。第一次世界大戦の賠償金の支払いは，第二次世界大戦前後に滞ったが，その後再開され，2010年に完済している。アについて，パリ講和会議で採用された民族自決の原則で独立したのは，東ヨーロッパの国々である。イについて，設立されたのは国際連合ではなく，国際連盟である。ウについて，日本が引き継いだのは，広東省ではなく山東省の権益である。

問5　アが誤り。労働基準法では，労働者の1週間あたりの休日数は1日以上と定めている。

問6⑴　自然界に存在する熱などのエネルギーは，繰り返し使えるので再生可能エネルギーと呼ばれる。

⑵　降水量と地形の面からとあるので，「降水量が多いこと」を雨温図から読み取り，「水が集まりやすいこと」を地形図から読み取る。周りの山々に降った雨が谷間に位置する郡上八幡に集まってくることが読み取れる。

2　問1　アが正しい。長江は上海付近に河口があり，ガンジス川はインド半島東部を流れる河川である。

問2　1年を通して気温が高いことから熱帯であると判断し，雨季と乾季があることからサバナ気候を導き，記号はウを選ぶ。アは地中海性気候，イは熱帯雨林気候，エは温帯湿潤気候の特徴である。

問3　イが正しい。夏に太平洋側から冷たく湿った風をもたらすやませは，奥羽山脈を越えるときに乾いた風となり，日本海側に暖かく乾いた風を送る(フェーン現象)。

問4　ウが正しい。「あ」のタイでは仏教，「い」のインドネシアではイスラム教，「う」のフィリピンではキリスト教が広く信仰されている。

問5　エが正しい。1973 年の石油危機によって燃料が値上げされ，世界各国が排他的経済水域(沿岸から 200 海里以内)を設定したことで，日本の遠洋漁業は衰退していった。①は沖合漁業，③は沿岸漁業。

問6　イが正しい。ブラジル・ロシア・インド・中国・南アフリカの頭文字から BRICS と呼ぶ。

3　**問1**　アが誤り。卑弥呼は，後漢ではなく魏に使いを送った。

問2　平安時代，シャカの死から時間がたつと，仏教の力が衰える末法の時代がくるという末法思想が広まった。1052 年がその始まりと言われ，その翌年に藤原頼通が，阿弥陀仏の住む極楽浄土を再現した平等院鳳凰堂を完成させた。

問3　オが正しい。北条政子の父時政が鎌倉幕府の初代執権につき，その後北条氏が執権職を世襲した。後鳥羽上皇が承久の乱を起こすと，北条政子の呼びかけにこたえた関東の御家人たちによって，幕府方が勝利し，朝廷と西国の監視のための機関として，六波羅探題を京都に置いた。鎌倉府は，室町時代の関東に置かれた機関である。北条泰時は，御成敗式目を制定した第３代執権である。

問4　イが正しい。宗教改革は 1517 年に始まった。アは 11 世紀，ウは 7 世紀，エは 15 世紀の出来事である。

問5　ウが正しい。日清戦争直前にイギリスとの間で日英通商航海条約が結ばれることで，領事裁判権の撤廃に成功したことは覚えておきたい。日露戦争は 1904 年，関税自主権の回復は 1911 年のことである。

問6　1932 年の五・一五事件で暗殺された首相が犬養毅である。

4　**問1**　消費税は，所得に関係なくすべての人が，物品の購入やサービスを受ける時に平等に支払う間接税だから，所得の低い人ほど，負担する割合が高くなる逆進性が問題となっている。そのため，少しでも逆進性を補うために，飲食料品と新聞にかかる税率を８％に据え置く軽減税率制度が導入された。

問2　ウが誤り。衆議院を通った予算案が参議院で否決された場合，両院協議会を開いても意見が一致しなければ，衆議院の優越によって，衆議院の議決が国会の議決となる。

問3　オが正しい。分裂や党名が変わった民主党に注目するとわかりやすい。2009 年から政権をとった民主党は，東日本大震災の対応の遅さなどから批判を浴び，2012 年に再び自由民主党に政権を奪われた。2016 年に維新の党と合流して民進党と名前を変え，その後，国民民主党と立憲民主党に分裂した。

問4　イが正しい。アについて，佐藤栄作首相の提案した非核三原則は，今でも日本の核の原則となっている。ウについて，自衛隊のイラク派遣は，PKO 協力法ではなくイラク復興支援特別措置法に基づく。PKO 協力法は，国連からの要請があった場合に自衛隊を派遣することができる法律であり，当時，国連からの協力要請はなく，アメリカからの協力要請にこたえる形で，イラク復興支援特別措置法を成立させて派遣に至った。エについて，普天間飛行場を辺野古に移設する問題は，いまだに国と沖縄県の意見が一致せず対立したままである。

問5　エの株主の有限責任が正しい。アについて，利益の一部を株主に分配するのは出資金ではなく配当である。イについて，株式会社の経営方針の決定は，取締役会ではなく株主総会で行われる。ウについて，株主総会で株主は，保有する株式の割合に応じて議決権をもつ。

問6　カが正しい。Ｂ(１月)→Ｅ(４月)→Ｃ(７月)→Ｄ(８月)→Ａ(10 月)

■ ご使用にあたってのお願い・ご注意

（1）問題文等の非掲載

著作権上の都合により，問題文や図表などの一部を掲載できない場合があります。

誠に申し訳ございませんが，ご了承くださいますようお願いいたします。

（2）過去問における時事性

過去問題集は，学習指導要領の改訂や社会状況の変化，新たな発見などにより，現在とは異なる表記や解説になっている場合があります。過去問の特性上，出題当時のままで出版していますので，あらかじめご了承ください。

（3）配点

学校等から配点が公表されている場合は，記載しています。公表されていない場合は，記載していません。

独自の予想配点は，出題者の意図と異なる場合があり，お客様が学習するうえで誤った判断をしてしまう恐れがあるため記載していません。

（4）無断複製等の禁止

購入された個人のお客様が，ご家庭でご自身またはご家族の学習のためにコピーをすることは可能ですが，それ以外の目的でコピー，スキャン，転載（ブログ，ＳＮＳなどでの公開を含みます）などをすることは法律により禁止されています。学校や学習塾などで，児童生徒のためにコピーをして使用することも法律により禁止されています。

ご不明な点や，違法な疑いのある行為を確認された場合は，弊社までご連絡ください。

（5）けがに注意

この問題集は針を外して使用します。針を外すときは，けがをしないように注意してください。また，表紙カバーや問題用紙の端で手指を傷つけないように十分注意してください。

（6）正誤

制作には万全を期しておりますが，万が一誤りなどがございましたら，弊社までご連絡ください。

なお，誤りが判明した場合は，弊社ウェブサイトの「ご購入者様のページ」に掲載しておりますので，そちらもご確認ください。

■ お問い合わせ

解答例，解説，印刷，製本など，問題集発行におけるすべての責任は弊社にあります。

ご不明な点がございましたら，弊社ウェブサイトの「お問い合わせ」フォームよりご連絡ください。迅速に対応いたしますが，営業日の都合で回答に数日を要する場合があります。

ご入力いただいたメールアドレス宛に自動返信メールをお送りしています。自動返信メールが届かない場合は，「よくある質問」の「メールの問い合わせに対し返信がありません。」の項目をご確認ください。

また弊社営業日（平日）は，午前９時から午後５時まで，電話でのお問い合わせも受け付けています。

2025 春

株式会社教英出版

〒422-8054　静岡県静岡市駿河区南安倍３丁目 12-28

TEL　054-288-2131　　FAX　054-288-2133

URL　https://kyoei-syuppan.net/

MAIL siteform@kyoei-syuppan.net

教英出版　2025年春受験用　高校入試問題集

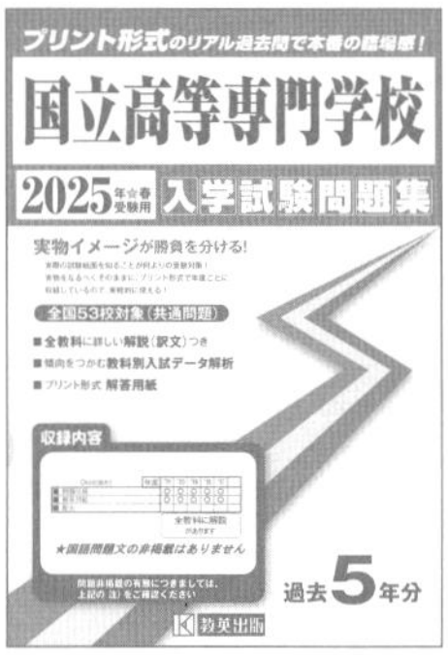

公立高等学校問題集

北海道公立高等学校
青森県公立高等学校
宮城県公立高等学校
秋田県公立高等学校
山形県公立高等学校
福島県公立高等学校
茨城県公立高等学校
埼玉県公立高等学校
千葉県公立高等学校
東京都立高等学校
神奈川県公立高等学校
新潟県公立高等学校
富山県公立高等学校
石川県公立高等学校
長野県公立高等学校
岐阜県公立高等学校
静岡県公立高等学校
愛知県公立高等学校
三重県公立高等学校（前期選抜）
三重県公立高等学校（後期選抜）
京都府公立高等学校（前期選抜）
京都府公立高等学校（中期選抜）
大阪府公立高等学校
兵庫県公立高等学校
島根県公立高等学校
岡山県公立高等学校
広島県公立高等学校
山口県公立高等学校
香川県公立高等学校
愛媛県公立高等学校
福岡県公立高等学校
佐賀県公立高等学校
長崎県公立高等学校
熊本県公立高等学校
大分県公立高等学校
宮崎県公立高等学校
鹿児島県公立高等学校
沖縄県公立高等学校

公立高 教科別8年分問題集

（2024年～2017年）

北海道（国・社・数・理・英）
宮城県（国・社・数・理・英）
山形県（国・社・数・理・英）
新潟県（国・社・数・理・英）
富山県（国・社・数・理・英）
長野県（国・社・数・理・英）
岐阜県（国・社・数・理・英）
静岡県（国・社・数・理・英）
愛知県（国・社・数・理・英）
兵庫県（国・社・数・理・英）
岡山県（国・社・数・理・英）
広島県（国・社・数・理・英）
山口県（国・社・数・理・英）
福岡県（国・社・数・理・英）

国立高等専門学校 最新5年分問題集

（2024年～2020年・全国共通）

対象の高等専門学校

釧路工業・旭川工業・
苫小牧工業・函館工業・
八戸工業・一関工業・仙台・
秋田工業・鶴岡工業・福島工業・
茨城工業・小山工業・群馬工業・
木更津工業・東京工業・
長岡工業・富山・石川工業・
福井工業・長野工業・岐阜工業・
沼津工業・豊田工業・鈴鹿工業・
鳥羽商船・舞鶴工業・
大阪府立大学工業・明石工業・
神戸市立工業・奈良工業・
和歌山工業・米子工業・
松江工業・津山工業・呉工業・
広島商船・徳山工業・宇部工業・
大島商船・阿南工業・香川・
新居浜工業・弓削商船・
高知工業・北九州工業・
久留米工業・有明工業・
佐世保工業・熊本・大分工業・
都城工業・鹿児島工業・
沖縄工業

高専 教科別10年分問題集

もっと過去問シリーズ
教科別
数学・理科・英語
（2019年～2010年）

学校別問題集

北海道
①札幌北斗高等学校
②北星学園大学附属高等学校
③東海大学付属札幌高等学校
④立命館慶祥高等学校
⑤北海高等学校
⑥北見藤高等学校
⑦札幌光星高等学校
⑧函館ラ・サール高等学校
⑨札幌大谷高等学校
⑩北海道科学大学高等学校
⑪遺愛女子高等学校
⑫札幌龍谷学園高等学校
⑬札幌日本大学高等学校
⑭札幌第一高等学校
⑮旭川実業高等学校
⑯北海学園札幌高等学校

青森県
①八戸工業大学第二高等学校

宮城県
①聖和学園高等学校(A日程)
②聖和学園高等学校(B日程)
③東北学院高等学校(A日程)
④東北学院高等学校(B日程)
⑤仙台大学附属明成高等学校
⑥仙台城南高等学校
⑦東北学院榴ケ岡高等学校
⑧古川学園高等学校
⑨仙台育英学園高等学校(A日程)
⑩仙台育英学園高等学校(B日程)
⑪聖ウルスラ学院英智高等学校
⑫宮城学院高等学校
⑬東北生活文化大学高等学校
⑭東北高等学校
⑮常盤木学園高等学校
⑯仙台白百合学園高等学校
⑰尚絅学院高等学校(A日程)
⑱尚絅学院高等学校(B日程)

山形県
①日本大学山形高等学校
②惺山高等学校
③東北文教大学山形城北高等学校
④東海大学山形高等学校
⑤山形学院高等学校

福島県
①日本大学東北高等学校

新潟県
①中越高等学校
②新潟第一高等学校
③東京学館新潟高等学校
④日本文理高等学校
⑤新潟青陵高等学校
⑥帝京長岡高等学校
⑦北越高等学校
⑧新潟明訓高等学校

富山県
①高岡第一高等学校
②富山第一高等学校

石川県
①金沢高等学校
②金沢学院大学附属高等学校
③遊学館高等学校
④星稜高等学校
⑤鵬学園高等学校

山梨県
①駿台甲府高等学校
②山梨学院高等学校(特進)
③山梨学院高等学校(進学)
④山梨英和高等学校

岐阜県
①鶯谷高等学校
②富田高等学校
③岐阜東高等学校
④岐阜聖徳学園高等学校
⑤大垣日本大学高等学校
⑥美濃加茂高等学校
⑦済美高等学校

静岡県
①御殿場西高等学校
②知徳高等学校
③日本大学三島高等学校
④沼津中央高等学校
⑤飛龍高等学校
⑥桐陽高等学校
⑦加藤学園高等学校
⑧加藤学園暁秀高等学校
⑨誠恵高等学校
⑩星陵高等学校
⑪静岡県富士見高等学校
⑫清水国際高等学校
⑬静岡サレジオ高等学校
⑭東海大学付属静岡翔洋高等学校
⑮静岡大成高等学校
⑯静岡英和女学院高等学校
⑰城南静岡高等学校
⑱静岡女子高等学校
⑲ 常葉大学附属常葉高等学校
常葉大学附属橘高等学校
常葉大学附属菊川高等学校
⑳静岡北高等学校
㉑静岡学園高等学校
㉒焼津高等学校
㉓藤枝明誠高等学校
㉔静清高等学校
㉕磐田東高等学校
㉖浜松学院高等学校
㉗浜松修学舎高等学校
㉘浜松開誠館高等学校
㉙浜松学芸高等学校
㉚浜松聖星高等学校
㉛浜松日体高等学校
㉜聖隷クリストファー高等学校
㉝浜松啓陽高等学校
㉞オイスカ浜松国際高等学校

愛知県
①[国立]愛知教育大学附属高等学校
②愛知高等学校
③名古屋経済大学市邨高等学校
④名古屋経済大学高蔵高等学校
⑤名古屋大谷高等学校
⑥享栄高等学校
⑦椙山女学園高等学校
⑧大同大学大同高等学校
⑨日本福祉大学付属高等学校
⑩中京大学附属中京高等学校
⑪至学館高等学校
⑫東海高等学校
⑬名古屋たちばな高等学校
⑭東邦高等学校
⑮名古屋高等学校
⑯名古屋工業高等学校
⑰名古屋葵大学高等学校
(名古屋女子大学高等学校)
⑱中部大学第一高等学校
⑲桜花学園高等学校
⑳愛知工業大学名電高等学校
㉑愛知みずほ大学瑞穂高等学校
㉒名城大学附属高等学校
㉓修文学院高等学校
㉔愛知啓成高等学校
㉕聖カピタニオ女子高等学校
㉖滝高等学校
㉗中部大学春日丘高等学校
㉘清林館高等学校
㉙愛知黎明高等学校
㉚岡崎城西高等学校
㉛人間環境大学附属岡崎高等学校
㉜桜丘高等学校

㉝光ヶ丘女子高等学校
㉞藤ノ花女子高等学校
㉟栄徳高等学校
㊱同朋高等学校
㊲星城高等学校
㊳安城学園高等学校
㊴愛知産業大学三河高等学校
㊵大成高等学校
㊶豊田大谷高等学校
㊷東海学園高等学校
㊸名古屋国際高等学校
㊹啓明学館高等学校
㊺聖霊高等学校
㊻誠信高等学校
㊼誉高等学校
㊽杜若高等学校
㊾菊華高等学校
㊿豊川高等学校

三重県

①暁高等学校(3年制)
②暁高等学校(6年制)
③海星高等学校
④四日市メリノール学院高等学校
⑤鈴鹿高等学校
⑥高田高等学校
⑦三重高等学校
⑧皇學館高等学校
⑨伊勢学園高等学校
⑩津田学園高等学校

滋賀県

①近江高等学校

大阪府

①上宮高等学校
②大阪高等学校
③興國高等学校
④清風高等学校
⑤早稲田大阪高等学校
（早稲田摂陵高等学校）
⑥大商学園高等学校
⑦浪速高等学校
⑧大阪夕陽丘学園高等学校
⑨大阪成蹊女子高等学校
⑩四天王寺高等学校
⑪梅花高等学校
⑫追手門学院高等学校
⑬大阪学院大学高等学校
⑭大阪学芸高等学校
⑮常翔学園高等学校
⑯大阪桐蔭高等学校
⑰関西大倉高等学校
⑱近畿大学附属高等学校
⑲金光大阪高等学校
⑳星翔高等学校
㉑阪南大学高等学校
㉒箕面自由学園高等学校
㉓桃山学院高等学校
㉔関西大学北陽高等学校

兵庫県

①雲雀丘学園高等学校
②園田学園高等学校
③関西学院高等部
④灘高等学校
⑤神戸龍谷高等学校
⑥神戸第一高等学校
⑦神港学園高等学校
⑧神戸学院大学附属高等学校
⑨神戸弘陵学園高等学校
⑩彩星工科高等学校
⑪神戸野田高等学校
⑫滝川高等学校
⑬須磨学園高等学校
⑭神戸星城高等学校
⑮啓明学院高等学校
⑯神戸国際大学附属高等学校
⑰滝川第二高等学校
⑱三田松聖高等学校
⑲姫路女学院高等学校
⑳東洋大学附属姫路高等学校
㉑日ノ本学園高等学校
㉒市川高等学校
㉓近畿大学附属豊岡高等学校
㉔夙川高等学校
㉕仁川学院高等学校
㉖育英高等学校

奈良県

①西大和学園高等学校

岡山県

①[県立]岡山朝日高等学校
②清心女子高等学校
③就実高等学校
（特別進学コース〈ハイグレード・アドバンス〉）
④就実高等学校
（特別進学チャレンジコース・総合進学コース）
⑤岡山白陵高等学校
⑥山陽学園高等学校
⑦関西高等学校
⑧おかやま山陽高等学校
⑨岡山商科大学附属高等学校
⑩倉敷高等学校
⑪岡山学芸館高等学校(1期1日目)
⑫岡山学芸館高等学校(1期2日目)
⑬倉敷翠松高等学校
⑭岡山理科大学附属高等学校
⑮創志学園高等学校
⑯明誠学院高等学校
⑰岡山龍谷高等学校

広島県

①[国立]広島大学附属高等学校
②[国立]広島大学附属福山高等学校
③修道高等学校
④崇徳高等学校
⑤広島修道大学ひろしま協創高等学校
⑥比治山女子高等学校
⑦呉港高等学校
⑧清水ヶ丘高等学校
⑨盈進高等学校
⑩尾道高等学校
⑪如水館高等学校
⑫広島新庄高等学校
⑬広島文教大学附属高等学校
⑭銀河学院高等学校
⑮安田女子高等学校
⑯山陽高等学校
⑰広島工業大学高等学校
⑱広陵高等学校
⑲近畿大学附属広島高等学校福山校
⑳武田高等学校
㉑広島県瀬戸内高等学校(特別進学)
㉒広島県瀬戸内高等学校(一般)
㉓広島国際学院高等学校
㉔近畿大学附属広島高等学校東広島校
㉕広島桜が丘高等学校

山口県

①高水高等学校
②野田学園高等学校
③宇部フロンティア大学付属香川高等学校
（普通科〈特進・進学コース〉）
④宇部フロンティア大学付属香川高等学校
（生活デザイン・食物調理・保育科）
⑤宇部鴻城高等学校

徳島県

①徳島文理高等学校

香川県

①香川誠陵高等学校
②大手前高松高等学校

愛媛県

①愛光高等学校
②済美高等学校
③FC今治高等学校
④新田高等学校
⑤聖カタリナ学園高等学校

福岡県

①福岡大学附属若葉高等学校
②精華女子高等学校(専願試験)
③精華女子高等学校(前期試験)
④西南学院高等学校
⑤筑紫女学園高等学校
⑥中村学園女子高等学校(専願入試)
⑦中村学園女子高等学校(前期入試)
⑧博多女子高等学校
⑨博多高等学校
⑩東福岡高等学校
⑪福岡大学附属大濠高等学校
⑫自由ケ丘高等学校
⑬常磐高等学校
⑭東筑紫学園高等学校
⑮敬愛高等学校
⑯久留米大学附設高等学校
⑰久留米信愛高等学校
⑱福岡海星女子学院高等学校
⑲誠修高等学校
⑳筑陽学園高等学校(専願入試)
㉑筑陽学園高等学校(前期入試)
㉒真颯館高等学校
㉓筑紫台高等学校
㉔純真高等学校
㉕福岡舞鶴高等学校
㉖折尾愛真高等学校
㉗九州国際大学付属高等学校
㉘祐誠高等学校
㉙西日本短期大学附属高等学校
㉚東海大学付属福岡高等学校
㉛慶成高等学校
㉜高稜高等学校
㉝中村学園三陽高等学校
㉞柳川高等学校
㉟沖学園高等学校
㊱福岡常葉高等学校
㊲九州産業大学付属九州高等学校
㊳近畿大学附属福岡高等学校
㊴大牟田高等学校
㊵久留米学園高等学校
㊶福岡工業大学附属城東高等学校
(専願入試)
㊷福岡工業大学附属城東高等学校
(前期入試)
㊸八女学院高等学校
㊹星琳高等学校
㊺九州産業大学付属九州産業高等学校
㊻福岡雙葉高等学校

佐賀県

①龍谷高等学校
②佐賀学園高等学校
③佐賀女子短期大学付属佐賀女子高等学校
④弘学館高等学校
⑤東明館高等学校
⑥佐賀清和高等学校
⑦早稲田佐賀高等学校

長崎県

①海星高等学校(奨学生試験)
②海星高等学校(一般入試)
③活水高等学校
④純心女子高等学校
⑤長崎南山高等学校
⑥長崎日本大学高等学校(特別入試)
⑦長崎日本大学高等学校(一次入試)
⑧青雲高等学校
⑨向陽高等学校
⑩創成館高等学校
⑪鎮西学院高等学校

熊本県

①真和高等学校
②九州学院高等学校
(奨学生・専願生)
③九州学院高等学校
(一般生)
④ルーテル学院高等学校
(専願入試・奨学入試)
⑤ルーテル学院高等学校
(一般入試)
⑥熊本信愛女学院高等学校
⑦熊本学園大学付属高等学校
(奨学生試験・専願生試験)
⑧熊本学園大学付属高等学校
(一般生試験)
⑨熊本中央高等学校
⑩尚絅高等学校
⑪文徳高等学校
⑫熊本マリスト学園高等学校
⑬慶誠高等学校

大分県

①大分高等学校

宮崎県

①鵬翔高等学校
②宮崎日本大学高等学校
③宮崎学園高等学校
④日向学院高等学校
⑤宮崎第一高等学校
(文理科)
⑥宮崎第一高等学校
(普通科·国際マルチメディア科·電気科)

鹿児島県

①鹿児島高等学校
②鹿児島実業高等学校
③樟南高等学校
④れいめい高等学校
⑤ラ・サール高等学校

新刊
もっと過去問シリーズ

愛知県

愛知高等学校
7年分(数学・英語)
中京大学附属中京高等学校
7年分(数学・英語)
東海高等学校
7年分(数学・英語)
名古屋高等学校
7年分(数学・英語)
愛知工業大学名電高等学校
7年分(数学・英語)
名城大学附属高等学校
7年分(数学・英語)
滝高等学校
7年分(数学・英語)

※もっと過去問シリーズは入学試験の実施教科に関わらず、数学と英語のみの収録となります。

教英出版
〒422-8054
静岡県静岡市駿河区南安倍3丁目12－28
TEL 054-288-2131
FAX 054-288-2133
詳しくは教英出版で検索
教英出版 検索
URL https://kyoei-syuppan.net/

一　般

令和６年度

愛知高等学校入学試験問題

国　語

（40分）

※100点満点　解答用紙・配点非公表

注　意

1．問題は 一 から 三 まであります。

2．問題の内容についての質問には応じません。

試験中に問題冊子の印刷不鮮明、ページの落丁・乱丁及び解答用紙の汚れ等に気付いた場合は、静かに手をあげて監督者の指示に従いなさい。

3．解答は、解答用紙の問題番号に対応した解答欄にマークしなさい。

氏名、受験番号も忘れずに記入しなさい。

4．解答用紙だけを提出し、問題冊子は必ず持ち帰ること。

5．解答用紙は、一つの解答欄につき一つだけマークしなさい。二つ以上マークするとその解答は無効になります。

一　次の文章を読んで後の問に答えなさい。

本を読んだり、話を聞いたりして覚えるのではなく、自分でじっさいに体験して覚える。このような体験学習の重要性がよく叫ばれる。たしかに、自分で体験してみないと、覚えられないことも多い。私たちはバナナの味や※白木蓮《はくもくれん》の香りを覚えているが、それはバナナを食べ、白木蓮の香りを嗅いだことがあるからだ。そのような体験がなければ、バナナがどのような味がするのか、白木蓮がどんな香りがするのかを知ることができない。いくら言葉を尽くして説明してもらっても、じっさいの体験には遠く及ばない。［A］だ。

どんなこと㋐でも、それがどのようなことかは、じっさいに体験してはじめて知ることができる。貧乏であることがどのようなことかは、じっさいに貧乏になってみないと、本当のところは知りえない。

あることがどのようなことかは、「どんな感じなのか」とも表現できる。この感じ（そのことに備わるそれ独特の感じ）は「クオリア（qualia）」とよばれる。「クオリア」は、もともとは質を意味する英単語だが、哲学㋑ではとくに感覚的な質を意味する言葉として用いられている。貧乏になると、貧乏のクオリア（貧乏であることがどのようなことか）が知られる。物事のクオリアはその物事をじっさいに体験してはじめて知られるのである。

ただし、物事を体験してそのクオリアを知っても、必ずしもその物事を深く理解したことにはならない。貧乏になって貧乏のクオリアを知ったからといって、必ずしも貧乏であることが経済的にどんな状態なのか、自分の人生にどんな影響をもたらすのかを❶ショウサイに知ったことにはならない。ただたんに貧乏であることがどんな感じなのかを知っただけにとどまることもある。

物事のクオリアを知ることは、物事への深い理解を意味しないが、物事の理解の重要な側面のひとつである。バナナの味について、その神経科学的な事実（バナナが※味蕾《みらい》をどう刺激し、その刺激が脳のどの部位に伝えられてどう処理されるか）をいくらくわしく知っても、バナナの味のクオリアを知らなければ、味の理解にとって決定的に重要なことを欠いていると言わざるをえない。

じっさいに体験してクオリアを知ることは、物事の理解にとって重要㋒である。しかし、じっさいの体験が［B］場合は、わざわざそのような体験を試みることは避けるべきだ。人を傷つけることがどのようなことかを知るためには、じっさいに人を傷つける必要があるが、だからといってそれをやってみるべき㋓ではない。何らかの事情で他者を傷つけてしまい、それによって他者危害のクオリアを知ることはあるが、そのクオリアを知るために、わざわざ他者危害を試みることは許されないだろう。

［C］物事については、体験学習は控えざるをえない。しかし、それでも擬似体験は可能である。じっさいに人を傷つけることが許されないとしても、たとえば人を傷つける演技をしてみることはできる。演技はじっさいの体験ではないから、本当のクオリアを知ることにはならないが、擬似的なクオリアを知ることはできる。演技で人を傷つけても、その傷つけられた人が演技で苦悶《くもん》の表情を浮かべ、強い怒りのまなざしを差し向けてくれれば、他者危害のクオリアをある程度は知ることができよう。少なくとも、そのような演技をせずに、たんに言葉で理解しようとするだけの場合と比べれば、擬似的とはいえ、それなりのクオリアを把握できるだろう。

体験は手間暇がかかる。擬似体験ですら、そうだ。言葉で知ることができるなら、そのほうがはるかに手っ取り早い。しかし、体験して覚えることはきわめて重要である。体験しなければ、クオリアを知りえない。クオリアを知っても、必ずしも深い理解にはならないが、それでもクオリアの知は物事の理解のひとつの重要な側面なのである。

私たちは世界を知覚や情動によって感知し、それにもとづく行動をすることで世界に働きかける。そしてその結果をふたたび知覚的・情動的に感知し、また新たに世界に働きかける。このような知覚や情動と行動の絶えざる❷ジュンカンが私たちの体験の世界だ。本書では、「感情」という言葉ではなく、①「情動」というあまり馴染《なじ》みのない言葉をあえて用いるが、それは心に「感じる」側面ではなく、心臓の鼓動や手足の震えなどの身体の「動き」の側面を強調したいからである。恐怖はたんに怖いという感じが心に生じることではなく、それに加えて心臓が高鳴り、身体が震えることである。

知覚や情動と行動の絶えざるジュンカンからなる体験の世界は、とりわけ「一人称の世界」である。私は「いま、ここ」にいて、そこから世界を感知し、世界に働きかける。たとえば、私はいま、公園の池のそばにいて、そこから美しい花を見つけ、その花に感動し、それに近づく。このように私のいる「いま、ここ」という特定の位置から、世界を知覚し、情動を抱き、世界に働きかけることが、一人称の世界である。世界のなかで「いま、ここ」という位置を占めて、そこから世界と交わる存在は「世界内存在」とよばれる。一人称の世界というのは、ようするに世界内存在として世界と交わることによって、自分に立ち現れてくる世界にほかならない。

　これにたいして三人称の世界は、自分を世界の外に置き、その外側の視点から俯瞰《ふかん》的に眺めた世界である。それは「いま、ここからの眺め（the view from now and here)」ではなく、世界のどこにも視点を置かない「どこからでもない眺め(the view from no-where)」である。「彼は喫茶店に行き、彼女は図書館に行った」と語るとき、私は彼や彼女のいる世界から自分の身を切り離し、世界の外側の視点からただ世界を眺める。私は世界を超越しているの㋔で、世界に身体でもって働きかけることはできない。超越的視点から、世界を眺めるだけである。神なら、超越的視点からでも世界に働きかけることができるかもしれないが、②人間はただ眺めるだけである。

「いま、ここからの眺め」という一人称の世界を超えて、「どこからでもない眺め」である三人称の世界を獲得できるのは、人間のきわめてすぐれた能力である。それは一人称の主観的世界を超えて三人称の客観的世界を手にすることを意味する。しかし、私たち人間が③三人称の客観的世界を獲得できるのは、あくまで一人称の主観的世界を基礎にしてのことだ。世界のなかに身をおいて、「いま、ここ」から世界を眺め、それにもとづいて世界に働きかける。これができるようになると、つぎは「ここ」からではなく、かりに「あそこ」から世界を眺めると、世界がどう立ち現れるか、そしてそれにもとづいて世界にどう働きかけるかが想像できるようになる。「いま」についても、同様だ。こうして想像のなかで、どんな一人称的な視点からでも世界を眺めることができるようになる。これが三人称の客観的世界の獲得にほかならない。

　このように三人称の客観的世界の獲得は、一人称の主観的世界を基盤にしてなされる。しかも、三人称の客観的世界を手に入れても、④世界に働きかけるためには、やはり一人称の主観的な世界が必要だ。「いま、ここ」から世界を捉えてこそ、「いま、ここ」から世界に働きかけることができる。世界から身を切り離して、外側から世界を捉えているだけでは、「そこ」に椅子があり、「あそこ」に机があるといった一人称的な把握ができない。そのため、その椅子に座るとか、あの机に向かって行くとかといった行動を実行できない。身体でもって世界に働きかけるためには、世界のうちに身を置いて、一人称的に世界を把握しなければならない。傍観者のままでは、行動を起こせないのである。

　体験の世界は一人称の世界である。したがって、体験して覚えるということは、世界との一人称的な交わりを通じて、物事が「どんな感じ（クオリア）なのか」を知ることである。「いま、ここ」から世界を知覚的・情動的に感知し、それにもとづいて世界に身体的に働きかける。このようにして、たとえば、「美しい光景を楽しむ」ことがどんな感じなのかを知ることができるようになる。体験して覚えることは、この「感じ（クオリア）」をつかむことなのである。

（信原幸弘『「覚える」と「わかる」』ちくまプリマー新書より一部省略・改変）

※注

白木蓮……モクレン科の落葉高木。春に香りのある白い花が咲く。

味蕾……主に舌に存在する蕾《つぼみ》状の器官で味覚の受容を担う。

【問一】傍線部❶、❷のカタカナと同じ漢字を含むものを後から一つずつ選び、記号をマークしなさい。

❶ショウサイ

㋐ 戦略をサイコウする必要がある
㋑ 理論の正しさをケンショウする
㋒ 自らの言動をショウサツする
㋓ 彼の欲望にはサイゲンがない
㋔ 事件のショウホウが待たれる

❷ジュンカン

㋐ 通商条約をヒジュンする
㋑ ジュンビが整う
㋒ 福祉政策のイッカン
㋓ 領土のヘンカン
㋔ 注意カンキを促す

【問二】空欄 A にあてはまることわざとして最も適切なものを次から選び、記号をマークしなさい。

㋐ 聞くは一時の恥聞かぬは一生の恥
㋑ 百聞は一見に如《し》かず
㋒ 虎穴に入らずんば虎子を得ず
㋓ 案ずるより産むが易《やす》し
㋔ 井の中の蛙《かわず》大海を知らず

【問三】波線部㋐～㋔の「で」のうち、形容動詞の一部であるものを一つ選び、記号をマークしなさい。

【問四】空欄 B 、 C に共通してあてはまる言葉として最も適切なものを次から選び、記号をマークしなさい。

㋐ 負の側面を強調する　㋑ クオリアを知ることにつながらない
㋒ 予測不能で危険性が高い　㋓ 悪い結果をもたらす
㋔ クオリアを知ることの目的になっている

【問五】クオリアの具体例として**適切でないもの**を次から一つ選び、記号をマークしなさい。

㋐ 公務員が地域で果たさなければならない責任
㋑ 年老いた両親と別れた時の一抹の寂しさ
㋒ ピアノを弾いた時の新鮮な音への感動
㋓ 大事な試合を目前にしたチームの連帯感
㋔ 朝作った焼き立てのパンの香ばしい香り

【問六】傍線部①「『情動』というあまり馴染みのない言葉をあえて用いる」とありますが、その理由として最も適切なものを次から選び、記号をマークしなさい。

㋐ 自分の身体で反応することを通してしか世界の中で自分の存在を感じることができないことを強調するため。
㋑ 自分の身体で感じたことにもとづいて世界に身体を使って働きかける一人称の世界の特徴を説明するため。
㋒ 自分の知覚は情動と一体であり、情動は的確な身体的行動につながる原因となることを強調するため。
㋓ 自分が世界の中で身体として存在し、時間や空間を超えて世界を感知する起点となっていることを強調するため。
㋔ 自分の知覚よりも身体的反応の方が自分の世界内存在としての位置づけを自覚しやすいということを説明するため。

【問七】傍線部②「人間はただ眺めるだけである」の説明として最も適切なものを次から選び、記号をマークしなさい。

㋐ 三人称の世界では自分の存在が世界の外側に置かれているので、世界で起こる出来事に対して身体で関わることができないということ。
㋑ 三人称の世界では自分は世界を超越した存在として、世界に対して俯瞰して主観的に眺めることしかできないということ。
㋒ 三人称の世界では自分の身体が世界内に存在しているが、主観的に想像しながら世界を眺めることしかできないということ。
㋓ 三人称の世界では自分の身体は一人称の主観的世界に位置するので、直接三人称の世界に関わることができないということ。
㋔ 三人称の世界では自分の身体は世界の外側に置かれ、世界で起きる出来事に対して傍観者としての立ち位置でしかいられないということ。

【問八】傍線部③「三人称の客観的世界を獲得できる」の説明として最も適切なものを次から選び、記号をマークしなさい。

㋐ 自分がその場所にいなくても世界がどう見えるのか擬似体験することで、主観的世界観がより深まり、客観的世界の獲得につなげられるようになること。
㋑ 一度獲得した客観的世界をいったん捨てることで、一人称の世界を基礎にして世界のすべてを主観的にとらえ、行動することができるようになること。
㋒ 自分がそこにいると仮定することで、一人称の主観的世界を発展解消し三人称の客観的世界の要素も含めた新たな世界観を獲得できるようになること。
㋓ 世界を別の角度から眺めることを想像することで、複眼で正確に見ることが可能となり、どんな場所でも主観的世界にもとづき把握できるようになること。
㋔ 自分が現実にそこにいなくても、一度手に入れた主観的世界にもとづいて別の視点から世界がどう見え、どう行動できるのか想像できるようになること。

【問九】傍線部④「世界に働きかけるためには、やはり一人称の主観的な世界が必要だ」とありますが、その理由として最も適切なものを次から選び、記号をマークしなさい。

㋐ 世界を主観的に見ることが、世界をより良くしようという意欲につながり、具体的な行動に結びつくから。

㋑ 世界に対して行動を起こすためには、主観的世界観と客観的世界観の両方を兼ね備えることが求められるから。

㋒ 世界を感知し、情動を抱くことによって、初めて世界に対して自分が具体的に行動することができるから。

㋓ 世界に働きかける方法は、間接的行動よりも一人称の把握にもとづく直接的な働きかけの方が効果をもたらすから。

㋔ 世界に身を置いても傍観者のような態度では、たとえ世界を客観的に把握できても世界に関わることはできないから。

【問十】本文全体から読み取れる「クオリア」の内容の説明として最も適切なものを次から選び、記号をマークしなさい。

㋐ できるだけ客観的に世界を認識することで、知覚的、情動的に抱く感情のことである。

㋑ 一人称の主観的世界における世界の感知にもとづく働きかけによって感じられるものである。

㋒ 自分を取り巻く世界との関わりを知覚によってのみ認識することで得られるものである。

㋓ 一人称的な世界の把握によって感知され、世界の特定の場所に身を置くことが必要とされるものである。

㋔ 三人称の客観的世界に身を置いても、時間や空間を超えて想像上で感じられるものである。

二

次の文章は、西條奈加《さいじょうなか》の小説『九十九藤《つづらふじ》』の一部です。これを読んで後の問に答えなさい。ただし、設問の都合で一部省略・改変しています。

お藤《ふじ》は、江戸で武家や商家に奉公人を派遣する口入屋《くちいれや》「冬屋《かずらや》」の差配《さはい》（責任者）になった。一ヶ月にわたる厳しい奉公の指導をあと数日で終え、初めて七人の奉公人を送り出すというときに、奉公人の一人である春吉《はるきち》が逃げ出した。

「こんな間際《まぎわ》に逃げられては、こっちは大損じゃありませんか」

それ見たことかと、※番頭の七郎兵衛《しちろべえ》が文句をつける。ふだんは寄りつきもしないくせに、まるで人の揚げ足でもとるように、厄介事が起きれば嵩《かさ》にかかって騒ぎ立てる。いけ好かないと言いたげに、※お兼《かね》はじろりと番頭をにらんだ。

「別に困りゃしませんよ。こんなこともあろうかと、はじめからひとり多く仕込んでいたからね」

「数が合えば、いいってものじゃない。冬屋はね、いわば舐《な》められたのだよ。奉公指南をほぼ終えたいま、あの男は他でもっと実入りのいい働き口を見つけられる。そういう手合いがこれからも増えれば、損はひと月分の飯代では済まないんだ。そこまで侮《あなど》られては、※増子屋《ましこや》の暖簾《のれん》そのものに傷がつく」

いつになく饒舌《じょうぜつ》な番頭の小言を、お藤は黙って受けとめた。七郎兵衛の言い分はもっともだ。冬屋のやり方が噂《うわさ》になれば、これを悪用する者も出てくるかもしれない。適当な者を冬屋に入れて、指南が済む頃合に別の奉公先を紹介し、口入料をちゃっかり懐に収める。そういうずるい輩《やから》に食い物にされても不思議はない。

①頼りなげに見えても、やはり番頭だ。逃げ出す者もいるだろうと多少の覚悟はしていたが、素人のお藤は、そこまで考えがおよばなかった。

「番頭さんの仰《おっしゃ》るとおりです。あたしの分別が足りませんでした。そんなことにならぬよう、防ぐ手立てを思案します」

お藤が素直に詫《わ》びを口にすると、ひとまずは❶溜飲《りゅういん》を下げたようだ。番頭は [1] を収めた。

「で、春吉という男はどうするんです？　このまま見過ごすつもりですか」

「住まいはわかっていますから、これから足を運んでみます」

「あの料理の腕は、手放すには惜しいしねえ」と、お兼もうなずいた。

ふたりに後を任せ、小僧も連れずに店を出た。

仰いだ曇天の空が、鏡に思えた。②いまの気持ちが、そのまま映っているようだ。
　自分の浅はかさを、番頭に叱られたからではない。
「鶴松《つるまつ》から、きいていたのに……」
　やはり何よりも先に、春吉の胸中を直《じか》に確かめるべきだったと、お藤は己の不手際を悔いていた。
「※おばやんなら、なんとしたやろなあ……」
　祖母の顔が浮かび、ついお国訛《なま》りが口をついた。
　十四で故郷の伊勢四日市を出て、同じくらいの年月を江戸で過ごした。西の方言はまったく残っていないが、過去を忘れることを戒めでもするように、出てくるときがある。弱気になっている証拠だった。
「差配さん！　待っておくんなせえ」
　物思いは、ふいに破られた。走ってきたのは、泰治《やすじ》だった。
「A春さんは……春さんは……」
　それ以上、続かない。冬屋を出て、※三町ばかりが過ぎている。そのあいだ泰治は、駆けどおしだったのだろう。お藤に追いつくと、しばし息を整えた。
「春さんは逃げたわけじゃねえだ。おらのために席を譲ってくれたです」
お藤にすがるようにして、泰治は訴えた。
「奉公先は六軒だども、おらだちは七人。ひとりは仕事にありつけねえと……差配さんとお兼さんが話してたのを、春さんはきいちまっただ」
「やっぱり……あのとき廊下にいたのは、春吉だったんだね」
　このところ、ようすがおかしいと、小僧の鶴松が名をあげたのは春吉だった。身近にいた泰治もまた、とうに気づいていた。悩み事があるなら話してくれと、幾度も［2］を向けたが、どうしても明かさない。泰治は気になってならず、春吉に目を配るようになった。昼間はまめに声をかけ、夜も春吉のとなりに寝床をとった。
「今朝、暗いうちに、春さんが起きる気配がした。夜中に厠《かわや》へ行くことなぞ、まずなかったで、胸騒ぎがしただ」
　泰治の懸念《けねん》どおり、春吉は忍び足で裏口から外に出た。後を追い、春吉を捕まえた泰治は、いったいどこへ行くつもりかと詰め寄った。
「本所《ほんじょ》へ帰る、奉公はやめると、春さんは言っただ。おら、たまげちまって、そりゃあもう必死で止めただ」
　あと二日ほどで、指南が終わる。いまこのときになって、いったいどうしてと、泰治は食い下がった。春吉はとうとう、Ⓐある理由を泰治に告げた。
「ひとまず、合点《がてん》はいきました。だども、それならそうで、差配さんやお兼さんに言わねばならね、夜逃げみたいな真似はしてはならねえと」
　摑《つか》んだ春吉の腕を、泰治は放さなかった。このままでは❷埒《らち》があかないと、春吉は判じたのだろう。無謀な真似をした、Ⓑ本当の理由を口にせざるを得なくなった。
『頼むから、このまま黙って見逃してくれ。そうしないと、あんたが❸割を食うんだよ！』
　奉公先が、ひとつ足りない。外すなら泰治だろうと、お藤とお兼が話していた。春吉は、そう告げた。
『言ったとおり、おれには奉公に出られぬ、もうひとつのわけがある。おれがいなくなれば、泰さんは仕事にありつける。双方が丸く収まるんだ。頼むから、おれを行かせてくれ』
　腕を摑んでいた泰治の手から、力が抜けた。誰にも、決して口外するな。ここで話したことは忘れるように。そう言いおいて、春吉は闇の中に溶けるように駆け去った。
「Bおら、頭がごっちゃになっちまって、そのときはどうしていいかわからなかっただ。だども……春さんはおらのために無茶をしたのに、見て見ぬふりなぞできねえだ」
　泰治は、ほろほろと涙をこぼした。まるでもらい泣きでもするように、空から※小糠雨《こぬかあめ》が降ってくる。
「ありがとうよ、泰治。よく、話してくれたね」
「差配さん、いちばんとろいのはおらだから、外されたって仕方がねえ。おらは奉公をあきらめますから、どうか春さんを許してやってください！」
「心配はいらないよ。あたしはおまえのことも春吉のことも、あきらめるつもりはないからね」
「差配さん……」
「あたしの方こそ、あやまらないといけないね。迂闊《うかつ》な話をきかせた上に、手当てが遅くなっちまって」
　鶴松から春吉のようすをきいたとき、遅まきながらお藤も気づいた。春吉には、泰治のこととは別に、たしかに奉公に出られぬわけがある。それをどうにかうまく収めるために、奉公先に相談に行っていた。糠《ぬか》喜びさせるわけにはいかず、先方から返事をもらえるまでは何も言えない。春吉への手当てが遅れたのは、そのためだった。

「それにね、泰治、おまえの奉公先も、ちゃんと決まったよ」

「本当だか？」

「ええ、本当ですとも」

最初のころよりはだいぶましになったが、泰治の訛りはなかなか抜けない。そんな泰治でも十分にこなせる、うってつけの仕事があった。お藤が明かすと、泰治は肩の荷を下ろしたように、どっと息をついた。

「Cよかった……これをきいたら春さんも、戻ってきてくれるかもしれねえだ」

自分のことより、春吉の方がよほど気がかりだったのだろう。お藤の口許がほころんだ。

「春吉のことはあたしに任せて、おまえは店にお戻り」

「へえ。差配さん、どうぞ春さんのこと、よろしくお頼《たの》申します」

まるで春吉の身内さながらに、泰治は深々と腰をかがめた。

小糠雨は、まだ降り続いている。途中で傘を調達しようかとも思ったが、そう強い降りではなく、何よりも気が急《せ》いた。上流で激しく降ったのか、大川は灰色にふくらんで見える。

春吉の家は、本所の林町にあった。両国橋から大川を越え、竪川《たてかわ》にかかる二之橋を渡る。林町は、竪川の南岸に沿って、五丁目まで連なっていた。

このあたりだろうかと、中ほどで足を止めたとき、路地からひょいと男が出てきた。お藤を見て、目を丸くする。

「差配さん……」

「よかった、ここにいてくれて」

心の底からほっとして、思わず膝をつきそうになった。ここより他に、探す当てはない。思い詰めたあげく、女房と一緒に雲隠れしたかもしれないと、道すがら不安でならなかった。

「D申し訳、ありやせん……とんでもないことをしちまって、詫びのしようもありません」

「③話は、泰治からきいたよ」

それだけで、一切が呑《の》み込めたのだろう。春吉は、すまなそうにうなだれた。

「かかあにも、うんと叱られやした……こんなに世話になっておきながら、不義理をしては罰が当たるって。差配さんやお兼さんには、本当に申し訳が立ちません」

もとはと言えば、不用意なことを耳に入れた、こちらに非がある。何日も気を揉《も》ませてすまなかったと、お藤も詫びを口にした。

「ただ、黙っていなくなったのは感心しないね。泰治はもちろん、あたしら店の者や奉公仲間も、たいそう気を揉んだんだよ」

「すいやせん……告げようかと、何べんも迷いやしたが、差配さんの顔を見たら、心決めが揺らいじまいそうで」

春吉にとっても、ぎりぎりの決断だったのだろう。春吉にはもうすぐ、子が生まれる。誰よりも仕事を渇望していたのは、この男のはずだった。

「奉公に出たら、おかみさんや、生まれてくる赤ん坊とも会えなくなる。おまえさんは、それが辛くてならなかったんだろ？」

奉公は、住み込みがあたりまえだった。番頭や※手代でさえも通いが許されることはむしろめずらしく、下男となればなおさらだ。他の六人はいずれもひとり者だが、この春吉だけは家族がいる。たとえ同じ江戸にいても、春吉が妻子と会えるのは、年に二度の※藪《やぶ》入りのときだけだ。

「Eこれから赤ん坊が生まれるってのに、きっとお産のときだって、女房の傍にいてやれねえ。女房にもすまねえし、一緒に暮らせねえなら、たとえ仕事にありついても味気ねえように思えて……」

春吉の胸の裡《うち》は、お藤にもよくわかる。家族に会えないいまも辛いが、暮らしが離れていれば、いつか互いの気持ちも離れてしまうかもしれない。それが怖くてならないのだろう。

「年に二度ではなく、月に二度ならどうだい？」

「月に二度、とは？」

「実はおまえの奉公先に、月に二度だけ家に帰してもらえまいかと、頼んでみたんだよ」

とはいえ、丸一日の休みをもらえるわけではない。仕事を終えた晩遅くから翌朝までの、たったひと晩。ごく短い時間だが、それでもあるとないとでは大違いだ。水で洗ったように、春吉の顔が輝いた。

「本当に月に二度も、かかあや子供に会わせてもらえるんですかい？」

「承知してくれるかどうかは、まだわからないけれどね」

今日、その返事を先方からもらうことになっていた。
「先さまに断られれば、それまでだ。そのときは、やっぱり奉公をやめるかい?」
わずかな間があいた。④神妙な顔つきで、春吉は、いえ、とこたえた。
「赤ん坊はきっと立派に産んでみせるから、おれには大黒柱の役目を果たしてほしいと、かかあには釘《くぎ》をさされやした。こんな面倒を起こしておいて［3］のいい話ですが、もし差配さんに許してもらえるなら、今日の詫びも含めて精一杯奉公させていただきやす」
口達者とはいえぬ春吉が、懸命に長い言葉を紡《つむ》ぐ。※訥々《とつとつ》とした語りに、胸が熱くなった。
「その言葉を、ききたかった」
⑤思わず呟《つぶや》いていた。春吉の口から直に、その決心をきくために、わざわざ本所まで足を運んだ。そうも思え、甲斐《かい》はあった。
「だって奉公に行くのは、春吉、おまえなんだから」
「差配さん……」
「これからあたしは、おまえの奉公先の伊勢屋に寄るつもりでね。一緒にどうだい?」
「へい、喜んで。あの、その前にひとつ寄りてえところが……ちょうど通り道になりますし、この先の回向院《えこういん》でお参りしてえと思いやして」
「それはいいね」と、お藤も応じ、日本橋へ向かう前に回向院へ立ち寄った。賽銭箱《さいせんばこ》の前で、春吉は長いこと手を合わせていた。お藤はその横で、願いを唱える。
――どうか、いまの七人が、つつがなく奉公できますように。
決して商売繁盛《はんじょう》のためばかりではない。人をあつかう口入屋の、信条であったからだ。

※注
番頭……商家などの使用人のかしら。
お兼……冬屋で働く女性。お藤が差配になってからは、奉公人たちに掃除や炊事を教える指南役を務めている。
増子屋……冬屋を営む商家。
おばやん……お藤の祖母。お藤に口入稼業を仕込んだ。
三町……「町」は長さの単位。一町は約一〇九メートル。
小糠雨……細かくしとしとと降る雨。
手代……商家の使用人。
藪入り……奉公人が正月と盆に、主人から休暇をもらって実家などに帰ること。
訥々と……口ごもり、つかえながら話すさま。

【問一】空欄［1］～［3］にあてはまる語として最も適切なものを後から一つずつ選び、記号をマークしなさい。

［1］ ㋐ 針　㋑ 腹　㋒ 盾　㋓ 腕　㋔ 矛

［2］ ㋐ 背　㋑ 水　㋒ 舌　㋓ 飯　㋔ 塩

［3］ ㋐ 色　㋑ 馬　㋒ 音　㋓ 虫　㋔ 味

【問二】傍線部❶～❸の本文における意味として最も適切なものを後から一つずつ選び、記号をマークしなさい。

❶溜飲を下げた
㋐ 相手の出方をうかがった　㋑ 相手にしないことにした
㋒ 争いを避けて降参した　㋓ 不平や不満が落ち着いた
㋔ 姿勢を正して気を引き締めた

❷埒があかない
㋐ がまんできない　㋑ 驚きで言葉が出ない　㋒ 決着がつかない
㋓ 冷静でいられない　㋔ 集中できない

❸割を食う
㋐ 損をする　㋑ 覚悟を決める　㋒ だまされる
㋓ 仕事が増える　㋔ 責め立てられる

【問三】傍線部①「頼りなげに見えても、やはり番頭だ」とありますが、ここでのお藤や七郎兵衛の様子の説明として最も適切なものを次から選び、記号をマークしなさい。

㋐ お藤も冬屋の厳しい奉公指南から逃げ出す者がいるだろうとは予測していたが、生活のために仕事を必要としている奉公人たちが本当に逃げ出すとは考えておらず、恐れていたことが現実となった責任を七郎兵衛から追及され、落ち込んでいる。

㋑ お兼による厳しい奉公指南は、将来的な冬屋の信頼のためには欠かせないと信じていたが、奉公人の逃亡を重く受け止める七郎兵衛を見て、番頭の意見を初めから取り入れ、従来の手法を重んじた経営をするべきだったと後悔している。

㋒ お藤も冬屋の厳しい奉公指南から逃げ出す者がいるだろうとは予測していたが、思いのほか早く逃げ出す者が現れ、このままでは一人多く指南を受けさせているだけでは十分でないおそれがあると七郎兵衛に指摘され、この危機をともに乗り越えようと結束を強めている。

㋓ お兼による厳しい奉公指南は、将来的な冬屋の信頼のためには欠かせないと信じていたが、奉公人が逃げ出したことに対する七郎兵衛の態度がこれまでのやり方を全て否定するようであるため、やるせない思いとともに、番頭にも責任があるのではないかと憤慨している。

㋔ お藤も冬屋の厳しい奉公指南から逃げ出す者がいるだろうとは予測していたが、指南が済むころに奉公人を逃げ出させ、指南する手間を省いて奉公先へ送る悪質な人々に利用されるおそれまで心配する七郎兵衛を、先を見据えることができる番頭だと見直している。

【問四】傍線部②「いまの気持ち」とありますが、このときのお藤の心情の説明として最も適切なものを次から選び、記号をマークしなさい。

㋐ 春吉が逃げ出したことを番頭の七郎兵衛から厳しく責め立てられ、直接的な衝突は避けたが、今後も七郎兵衛と同じ店で差配を続けることはできないかもしれないと自信をなくしている。

㋑ 小僧の鶴松から春吉の様子がおかしいと聞いていたのに、春吉の奉公先と条件を打ち合わせている間に、気持ちを直接確かめようとしなかったことを後悔している。

㋒ 春吉の行方がわからないままでは、奉公指南にかかった時間や労力が無駄になるため、商売人の意地にかけても、何としてでも春吉を連れて戻らねばならないと意気込んでいる。

㋓ 奉公人一人ひとりを大切にしようと決めていたのに、奉公に送り出す日が近づくにつれて、彼らを労働力としてのみ扱っていた自分を情けなく思っている。

㋔ 信頼していた春吉に逃げられたことで、自分は祖母のような立派な口入屋にはまだなれそうもないと弱気になっているが、こういうときこそ前を向こうと、自分を奮い立たせている。

【問五】傍線部Ⓐ「ある理由」、Ⓑ「本当の理由」の組み合わせとして最も適切なものを次から選び、記号をマークしなさい。

㋐ Ⓐ もうすぐ子が生まれるため、住み込みが基本の奉公に出て、家族と会えなくなるのは辛いから。
Ⓑ 冬屋の厳しすぎる指南への不満が募り、もっとよい条件の口入屋があるのではないかと思い始めたから。

㋑ Ⓐ もうすぐ子が生まれるため、住み込みが基本の奉公に出て、家族と会えなくなるのは辛いから。
Ⓑ 奉公人の数に対して奉公先が一軒足りず、一人外すとしたら泰治だろうという話を聞いたから。

㋒ Ⓐ 奉公人の数に対して奉公先が一軒足りず、一人外すとしたら泰治だろうという話を聞いたから。
Ⓑ 冬屋の厳しすぎる指南への不満が募り、もっとよい条件の口入屋があるのではないかと思い始めたから。

㋓ Ⓐ 奉公人の数に対して奉公先が一軒足りず、一人外すとしたら泰治だろうという話を聞いたから。
Ⓑ もうすぐ子が生まれるため、住み込みが基本の奉公に出て、家族と会えなくなるのは辛いから。

㋔ Ⓐ 冬屋の厳しすぎる指南への不満が募り、もっとよい条件の口入屋があるのではないかと思い始めたから。
Ⓑ もうすぐ子が生まれるため、住み込みが基本の奉公に出て、家族と会えなくなるのは辛いから。

㋕ Ⓐ 冬屋の厳しすぎる指南への不満が募り、もっとよい条件の口入屋があるのではないかと思い始めたから。
Ⓑ 奉公人の数に対して奉公先が一軒足りず、一人外すとしたら泰治だろうという話を聞いたから。

【問六】 傍線部③「それだけで、一切が呑み込めたのだろう」とありますが、春吉は、お藤が泰治から何を聞いたと考えていますか。その内容として**適切でないもの**を次から一つ選び、記号をマークしなさい。

㋐ 出ていくところを泰治に見とがめられたこと。
㋑ 泰治に口止めをしてここまで帰ってきたこと。
㋒ 泰治のためを思って出て行こうと思ったこと。
㋓ 泰治も含め七人全員の奉公先が決まったこと。
㋔ 春吉がお藤とお兼の立ち話を盗み聞いたこと。

【問七】 傍線部④「神妙な顔つきで、春吉は、いえ、とこたえた」とありますが、春吉はどういう思いからこのように答えたと考えられますか。適切なものを次から**二つ**選び、記号をマークしなさい。（解答の順序は問いません。）

㋐ 要領の悪い泰治に対する優越感
㋑ お藤を裏切ったことに対する罪悪感
㋒ 一家の主としての責任感
㋓ 善行を重ねることによる安産への祈願
㋔ 冬屋に頼らず儲《もう》けようとする野心
㋕ お藤をはじめとした冬屋への恩義

【問八】 傍線部⑤「思わず呟いていた」とありますが、ここでのお藤の様子の説明として最も適切なものを次から選び、記号をマークしなさい。

㋐ たとえ家族と過ごす機会が減ってしまうとしても、家族を養うために奉公の仕事を続ける決心がついたことを春吉自身の口から聞くことができ、心を打たれている。
㋑ 差配である自分には冬屋全体の運営や他の奉公人の世話もあるので、個人の奉公に関する具体的な条件については、春吉自身が奉公先と交渉して決めてほしいと願っている。
㋒ 春吉を連れ戻せなければ七郎兵衛に合わせる顔がないとおびえていたが、春吉の思いを聞き、これなら胸を張って七郎兵衛の待つ冬屋へ帰ることができると胸をなでおろしている。
㋓ もうすぐ子どもが生まれる春吉の暮らしに合った奉公の条件を奉公先に納得してもらえるかまだわからないのに、春吉のまっすぐな思いを聞き、受け止めきれず困惑している。
㋔ 家族を思う春吉を気遣う反面、内心では主人に仕える奉公人としての心構えが足りていないと思っていたので、仕事への決意を新たにした春吉を見直している。

【問九】 本文から読み取れるお藤の人物像の説明として最も適切なものを次から選び、記号をマークしなさい。

㋐ どんな商売も人が資本であるということを念頭に置いて行動し、その時々の状況における損得を冷静に見極める理知的な人物。
㋑ 当時、男が上に立つことが多かった江戸の商人の世界で、男たちと張り合いながら困難を乗り越えようとする勝ち気な人物。
㋒ 祖母と現在の自分とを比べ、奉公人一人無事に送り出すことができない自分は理想の姿には程遠いと嘆いている悲観的な人物。
㋓ 冬屋の利益と奉公人の暮らしのどちらを優先すればよいかという葛藤を乗り越え、最後は人に寄り添おうとする心優しい人物。
㋔ 口入屋の差配としては未熟な点もあるが、奉公人の気持ちや暮らしを真剣に考え、寄り添おうとする人情味のある人物。

【問十】 本文中の会話文における「……」の使い方について、生徒たちが自分の考えを発表しました。その内容について最も適切なものを選び、記号をマークしなさい。

㋐ Aさん　破線部A中の「……」は、お藤に真相を話すために急いでお藤を追いかけてきたものの、いざ本当のことを話すかどうかためらっている泰治の迷いを表現していると思います。
㋑ Bさん　破線部B中の「……」は、泰治のことを思って行動した春吉の思いを理解しながらも、自分の気持ちを見つめ直し、このままではいけないとの思いを新たにした泰治の姿を表現していると思います。

㋒　Cさん　破線部C中の「……」は、泰治が、口では「よかった」と言ったものの、春吉にとって本当によいことだったのかと疑問に思い、しばらく沈黙したことを表現していると思います。

㋓　Dさん　破線部D中の「……」は、春吉が、お藤に迷惑をかけて申し訳ないという謝罪の気持ちを直接伝えられたことを振り返り、余韻にひたっていることを表現していると思います。

㋔　Eさん　破線部E中の「……」は、春吉がこの後、「お藤のせいで奉公を辞めなければならない」と言おうとしたが、お藤を前に気まずさを覚え、沈黙したことを表現していると思います。

三　次の古文は鎌倉時代の評論である『無名草子』の一部です。これを読んで後の問に答えなさい。

この世に、いかでかかることありけむ（どうしてこんなことがあったのだろう）とめでたくおぼゆることは、文こそ侍《はべ》れな（手紙でございますよ）。①枕草子に返す返す申して侍るめれば（申しているようですから）、こと新しく申すに及ばねど（及ばないのだが）、なほ（やはり）いとめでたきものなり。遥《はる》かなる世界にかき離れて、幾年《いくとせ》あひ見ぬ人なれど、文といふものだに見つれば（さえ見ると）、ただ今②さし向かひたる心地して、なかなか（かえって（実際に））うち向かひては、思ふ（思う）ほども続けやらぬ（ほどにも十分に表現できない）心の色もあらはし、言はまほしきことをも（言いたいことをも）こまごまと書きつくしたるを見る心地はめづらしく（すばらしく）、うれしく、③あひ（（実際に））向かひたるに劣りてやはある（向かいあっているのに劣るか、いや劣らない。）。aつれづれなる折、昔の人の文見出《い》でたるは、ただその折の心地して、いみじく（たいそう）④うれしくこそおぼゆれ。まして、亡き人などの書きたるものなど見るは、いみじくbあはれに、年月の多く積もりたるも、《(書かれてから)年月が多くたっているのも、》ただ今筆うち濡らして書きたるやうなるこそ返す返すめでたけれ。何事もたださし向かひたるほどの情《たださし向かって会っている間の心の交わりだけで》けばかりにてこそ侍るに、《ございますが》これはただ昔ながらつゆ変はることな《全く昔のまま少しも変わることがないのも》きも⑤いとめでたきことなり。

※設問の都合で本文を一部省略・改変しています。

【問一】 傍線部a「つれづれなる」b「あはれに」の本文における意味として適切なものを後から一つずつ選び、記号をマークしなさい。

a「つれづれなる」
㋐ 気もぞぞろな　㋑ きまりが悪い　㋒ 心細くさびしい
㋓ ひっそりと静かな　㋔ 手持ちぶさたな

b「あはれに」
㋐ 気の毒で　㋑ 感慨深く　㋒ 気味が悪く
㋓ 似つかわしく　㋔ 現実的で

【問二】 傍線部①「枕草子に返す返す申して侍るめれば」について、後の問に答えなさい。

(1) 「枕草子」の説明として適切なものを次から選び、記号をマークしなさい。
㋐ 紫式部によって平安時代に書かれた物語である。
㋑ 兼好法師によって鎌倉時代に書かれた随筆である。
㋒ 清少納言によって平安時代に書かれた随筆である。
㋓ 紫式部によって鎌倉時代に書かれた評論である。
㋔ 清少納言によって鎌倉時代に書かれた随筆である。

(2) 「返す返す申し」ていることの内容として最も適切なものを次から選び、記号をマークしなさい。
㋐ 手紙がめずらしいものであること。
㋑ 手紙をたくさん書いてきたこと。
㋒ 手紙がわずらわしいものであること。
㋓ 手紙がすばらしいものであること。
㋔ 手紙を大切にとっておいたこと。

【問三】 傍線部②「さし向かひたる心地」の説明として最も適切なものを次から選び、記号をマークしなさい。
㋐ 遠くに暮らしていて何年も会っていない人と、直接向かい合っているような気持ち。
㋑ 「枕草子」などの古典作品の作者と、時空を超えて実際に会っているような気持ち。
㋒ 遠くに住んでいて手紙を届けるのが難しい人と、打ち解けた雰囲気で会っているような気持ち。
㋓ 遠くから手紙を届けてくれた後に自分のもとを去った人と、ついさっきまで話していたような気持ち。
㋔ 少し前に手紙を書いたばかりの人に会いに行って、直接向かい合って話したくなるような気持ち。

【問四】 傍線部③「あひ向かひたるに劣りてやはある」とありますが、その理由として最も適切なものを次から選び、記号をマークしなさい。
㋐ 手紙には、直接会って話すのと同じくらい、書き手の配慮が込められていることがあるから。
㋑ 手紙には、実際に直接会って話すよりも、書き手の思いがくわしく書かれていることがあるから。
㋒ 直接の会話では思わず口にしてしまうようなことも、手紙には書かずに済ませることができるから。
㋓ 手紙には、直接会うことができなかった昔の人の、深い教養がうかがえることがあるから。
㋔ 直接話ができない書き手のもどかしい思いまで、手紙には率直に書かれることがあるから。

【問五】傍線部④「うれしくこそおぼゆれ」について、後の問に答えなさい。

(1) この部分は「うれしくおぼゆ」と表現してもよいところを、「こそ」を加えて「おぼゆ」を「おぼゆれ」と変化させ、「うれしく」を強調しています。このような「こそ」と「おぼゆれ」の呼応を何と言いますか。次から一つ選び、記号をマークしなさい。

㋐ 係り結び　㋑ 枕詞　㋒ 体言止め
㋓ 副詞の呼応　㋔ 対句

(2) 「うれしく」思った理由の説明として最も適切なものを次から選び、記号をマークしなさい。

㋐ 「昔の人」からの手紙をたまたま発見することができたから。
㋑ 「昔の人」が自分のことを忘れずに手紙を出し続けていたから。
㋒ 「昔の人」が手紙に込めていた当時の気持ちがわかったから。
㋓ 「昔の人」からの手紙を読むことでさびしさが慰められたから。
㋔ 「昔の人」から手紙を受け取った当時の気持ちを思い出したから。

【問六】傍線部⑤「いとめでたきことなり」とありますが、どのようなことを「めでたきこと」と言っているのですか。最も適切なものを次から選び、記号をマークしなさい。

㋐ 直接人と向かい合って話さないと心を通わせることはできないが、手紙でも直接会うのと同じくらい互いの心を通わせることができること。
㋑ 会って話をするだけでは思いのすべては伝えきれないが、手紙にはじっくりと時間をかけて思いのすべてを書き表すことができること。
㋒ 人と会っている時の感情は時とともにたいていは薄れてしまうが、手紙には書かれたときの思いをいつまでも残しておくことができること。
㋓ 面と向かって言おうとすると相手に遠慮してしまうものだが、手紙では気後れすることなく言いたいことを素直に書けるということ。
㋔ 直接話している間は思いやりの気持ちをもって相手に接するものだが、手紙では一層こまやかな心づかいを示すことができるということ。

一　　　般

令和６年度

愛知高等学校入学試験問題

数　　　学

（40分）

※100点満点　解答用紙・配点非公表

注　意

1．問題は $\boxed{1}$ から $\boxed{4}$ まであります。

2．問題の内容についての質問には応じません。
　試験中に問題冊子の印刷不鮮明，ページの落丁・乱丁及び解答用紙の汚れ等に気付いた場合は，静かに手をあげて監督の先生の指示に従いなさい。

3．解答は，解答用紙の問題番号に対応した解答欄にマークしなさい。
　氏名，受験番号も忘れずに記入しなさい。

4．解答用紙だけを提出し，問題冊子は必ず持ち帰ること。

5．問題の文中の $\boxed{\text{ア}}$ ，$\boxed{\text{イウ}}$ などには，符号，数字が入ります。ア，イ，ウ，…の一つ一つは，これらのいずれか一つに対応します。それらを解答用紙のア，イ，ウ，…で表された解答欄にマークして答えなさい。
　例えば，$\boxed{\text{アイウ}}$ に－83と答えたいとき

ア	●	⓪	①	②	③	④	⑤	⑥	⑦	⑧	⑨
イ	⊖	⓪	①	②	③	④	⑤	⑥	⑦	●	⑨
ウ	⊖	⓪	①	②	●	④	⑤	⑥	⑦	⑧	⑨

6．分数形で解答する場合，分数の符号は分子につけ，分母につけてはいけません。
　例えば，$\dfrac{\boxed{\text{エオ}}}{\boxed{\text{カ}}}$ に $-\dfrac{4}{5}$ と答えたいときは，$\dfrac{-4}{5}$ として答えなさい。
　また，それ以上約分できない形で答えなさい。
　例えば，$\dfrac{3}{4}$，$\dfrac{2a+1}{3}$ と答えるところを，$\dfrac{6}{8}$，$\dfrac{4a+2}{6}$ のように答えてはいけません。

7．根号を含む形で解答する場合，根号の中に現れる自然数が最小となる形で答えなさい。
　例えば，$\boxed{\text{コ}}\sqrt{\boxed{\text{サ}}}$ に $4\sqrt{2}$ と答えるところを，$2\sqrt{8}$ のように答えてはいけません。

1　次の各問の $\boxed{}$ に適切なものをマークしなさい。

(1)　$2023\times2015-2019\times2018=\boxed{\text{アイウエ}}$

(2)　$\dfrac{1-\sqrt{3}}{\sqrt{2}}-\dfrac{1+\sqrt{2}}{\sqrt{3}}+\dfrac{\sqrt{2}-\sqrt{3}}{\sqrt{6}}=\dfrac{\boxed{\text{オカ}}\sqrt{\boxed{\text{キ}}}}{\boxed{\text{ク}}}$

(3)　生徒数 50 人のクラスで行ったテストの結果，第 1 問の正解者は 39 人，第 2 問の正解者は 38 人であった。このとき，2 問とも正解であった生徒は $\boxed{\text{ケコ}}$ 人から $\boxed{\text{サシ}}$ 人までといえる。

(4)　x についての 2 次方程式 $ax^2-(a+2)x-(a^2+2)=0$ の 1 つの解が $x=-1$ であるとき，$a=\boxed{\text{ス}}$ で，他の解は $x=\boxed{\text{セ}}$ である。

(5)　右の図の斜線部分の面積は $\dfrac{\boxed{\text{ソタ}}}{\boxed{\text{チ}}}$ である。

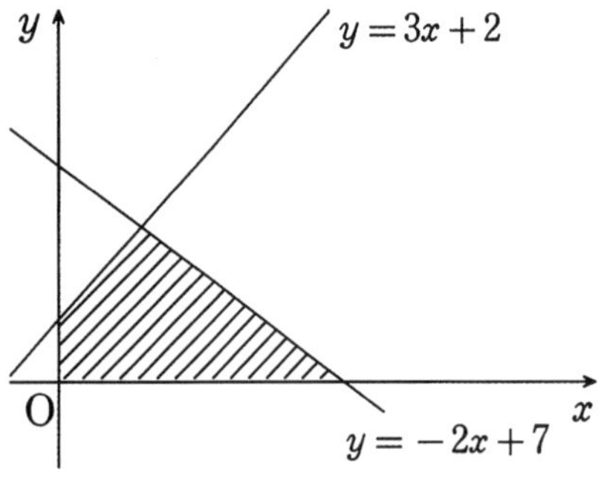

(6) 関数 $y=-2x^2$ において，x の変域が $p \leqq x \leqq 2p+5$ のとき，y の変域が $-8 \leqq y \leqq 0$

となった。このとき，定数 p の値は $p=\boxed{\text{ツテ}}$，$\dfrac{\boxed{\text{トナ}}}{\boxed{\text{ニ}}}$ である。

(7) 右の図の △ABC の内接円 O の半径は $\boxed{\text{ヌ}}$ cm である。

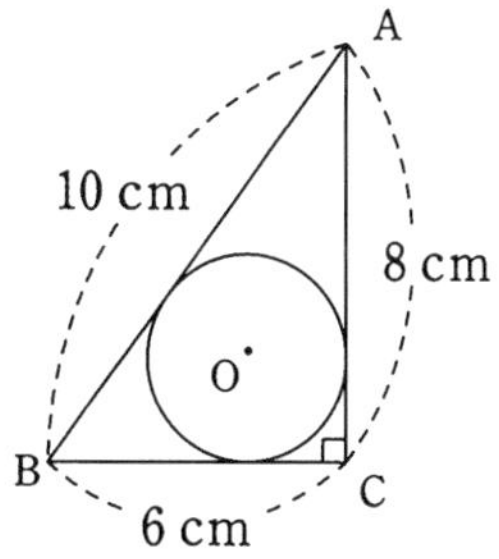

(8) 半径 2 cm の球の体積は $\dfrac{\boxed{\text{ネノ}}}{\boxed{\text{ハ}}}\pi\ \text{cm}^3$，表面積は $\boxed{\text{ヒフ}}\ \pi\ \text{cm}^2$ である。

(9) 右の図において，$\angle x=\boxed{\text{ヘホ}}^\circ$ である。

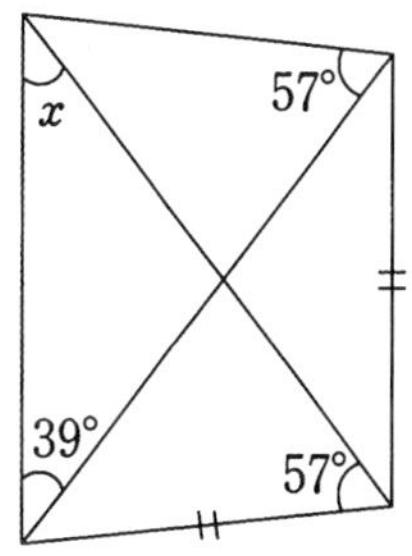

(10) 大小 2 個のさいころを同時に投げ，出た目をそれぞれ a，b とするとき，3 本の直線

$y=\dfrac{b}{a}x$，$y=\dfrac{a}{b}x$，$y=\dfrac{1}{3}x+1$ が三角形をつくる確率は $\dfrac{\boxed{\text{マミ}}}{\boxed{\text{ムメ}}}$ である。

$\boxed{2}$　右の図のように，放物線 $y=ax^2$ $(a>0)$ 上に3点A，B，Cがあり，点A，Bの x 座標はそれぞれ -2，3で，直線ABの傾きは $\frac{4}{3}$，直線ACの傾きは -1 である。

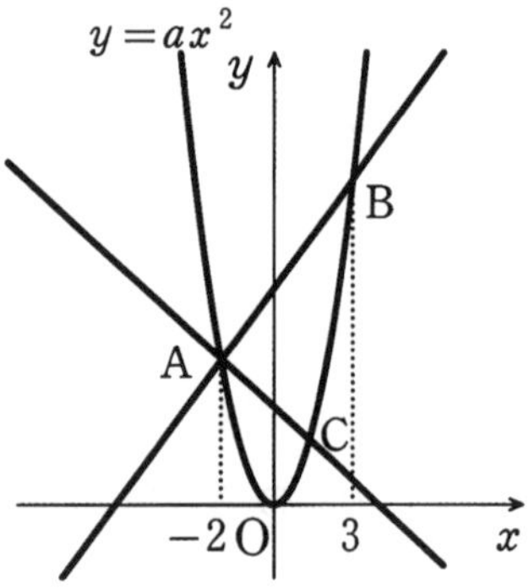

このとき，次の問に答えなさい。

(1)　a の値は $\dfrac{\boxed{\text{ア}}}{\boxed{\text{イ}}}$ である。

(2)　点Cの座標は $\left(\dfrac{\boxed{\text{ウ}}}{\boxed{\text{エ}}},\ \dfrac{\boxed{\text{オカ}}}{\boxed{\text{キク}}}\right)$ である。

(3)　原点Oを通り，直線BCに平行な直線と直線AB，ACの交点をそれぞれP，Qとするとき，△ABCの面積と△APQの面積の比は $\boxed{\text{ケコサ}}:\boxed{\text{シスセ}}$ である。

3 箱の中に1～6の数字が書いてあるボールが1個ずつある。箱からボールを1個取り出し，数字を確認する作業をする。取り出したボールの数字が奇数ならば取り出した球は箱に戻さず，また作業をする。偶数ならばそこで作業は終わりとする。

このとき，次の問に答えなさい。

(1) 作業の回数は最も多くて ア 回できる。

(2) 作業が2回で終わるのは イ 通りである。

(3) この作業で取り出した球の順番に数字を左から記録していき，作業が終わったときに記録した数を整数として考える。

例えば　1回目が3，2回目が4ならば整数は34

　　　　1回目が2　　　　　　ならば整数は2　となる。

このとき，できた整数が3の倍数となるのは ウエ 通りである。

4　図1のように，半径1の円と正六角形があり，正六角形のすべての頂点は円周上にある。

このとき，次の問に答えなさい。

ただし，一辺が a の正三角形の面積は $\frac{\sqrt{3}}{4}a^2$ であることを用いてよい。

図1

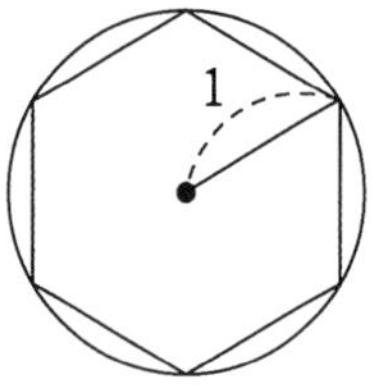

(1)　図2と図3は正六角形の頂点を中心とする半径1の円を6個かき加えたもので，全部で7個の円がある。

(i)　図2の図形の斜線部分の面積は

$\boxed{ア}\pi - \boxed{イ}\sqrt{\boxed{ウ}}$ である。

(ii)　図3の図形の太線で囲まれた部分の面積は

$\boxed{エ}\pi + \boxed{オ}\sqrt{\boxed{カ}}$ である。

図2

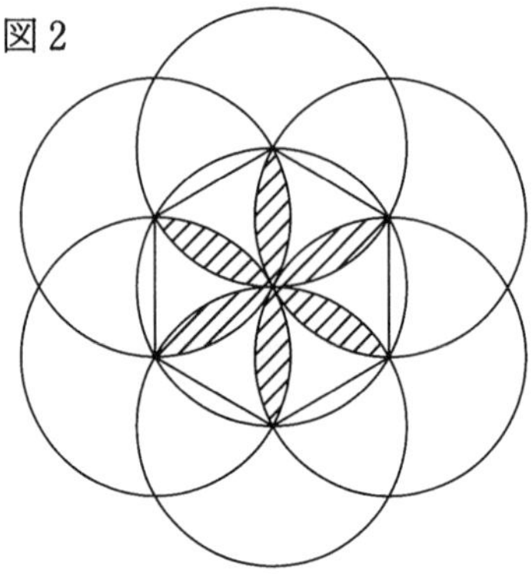

図3

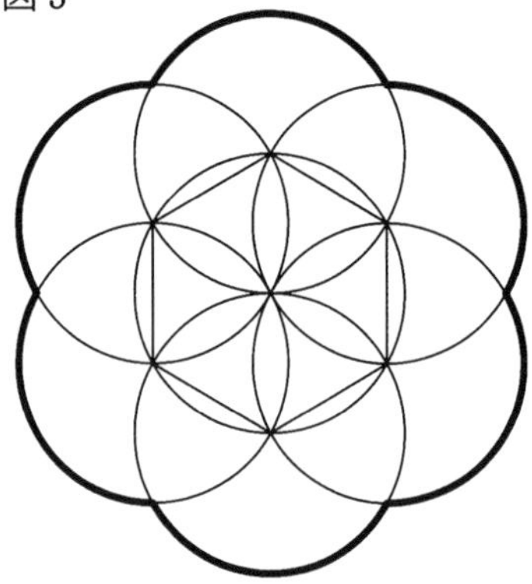

(2)　図4のように，点Oを中心とする半径1の円を考える。点Oが図1の正六角形の周上を一周するとき，この円が通過する部分の面積は

$\boxed{キ} + \pi + \dfrac{\boxed{ク}\sqrt{\boxed{ケ}}}{\boxed{コ}}$ である。

図4

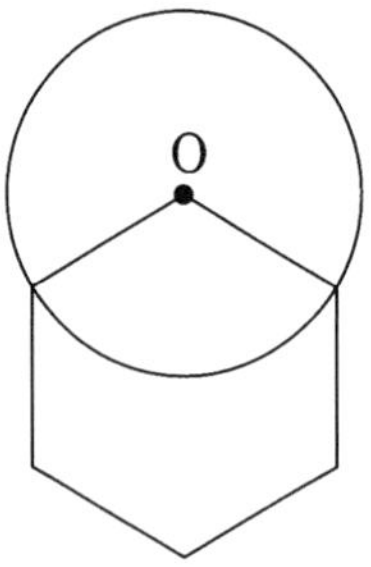

一　　　般

令和６年度

愛知高等学校入学試験問題

英　　　語

（40分）

※100点満点　解答用紙・配点非公表

注　意

1．問題は I から III まであります。

2．問題の内容についての質問には応じません。

試験中に問題冊子の印刷不鮮明、ページの落丁・乱丁及び解答用紙の汚れ等に気付いた場合は、静かに手をあげて監督者の指示に従いなさい。

3．解答は、解答用紙の問題番号に対応した解答欄にマークしなさい。

氏名、受験番号も忘れずに記入しなさい。

4．解答用紙だけを提出し、問題冊子は必ず持ち帰ること。

5．解答用紙は、指定された問以外は、一つの解答欄につき一つだけマークしなさい。二つ以上マークするとその解答は無効になります。

I

In 1996, Greg Norman, a great golfer from Australia, was playing in the *final round of the biggest match in professional golf. He played very well in the first three rounds and had *a six-shot lead at the beginning of the final round. The people watching the game thought he would win easily, but in the final round he started to *make mistakes. At the same time his *rival, Nick Faldo, started playing very well and making many good shots. Norman lost his *confidence and started to play carefully. He looked *nervous and was not playing well. In the end, Faldo won the game. Norman finished in second place and became famous for (あ)choking under pressure.

What does choking under pressure mean? It means that a person does not *perform well in a high-pressure situation. It happens not only to athletes, but also to people in other high-pressure situations, such as taking an important test, going to a job interview or performing in front of other people. But what *causes people to choke under pressure? And is there a way to help people perform better in such situations?

Researchers have tried to understand why people choke under pressure. They have learned that it is connected to a "(い)fight or flight response" in humans. The fight or flight response is the body's natural *reaction to a dangerous situation. Have you ever been in a dangerous situation, like a car accident or an earthquake? In a dangerous situation, your body becomes ready to fight or to run away. During the fight or flight response, your heart beats faster and your *blood pressure rises. You become stronger. In the case of a life or death situation, this is a (う) thing. If a bear is coming near you, the fight or flight *instinct can help you run faster or try to fight the bear if you have to. However in the case of sports, because of the fight or flight instinct, your *performance becomes (え). Your *mind thinks that your life is in danger and it becomes difficult to *focus on the things that you practiced in *training. Making decisions becomes (お). Too much stress can cause us to choke.

At the 2020 Tokyo Olympics, researchers measured the *heart rates of 122 athletes during the *archery event. They found that [　　か　　]. All of the *archers did well in practice, but for some of them, the pressure of trying to perform at the Olympics caused them to have the fight or flight response. One problem is that people worry too much about (き)failure. When an athlete worries about bad performance, it will become difficult to perform well. Even if they can do well in practice, it will be difficult to perform well in a game. Another problem is performing in front of others. Athletes worry about their image, and they become too careful. They think that the people watching them *are judging them. These things can cause people to have the fight or flight response.

So, how can we control the fight or flight response? People in high pressure situations, like athletes, can learn the way to control their stress and improve their performance in several ways. One is to focus on *breathing. Taking deep *breaths can help us relax. Another is *visualization. This means that the performers imagine doing the performance in their mind before they really do it. If they imagine their *success, they can increase the chance of having real success. But, the most effective way is to practice a lot! When we practice something many times, we learn to do it without thinking. So, even if we start to feel nervous in a high-pressure situation, our body "remembers" what to do. Everyone will probably choke in their life, but with training we can learn the way to control the fight or flight response and improve our performance in high-pressure situations.

*final round 最終ラウンド（試合）　*a six-shot lead 6打のリード　*make mistakes ミスをする　*rival ライバル
*confidence 自信　*nervous 神経質な　*perform well in a high-pressure situation 強くプレッシャーがかかる状況でうまくやる
*cause people to… 人に…を引き起こす　*reaction 反応　*blood pressure 血圧　*instinct 本能
*performance 成績，できばえ　*mind 心　*focus on ～に集中する　*training トレーニング　*heart rate 心拍数
*archery アーチェリー　*archer アーチェリー選手　*are judging ～を判断している　*breathing 呼吸すること　*breath 呼吸
*visualization はっきりと思い浮かべること　*success 成功

問１　本文の内容から判断して、下線部（あ）の状況にあてはまるものを二つ選び、その番号をマークしなさい。解答は番号順でなくてよい。

① Choking under pressure happens not only to athletes but also to other people.
② If you choke under pressure, you should drink cold water and relax.
③ When Australians play golf, they choke under pressure more often than Americans.
④ Some people choke under pressure when they are relaxing in their rooms at night.
⑤ Japanese students never choke under pressure when they take difficult tests.
⑥ You may choke under pressure when you have to give a presentation to your class.
⑦ Nick Faldo choked under pressure and won the match in 1996.

問２　以下の状況において、下線部（い）に基づく行動としてあてはまらないものを一つ選び、その番号をマークしなさい。

When you went to the mountains, you saw a dangerous snake coming near you. You tried to (　　).

① leave the mountain quickly　　② kill it　　③ take deep breaths　　④ run away

問３　空欄（う）（え）（お）にあてはまる語の組み合わせとして最も適切なものを一つ選び、その番号をマークしなさい。

①（う）good　（え）better　（お）easier　　②（う）bad　（え）better　（お）easier
③（う）good　（え）worse　（お）easier　　④（う）bad　（え）worse　（お）easier
⑤（う）good　（え）better　（お）more difficult　　⑥（う）bad　（え）better　（お）more difficult
⑦（う）good　（え）worse　（お）more difficult　　⑧（う）bad　（え）worse　（お）more difficult

問４　[　か　]にあてはまるものとして最も適切なものを一つ選び、その番号をマークしなさい。

① athletes with higher blood pressure had lower performance scores
② athletes with higher heart rates had higher performance scores
③ athletes felt no pressure after much practice
④ athletes always perform well under pressure

問５　下線部（き）の単語の表す意味として、本文から推測して最も適切なものを一つ選び、その番号をマークしなさい。

① 他ごと　　② 天気が悪くなること　　③ 対戦相手の状況　　④ 的を外すこと

問６　本文の内容と一致しているものをすべて選び、その番号をマークしなさい。

① Researchers think that athletes have no way to control the pressure that they feel.
② Choking under pressure affected some of the archers at the 2020 Tokyo Olympics.
③ Athletes may think that their audience is judging them during a game.
④ The only way to improve performance is to focus on breathing.
⑤ If you think that you are in a life or death situation, you will improve your score on a test.
⑥ Researchers found that about 120 athletes choked during practice.
⑦ If you don't want to choke under pressure, you have to eat and sleep well.
⑧ Greg Norman has researched why people choke under pressure for more than 20 years.
⑨ If you have a successful image in your mind, your body can remember what to do without practice.

II

According to the Oxford dictionary, meat is "the *flesh of an animal eaten as food," and flesh means *muscle and *fat. We usually get meat by killing animals and then cutting and *packaging their muscle and fat. But, if we grow muscle and fat *cells in a *lab, and then package them as food, is that still meat? In fact, this kind of meat is already grown in labs today. Lab grown meat is made by taking a small sample of muscle *tissue from an animal and putting the tissue in a special box. Scientists put in *amino acids and *carbohydrates to start cell *division and help muscle *fibers grow. This muscle tissue can become meat products. The feeling and *flavor of the meat is changed by putting in different vitamins and minerals. Scientists are even learning to grow meat that is soft or has *marbling. But, the real question is, does it *taste like meat?

Lab grown meat is not ready to sell in supermarkets yet, but various companies have tested it around the world. Here are some comments about lab grown meat from people working in such companies:

"It tasted like meat, but not like a hamburger. It was more like ham."

"It tasted like a meatball. It had a metallic taste, but it had the feeling of meat and it wasn't bad."

"I was eating it and I thought, "This is meat!" But the flavor seemed like a lot of different things… It wasn't quite like beef."

As the technology gets better, lab grown meat can become more delicious, but why do we want to eat it? Actually, eating lab grown meat is a good idea for several reasons. One reason is that it is good for (あ). Some climate scientists say that *raising farm animals makes more global *greenhouse gas emissions, because farm animals need a lot of land. Land is also needed to grow the *grain and hay that the farm animals eat. For example, one cow needs to live on about one *acre of land. But, one cow also needs 3 acres of land for the grain and hay that it eats. That means that one cow needs (い) acres of land! That is almost two soccer fields of land for just one cow. Around the world, there are almost one billion (1,000,000,000) cows, so we need land which is the size of two billion soccer fields to keep and give enough food to all of them! Much of this land is created by cutting down *rainforests. Rainforests are good at *reducing greenhouse gases like CO_2, so when you cut down the trees, those gases go into the environment and affect climate change.

On the other hand, lab grown meat is produced with a smaller *environmental footprint. (う), with lab grown meat we do not have to kill animals to eat meat. (え), though there are good things about lab grown meat, it also has some problems. Some people say that lab grown meat is not natural and can be bad for our health. Others think the technology used to make lab grown meat is too expensive. Another *worry is that (お), it may be difficult for farmers to make money.

Many scientists believe that lab grown meat has a bright future. Today various companies have started doing tests on lab grown meat. Some experts think that lab grown meat will be sold in supermarkets in the near future, but others think it may take many years to become a popular product. They should answer some questions first. (か), will developments in technology make lab grown meat cheaper? And, even if it is cheaper, will people want to eat it? If the answer to these questions is yes, growing lab meat can be one way to reduce greenhouse gases. So, what do you think? Do you want to try it?

*flesh (動物の) 肉　*muscle 筋肉　*fat 脂肪　*package ～を包装する　*cell 細胞　*lab 実験室　*tissue 組織
*amino acid アミノ酸　*carbohydrate 炭水化物　*division 分裂　*fiber 繊維　*flavor 風味　*marbling 霜降り
*taste 味がする　*raise ～を育てる　*greenhouse gas emission 温室効果ガス排出　*grain and hay 穀物や干し草
*acre エーカー (面積の単位)　*rainforest 熱帯雨林　*reduce ～を減らす　*environmental footprint 環境に与える負荷
*worry 心配事

問１　空欄（ あ ）にあてはまるものとして最も適切なものを一つ選び、その番号をマークしなさい。

① the cows　② the environment　③ the soccer players　④ the farmers　⑤ the labs

問２　空欄（ い ）にあてはまるものとして最も適切なものを一つ選び、その番号をマークしなさい。

① one　② two　③ three　④ four　⑤ five　⑥ one billion　⑦ two billion　⑧ three billion

問３　空欄（ う ）（ え ）（ か ）にあてはまる組み合わせとして最も適切なものを一つ選び、その番号をマークしなさい。

①（う）Because　（え）Also　（か）For example
②（う）Also　（え）For example　（か）However
③（う）Because　（え）For example　（か）Also
④（う）Also　（え）However　（か）For example
⑤（う）However　（え）So　（か）For example
⑥（う）So　（え）Because　（か）However
⑦（う）However　（え）For example　（か）So
⑧（う）So　（え）However　（か）Because

問４　空欄（ お ）にあてはまる表現として適切なものをすべて選び、その番号をマークしなさい。

① if more people eat lab grown meat
② if lab grown meat increases climate change
③ if scientists lose interest in lab grown meat
④ if more cows are raised to give people meat
⑤ if scientists make cheap meat in labs
⑥ if meat grown in labs is bad for our health
⑦ if many people don't like the flavor of lab grown meat
⑧ if lab grown meat does not become popular

問５　次のＡ～Ｄの選択肢を面積の広い順に並べ替えたものとして、最も適切なものを一つ選び、その番号をマークしなさい。

Ａ：一頭の牛の飼料を育てるのに必要な土地の広さ
Ｂ：1.5 エーカー
Ｃ：一頭の牛が生活するのに必要な土地の広さ
Ｄ：サッカー場２面

①　Ａ＞Ｃ＞Ｂ＞Ｄ　②　Ａ＞Ｄ＞Ｃ＞Ｂ　③　Ｂ＞Ｃ＞Ｄ＞Ａ　④　Ｂ＞Ａ＞Ｃ＞Ｄ
⑤　Ｃ＞Ｂ＞Ｄ＞Ａ　⑥　Ｃ＞Ｄ＞Ａ＞Ｂ　⑦　Ｄ＞Ａ＞Ｂ＞Ｃ　⑧　Ｄ＞Ｂ＞Ａ＞Ｃ

問６　本文の内容と一致しているものを二つ選び、その番号をマークしなさい。解答は番号順でなくてよい。

① Supermarkets may sell lab grown meat in the near future.
② Oxford University has a special lab for making lab grown meat.
③ It is not possible for scientists to make meat without animal cells.
④ Greenhouse gases have been reduced by cutting down forests.
⑤ Growing lab grown meat will increase greenhouse gases.
⑥ All scientists agree that the technology for lab grown meat is too expensive.
⑦ According to people working in lab grown meat companies, the taste is not at all like meat.
⑧ If lab grown meat becomes common, farmers can grow more and more grain and hay.

Ⅲ

A　次の英文のうち、間違いがある文を、①～⑨から四つ選び、その番号をマークしなさい。
解答は番号順でなくてよい。

① Which language have you studied, Chinese or German?
② Do you know how many Mr. Aichi has children?
③ Kenji usually comes to school much earlier than I.
④ Jim has been absent school for three days.
⑤ These gates are closed from 5:30 p.m. to 9:00 a.m. on weekends.
⑥ Every students know that it is important to come to class every day.
⑦ I have been looking forward to seeing you for a long time.
⑧ The girl usually drinks orange juice, but now she is drinking green tea.
⑨ Is he a baseball player? How a tall man!

B　日本語の意味に合うように [　　] 内の語（句）を並べ替えた時、(●) と (▲) に入る語（句）を選び、その番号をそれぞれマークしなさい。文頭に来る語（句）もすべて小文字で始まっています。

（1）私は、地図を見て、博物館がどこにあるかよくわかった。
[① idea / ② me / ③ the location / ④ the map / ⑤ of the / ⑥ a / ⑦ of / ⑧ gave / ⑨ good] museum.

※location 位置

(　　)(　　)(　　)(●)(　　)(　　)(▲)(　　)(　　) museum.

（2）この澄みきった海は、私が今まで見た中で最も美しい景色のうちの一つだ。
[① this / ② of / ③ beautiful / ④ ocean / ⑤ one / ⑥ the / ⑦ have / ⑧ is / ⑨ scenes / ⑩ most / ⑪ that / ⑫ I / ⑬ clear / ⑭ seen / ⑮ ever].

(　　)(　　)(　　)(　　)(●)(　　)(　　)(　　)(　　)(▲)(　　)(　　)(　　)(　　)(　　).

（3）助けが必要なら、遠慮なく私に電話してください。
Please feel [① to / ② help / ③ need / ④ if / ⑤ my / ⑥ call / ⑦ free / ⑧ me / ⑨ you].

Please feel (　　)(　　)(●)(　　)(　　)(　　)(▲)(　　)(　　).

C　日本語の意味に合うように [　　] 内の語（句）を並べ替えた時、一語だけ不要な語（句）があります。<u>不要な語（句）を一つ選び</u>、その番号をマークしなさい。文頭に来る語（句）もすべて小文字で始まっています。

おじいちゃんが書いた詩を読んだら、悲しくなってしまった。
[① made / ② written / ③ me / ④ reading / ⑤ I / ⑥ my / ⑦ by / ⑧ sad / ⑨ the poem / ⑩ grandfather].
(　　)(　　)(　　)(　　)(　　)(　　)(　　)(　　)(　　).

一　　般

令和６年度

愛知高等学校入学試験問題

理　　　科

（社会と合わせて60分）

※50点満点　解答用紙・配点非公表

解答上の注意

1．問題は 1 から 4 まであります。

2．問題の内容についての質問には応じません。
試験中に問題冊子の印刷不鮮明，ページの落丁・乱丁及び解答用紙の汚れ等に気付いた場合は，静かに手をあげて監督者の指示に従いなさい。

3．解答は，解答用紙の問題番号に対応した解答欄にマークしなさい。
氏名，受験番号も忘れずに記入しなさい。

4．解答用紙だけを提出し，問題冊子は必ず持ち帰ること。

5．例えば 2 の問１【マーク：ア】と表示のある問に対して②と解答する場合は，次の例１のように問題番号 2 のアの解答欄②にマークしなさい。また，１つのマークに複数解答する場合は例２のように対象となる番号を全てマークしなさい。

例１【マーク：ア】に②と答えたいとき

2	問１	ア	⓪	①	●	③	④	⑤	⑥	⑦	⑧	⑨
	問２	イ	⓪	①	②	③	④	⑤	⑥	⑦	⑧	⑨
	問３	ウ	⓪	①	②	③	④	⑤	⑥	⑦	⑧	⑨

例２【マーク：ア】に①，③と複数答えたいとき

2	問１	ア	⓪	●	②	●	④	⑤	⑥	⑦	⑧	⑨
	問２	イ	⓪	①	②	③	④	⑤	⑥	⑦	⑧	⑨
	問３	ウ	⓪	①	②	③	④	⑤	⑥	⑦	⑧	⑨

問題の文中の アイ ． ウ などには例３のようにそれぞれ一つの数字（０～９）が入ります。ただし，例４，例５のように数字が入ることもあります。

例３ アイ ． ウ に12.3と答えたいとき

問１	ア	⓪	●	②	③	④	⑤	⑥	⑦	⑧	⑨
	イ	⓪	①	●	③	④	⑤	⑥	⑦	⑧	⑨
	ウ	⓪	①	②	●	④	⑤	⑥	⑦	⑧	⑨

例４ アイ ． ウ に2.3と答えたいとき

問１	ア	●	①	②	③	④	⑤	⑥	⑦	⑧	⑨
	イ	⓪	①	●	③	④	⑤	⑥	⑦	⑧	⑨
	ウ	⓪	①	②	●	④	⑤	⑥	⑦	⑧	⑨

例５ アイ ． ウ に12と答えたいとき

問１	ア	⓪	●	②	③	④	⑤	⑥	⑦	⑧	⑨
	イ	⓪	①	●	③	④	⑤	⑥	⑦	⑧	⑨
	ウ	●	①	②	③	④	⑤	⑥	⑦	⑧	⑨

1　次の会話文を読み，以下の問に答えなさい。

G君：昨日，お寿司屋さんに行く途中で信号を待っているときに救急車がサイレンを鳴らしながら横切りました。その時，通過する前と通過した後でサイレンの音の高さが変化していたように感じました。気のせいかな。

先生：気のせいではないよ。それはドップラー効果という現象で，『音を出す物体』や『音を聞く人』が動くことによって『音を聞く人』が聞く振動数が変わってしまうんだ。

G君：え！そんな現象があるのですか。

先生：じゃあ，実際に振動数が変わる原理を回転寿司のレーンを使って考えてみよう。
図1を見て。図1はお寿司をレーンに4秒に1個のペースで流している様子を示しているよ。このとき，レーンの速さは秒速9 cmとしよう。G君は初めのお皿を取ってから30秒間に何皿を取ることが出来るかな。ただし，初めに取ったお皿を1枚目とするよ。

G君：（ｉ）枚。

先生：そうだね。じゃあ今度は図2のようにお皿をレーンに置く人が秒速2 cmで近づきながら流していった場合を考えてみよう。ただし，お皿を置くペースとレーンの速さは図1と変わらないよ。先ほどと同じように30秒間で取れるお皿は何枚だろうか。

G君：う～ん。

先生：ヒントはお皿とお皿の間隔を考えることかな。間隔は（ⅱ）cmになるね。

G君：えーっと・・・・・あっ！！（ⅲ）枚。

先生：正解。

先生：では，これをG君と救急車の関係に戻して考えてみよう。『お皿を置く人の動き』を救急車の動きに，『レーンに置くお皿のペース』を救急車が出すサイレンの振動数に，『G君が受け取るお皿の数』を『音を聞く人』が聞くサイレンの振動数に置きかえてみてごらん。

G君：つまり静止している救急車が出すサイレンの振動数と自分に近づきながら救急車が出すサイレンの振動数は（ⅳ）そして，それを聞く人（G君）は（ｖ）

先生：そうですね。では今度は救急車が遠ざかっていく場合も考えてみて下さいね。

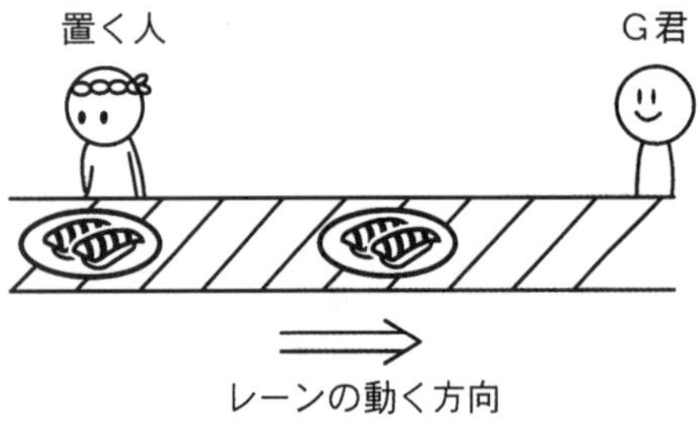

図1

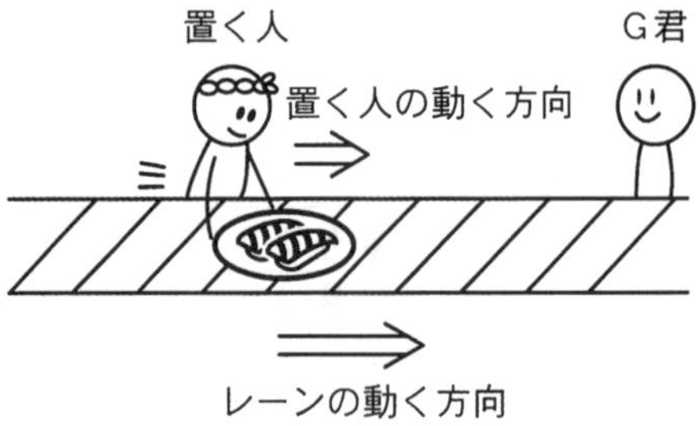

図2

＊レーンは直線状であり，十分に長いものとする。

問１　音の速さについて正しいものを次の①～⑤からすべて選びなさい。【マーク：ア】

① 音の伝わる速さは空気中より水中の方が速い。
② 音の伝わる速さは水中より空気中の方が速い。
③ 音の伝わる速さは空気中，水中どちらも変わらない。
④ 音は固体中では伝わらない。
⑤ 音は真空中では伝わらない。

問２　ある音をオシロスコープで調べたところ図３のような音の波形が得られた。この音よりも音が高いものを①～④から一つ選びなさい。横軸は時間を表し，図３と①～④の１目盛りが表す値は同じとする。【マーク：イ】

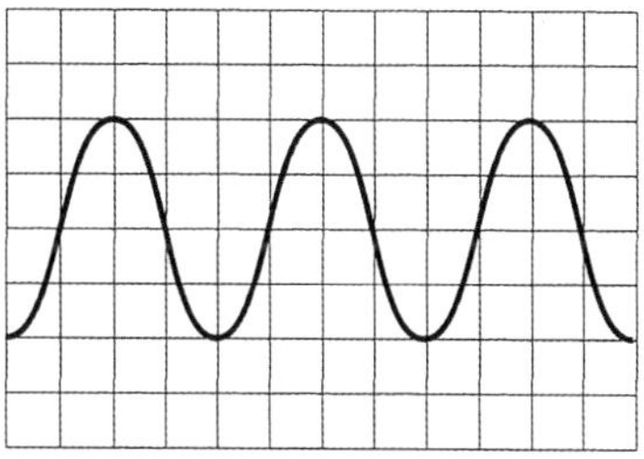

図３

①

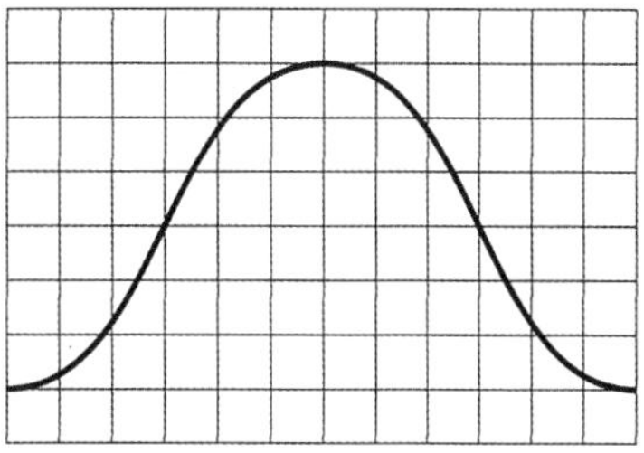

②

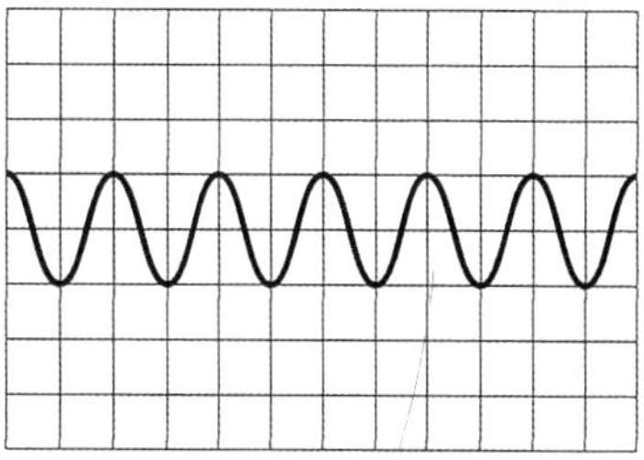

③

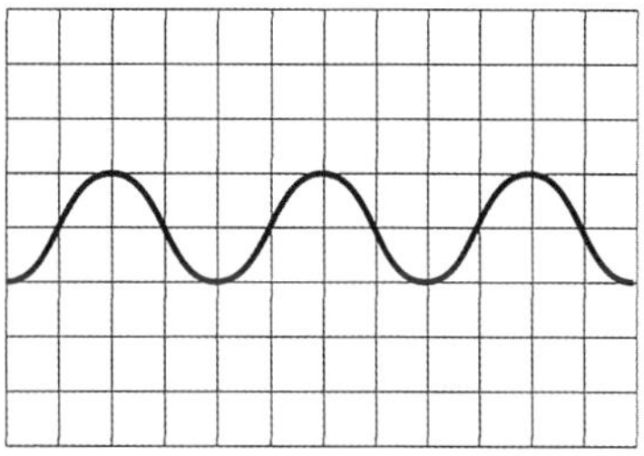

④

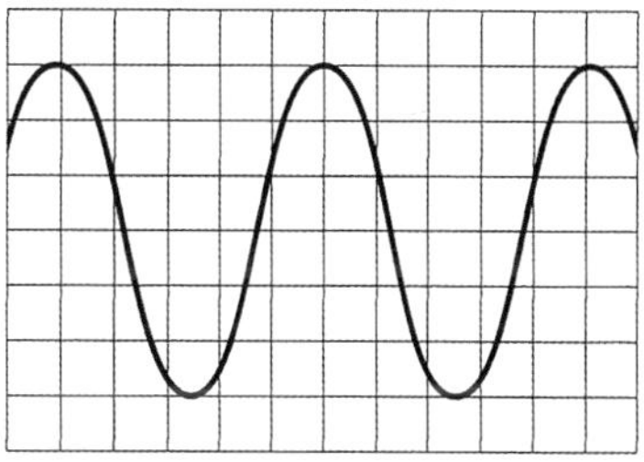

問３　会話文の（ⅰ）～（ⅲ）に入る数字をマークしなさい。
【マーク：ウ，エ，オ，カ，キ，ク】

（ⅰ）［ウエ］枚
（ⅱ）［オカ］cm
（ⅲ）［キク］枚

問４　会話文の（iv），（ｖ）に入る適切な文章の組み合わせを次の①～⑥から一つ選びなさい。
【マーク：ケ】

	iv	v
①	静止している救急車が出すサイレンの振動数の方が多いです。	静止している救急車から聞こえるサイレンの振動数より，近づいてくる救急車から聞こえるサイレンの振動数の方が多くなります。
②	静止している救急車が出すサイレンの振動数の方が多いです。	静止している救急車から聞こえるサイレンの振動数より，近づいてくる救急車から聞こえるサイレンの振動数の方が少なくなります。
③	どちらも同じです。	静止している救急車から聞こえるサイレンの振動数より，近づいてくる救急車から聞こえるサイレンの振動数の方が多くなります。
④	どちらも同じです。	静止している救急車から聞こえるサイレンの振動数より，近づいてくる救急車から聞こえるサイレンの振動数の方が少なくなります。
⑤	近づいてきている救急車が出すサイレンの振動数の方が多いです。	静止している救急車から聞こえるサイレンの振動数より，近づいてくる救急車から聞こえるサイレンの振動数の方が多くなります。
⑥	近づいてきている救急車が出すサイレンの振動数の方が多いです。	静止している救急車から聞こえるサイレンの振動数より，近づいてくる救急車から聞こえるサイレンの振動数の方が少なくなります。

2　鉄と硫黄とその化合物について以下の問に答えなさい。

問１　次の①～⑥のうち，硫黄が利用されているものを次の①～⑥から二つ選びなさい。
【マーク：ア】

① ベーキングパウダー　② 鉛筆の芯　③ 花火の火薬
④ パイプのつまり取りの洗剤　⑤ 乾電池　⑥ 車のタイヤ

問２　硫黄と鉄粉を乳鉢で混合し，試験管に入れて反応させるときの操作として正しいものを次の①～④から一つ選びなさい。（試験管を固定する器具は省略してあります。）
【マーク：イ】

①

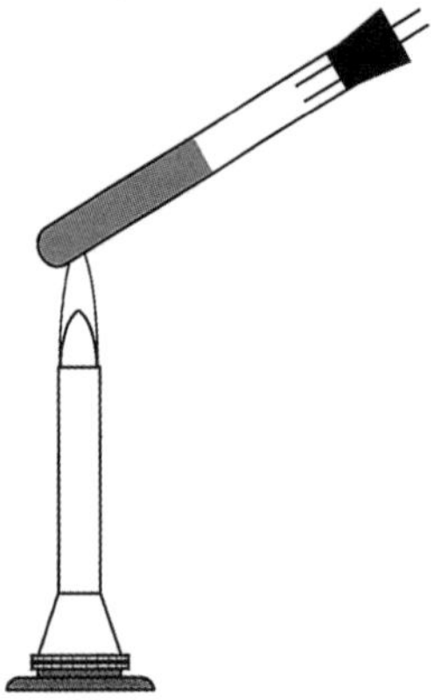

②

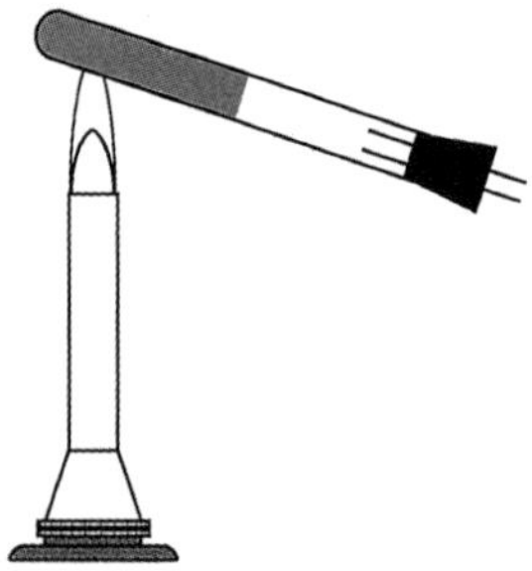

③

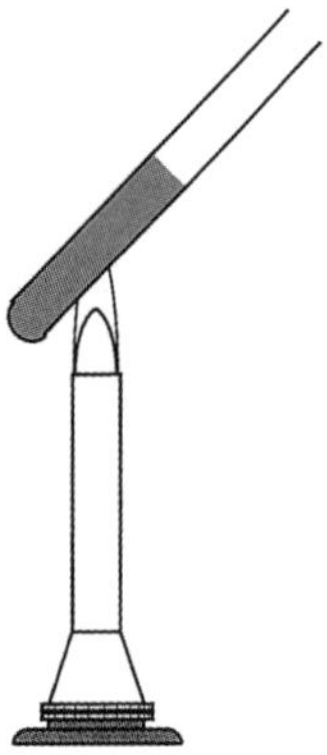

④

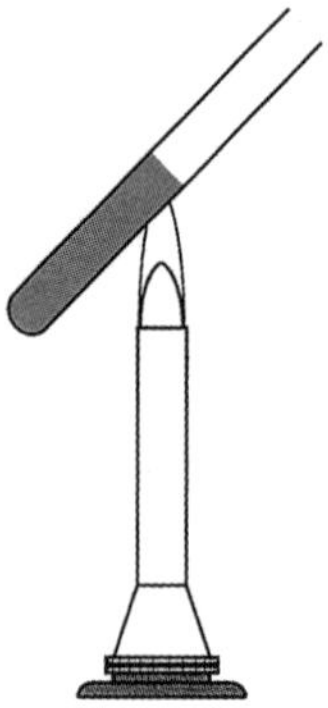

問３　問２の操作を選んだ理由として最も適切なものを次の①～④から一つ選びなさい。
【マーク：ウ】

① 発生した水滴が流れて，試験管が割れるのを防ぐため。
② 発生した水蒸気が，外に出ていきやすいようにするため。
③ 反応を一か所だけで起こし，試験管が割れるのを防ぐため。
④ 熱は下から上に伝わるから。

鉄と硫黄が反応したあと，試験管内には黒色の化合物Xが残りました。少量の化合物Xを取り，塩酸を加えたところ卵が腐ったような臭いのある気体Yが発生しました。

問4　気体Yは何と考えられますか。次の①～⑥から一つ選びなさい。【マーク：エ】

① 硫化水素　② 二酸化硫黄　③ 硫酸
④ 二酸化炭素　⑤ 水素　⑥ 塩化水素

図1は1.1 gの化合物Xにある濃度の塩酸Aを加えたときの，発生した気体Yの体積を表したものです。

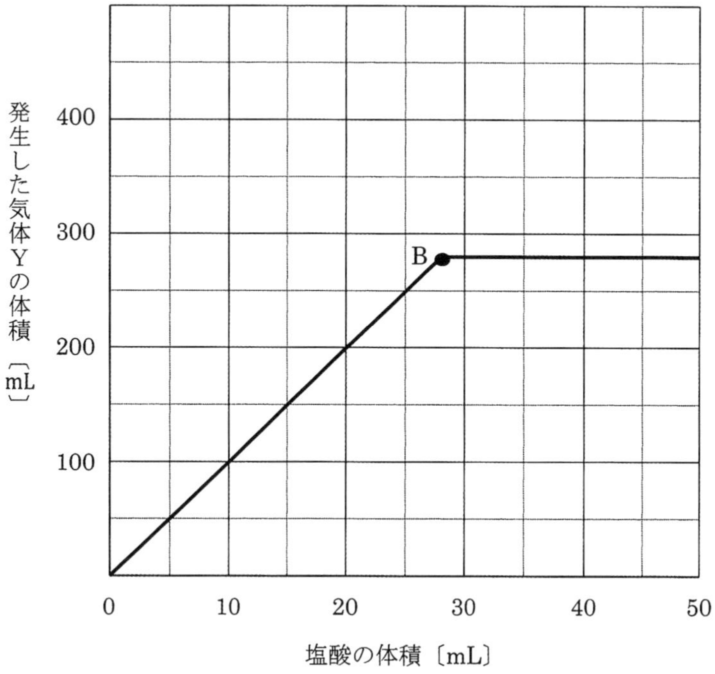

図1

問5　図1の点Bから気体Yの発生量が増えなくなった理由として最も適切なものを次の①～④から一つ選びなさい。【マーク：オ】

① 化合物Xに含まれる鉄がすべて反応してしまったから。
② 化合物Xに含まれる硫黄がすべて反応してしまったから。
③ 塩酸Aに含まれる塩素がすべて反応してしまったから。
④ 塩酸Aに含まれる水素がすべて反応してしまったから。

問6　2.2 gの化合物Xに20 mLの塩酸Aを加えたときに，発生する気体Yは何mLになると考えられますか。【マーク：カ，キ，ク】

| カキク | mL

3

多くの動物は外界からの情報を「受容器」と呼ばれる器官で受容し，中枢へとその情報を伝えています。

I. 図１はレンズを通った光の情報が，網膜から視神経を通って脳につながる経路を模式的に示したものです。網膜内側に映った映像は「視交叉（しこうさ）」と呼ばれる部分で図のようにクロスし，大脳の「視覚野」と呼ばれる部分に送られ知覚します。
例えば，右目の網膜内側に映った像は図中左側の神経から脳へと伝わります。

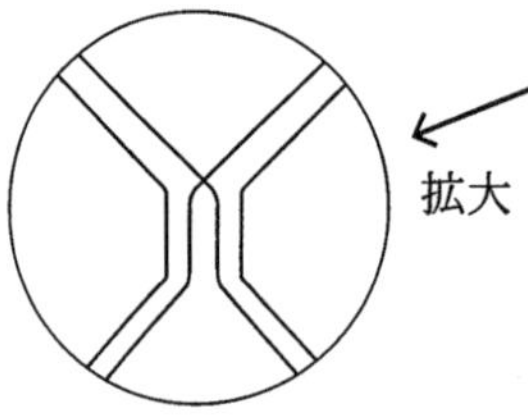

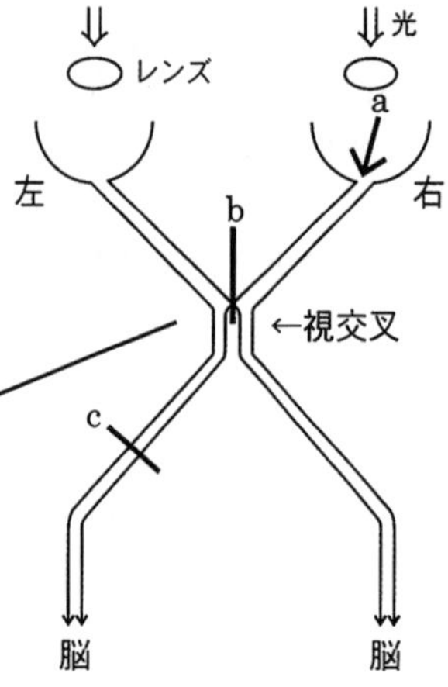

図１

問１　図１のａの部分を次の①～⑥から一つ選びなさい。【マーク：ア】
① ガラス体　② 虹彩　③ 毛様体　④ 盲斑（盲点）　⑤ 黄斑（黄点）　⑥ 角膜

問２　図１のｂとｃのところで神経を切断すると視野はどのようになるか。それぞれ①～⑥から一つずつ選びマークしなさい。
ｂを切断【マーク：イ】　ｃを切断【マーク：ウ】

例：左目は完全に見えるが，右目から見える視野の右半分が見えないことを表す。

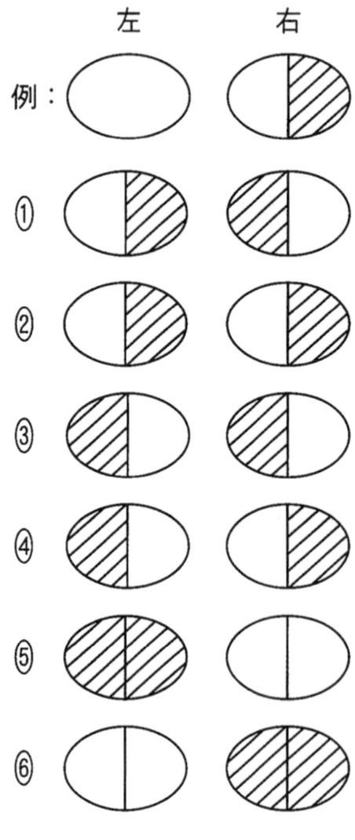

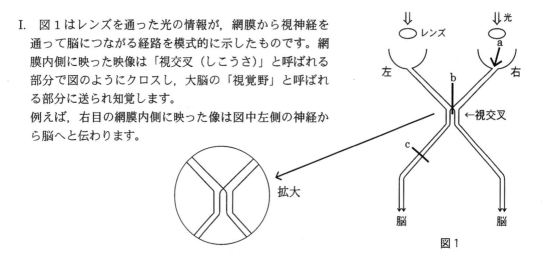

II. フクロウは暗い場所でも獲物の発する音を頼りに正確に狩りができます。特にメンフクロウ（著名な映画で魔法使いの主人公が飼っていましたね）はその仕組みについてよく研究されています。ではどのようにして音源を定位（位置決め）しているのか。「左右の耳に入る音の，ほんの少しの時間のずれ」がその仕組みの一つと考えられています。

問3　メンフクロウを正面から見ると，耳の位置は上下に少しずれています。この理由を次の①～⑥から一つ選びなさい。【マーク：エ】

① 高い音，低い音を聞き分けることが可能になる。
② 上下方向にも音源の位置を認識できる。
③ 獲物の種類を聞き分けることができる。
④ 敵に見つかりにくくなる。
⑤ どちらかの耳が聞こえなくなっても片方の耳だけで獲物の位置を探すことができる。
⑥ 小さい音も聞くことができる。

問4　図2のようにメンフクロウの正面から右に30°のところから発せられた音が，左右の耳に届くときの「ずれ」は何ミリ秒になるか計算しなさい。なおメンフクロウの左右の耳の幅を13.6 cm，音の速さは秒速340 mとし，1秒は1000ミリ秒である。
【マーク：オ，カ，キ】
オ . カキ ミリ秒

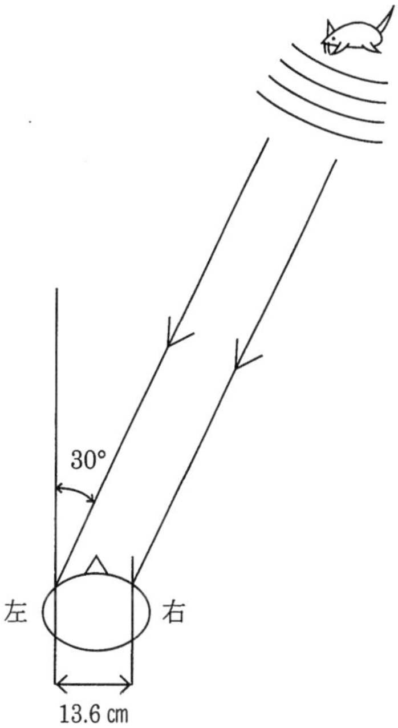

図2

次に，この小さな「ずれ」をどうやって脳は認識しているのか。それは図３のモデルで説明できます。

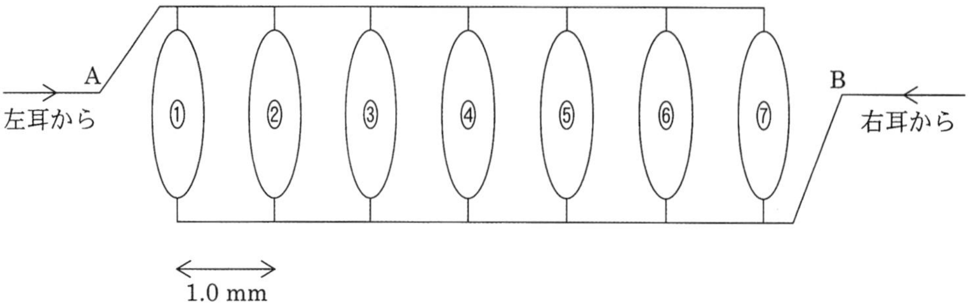

図３

脳にある①から⑦までの７つの神経細胞がそれぞれ左右の耳と神経でつながっています。
左耳からの信号は図中の①②③・・・，右耳からは⑦⑥⑤・・・の神経細胞に順に伝わります。
この７つの神経細胞のうち，左右の耳からの信号が同時に入った神経細胞が最も強く反応します。
例えば，真正面からの音だと，図中ＡとＢの位置に同時に信号が伝わり，そこから順に神経細胞に伝わっていき，ちょうど④の神経細胞が左右からの信号が同時に伝わるので，この④の神経細胞が最も強く反応します。脳は①～⑦のどの神経細胞が強く反応しているかで音源を定位できるのです。

問５　問４のように右30°から発せられた音に対しては図３の①～⑦のどの神経細胞が最も強く反応するか答えなさい。なお，信号は神経を１ミリ秒あたり10 mmの速度で伝わり，７つの神経細胞の間の距離はそれぞれ1.0 mmとする。【マーク：ク】

4　日食と月食について次の文章を読み，以下の問に答えなさい。ただし，図中の暗い部分は影を表している。

図１のように，太陽・月・地球の順に一直線に並ぶと，太陽の一部または全部が月によっておおい隠される（Ａ）が生じる。このとき，月の本影が通る地域では太陽の全部がおおい隠される皆既《かいき》（Ａ）となり，半影が通る地域では一部がおおい隠される部分（Ａ）となる。一方，太陽・地球・月の順に一直線に並び，地球の本影の中を月が通過していくとき，（Ｂ）となる。地球が太陽の周りを回る軌道を含む面に対して，月が地球の周りを回る軌道を含む面は少し傾いているため，太陽と地球と月が完全に一直線にならぶことは稀《まれ》である。また，（Ａ）が起こるとすれば（Ｃ）の日，（Ｂ）が起こるとすれば（Ｄ）の日ということになる。

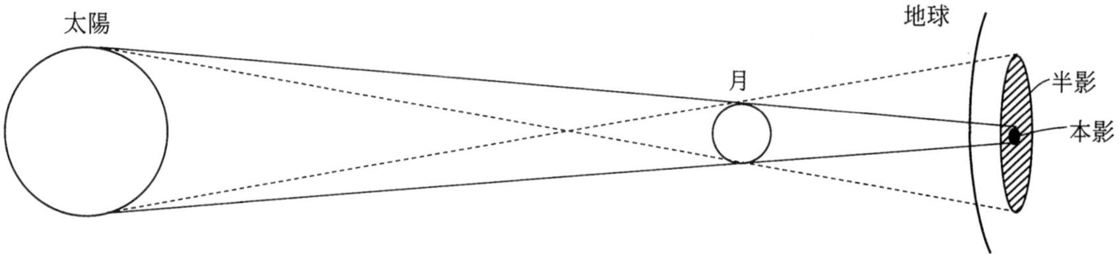

図１

問１　文中の（　　）に当てはまる語の組み合せとして正しいものを次の①～⑧から一つ選びなさい。【マーク：ア】

	A	B	C	D
①	日食	月食	満月	満月
②	日食	月食	新月	満月
③	日食	月食	満月	新月
④	日食	月食	新月	新月
⑤	月食	日食	満月	満月
⑥	月食	日食	新月	満月
⑦	月食	日食	満月	新月
⑧	月食	日食	新月	新月

問2　2022年11月8日に，東京都では図2のような月食が観測された。同じ時刻に南半球のオーストラリアのアデレードで観測された月食はどれか。正しい欠けの大きさと形を次の①～⑥から一つ選びなさい。＊東京都とアデレードは同じ経度である。
【マーク：イ】

①　②　③　④　⑤　⑥

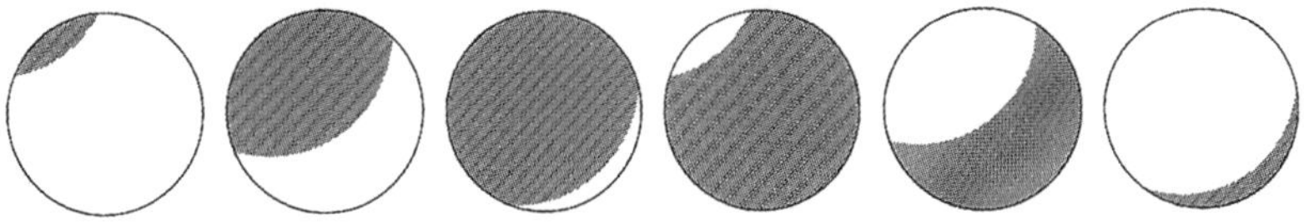

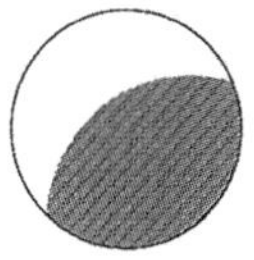

図2

問3　図3は問2の月食における地球の影に対する月の動きを表したものである。18時45分頃の月食のようすを表したものはどれか。正しいものを次の①～⑥から一つ選びなさい。【マーク：ウ】

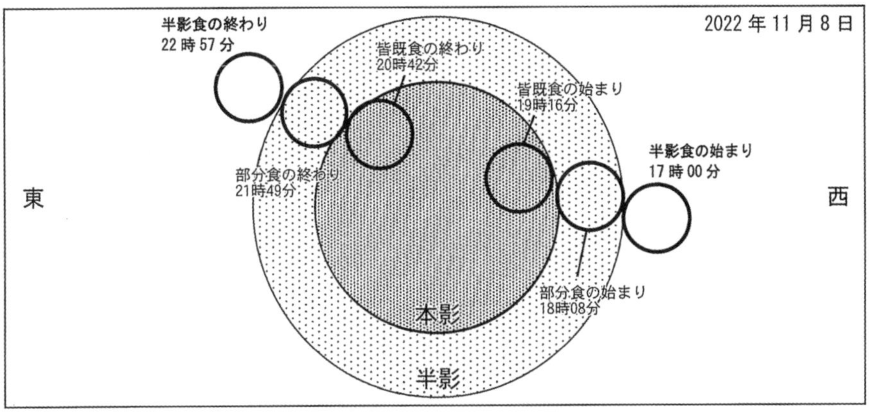

図3

①　②　③　④　⑤　⑥

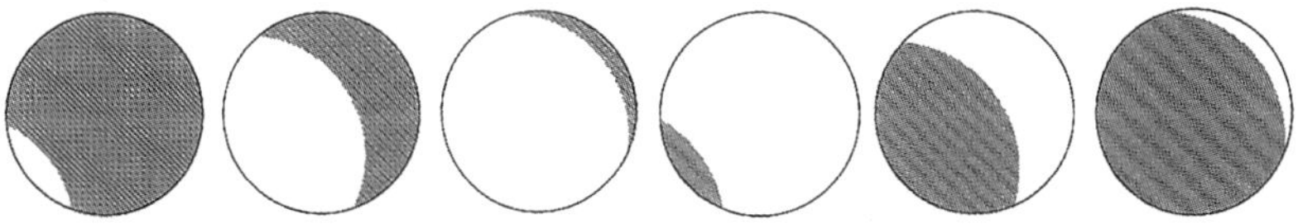

問4　次に月食が発生するのは日本時間の2025年3月14日14時9分から17時48分の間である。この月食は，食の最中に地平線から月が登る月出帯食《げっしゅつたいしょく》と呼ばれる。地平線から現れる際に観測が予想される月食はどれか。正しいものを次の①～⑥から一つ選びなさい。【マーク：エ】

①　②　③　④　⑤　⑥

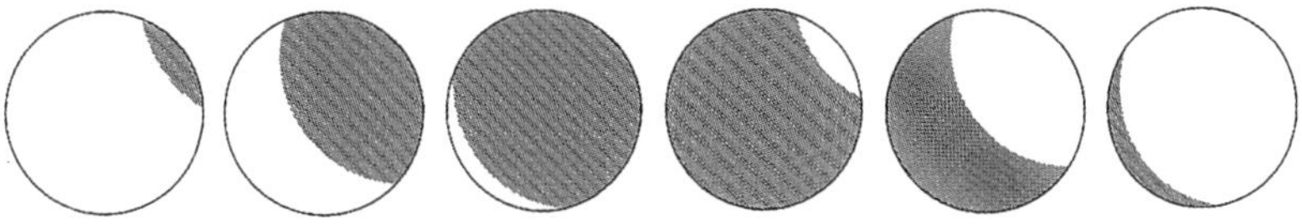

問 5　次に日本国内で日食が観測されるのは 2030 年である。2030 年 6 月 16 日が満月だとすると，日食が観測される可能性のある日はどれか。正しいものを次の①～⑤から一つ選びなさい。【マーク:オ】

① 5 月 17 日　② 5 月 23 日　③ 6 月 1 日　④ 6 月 8 日　⑤ 6 月 16 日

問 6　図 4 は 2030 年に日本で日食が観測される地域を表している。この日食では，北海道のほとんどの地域で金環日食が，日本全域で部分日食が観測できる。図 5 は東京で観測される太陽が最も大きく欠ける 17 時 7 分頃の部分日食である。★の地点で太陽が最も大きく欠けた際に観測される日食の形はどれか。正しいものを一つ選び，記号で答えなさい。

【マーク：カ】

図 4

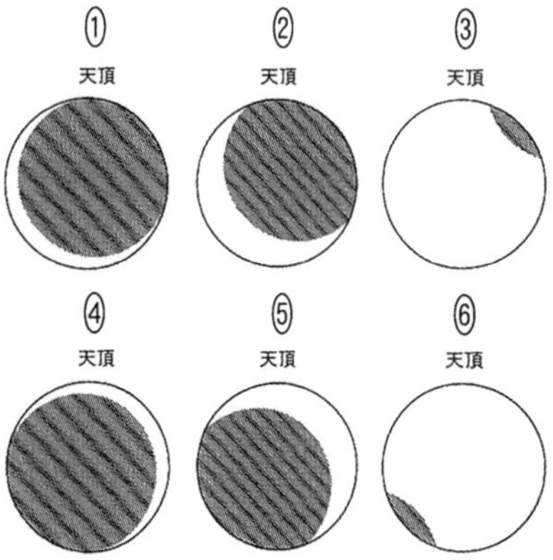

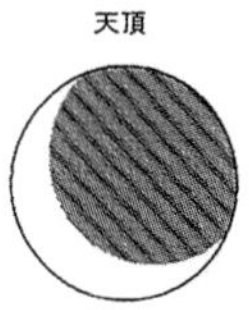

図 5

一　　　般

令和６年度

愛知高等学校入学試験問題

社　　　会

(理科と合わせて60分)

※50点満点　解答用紙・配点非公表

注　意

1．問題は 1 から 4 まであります。

2．問題の内容についての質問には応じません。

試験中に問題冊子の印刷不鮮明、ページの落丁・乱丁及び解答用紙の汚れ等に気付いた場合は、静かに手をあげて監督者の指示に従いなさい。

3．解答は、解答用紙の問題番号に対応した解答欄にマークしなさい。

氏名、受験番号も忘れずに記入しなさい。

4．解答用紙は、一つの解答欄につき一つだけマークしなさい。二つ以上マークするとその解答は無効になります。

但し、「二つ選びなさい」など複数選択するように指示された問題については、**同じ解答番号の解答欄に複数マーク**しなさい。例えば、第５問の問１に①、④と解答する場合は、次の(例)のように問題番号 5 の問１の解答欄の①、④にそれぞれマークしなさい。

(例)

5	問１	● ② ③ ● ⑤ ⑥ ⑦ ⑧

5．解答用紙だけを提出し、問題冊子は必ず持ち帰ること。

1　次の会話文は、高校１年生の公共の授業でＧ７広島サミットについて取り上げたときに交わされたものです。これらの会話文と、**＜資料①＞**から**＜資料③＞**を参考にして、１から５の問に答えなさい。

先　生：2023年５月19日から21日にかけて広島でＧ７サミットが開催され、各国の首脳が一堂に会して国際的な政治・経済の課題についての討議が行われました。これについて、何か知っていることや気になることはありますか。

ひろき：はい。テレビや新聞で報道しているのを見ました。今回の開催地である広島は、議長国である日本の岸田文雄首相の出身地でしたよね。

先　生：その通りです。サミットは1975年に始まり、それ以来、各国持ち回りで毎年開催されてきました。日本でサミットが開催されるのは、今回の広島で７回目になります。過去に日本で開催されたＧ７サミットについて、次の**＜資料①＞**を確認してみましょう。

＜資料①＞ 過去に日本で開催されたサミットの概要

開催年(回)	開催地	各国首脳の顔ぶれ	特徴
1979年 (第５回)	東京	(米)カーター　(英)サッチャー (仏)ジスカールデスタン (独)シュミット　(日)大平正芳 (伊)アンドレオッティ　(加)クラーク	初めて日本でサミットを開催 第二次石油危機への対応を討議
1986年 (第12回)	東京	(米)レーガン　(英)サッチャー (仏)ミッテラン　(独)コール (日)中曽根康弘　(伊)クラクシ (加)マルルーニー	プラザ合意後の経済・為替政策を討議 この年から財務相・中央銀行総裁会議を毎年開催
1993年 (第19回)	東京	(米)クリントン　(英)メージャー (仏)ミッテラン　(独)コール (日)宮澤喜一　(伊)チャンピ (加)キャンベル	ソ連崩壊後のロシアや東側諸国に対する支援について討議 ⇒翌年からロシアがパートナーとして参加 ⇒1998年からロシアが正式参加国になる
2000年 (第26回)	沖縄	(米)クリントン　(英)ブレア (仏)シラク　(独)シュレーダー (日)森喜朗　(伊)アマート (加)クレティエン　(露)プーチン	沖縄の米軍基地について（沖縄の負担軽減に向けて） 2000円札が発行される
2008年 (第34回)	洞爺湖	(米)G.ブッシュ　(英)ブラウン (仏)サルコジ　(独)メルケル (日)福田康夫　(伊)ベルルスコーニ (加)ハーパー　(露)メドヴェージェフ	地球温暖化防止や世界経済への対応について討議 2050年までに温室効果ガスを半減することで合意
2016年 (第42回)	伊勢志摩	(米)オバマ　(英)キャメロン (仏)オランド　(独)メルケル (日)安倍晋三　(伊)レンツィ (加)ハーパー　(露)資格なし	クリミア併合問題の影響で2014年のサミットからロシアの参加資格は停止 サミット後オバマ大統領が広島訪問
2023年 (第49回)	広島	(米)バイデン　(英)スナク (仏)マクロン　(独)ショルツ (日)岸田文雄　(伊)メローニ (加)J・トルドー　(露)資格なし	**＜資料②＞**を参照

ひろきさんとあきらさんの対話：［**空欄**］。

先　生：そういうことになりますね。ちなみに、第１回の参加国は６か国で、２回目以降はカナダが加わり７か国になりました。

あきら：過去にロシアが参加していたことは知りませんでした。

先　生：では、今日はＧ７広島サミットでどのような首脳宣言が採択されたか、次の新聞記事を参考にしてもう少し詳しく確認してみましょう。そして、首脳宣言の内容やそれ以外のサミットの成果について、各自が注目する出来事を１つ取り上げ、次回のポスターセッションに向けての準備を進めましょう。

＜資料②＞ Ｇ７広島サミット首脳宣言の要旨《ようし》（「読売新聞」2023年5月22日朝刊より引用）

Ｇ７広島サミットの主な成果	
総　論	▶ⓐ法の支配に基づく自由で開かれた国際秩序の維持・強化を確認。
ウクライナ	▶ゼレンスキー大統領とＧ７首脳が初めて対面で討議。 ▶ウクライナの支援を継続。ロシアの侵略行為を支援する国に警告。
核軍縮・不拡散	▶Ｇ７首脳が平和記念資料館を初めてそろって訪問。 ▶「ⓑ核兵器のない世界」を目指す方針を確認。初の個別声明を発出。
グローバル・サウス	▶南半球に多い新興・途上国を招待。 ▶食料安全保障に関する行動声明を発出。 ▶「経済的威圧」に対抗するための新たな協議体設置で合意。
中　国	▶台湾海峡の平和と安定の重要性を共有。 ▶対話を通じた建設的かつ安定的な関係の模索で一致。
ＡＩ（人工知能）	▶ⓒ生成ＡＩに関するＧ７の見解を年内に取りまとめる方針を確認。

＜資料③＞ ひろきさんとあきらさんが授業で発表するためにまとめたポスター

ひろきさんが作成したポスター

原爆資料館とⓓ原爆ドーム

5月19日

岸田文雄内閣総理大臣夫妻はＧ７首脳夫妻を、広島平和記念公園で出迎えました。岸田総理大臣は、Ｇ７首脳と共に平和記念資料館を訪問し、被爆者との対話や原爆死没者慰霊碑《いれいひ》への献《けん》花《か》、植樹《しょくじゅ》を行いました。

5月21日

Ｇ７以外で広島サミットに招待された韓国・ブラジルなどの国の首相やグテーレス国連事務総長など国際機関の代表も、平和記念公園を訪れ、慰霊の行事に参加しました。この日最も印象的だったのは、ウクライナのゼレンスキー大統領も直接広島を訪れ行事に参加したことです。

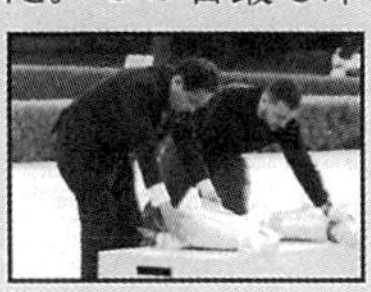

あきらさんが作成したポスター

広島を訪れた各国首脳

5月19日

夕方、広島市内での協議や行事を終えたＧ７の首脳や欧州理事会・欧州委員会の代表は、同県廿日市《はつかいち》市宮島に所在する世界遺産のⓔ厳島神社へ。

一行は船で島内の桟橋に到着。宮島小・中学校の児童生徒たちから花束を贈られるなど温かい歓迎を受け、厳島神社を参拝したのち、伝統芸能である雅楽《ががく》を鑑賞した。

続いて、初代総理大臣のⓕ伊藤博文たちが宿泊したことで知られる老舗《しにせ》旅館へ移動してワーキングディナーを開催。ここでは、「核軍縮」について話し合われた。

注：写真は外務省ＨＰより引用

問１　「Ｇ７」の国々の共通点や特徴について述べた文として正しいものを、次の①～⑧の中から二つ選びなさい。

① Ｇ７のすべての国のすべての領土が、北半球に存在している。
② Ｇ７の首都のなかで最も早く１月１日の日の出を迎えるのは、東京である。
③ Ｇ７のすべての国が、人口の多い国上位10か国に含まれている（2022年時点）。
④ ロシアの参加資格が停止されているため、Ｇ７のなかに標準時を複数持つ国はない。
⑤ Ｇ７のすべての国の首都の位置が、東経で表される。
⑥ Ｇ７は、第二次世界大戦の戦勝国で形成されている。
⑦ Ｇ７のすべての国が、名目ＧＤＰ（国内総生産）の上位10か国に含まれている（2022年時点）。
⑧ 日本以外のＧ７の国は、核兵器を保有している。

問２　**＜資料①＞**について、以下の問（１）～（２）に答えなさい。

（１）　下の表は2000年以降の日本でのサミット開催地である沖縄県、北海道（洞爺湖）、三重県（伊勢志摩）、広島県の４つの道県の統計についてまとめたものです。このうち広島県に該当するものを、表の①～④の中から一つ選びなさい。

	人口 (2020年)	人口密度 (2020年)	道・県内総生産 (2018年度)	農業産出額 (2019年度)	製造品出荷額等 (2019年度)
①	522万8885人	66.7人/km^2	19兆6528億円	１兆2558億円	６兆1336億円
②	177万1440人	306.8人/km^2	８兆4114億円	1106億円	10兆7685億円
③	280万1388人	330.4人/km^2	11兆7137億円	1168億円	９兆8047億円
④	146万8410人	643.3人/km^2	４兆5056億円	977億円	4990億円

出典『データでみる県勢2022』より　愛知高校作成

（２）　**＜資料①＞**を参考にして、会話文の［　空欄　］に当てはまる文として**内容に誤りを含むもの**を、次の①～⑤の中から一つ選びなさい。

① 日本で初めてサミットが開催されたときには、第四次中東戦争にともなって混乱した国際経済の立て直しが議論されているね。
② 中曽根康弘首相が議長になって開催されたサミットの時期は、ちょうど日本で急速な円高にともなうバブル景気が始まったころにあたるね。
③ 沖縄で開催されたサミットでは米軍基地の負担を軽減する合意が得られたけれど、依然として沖縄には多くの在日米軍施設が集中しているね。
④ 世界的な地球環境問題への関心の高まりから、北海道で開催されたサミットでは温室効果ガスの大幅な削減に各国の首脳が合意しているようだね。
⑤ ロシアが参加して「Ｇ８」とされたサミットは、これまで16回開催されているようだね。

問３　＜**資料②**＞について、以下の問（１）～（３）に答えなさい。

（１）　下線部ⓐについて、「法の支配」を模式的に表した図として適切なものを、次の①～④の中から一つ選びなさい。

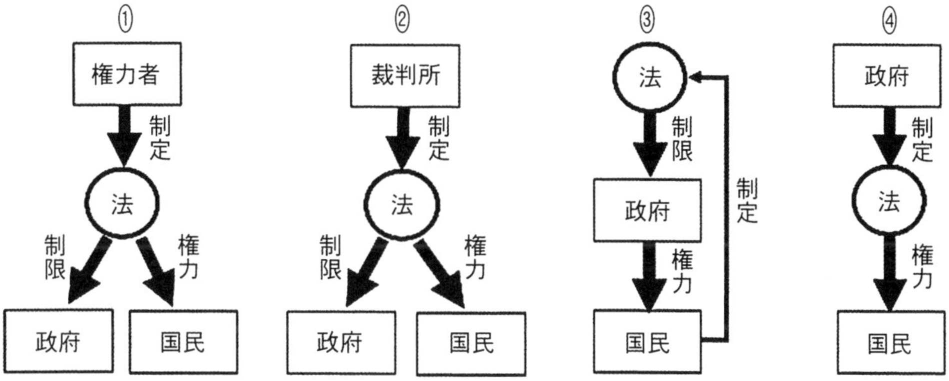

（２）　下線部ⓑについて、次の会話文は、先生とひろきさんが「核兵器のない世界」について話し合ったときの内容を示しています。空欄 X と空欄 Y に当てはまる語句と文章の正しい組み合わせを、下の①～④の中から一つ選びなさい。

先　生：核軍縮に関連して「終末時計」というものを知っていますか。

ひろき：テレビのニュースで見たことがあります。確か、人類が滅亡する「終末の日」を午前０時に設定したときに、「終末」までの時間があとどれくらい残っているかを象徴的に示した時計ですよね。

先　生：その通りです。アメリカの科学者の団体が、核の脅威が増した1947年に創設しました。昨年（2023年）１月には、ウクライナ情勢の悪化で核戦争の危険性が増したことなどを受け、創設以来もっとも「終末」に近い「残り90秒」と発表されたことで話題になりました。

ひろき：「終末」の危機がそこまで迫っているなんて、今初めて知りました。これまでに、どんなことをきっかけに時計の針は「終末」に向かって進んだのですか。

先　生：過去に時計の針が大きく進んだ主な事例として、アメリカと X との間でおこった冷戦に関わる出来事が挙げられます。近年では、気候変動による環境破壊や新型コロナウィルスのまん延など、新たな種類の脅威も考慮して、針の動きが決定されています。

ひろき：「終末時計」の針が巻き戻る（「終末」から遠ざかる）なんてことはあるのですか。

先　生：過去にも X が崩壊した年や、核軍縮に向けて前進する内容の条約が締結された年には、時計の針が巻き戻っています。

ひろき：では、これからさき Y ようなことが起これば、時計の針は巻き戻るのではないですか。

先　生：その通りです。きっと巻き戻されることでしょう。一方で、「終末時計」についてはその正当性を疑問視する声もあります。なぜなら、針の動きを決定するのはあくまでも特定の人たちで、彼らの立場や意向を強く反映しているからです。とは言え、私たち人類が「終末」の危機について広く議論しようとする姿勢は大切ですよね。

① X－ソ連　　　　　　Y－対立する大国間で、地球温暖化の解決につながる条約が制定される
② X－ソ連　　　　　　Y－核兵器を配備する国家間で、軍事力の差がなくなりバランスがとれる
③ X－中華人民共和国　Y－対立する大国間で、地球温暖化の解決につながる条約が制定される
④ X－中華人民共和国　Y－核兵器を配備する国家間で、軍事力の差がなくなりバランスがとれる

（３）　下線部ⓒについて、「生成ＡＩ」とは、あらかじめ学習した大量のデータをもとに、画像・文章・デザインなどを新たに作成する人工知能の総称です。次の①～④は生成ＡＩについて各生徒が調べたことをまとめたメモです。このうち、生成ＡＩについて**正しく理解できていないもの**を一つ選びなさい。

①

生成ＡＩは、人間になり代わって学校の宿題を解いたり、読書感想文やレポートを書いたりすることができます。もし子どもがすべてをＡＩにたよりきってしまうと、自ら悩んで考えることをやめてしまう恐れがあります。

②

何か問い合わせがあったときに、生成ＡＩなら24時間体制で対応することができます。また、与えられた業務を迅速にこなすことができます。こうした点から、私たちの暮らしに役立つサービスが期待できます。

③

生成ＡＩにどんなデータを学習させるのかは慎重に議論しなければいけません。例えば、個人情報に関するデータを学習させた場合、その使い方次第では、個人情報の流出にもつながってしまうからです。

④

生成ＡＩは人間に代わって様々な仕事をする一方で、小説や楽曲、映画などを作ることはまだできていません。だから、人間が得意とする文化芸術分野の創作活動に影響を与えることはほとんどないと言えます。

問４　**＜資料③＞**について、以下の問い（１）～（４）に答えなさい。

（１）　下線部ⓓについて、「原爆ドーム」に関する右の年表の［　Z　］に当てはまるできごととして正しいものを、次の①～⑤の中から一つ選びなさい。

① 国家総動員法が制定され、議会の決議を経ることなく戦争遂行に必要な人や物資を動員できるようになった。

② ドイツがポーランドに侵攻して、第二次世界大戦が開始された。

③ 日本がインドシナ南部へ侵攻すると、アメリカは日本への石油や鉄の輸出を禁止した。

④ 本土空襲が激化し、都市部では学童集団疎開が開始された。

⑤ ヤルタ会談の取り決めに従い、ソ連が日本に侵攻を開始した。

1941年	日本軍がハワイ真珠湾を攻撃して太平洋戦争が始まった。
↕	［　Z　］
1945年	原爆ドームの真上の空で原子爆弾がさく裂した。

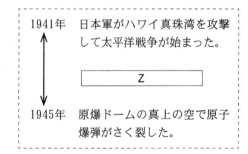

（2）　次のA～Cの文章は、ひろきさんのポスターに出てくる韓国、ブラジル、ウクライナの３カ国について述べたものです。A～Cの文の正誤の組み合わせとして正しいものを、下の①～⑧の中から一つ選びなさい。

A　韓国は台湾、香港、シンガポールとともにアジアＮＩＥＳ（新興工業経済地域）とよばれ、原材料を輸入し、それらを加工して輸出することで成長してきた。

B　ブラジルはロシア、インド、中国、南アフリカ共和国などとともにＢＲＩＣＳとよばれ、これらの国は人口が多く国土が広いことや、地下資源が豊富であるなどの共通点を持っている（2023年９月現在）。

C　ウクライナはＥＵに加盟しているため、ロシアとの戦争の際に、同じくＥＵ加盟国であるドイツやフランス、イギリスが積極的に支援している。

	①	②	③	④	⑤	⑥	⑦	⑧
A	○	○	○	○	×	×	×	×
B	○	○	×	×	○	○	×	×
C	○	×	○	×	○	×	○	×

（3）　下線部ⓔについて、「厳島神社」は平安時代の後期（院政期）に改修が行われて現在の姿になりました。次のA～Dのうち、このとき改修を命じた人物について述べた文として正しいものの組み合わせを、下の①～④の中から一つ選びなさい。

A　瀬戸内海の航路や摂津の港（現在の神戸港）を整備し、中国の宋と盛んに貿易を行った。

B　海賊船と区別するため、右の図のような割札を用いて中国の明と盛んに貿易を行った。

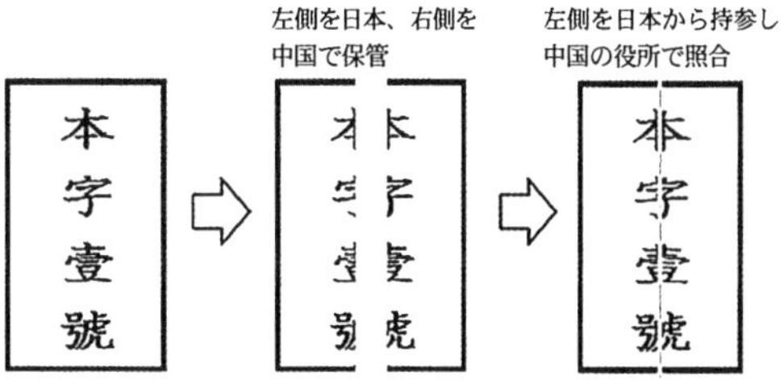

C　武士として初めて政治の実権を握ると、朝廷の最高職である征夷大将軍になり、国ごとに守護を、荘園や公領ごとに地頭をおいて広大な土地を支配した。

D　武士として初めて政治の実権を握ると、朝廷の最高職である太政大臣になり、娘を天皇の后にして、一族で高い役職や広大な土地を支配した。

①　AとC　　②　AとD　　③　BとC　　④　BとD

（4）　下線部ⓕについて、「伊藤博文」の業績について述べた文として正しいものを、次の①～⑤の中から一つ選びなさい。

①　政府の改革に不満を持つ士族たちとともに立ち上がり、政府を批判して最大の士族の反乱を起こした。

②　民撰議院設立建白書を政府に提出し、少数の有力者による専制的な政治を批判した。

③　日清戦争後に政党の力が無視できなくなると、立憲政友会を結成して政党と政府が協力する政党政治の基礎を築いた。

④　国会の即時開設を主張して政府を辞めさせられると、翌年に立憲改進党を結成して議会政治を目ざした。

⑤　護憲派による政党内閣を組織し、25歳以上の男子による普通選挙制度を実現した。

問５　広島市は、ある地形が理由で他の地方中枢都市に多くみられる地下鉄ではなく路面電車が利用されています。次の地形図を参考にして、ある地形の名称とその理由の正しい組み合わせを、下の①～④の中から一つ選びなさい。

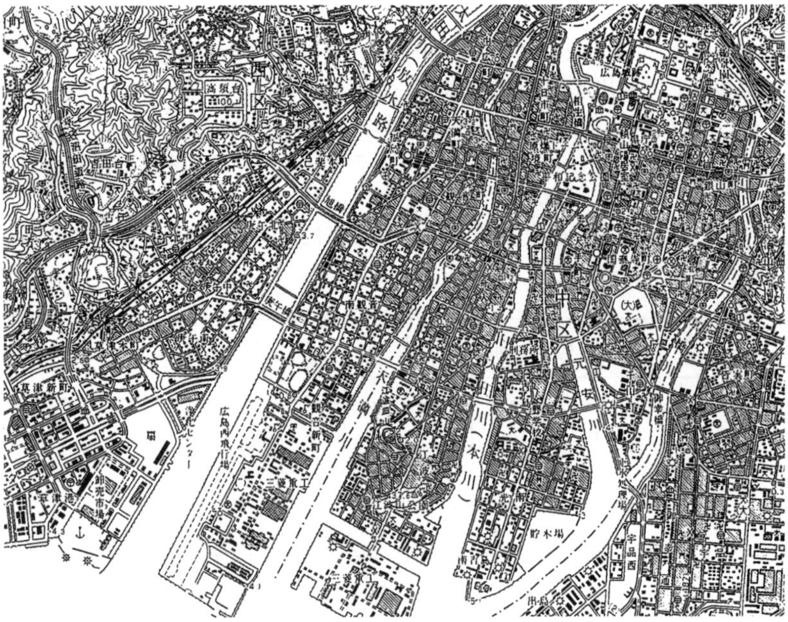

国土地理院地形図
「広島(1/50,000)平成20年発行」
の一部転載

＜地形＞

A　三角州　　　B　扇状地

＜理由＞

X　河口付近では河川の運搬作用よりも堆積作用が勝るため粒子《りゅうし》の細かい泥が堆積し、地盤が軟弱《なんじゃく》だから。

Y　河川が山地から盆地や平野へ流れ出るところでは流れる速さが急に遅くなり、土砂が堆積して洪水が起きやすい地形だから。

	①	②	③	④
地形	A	A	B	B
理由	X	Y	X	Y

2　次の資料と会話文をもとに、１から４の問に答えなさい。

広島サミット　5月19日　ワーキングランチメニュー

前菜《ぜんさい》　サーモンのマリネ 活《い》け帆立貝《ほたてがい》のコンフィ
アスパラガスシャルロットとスモークのクリーム
エディブルフラワーの庭園風《ていえんふう》

魚料理　広島県産メバルとムール貝の瀬戸内アクアパッツァ
小豆島《しょうどしま》オリーブの香り 軽いスープ仕立て

肉料理　赤座海老《あかざえび》を巻いた東広島こい地鶏《じどり》のバロティーヌ
もも肉と茸《きのこ》の煮込みのトゥルト
筍《たけのこ》のローストと蚕豆《そらまめ》添《そ》え シュープレームソースで

デザート　瀬戸内レモンと宮島はちみつと砂谷牧場《さごたにぼくじょう》乳製品のセミフレッド
酒粕《さけかす》の柑橘《かんきつ》クリーム
レモンコンフィバゲット イギリスコッペパン 三次《みよし》ワインとクルミパン

出典：外務省ＨＰより引用

ひろき：昼食はフランス料理のコースみたいだね。とってもおいしそう。
あきら：ⓐアクアパッツァはイタリア料理じゃないかな？地元の食材が使ってあって、広島に行ってみたくなりました。
先　生：二人とも料理に詳しいですね。各国の料理にはその国の気候や歴史、文化があらわれるので、調べてみるといろいろなことがわかるかもしれません。例えば、使われる油を比較してみてもイタリアではオリーブオイルが使われることが多いのに対し、フランスではバターが多いです。
ひろき：そうなんですね。知らなかったです。今度調べてみようかな。
あきら：でもせっかくなら和食を食べてほしかったなぁ。
先　生：夕食が和食だったそうですよ。そこでもⓑ広島の特産品などが振舞われたそうです。この他にもⓒコーヒーブレイクがあるなど、食事も重要な会議の場になっていたようですね。

問１　メニューにみられるオリーブや地元産のワインとその原料のぶどうは、広島県だけでなく瀬戸内地方の特産品となっています。これをふまえて、以下の問（１）～（２）に答えなさい。

（１）　次の文章は瀬戸内地方の気候について述べたものです。文中の空欄［A］・［B］の季節と、［C］・［D］に入る語句の正しい組み合わせを、下の①～⑥の中から一つ選びなさい。

> 瀬戸内地方では、［A］には四国山地が、［B］には中国山地が［C］をさえぎるため、雨が少なく乾燥した気候となっている。この条件が［D］沿岸の地域の気候とよく似ている。

	①	②	③	④	⑤	⑥
A	夏	夏	夏	冬	冬	冬
B	冬	冬	冬	夏	夏	夏
C	季節風	偏西風	季節風	偏西風	季節風	偏西風
D	地中海	地中海	大西洋	地中海	大西洋	大西洋

（２）　下のE～Gのグラフはそれぞれぶどう、ワイン、オリーブの国別の生産量の割合を示しています。E～Gと生産物の正しい組み合わせを、下の①～⑥の中から一つ選びなさい。なお、単位はすべて％で示してあり、ぶどうとオリーブは2020年、ワインは2019年の統計です。

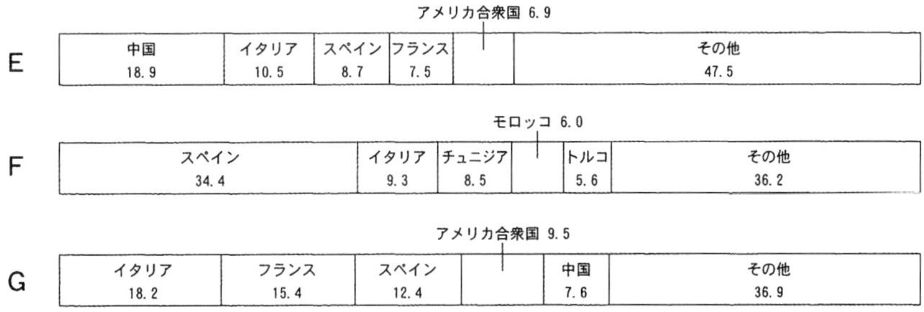

出典：『世界国勢図会2022/23』より愛知高校作成

	①	②	③	④	⑤	⑥
E	ぶどう	ぶどう	ワイン	ワイン	オリーブ	オリーブ
F	ワイン	オリーブ	ぶどう	オリーブ	ぶどう	ワイン
G	オリーブ	ワイン	オリーブ	ぶどう	ワイン	ぶどう

問２　下線部ⓐについて、アクアパッツァとは魚を使ったイタリア料理ですが、そこにはトマトやピーマン、パプリカなど、大航海時代に南アメリカ大陸からもたらされた農作物が使われています。これをふまえて以下の問に答えなさい。

（１）　次のＸ～Ｚの文章は南アメリカ大陸と他地域の交流について述べたものです。Ｘ～Ｚの文の正誤の組み合わせとして正しいものを、下の①～⑧の中から一つ選びなさい。

Ｘ　16世紀になると、先住民が暮らす地域はイタリア人やフランス人に侵略されて植民地化され、先住民の人口は激減してしまった。

Ｙ　アフリカ大陸から奴隷として連れてこられたアフリカ系（黒人）の人々が、天然ゴムや油やしのプランテーションで働かされた。

Ｚ　リオデジャネイロで開かれるカーニバルは、ヨーロッパからの移民によって伝えられたキリスト教の祭りが、先住民であるメスチソの人々の祭りや踊りと結びついて発展したものである。

	①	②	③	④	⑤	⑥	⑦	⑧
Ｘ	○	○	○	○	×	×	×	×
Ｙ	○	○	×	×	○	○	×	×
Ｚ	○	×	○	×	○	×	○	×

（２）　南アメリカ大陸原産の作物は、日本には東南アジアを経由してもたらされることが多くありました。東南アジアは交易の際の中継地点となっているため、多様な文化が見られます。下のＨ～Ｊのグラフはそれぞれインドネシア、フィリピン、タイのいずれかの宗教別の人口の割合を示しています。Ｈ～Ｊと国名の正しい組み合わせを、下の①～⑥の中から一つ選びなさい。

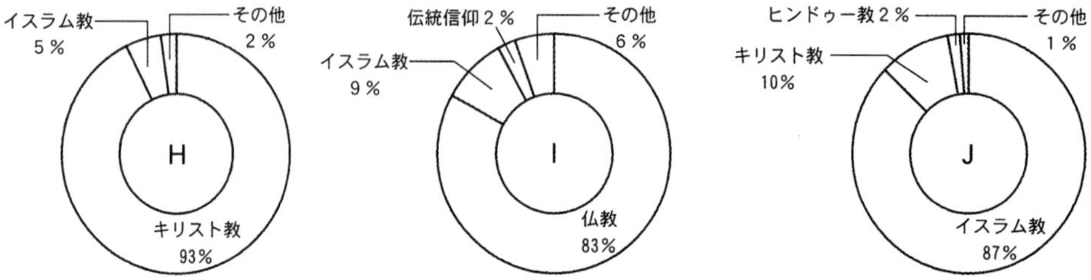

出典：『2022データブックオブ・ザ・ワールド』より愛知高校作成

	①	②	③	④	⑤	⑥
Ｈ	インドネシア	インドネシア	フィリピン	フィリピン	タイ	タイ
Ｉ	フィリピン	タイ	インドネシア	タイ	インドネシア	フィリピン
Ｊ	タイ	フィリピン	タイ	インドネシア	フィリピン	インドネシア

問３　夕食には広島県が生産量１位となっている牡蠣《かき》が出されました。右の表は都道府県別の牡蠣の生産量を、生産量が多い順に示しています。右の表を参考に、牡蠣の生産地について説明した下の文の空欄［ Ｋ ］〜［ Ｍ ］に入る言葉**ア**〜**カ**の正しい組み合わせを、下の①〜⑧の中から一つ選びなさい。

都道府県	単位（100ｔ）
広島県	968
宮城県	257
岡山県	147
兵庫県	98
岩手県	60
その他	124
全国	1,654

出典：農林水産省　令和４年漁業・養殖業生産統計より　愛知高校作成

牡蠣の養殖が盛んな地域の共通点として、波が［ Ｋ ］という特徴がある。瀬戸内海や三陸海岸沿いでは［ Ｌ ］ため、栄養分が多い海になっている。瀬戸内海では赤潮が減少したが、現在は海水の［ Ｍ ］が問題となっているため、水質改善のための努力がなされている。

ア　穏やかで養殖用のいかだが安定する
イ　激しく海水がかき混ぜられて栄養分が循環する
ウ　川が平野を長く通過する
エ　山から直接川が海に流れ込む
オ　貧栄養化
カ　富栄養化

	①	②	③	④	⑤	⑥	⑦	⑧
K	ア	ア	ア	ア	イ	イ	イ	イ
L	ウ	ウ	エ	エ	ウ	ウ	エ	エ
M	オ	カ	オ	カ	オ	カ	オ	カ

問４　下線部ⓒについて、コーヒーブレイクの発祥《はっしょう》は20世紀初頭のアメリカ合衆国で、労働者たちが疲労を軽減させる効果があるカフェインを摂取するために始まったとされています。アメリカの工業の歴史について述べた文として正しいものを、次の①〜④の中から一つ選びなさい。

① アメリカ合衆国は世界で最も早く近代工業が生まれた場所で、北東部の五大湖周辺が中心であった。
② 石炭や鉄鉱石に恵まれたため、デトロイトでは鉄鋼業、ピッツバーグでは自動車産業が発展した。
③ 1970年代から中国やインドに押され北東部の工業は伸び悩み、現在ではラストベルト（赤さび地帯）とよばれ都市の荒廃が問題となっている。
④ 北緯37度より南のサンベルトとよばれる地域や、太平洋岸の新しい工業地域ではＩＣＴ産業や航空宇宙産業が発展している。

3 広島サミットで各国の首脳が訪れた宮島《みやじま》が所在する「廿日市《はつかいち》市」に興味を持ったあきらさんは、その地名の由来や地域の歴史などについて調べ、総合探究の授業で発表することにしました。すると、廿日市市周辺は旧石器時代から人々が暮らしはじめ、古代から近世にかけて多くの人が行きかう瀬戸内海の交通の要衝《ようしょう》として発達してきたことが分かりました。以下のカードはその探究の成果をまとめたものです。これについて、1から6の問に答えなさい。

廿日市の地名の由来

- この地で中世以来開かれていた市《いち》の名称に由来する。
- 厳島神社の年4回の祭礼の最終日がいずれも20日であったことから、鎌倉時代中期には毎月20日に市が開かれるようになる。そして、二十日《はつか》の市から「廿日市」という地名が徐々に定着していった。

廿日市を行きかう人々　～古代編～

- 3500年前の遺跡から大分県姫島《ひめしま》産の黒曜《こくよう》石《せき》が発掘される。
- 紀元後3世紀ごろの遺跡は、［　X　］ため、標高約260mの高台に分布していた。
- 山陽道の一部として安芸《あき》国に佐伯《さえき》郡が置かれると、5つの［ア］が整備され、都から地方に派遣される［イ］等の役人が利用した。

廿日市を行きかう人々　～中世編～

- 承久3（1221）年にⓐ朝廷と鎌倉幕府の戦いがおこる。このころ、鎌倉幕府の御家人で周防《すおう》の守護である藤原親実《ちかざね》が厳島神社の神主職に就任すると、厳島神社造営のため職人たちが鎌倉から廿日市に移り住む。
- 建武3（1336）年、足利尊氏が九州から京都へ攻め上る途中で厳島神社に所領を寄進《きしん》する。
- 康応《こうおう》元（1389）年に足利義満が厳島神社を参詣《さんけい》する。
- 享徳《きょうとく》3（1454）年の資料にⓑ「廿日の市」が開かれていた記録が初めて見られる。このころに町が発達し、「廿日市」の地名も用いられるようになった。

廿日市を行きかう人々　～近世編～

- 戦国時代のころの廿日市は、地域の主要港であると同時に、山陽道の宿場町でもあった。
- 天文《てんぶん》20（1551）年9月、陶晴賢《すえはるかた》は謀反《むほん》を起こし、主君である大内義隆《よしたか》を討った。その4年後の天文24（1555）年、今度は毛利元就《もとなり》が主君である陶晴賢を厳島の戦いで破った。
- 天正15（1587）年、九州征伐の途中で豊臣秀吉が廿日市に止宿《ししゅく》する。このとき、町の整備が行われた。
- 江戸時代に入ると、廿日市は西国《さいごく》街道や津《つ》和野《わの》街道の宿場町として栄えた。また、江戸時代後期には千石船《せんごくぶね》や北前船《きたまえぶね》が入津《にゅうしん》できる港も整備されて賑《にぎ》わいを見せた。

廿日市を行きかう人々　～幕末・維新編～

- 慶応2（1866）年に二度目の長州征伐が実行されると、廿日市に幕府軍の拠点の一つがおかれた。このとき、長州軍の進軍を阻止《そし》するため、幕府軍は廿日市の町を焼き払ってしまった。
- 将軍徳川家茂の死去にともない幕府と長州藩の休戦交渉が行われた。このとき幕府軍からは勝海舟が、長州軍からは［　Y　］らが代表として派遣され、交渉の場となった厳島神社がある宮島で会談した。

問1　［　X　］に当てはまる理由としてもっともふさわしいものを、次の①～④の中から一つ選びなさい。

① 近くに狩猟や採集に適した森が広がる　　② 外敵の侵入に対して濠《ほり》や柵をめぐらす
③ 稲作に適した水はけのよい土地が広がる　　④ 平野や海など周囲の眺望が良い

問２　カードの空欄 ア と イ に当てはまる語句の組み合わせとして正しいものを、次の①～④の中から一つ選びなさい。

① ア－駅家　イ－防人　　② ア－駅家　イ－国司
③ ア－関所　イ－防人　　④ ア－関所　イ－国司

問３　下線部ⓐの戦いについて述べた次の文Ａ～Ｄについて、正しいものの組み合わせを、下の①～④の中から一つ選びなさい。

Ａ　このとき執権だった人物は、挙兵した後白河上皇の軍を破り、戦後に武家政治の基本方針を定めた。
Ｂ　このとき執権だった人物は、挙兵した後鳥羽上皇の軍を破り、戦後に上皇を隠岐へ追放した。
Ｃ　この戦いのあと、鎌倉幕府は上皇方の土地を没収し、新たに御家人を地頭に任命して支配させた。
Ｄ　この戦いのあと、鎌倉幕府は京都所司代を設置し、朝廷や西国の御家人の監視を強めた。

① ＡとＣ　　② ＡとＤ　　③ ＢとＣ　　④ ＢとＤ

問４　下線部ⓑについて、次の文Ａ～Ｃは、「廿日の市」が初めて記録に登場したころの社会について述べたものです。Ａ～Ｃの文の正誤の組み合わせとして正しいものを、右の①～⑧の中から一つ選びなさい。

Ａ　米を収穫したあとに麦などを栽培する二期作が全国的に広まるなど、農業技術が大きく進歩した。これにともない、この頃の市では様々な農産物や特産物が扱われるようになった。
Ｂ　商人や手工業者は惣と呼ばれる同業組合をつくり、力のある公家や寺社に銭を納め、商品の製造や販売の独占権を得た。
Ｃ　寺社の門前や水陸交通の要所には様々な商品が集まるため市が開かれ、港では年貢や商品の輸送や保管を行う問屋（問丸）が、陸上では輸送を行う馬借と呼ばれる専門業者が活躍した。

	①	②	③	④	⑤	⑥	⑦	⑧
Ａ	○	○	○	○	×	×	×	×
Ｂ	○	○	×	×	○	○	×	×
Ｃ	○	×	○	×	○	×	○	×

問５　次の会話文は、あきらさんがカードをもとに行った発表についてクラスメイトが感想を述べたものです。会話文中の下線部①～⑥の中から、**誤りを含むもの**を二つ選びなさい。

生徒１：カードによると、①縄文時代に瀬戸内海を経由して廿日市と遠方の人々との交流があったみたいだね。
あきら：太古の昔から、この地域を多くの人々が行き交ってきたことの証《あかし》だね。
生徒２：中世になって、室町幕府の将軍が相次いで厳島神社を訪れているね。しかも、所領を寄進した人物までいるようだけど、これはどういうことだろう。
生徒３：所領を寄進、つまり神社に寄付したくらいだから、よほどかなえたい願いでもあったのかな。
あきら：この人物は「京都へ攻め上る」途中で寄進しているようだから、きっと②後醍醐天皇が進めていた新政に多くの武士が不満をもっていたことに関係があるのだろうね。
生徒１：宮島は、厳島の戦いの舞台になったみたいだけど、この③厳島の戦いは下剋上の風潮をよく表す戦いといえるね。

生徒２：その戦国時代を制した豊臣秀吉は、この④厳島の戦いに勝利した毛利氏を攻めるために九州征伐を行い、廿日市に滞留したときに町の整備を行ったんだね。

あきら：廿日市は、江戸時代に入ってからも港町や宿場町として多くの人々が訪れて、にぎわっていたみたいだよ。

生徒３：江戸時代の街道の宿場町ということは、きっと⑤徳川家光のころに制度化された参勤交代で九州などの大名が廿日市の宿場を利用したのだろうね。

生徒１：たしかに、港町としても発展していったようだね。北前船が廿日市の港を利用していたと、あきらさんが発表で言っていたね。

生徒２：北前船ということは、⑥北海道（蝦夷地）や日本海側の産物を大阪まで運ぶ東回り航路の廻船が、廿日市の港を利用していたということだね。

問６　［ Y ］に当てはまる人物は、明治時代に鹿鳴館を建設して積極的に外国の文化を取り入れる「欧化政策」をすすめた人物である。この人物名とこの人物が外相だったときのできごとの正しい組み合わせを、下の①～⑥の中から一つ選びなさい。

＜人物名＞　ア　井上馨　　イ　大隈重信

＜できごと＞

A　ノルマントン号事件がおこって不平等条約の改正を求める声が高まった。

B　イギリスと交渉して治外法権の撤廃と関税自主権の一部回復に成功した。

C　アメリカと交渉して関税自主権を完全に回復させた。

	人物名	できごと
①	ア	A
②	ア	B
③	ア	C
④	イ	A
⑤	イ	B
⑥	イ	C

4　国の予算とその成立に関連する**資料１**～**資料３**を参考にして、１から５の問に答えなさい。

資料１　中日新聞2023年３月29日付 朝刊第２面記事（共同通信配信）より

114兆円 予算成立

防衛、社会保障費 過去最大

■部分は出題の関係で塗りつぶしてあります。

二〇二三年度予算は二十八日午後の[redacted]本会議で、与党などの賛成多数により可決、成立した。一般会計の歳出総額は過去最大の百十四兆三千八百十二億円。防衛費、ⓐ社会保障費とも過去最大に膨らんだ。巨額の歳出をⓑ税収で賄えず、約三割を借金に依存するいびつな財政構造が続く。

予備費支出2.2兆円 22年度

岸田政権が防衛力を抜本的に強化するとした五年間の初年度に当たる。防衛財源の一部を確保するための特別措置法案は、丁寧な審議が必要だと与野党が判断し、年度内成立が見送られた。法人、所得、たばこの三税の増税も実施時期が決まっていない。財源の裏付けが乏しいまま巨額支出だけが先行する「見切り発車」となる。

歳出では、防衛費を二二年度当初予算の一・二六倍となる六兆八千二百十九億円に増額した。加えて二四年度以降の防衛費に回す「防衛力強化資金」として三兆三千八百六億円を繰り入れた。社会保障費は高齢化の進展に伴って六千億円余り増え、三十六兆八千八百八十九億円に膨らんだ。

歳入では、景気回復を前提に過去最高となる六十九兆四千四百億円の税収を見込む。借金に当たる国債は三十五兆六千二百三十億円分を新たに発行する。

二十八日には、低所得世帯への現金給付など追加の物価高対策と新型コロナウイルス感染症への対応で、二二年度予算の予備費から二兆二千二百二十六億円の支出を閣議決定した。二三年度予算でもコロナ、物価高、ウクライナ情勢に機動的に対応する予備費として、二二年度当初と同額の五兆円を計上した。内閣の判断で使い道を決められる巨額予備費が常態化し、財政規律の緩みが指摘されており、運用の在り方が引き続き課題となる。

二三年度予算には立憲民主、日本維新の会、共産各党などが反対した。昨年、異例の賛成に回った国民民主党も反対した。政治家女子48党は賛成した。本会議に先立つ[redacted]予算委員会は、首相や全閣僚が出席した締めくくり質疑を実施後、与党の賛成多数で予算案を可決した。

資料２　2023年度一般会計　114兆円3812億円

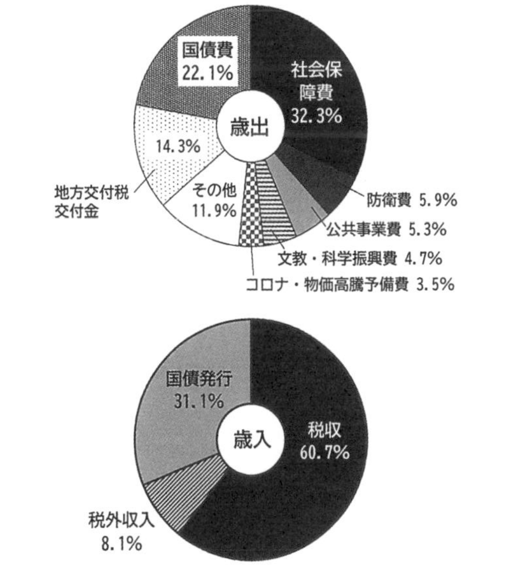

資料３　2022年度一般会計　107兆5964億円

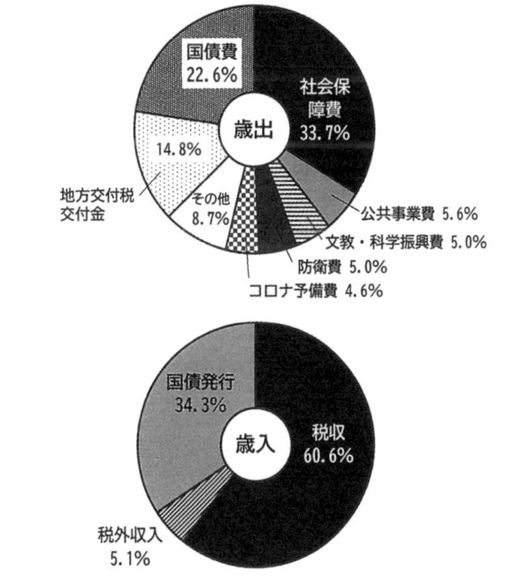

資料２・３ 出典：財務省HP（https://www.mof.go.jp/policy/budget/budger_workflow/budget/fy2022/seifuan2022/01.pdf）より愛知高校作成

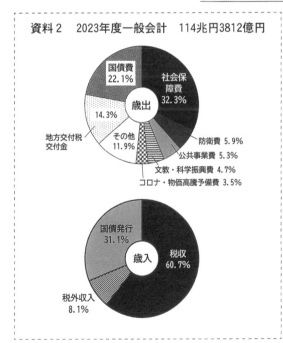

問１　次の図１は、国の予算が成立するまでの手順を模式化したものです。図１の空欄［ア］～［ウ］に入る語句の組み合わせとして正しいものを、下の①～④の中から一つ選びなさい。

図１

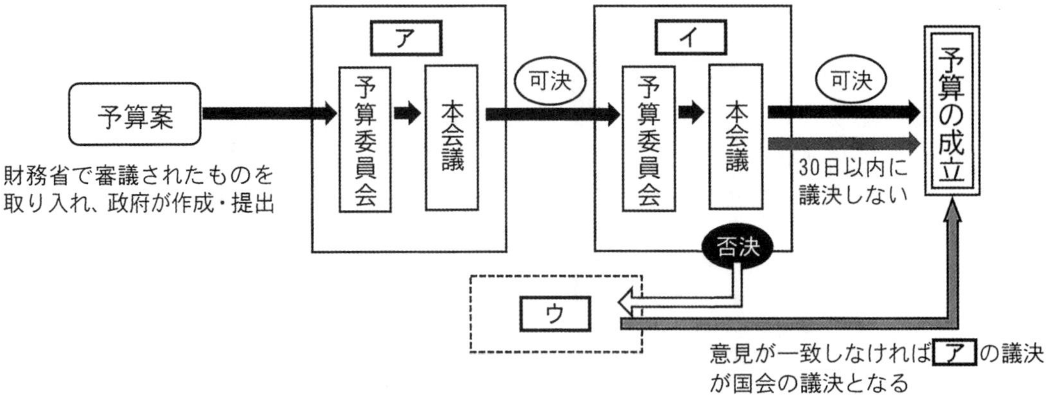

①　アー衆議院　イー参議院　ウー臨時会　　②　アー衆議院　イー参議院　ウー両院協議会
③　アー参議院　イー衆議院　ウー臨時会　　④　アー参議院　イー衆議院　ウー両院協議会

問２　傍線部ⓐに関連して、日本の社会保障制度について述べた文としてもっとも適切なものを、次の①～④の中から一つ選びなさい。

①　日本の社会保障制度は、勤労の義務などを定めた憲法第27条の考え方に基づき、社会保険、公的扶助、社会福祉、公衆衛生の四つを基本的な柱としている。
②　日本では、1960年代に国民すべてが医療保険に加入する国民皆保険を実現した一方で、国民すべてが年金保険に加入する国民皆年金は実現していない。
③　介護保険制度は、必要に応じて介護サービスを受けられる保険制度で、40歳以上の人の加入が義務づけられている。
④　後期高齢者医療制度は、65歳以上の高齢者や一定の障がいを有する人が加入する独立した医療制度である。

問３　傍線部ⓑに関連して、税金には国の歳入となる国税の他に、地方の歳入となる地方税があります。また、税の負担者が直接納税するかどうかによって直接税と間接税に分けられます。税金を分類した次の表１のうち、Aに当てはまる税の種類を下の①～⑧の中からすべて選びなさい。

表１

	直接税	間接税
国税	A	B
地方税	C	D

①　法人税　　②　消費税　　③　酒税　　④　関税
⑤　相続税　　⑥　住民税　　⑦　自動車税　　⑧　所得税

問４　**資料２**と**資料３**の歳出にある地方交付税交付金に関連して、全国には地方交付税交付金を受け取っていない自治体が１都72市町村あります。**表２**は、そのうち中部地方に属する自治体を表しています。これらの自治体が地方交付税交付金を受け取っていない理由として**ふさわしくないもの**を、次の①～④の中から一つ選びなさい。

① 大規模な発電所があるから。
② 大企業があり、工業地帯となっているから。
③ 周辺市町村と合併をくりかえしたから。
④ 観光地で宿泊施設が多いから。

表２

令和４年度：「中部地方で地方交付税交付金を受け取っていない自治体」

新潟県	聖籠町《せいろうまち》　刈羽《かりわ》村
福井県	美浜町　高浜町
山梨県	昭和町
長野県	軽井沢町
静岡県	富士市　御殿場市　長泉《ながいずみ》町
愛知県	岡崎市　碧南市　刈谷市　豊田市 安城市　小牧市　東海市　大府市 高浜市　日進市　みよし市　長久手市 豊山町　大口町　飛島村　幸田町
三重県	四日市市　川越町

出典：総務省HP
(https://www.soumu.go.jp/main_content/000826808.pdf)
より愛知高校作成

問５　**資料１**～**資料３**から**読み取れないもの**を、次の①～⑤の中から一つ選びなさい。

① 2023年度の国の一般会計歳出総額は、過去最大となった。
② 2023年度における防衛費の歳出額は、前年度の１．２倍を超えた。
③ 2022年度と2023年度のいずれも、歳入の６割以上を税収が占めている。
④ 2023年度予算には、立憲民主党や日本維新の会などが反対した。
⑤ 2023年度の社会保障費は、前年度と比べて減額された。

一　　般

令和５年度

愛知高等学校入学試験問題

国　　語

（40分）

※100点満点　解答用紙・配点非公表

注　意

1．問題は 一 から 三 まであります。

2．問題の内容についての質問には応じません。

試験中に問題冊子の印刷不鮮明、ページの落丁・乱丁及び解答用紙の汚れ等に気付いた場合は、静かに手をあげて監督者の指示に従いなさい。

3．解答は、解答用紙の問題番号に対応した解答欄にマークしなさい。

氏名、受験番号も忘れずに記入しなさい。

4．解答用紙だけを提出し、問題冊子は必ず持ち帰ること。

5．解答用紙は、一つの解答欄につき一つだけマークしなさい。二つ以上マークするとその解答は無効になります。

一　次の文章を読んで後の問に答えなさい。

　登山者の間でSNSが普及することにより、それ以前には意識することが少なかった、登山のある一面が可視化されるようになってきた。

　それは登山の持つ、スポーツ的な一面だ。登山がスポーツなのか、それとも徒歩による山地旅行なのかは意見が分かれるところで、昔からその登山者がどのようなインセンティブ（動機づけ）で登山に取り組むかによって、それぞれ考えを持っていた。ただし①大なり小なり、登山はスポーツ的な要素を内在していることは間違いない。特にクライミングはほぼスポーツと呼んで差《さ》し支《つか》えない内容だし、高所登山もその傾向が強い。とはいっても、一般のスポーツとは大きく異なる面もある。それは、観客が存在しないことだ。

　現在のスポーツクライミングに代表される、ボルダリングも含めたフリークライミングは、観客、またはそれに近い目撃者がいる場合がほとんどだ。ところが、もっと山岳地帯に入り込んで行《おこ》なう登山では、そのような観客は存在し得ない。自己申告に近い形で報告をまとめ上げて発表するか、でなければ、すれ違った登山者に、足が速いですね、すごいですねと声をかけてもらう程度だ。難易度の高い岩壁の※登攀《とうはん》や、高峰の登頂であれば報告も注目される。しかし一般登山者、アマチュア登山者に対する観客は存在せず、したがって評価される機会というのもなかった。

　②それを変えたのがSNS、特にヤマレコだ。GPSアプリを動作させたスマートフォンを持って歩けば、歩いたコースと時間、それと同時に歩いた速さも解《わか》る。通過困難な険しい箇所も、たくさんの写真で撮り、記録として残すことが可能だ。それらのログや写真をそのまま、誰もが閲覧できる形で公開できる。

　ほかの人が歩くスピードや、コース上の険しい難所の様子を把握できることは、本来はとてもよいことだと思う。［A］そういった記録が蓄積し、多くの登山者に閲覧されることによって、本質的には競うものではないはずの登山に、競争的な要素が付け加えられることになった。

　解りやすい例が、脚自慢、スピード自慢の人の存在だ。登山は競うものではないと言っても、体力のある健康な登山者であれば、ほかの人よりも速く歩きたい、より難しい場所を登ってみたいという気持ちを持つ人は多い。［B］そういう気持ちが強くても、自分がほかの人の記録と比べて、速いか遅いかを確かめる分には問題はない。ところがそれが、他人からの評価の対象になったのだ。「いいね！」の数とコメントが、その評価の方法だ。SNSの発達により、登山行為が、直接ではなくてもデータの形で可視化され、バーチャルな形での観客を得ることになった。

　とはいえ、多くの登山者にとっては「いいね！」もコメントも、自分の登山に対するささやかな励みになる程度だろう。

　ところが一部の登山者は、その「いいね！」や自分を高く評価するコメントを重視するようになった。そして登山内容を、よりエスカレートさせる人も現《あら》われた。

　SNSを利用している人であれば誰もが、多くの「いいね」を集めたり、自分の投稿内容を肯定するコメントが書き込まれると、嬉《うれ》しく感じるはずだ。ここには他人に自分を認めてもらいたいという「承認欲求」の心理が働いている。

　そのようにSNS上で承認欲求が生じること自体は、悪いことではない。かつて登山は、誰にも見られることがなく、自己完結することで終わっていた。しかし、たとえ一般ルートであったとしても、都市生活を送っている人がチャレンジするには、大きなエネルギーを注ぎ込むことになる。その行動が可視化されることによって、評価され得る対象になった場合、他人に認めてもらいたいと思う気持ちを持つのは自然なことだ。私自身、※Facebookを活用し始めてからの数年間は、より多くのいいねとコメントをもらおうと考えて行動した経験を持っているので、その気持ちはよく解る。

　［C］、そういった承認欲求も、ささやかな楽しみの範疇《はんちゅう》でとどまるうちはいいが、度が過ぎると危険となる。

　山岳救助関係者に話を聞くと、実力以上に背伸びをした山やコースを目指したことによって遭難に至った登山者たちの、背伸びをすることになったきっかけの多くは、おそらくSNSでの評価を高めようという考えにある、という。

　実際の遭難に関わる※センシティブな問題であり、詳細は省くが、ある救助関係者が❶ケンチョな例として挙げたのは、数年前に残雪期の八ヶ岳《やつがたけ》で行方《ゆくえ》を絶った男性だ。その男性は難易度の高いルートを、通常以上のスピードで登ることを自分のスタイルとしていて、その※山行報告をSNSに掲載。多くの称賛が得られるにつれ、目指すコースの難易度は少しずつ上がっていったという。しかしこの男性は、登山技術を③独学していたらしい。最後に赤岳《あかだけ》近くの稜線《りょうせん》でその男性を目撃した人によれば、とても目指したコースを歩ける技量や体力があるようには見えなかったという。結局は、行方を絶って数ヶ月が経過してから、登山道を離れた沢筋で遺体が発見されている。おそらく下山の途中に滑落したものと考えられている。

度を過ぎた承認欲求が原因とみられる遭難では、２０１９年10月28日のものが大きな話題になり、記憶にも新しい。47歳の男性が、装備不十分のまま新雪期の富士山の吉田口頂上に立ち、そこから※お鉢巡りをする途中に滑落、死亡したものだ。一連の行動は、本人が動画共有サービス『ニコニコ生放送』でリアルタイムで中継。滑落の瞬間までもが映っている、衝撃的な内容だった。

滑落の瞬間とその少し前までは※YouTubeで閲覧できるため、私も何度か確認したが、雪の富士山を登るにはあまりにも貧弱な装備や、安全に下山するための行動プランのケツ❷ジョなどに唖然《あぜん》とする思いだ。その後の報道などによると、生活や健康にさまざまな問題を抱えていたというこの人は、富士登山の様子を配信することと、それに対して書き込まれるコメントを心の拠《よ》りどころにしていた節がある。だからといって、遭難に直結するような登山を行なうことは、容認できるものではない。

④登山において、他人からの評価を意識することはとても危険だ。登山を行なう間、登山者は目の前に現われるさまざまな状況に対して、判断を下すことになる。コースが簡単で、天気がよく、行程に余裕があれば、楽しく登ることを優先して判断すればいい。しかしそうではない場合、特に危険が迫る場合には、その危険を確実に察知。自分の安全を最優先とした判断に切り替えなければいけない。

そういった危険が迫る状況でも、他人の評価を意識する気持ちが強いと、安全よりも、本来得られるはずだった評価を優先する判断を下してしまう。また、ときには、目に入った危険を危険ではないものとして、意識から押しやってしまう。その結果、本来ならば回避可能だった危険な状況に身をさらし、遭難する。

第三者の目からすると、そういった流れがより明らかに見える。自ら危険の中に進んでいくようにすら思える遭難者の行動には、無念さを感じる。

ＳＮＳでのスピード自慢的な投稿は、自分自身の承認欲求に関わるだけでなく、ほかの登山者にも悪影響を及ぼすことがある。特に目につくのが、登山の初心者ほど、そのスピード自慢の登山者の時間を見て、その時間で歩けるのだと勘違いしてしまうことだ。

たとえば登山に興味を持つようになった若者が、山の本などを読むこともなく、ネットだけで情報収集するというのは今では普通だ。そこに「南アルプスの広河原《ひろがわら》から白峰三山《しらねさんざん》、日帰りでサクッと縦走してきました！」などと書いてある投稿を見ると、つい信じてしまう。しかも悪いことに、⑤そういった記事ほど検索上位に表示されやすい。多くの登山者は、本当にそんなことが可能なのかと思ってついクリックするのだろう。そのクリック回数の多さが検索エンジンのシステムに、「重要なページ」との判断を与えることになり、検索上位に上がるのだと推測される。そのようなページを基礎知識のない初心者が見ると、検索上位にあるページなので正しく、一般的な情報だと勘違いしてしまうのだ。そして初心者が、本当に白峰三山を日帰りで縦走するようにプランニングしたりする。

「日帰りの縦走は普通は無理だよ」

と忠告をしても、

「いや、だってネットに書いてあるから大丈夫ですよ」

という返事が返ってくる。特に若い人ほど、インターネット上の情報を疑うこともせずに、そのまま信じやすい傾向があるように感じる。

ＳＮＳに起因する危険としては、ときに冷静さを欠いた行動を❸ユウハツしてしまうことも挙げられる。たとえば私の知人で、秋の連休にある山の頂上を難コースから目指す計画を立てた人がいた。途中の山小屋に宿泊し、そのことをその場でＳＮＳに投稿すると、ＳＮＳ上の知人が、一般コースから同じ山の頂上を目指す予定だというコメントを書き込んだ。そのままコメントでのやり取りが始まり、翌日はその山の頂上で落ち合う約束をしたという。それまでＳＮＳでは何度もやり取りしていたものの、実際に会ったことはない２人だ。翌日に頂上で会ったとしたら、そこで初対面となるはずだった。

しかし、その初対面は実現しなかった。難コースに向かった私の知人が転落、死亡したからだ。一連の様子を、ほぼ同一行動をとりつつ見ていた別の知り合いからは、山頂での待ち合わせ時刻が、難コースから向かうにはずいぶん早い時刻だったため、それに間に合わせようと急ぎすぎたことが原因のひとつではなかったかと、伝えられた。

ＳＮＳの知り合い同士によって構成された即席※パーティが引き起こす、危険な登山が目立つというシ❹テキもある。２０１８年３月21日、奥多摩《おくたま》の三頭山《みとうさん》に向かった10代から40代の日本人と中国人合計13人のパーティが下山できなくなって消防隊員に救助された遭難は、大きく報道されたために記憶に残っている人も多いだろう。そこまでの例ではなくても、山好きがＳＮＳで仲間を❺ボシュウし、一緒に行くことになったものの、相手の技術が不足していたり、装備が中途半端だったりして、危険な思いをしたという話は多い。

ＳＮＳは登山の報告をするには適しているが、仲間をボシュウするには手軽すぎて、逆にアクシデントの原因を引き寄せてしまうともいえる。

⑥登山では、パーティを組む、という意味は重い。パーティで入山する場合は、下山まで行動を共にするという暗黙の了解があるからだ。もし、同行者に技術や体力、装備などの不安があって、予定どおりの行動がとれない見込みが高まったとしたら、その時点で引き返すことや、エスケープルートからの下山を考えなければならない。どうしても下山できない場合には、一緒に※ビバークすることも必要だ。

一緒の行動が難しいと解った時点で、話し合ってパーティを分けるということもできない。たとえば３人で散歩に出かけ、その最中に１人が気分が悪くなり、そこから１人で帰ったとしてもまったく問題ない。しかし登山中にパーティを離れて１人で帰路につき、その途中で遭難したとしたら、残った２人の責任が追及される。警察からの事情聴取に加え、法的な罰則が科される可能性もある。

したがってパーティ登山では、相手の体力や技術を知っておく必要がある。ＳＮＳで X したとしても、それですぐ登山に向かうのではなく、事前に顔を合わせて、経験や技術など伝え合う機会を持つべきだ。

（木元康晴『IT時代の山岳遭難』より一部省略・改変）

※注
登攀……山や高所によじ登ること。
Facebook……ＳＮＳの一種。実名での登録を前提としており、写真や文章を投稿できる。投稿を見た人は「いいね!」やコメントをすることができる。
センシティブ……慎重に扱われるべきであるさま。
山行……山の中を歩いて行くこと。
お鉢巡り……火山の噴火口周縁をまわること。富士山が代表的。
YouTube……動画共有サービスの一種。
パーティ……登山で、行動をともにする仲間。
ビバーク……登山で、野宿すること。

【問一】傍線部①「大なり小なり」の本文における意味として最も適切なものを次から選び、記号をマークしなさい。

㋐ 念のため言っておくと
㋑ 誰が何と言おうとも
㋒ 一般的に考えると
㋓ 程度の差はあるにしても
㋔ 小さな問題ではあるが

【問二】空欄 A ～ C にあてはまる語として最も適切なものを後から一つずつ選び、記号をマークしなさい。

A
㋐ または　㋑ そこで　㋒ したがって
㋓ しかし　㋔ つまり

B
㋐ そして　㋑ けれども　㋒ なぜなら
㋓ だから　㋔ すなわち

C
㋐ それゆえ　㋑ つまり　㋒ ところで
㋓ または　㋔ ただし

【問三】傍線部❶～❺のカタカナと同じ漢字を含むものを後から一つずつ選び、記号をマークしなさい。

❶ケンチョ
㋐ ケンショウに当選する
㋑ ケンメイな判断を下す
㋒ 倍率２００倍のケンビキョウ
㋓ ケンキョに耳を傾ける
㋔ 労働者をハケンする

❷ケツジョ

㋐ 調査対象からジョガイする

㋑ 作物の発育をジョチョウする

㋒ 日本国憲法のジョブン

㋓ トツジョとして黒雲が現れる

㋔ 景気がジョジョに回復する

❸ユウハツ

㋐ ユウチョウに構えている

㋑ オリンピックをユウチする

㋒ ユウカンな青年

㋓ 事実がユウベンに物語っている

㋔ 国の将来をユウリョする

❹シテキ

㋐ 教師としてのテキセイ

㋑ プロにヒッテキする腕前

㋒ 不正をテキハツする

㋓ 予想がテキチュウする

㋔ 栄養剤のテンテキをする

❺ボシュウ

㋐ 唐の長安をモした平城京

㋑ ふるさとをシタう

㋒ 仕事に明けクれる

㋓ ハカ参りをする

㋔ 不安がツノる

【問四】 傍線部②「それを変えたのがSNS、特にヤマレコだ」とありますが、ここでの変化についての説明として最も適切なものを次から選び、記号をマークしなさい。

㋐ 歩いたコースや通るのが難しかった場所などを写真付きで報告できるようになり、登山の技量よりも投稿の仕上がり具合に対する「いいね!」やコメントを得ることで登山者が評価される機会となった。

㋑ 登山を始めたばかりの初心者には評価される機会がないが、目標とする山の難易度が上がると、登頂する様子を見届けるため一緒に山を登ろうとする人が増え、評価される機会を得るようになった。

㋒ 登山は徒歩による山地旅行であるという考え方から、登山はスポーツであるという考え方が主流になってきたため、多くのスポーツと同様、登山者にも評価の機会を与えようとする動きが出てきた。

㋓ これまで評価しにくかった登山を、山の標高、地形などの難易度や登頂スピード、SNS投稿への「いいね!」の数などによって数値化することで客観性が増し、登山者が評価される機会となった。

㋔ 登山にはスポーツクライミングのような定められたルールがなかったため評価しにくかったが、スピードというルールを設けることで登山者同士を比べやすくなり、登山者が評価される機会となった。

【問五】 傍線部③「独学」とありますが、登山における「独学」に対する筆者の考え方として最も適切なものを次から選び、記号をマークしなさい。

㋐ 自分の力量を独学で見極めることは難しいため、SNSによる人からの評価を判断基準にするのがよい。

㋑ 登山技術を独学することには限界があるため、十分な知識や技術を持つ人から直接教わるべきだ。

㋒ 難易度の高い山の登頂に必要な登山技術を独学するには、思っているよりも長い時間が必要だ。

㋓ もともと備わっている登山者の技量によって、独学が可能な人とそうでない人がいる。

㋔ 登山技術の独学には情報の信頼性が大切であり、専門家のSNSを頻繁に閲覧しなくてはならない。

【問六】 傍線部④「登山において、他人からの評価を意識することはとても危険だ」とありますが、これはなぜですか。適切なものを次から**二つ**選び、記号をマークしなさい。(解答の順番は問いません。)

㋐ 他人からの評価を求める気持ちが強いと、遭難につながる危険な状況を危険だと判断する意識が薄れてしまうことがあるから。

㋑ 他人からの評価を気にして行動を制限し、自分らしい登山ができなくなることは、本来の登山の目的を見失うことでもあるから。

㋒ 危険な状況に身をさらす姿をＳＮＳに投稿すると、安全に配慮できない登山者だと思われ、他人からの評価が下がってしまうから。

㋓ 危険な行動をとることは、登山における危険を人々に伝えることになるが、一人の登山者による情報発信では客観性に欠けるから。

㋔ 危険だとわかっていても、その危険を乗り越えた先にある他人からの評価を優先して、安全な行動を選択できないことがあるから。

【問七】 傍線部⑤「そういった記事ほど検索上位に表示されやすい」とはどういうことですか。最も適切なものを次から選び、記号をマークしなさい。

㋐ 目標とする山々を厳しいスケジュールで歩き通したことがわかる記事は、個人の体験に基づいて書かれた重要なページとして上位に表示されるということ。

㋑ 気軽な文句で基礎知識のない初心者に安心感を与えるような記事は、多くの登山初心者にクリックされることで重要なページとして上位に表示されるということ。

㋒ 多くの登山者の興味や関心をひきつけるような内容の記事は、ＳＮＳを利用する多くの人に閲覧されることで重要なページとして上位に表示されるということ。

㋓ 頻繁に更新される登山初心者向けの記事は、山の本が出版された当時よりも最新の登山記録が残されている重要なページとして上位に表示されるということ。

㋔ 投稿者の承認欲求が表れたスピード自慢とも読み取れる記事は、ＳＮＳを利用する多くの登山者に危険性を訴える重要なページとして上位に表示されるということ。

【問八】 傍線部⑥「登山では、パーティを組む、という意味は重い」とはどういうことですか。最も適切なものを次から選び、記号をマークしなさい。

㋐ 体力や判断力を必要とする登山において、少しでも精神面に負担がかからないよう、入山前に気の合う者同士であるかどうかよく話し合わなくてはならないということ。

㋑ 同行者の技術面や体力面、装備などを互いに考慮し、少しでも不安があれば予定を変更するなど、全員で安全に下山する責任を一人ひとりが負うということ。

㋒ 都市での生活と比べて大きなエネルギーを注ぎ込むことになる登山において、一度でも行動をともにした人間関係は、下山後もずっと続いていくものであるということ。

㋓ パーティのうち誰かが体力面や装備の都合で先へ進むのが難しくなったとしても、登頂という共通の目的を達成するため、個よりも全体を優先しなくてはならないということ。

㋔ 技術面や体力面、装備などに差があると、パーティ全体を危険な目に遭わせてしまうことがあるため、あらかじめ訓練して相手に合わせておかなくてはならないということ。

【問九】 空欄 X にあてはまる、「互いの気持ちが合うこと」という意味の四字熟語として最も適切なものを次から選び、記号をマークしなさい。

㋐ 付和雷同　㋑ 遠交近攻　㋒ 異口同音
㋓ 勧善懲悪　㋔ 呉越同舟　㋕ 意気投合

【問十】 本文の論の進め方についての説明として最も適切なものを次から選び、記号をマークしなさい。

㋐ 登山者のＳＮＳ利用の具体例を挙げ、それについて賛成か反対かをはっきり述べることで、筆者自身の立場を明らかにしている。

㋑ 死亡事故につながる極端な事例なども取り上げながら、現代人が承認欲求を持つことに疑問を感じ、強く批判している。

㋒ さまざまなＳＮＳの機能を一つずつ検証しながら、問題点と解決策を明らかにし、ＳＮＳの将来性にまで言及している。

㋓ 実際に起こった事例を挙げ、登山における他人からの評価方法の変遷やＳＮＳの普及による利点と問題点を挙げている。

㋔ 登山中に気をつけなければならないことなど、登山技術の解説を中心に、登山者へのＳＮＳ普及に警鐘を鳴らしている。

二　次の文章Ⅰと文章Ⅱは森下典子の随筆『日日是好日―「お茶」が教えてくれた15のしあわせ』の一部です。文章Ⅰは「私（典子）」が「武田のおばさん（先生）」から茶道を習い始めた二十歳のとき、文章Ⅱはそれから十五年後を回想したものです。これを読んで後の問に答えなさい。ただし、設問の都合で一部省略・改変しています。

文章Ⅰ

二回目のお稽古《けいこ》で初めて、例の「シャカシャカ」かきまわす泡立て器に触った。
「これは『茶筅《ちゃせん》』というのよ」
細く分かれた竹の穂先が、内巻きにカールしている。
おばさんは、お湯を少しだけ入れた茶碗《ちゃわん》の中で、茶筅で弧を A くと、手首をくるりと返して、茶碗の縁にコトリと置いたり、ゆっくりと茶筅をまわしながら、鼻先まで持ち上げたり、奇妙な動作を三度繰り返した。
「はい、やってごらんなさい」
私たちも、茶筅で弧を描いて手首をくるりと返したり、茶筅を鼻先に持ち上げたりした。なんだか「お焼香」しているみたいな妙な気分だった。
「……これ、なんですか？」
「ん？　穂先が折れてないか、確かめてるの」
「でも、なぜ手首をくるりとやるんですか？」
「なぜでも、いいの。とにかくこうするの」
「……？」
おばさんは、白い麻布を持ってきた。
「これは『茶巾』よ。見てて」
そう言うと、小さくたたんだ茶巾を、茶碗の縁にかけて指で挟み、三度回しながら拭いた。一周全部拭き終えると、茶巾を茶碗の真ん中に置いてごちょごちょ動かした。
「最後に、お茶碗の底に、ひらがなの『ゆ』の字を書くのよ」
「なんで？」
「なんでもいいの。いちいち『なぜ？』って聞かれると、私も困るのよね。とにかく、意味なんかわからなくてもいいから、そうするの」
①妙な気がした。学校の先生たちは、
「今のは、いい質問だ。わからないことを❶鵜呑《うの》みにしてはいけない。わからなかったら、その都度、理解できるまで何度でも聞きなさい」
と、言ったものだった。だから私は、「なぜ？」と疑問を持つのは、いいことなのだとずっと思っていた。
ところが、なんだかここでは勝手がちがった。
「わけなんか、どうでもいいから、とにかくこうするの。あなたたちは反発を感じるかもしれないけど、お茶って、そういうものなの」
あの「武田のおばさん」の口から、こんな言葉を聞くなんて、意外だった。
けれども、そういう時、「武田のおばさん」は、なぜかとても懐かしいものでも眺めるようなまなざしをする。
「それがお茶なの。理由なんていいのよ、今は」

【中略】

お茶には、うるさい作法があると噂《うわさ》に聞いてはいた。しかし、その細かさは想像を B していた。
たとえば、釜《かま》から柄杓《ひしゃく》で湯を一杓《しゃく》くみ上げて、茶碗に注ぐという、たったそれだけのことにも、たくさんの注意があった。
「あっ、あなた、今、お湯の表面をすくったでしょ。お湯は、お釜の下の方からくみなさい。お茶ではね、『中水《なかみず》、底湯《そこゆ》』と言って、水は真ん中、お湯は底の方からくむのよ」
（同じ釜からくむんだから、上だって、底だって、同じお湯じゃないの）
と思いながらも、言われた通り、柄杓をドブンと釜の底深く沈めた。すると、
「ドブンと、音をさせないように」
「はい」
くみ上げた湯を、茶碗に注ごうとすると、
「あー、お茶碗の『横』からじゃなく『前』から注ぎなさい」
言われるままに、茶碗の「前」からお湯を注ぐ。空になった柄杓から雫《しずく》がポタッ、ポタッと落ちる。その雫を早く切ろうと、柄杓をちょんちょんと振った。
「あっ、それをしちゃだめ。雫が落ちるのをじっと待つの」
やることなすこと、いちいち細かく注意され、イライラしてくる。どこもかしこも、がんじがらめ。自由に振る舞える場面など一つもない。
（「武田のおばさん」て、意地悪！）

私は、四方八方から剣が刺さってくる小さな箱の中で、小さく縮こまっている手品師の助手になったような心境だった。

「お茶はね、まず『C』なのよ。先に『C』を作っておいて、その入れ物に、後から『D』が入るものなの」

（でも、『D』の入ってないカラッポの『C』を作るなんて、ただの形式主義だわ。それって、人間を鋳型《いがた》にはめることでしょ？ それに、意味もわからないことを、一から十までなぞるだけなんて、創造性のカケラもないんじゃないの）

私は②日本の「悪《あ》しき伝統」の鋳型にはめられる気がして、反発で爆発しそうだった。

文章Ⅱ

十五年目の秋、私は※雪野さんと一緒に、「盆点《ぼんてん》」という※お点前《てまえ》を習った。

入門してから十四年間、「習い事」→「茶通箱《さつうばこ》」→「唐物《からもの》」→「台天目《だいてんもく》」と、一つ一つ階段を上がるように習ってきたお点前のファイナル・ステージだった。

だけど、お茶に卒業はなかった。

お稽古に行けば、相変わらず、

「右手で持って、左手に持ち変えるのよ」

「畳の目、二つ目の所に置きなさい」

と、❷判で押したように、お点前を繰り返すのだった。

実は、③さかのぼること十年も前から、疑問に思っていた……。

先生は、お点前のことしか言ってくれない。

もちろん習い始めのうちは、それも致し方なかった。しかし、三年、五年と過ぎ、何とか手順が身についてきても、相変わらず言うことは、

「お湯は、底の方からくみなさいね」

「あ、もうちょっと、上から注いだほうがいいわ」

ずっと具体的な動きや順序のことばかりなのだ。

（お茶って、ただお点前をするだけなの？）

今まで感じなかった季節を感じるようになったり、五感が変わっていたことに気づいたりといった「変化」が起こるようになると、私はますます思った。

（先生は、なぜお点前のことしか言わないんだろう。手順がそんなにだいじなの？ 完璧にお点前ができたからって、なんだっていうの？）

そんな私の思いをよそに、先生は、

「年月がたって慣れてくると、つい細かいところを略したり、自分の癖が出てきたりしますからね。お稽古を始めたころと同じように、細かいところにまで心を入れて、きちんとお点前をすることが大切ですよ」

と、十年一日のごとく、お点前の細部を注意し続けた。

先生には、心の気づきなど興味がないように思えた。

（私が先生だったら絶対、心の気づきの話をするけどなあ～）

しかし、十三年目に「※お茶事《ちゃじ》」を勉強し、多少なりとも自分の習ってきたお茶の全体像が見え始めたころから、時おり、時間が止まったような静けさの中で、

（もしかすると先生は、思っていても、言わないだけなのかもしれない……）

と、思うことがあった。

何かに耳をすますように軽く目を閉じ、動かなかった先生の体がわずかに揺れる。目を開けた瞬間、今にも何か言いそうな表情をすることがある。だけど、先生はそのまま、フーッと静かに息を吐いて、目元で微笑《ほほえ》んでいるだけなのだ。

（先生は、なぜ言わないんだろう？）

その理由《わけ》がわかった気がしたのは、あの六月の土曜日、どしゃぶりの雨の中で、※「聴雨」の掛け軸を見た日だった。

私も、何も言えなかったのだ……。

言えばきっと、言葉の空振りになるのがわかる。思いや感情に、言葉が追いつかないのだ。

だから無言のまま、わが身と同じ大きさのたぎる思いを、ぐっと飲み込んで、座っているしかなかった。そして、④出口のない内なる思いに、少し目頭が熱くなった。

「………」

その時、痛いほど思った。人の胸の内は、こんなにも外からは見えない。

茶道の風景を外から見れば、ただ黙って座っているにすぎない。しかし、見えない場所で、同時に、別のことが起こっているのだ。

その静けさは濃密だ。

「……」

走って誰かに伝えに行きたいような胸の熱さと、言葉が追いつかない虚《むな》しさと、言いたいけど言えないやるせなさが、せめぎあう沈黙。

沈黙とは、こんなに熱かったのか……。

静かに並んで座ったまま、私は、先生と気持ちを共有したような気がした。

先生は、言わないのではない。言葉では言えないことを、無言で語っているのだった。

本当に教えていることは、目に見えるお点前の外にある。

先生の家の玄関を開けると、いつも真っ先に、下駄箱《げたばこ》の上の花や色紙が目に入る。暑い日は、※つくばいの水が多めに流れている。菓子器の蓋《ふた》をとると、そこに美しい和菓子が並んでいる。床の間には、今朝摘んだばかりの花、そして掛け軸。※水指《みずさし》、棗《なつめ》、茶碗、蓋置き……。

どれ一つ見ても、そこに季節があり、その日のテーマと調和がある。それが、お茶のもてなしだった。

けれど先生は、それを口にしない。だから私は最初、一つかせいぜい二つしかわからなかった。それが、二十年たつうちに、三つ、四つと自分で見つけられるようになった。気づいてみて初めて、いつ気づくか知れない私たちのために、先生が毎週、どれほど心を尽くして季節のもてなしを準備してくれていたのかを知った。

いや、今だって先生は、私たちにはわからない仕掛けをいっぱいしているのだろう。

私なら、演出した仕掛けをすべて言いたくなるだろう。だけど、言葉で言ってしまっては、伝わらないものがある。

先生は、私たちの内面が成長して、自分で気づき、発見するようになるのを、根気よくじっと待っているのだった。

お稽古を始めたばかりのころ、私が「なぜ?」「どうして?」と質問を連発すると、先生はいつも「理屈なんか、どうでもいいの。それがお茶なの」と言った。

理解できないことがあったら、わかるまで質問しなさいと学校で教育されてきた私は、面食らったし、それがお茶の封建的な体質のように思えて反発を感じた。

だけど今は、そのころわからなかったことが、一つ、また一つと、自然にわかるようになった。十年も十五年もたって、ある日、不意に、

「あ〜! そういうことだったのか」

と、わかる。答えは自然にやってきた。

お茶は、季節のサイクルに沿った日本人の暮らしの美学と哲学を、自分の体に経験させながら知ることだった。

本当に知るには、時間がかかる。けれど、「あっ、そうか!」とわかった瞬間、それは、私の❸血や肉になった。

もし、初めから先生が全部説明してくれたら、私は、長いプロセスの末に、ある日、自分の答えを手にすることはなかった。⑤先生は「余白」を残してくれたのだ……。

「もし私だったら、心の気づきの楽しさを、生徒にすべて教える」……それは、自分が満足するために、相手の発見の歓《よろこ》びを奪うことだった。

先生は手順だけ教えて、何も教えない。教えないことで、教えようとしていたのだ。

⑥それは、私たちを自由に解き放つことでもあった。

(森下典子『日日是好日―「お茶」が教えてくれた15のしあわせ』新潮文庫刊)

※注

雪野さん……筆者と同じ茶道教室に通う生徒。

お点前……茶道において、主催者側の茶をたてる作法・所作。

お茶事……茶道における正式な茶会。

「聴雨」の掛け軸……「聴雨」と書かれた掛け軸。

つくばい……茶室に入る前に、手を清めるために置かれた手水鉢。

水指・棗……いずれも茶道の道具。

【問一】空欄 A 、 B にあてはまる漢字を含んでいる熟語として最も適切なものを後から一つずつ選び、記号をマークしなさい。

A

㋐ 改築　㋑ 裂傷　㋒ 描写　㋓ 抱腹　㋔ 暴力

B

㋐ 越境　㋑ 迫真　㋒ 破壊　㋓ 解読　㋔ 絶対

【問二】 傍線部❶～❸の語句の意味として最も適切なものを後から一つずつ選び、記号をマークしなさい。

❶鵜呑みにして

㋐ 言葉尻をとらえて
㋑ よく考えずに受け入れて
㋒ そのまま放置して
㋓ 自分なりの解釈をして
㋔ その後のことを予想して

❷判で押したように

㋐ 常識であるかのように
㋑ 意味を変えないように
㋒ 細かい点を指示するように
㋓ いつもと同じように
㋔ それしか知らないかのように

❸血や肉になった

㋐ 知識や経験として身についた
㋑ 考えを大きく変えるものになった
㋒ 忘れられない記憶となった
㋓ 足りないものを補充した
㋔ 有益な情報に変化した

【問三】 傍線部①「妙な気がした」とありますが、このときの「私」の心情を説明したものとして最も適切なものを次から選び、記号をマークしなさい。

㋐ 物事には答えや理由があるのが普通だと考えていたが、茶道の動きに意味がないことを知り、違和感を覚えている。
㋑ 自分がこれまでの人生で教わったことや、それに基づく考え方が茶道では通じないことに戸惑いを感じている。
㋒ 学校の先生は質問に答えてくれたが、「武田のおばさん」は作法の由来や理由を教えてくれないため不信感を抱いている。
㋓ 伝統を重んじるには作法の由来や理由まで理解していなければならないが、それがわからないため焦燥感に駆られている。
㋔ 自分が未熟であるために、茶道の本質に気づくことができないことを自覚し、この先上達できるのかと不安に思っている。

【問四】 空欄 C 、 D にそれぞれあてはまる語の組み合わせとして最も適切なものを次から選び、記号をマークしなさい。

㋐ C 質　D 量
㋑ C 体　D 技
㋒ C 感性　D 理性
㋓ C 形　D 心
㋔ C 器　D お茶

【問五】 傍線部②「日本の『悪しき伝統』の鋳型にはめられる気がして」とありますが、そのような気がした理由として最も適切なものを次から選び、記号をマークしなさい。

㋐ 茶道は、伝統を重んじる保守的な雰囲気のものであり、現代の生活に合う作法を創り出すことができないため。
㋑ 茶道は、言われたことをその通りにするだけに過ぎず、理由も考えさせないことから、単調作業のように思えたため。
㋒ 茶道は、初め興味をそそられるものであったが、自由にできない点ばかりが目につき、興味をなくしてしまったため。
㋓ 茶道は、細かい作法ばかりを気にしなければならないものであり、茶道自体を楽しむ心の余裕がなくなってしまったため。
㋔ 茶道は、理由もわからない作法を押し付けているようで、人間を規則で縛って無個性にしてしまうもののように思えたため。

【問六】傍線部③「さかのぼること十年も前から、疑問に思っていた」とありますが、その「疑問」の内容として最も適切なものを次から選び、記号をマークしなさい。

㋐ 先生がお点前以外のことに興味がないのはなぜか。
㋑ 茶道において最も重要なものとは何か。
㋒ 先生がお点前以外のことを教えないのはなぜか。
㋓ 完璧にお点前ができるのはいつになるのか。
㋔ 茶道のお点前にどのような理由があるのか。

【問七】傍線部④「出口のない内なる思いに、少し目頭が熱くなった」とありますが、ここでの「私」の様子を説明したものとして最も適切なものを次から選び、記号をマークしなさい。

㋐ 雨の日に、「聴雨」の掛け軸を見たことをきっかけとして、それまでのお茶会にいくつもの仕掛けがあったことに気づいたが、言葉にするべきではないと思い沈黙するしかなかった。そして、その沈黙こそが茶道の本質であると考えた。
㋑ 雨の日に、「聴雨」の掛け軸が掛けてある理由に気づいた喜びを、誰かと分かち合いたいという気持ちが大きくなったが、その場の誰も理解を示してくれず、沈黙するしかなかった。そして、それを上手に表現できない自分の無力さを知った。
㋒ 雨の日に、「聴雨」の掛け軸を見た感想は、あくまで個人的なものでしかないため、他の誰にも理解できないだろうと思い沈黙するしかなかった。しかし、それに気づくことができた自分の経験と、茶道への理解に自信が持てるようになった。
㋓ 雨の日に、「聴雨」の掛け軸を見たときに感情を揺さぶられる体験をしたが、お点前のときは言葉を発することができないため、沈黙するしかなかった。しかし、沈黙していたからこそ、先生とその感動を分かち合えたのだと悟った。
㋔ 雨の日に、「聴雨」の掛け軸を見たときの感動を誰かに伝えたい衝動と、言葉にできないやるせなさとが自分の中で葛藤してしまい沈黙するしかなかった。しかし、その沈黙とは多くの感動と感情がうずまくものであることに気づいた。

【問八】傍線部⑤「先生は『余白』を残してくれたのだ」とありますが、「余白」の内容を説明したものとして最も適切なものを次から選び、記号をマークしなさい。

㋐ お茶事の中で自分を成長させ、茶道において重要なことに気づくようになるまでの時間。
㋑ 茶道を通して成長した人にしか気づくことができない、お茶事における演出や仕掛け。
㋒ お茶事のときに茶室や道具の他に、お点前をする人がそろって初めて生み出される調和。
㋓ 内面が成長することにより、お茶事のテーマや調和に自分で気づく喜びや感動を得る機会。
㋔ お点前という長い過程を全て終えた末にたどり着くことができる、茶道の本質的な美学と哲学。

【問九】傍線部⑥「それは、私たちを自由に解き放つことでもあった」とありますが、本文全体を踏まえると、この後にどのような筆者の考えが展開していくと考えられますか。最も適切なものを次から選び、記号をマークしなさい。

㋐ 茶道の作法は厳しく、お茶事では自由に振る舞える場面が全くない。それでも年月を重ねることで、心に余裕が出てくるために様々なことを考えることができるようになった。つまり頭の中は自由であり、お点前さえ作法通りにこなしていれば、茶室の仕掛けや音などに注意を向けることもできる。
㋑ 茶道には厳格な作法があり、それ自体は自由がないに等しいが、それ以外は何の制約もない。そのため、お茶を分かるまでどれだけ時間を使ってもよく、また答えも教えられないために、どの答えが正しくて、どれが間違っているということもない。茶道にはそのように、一人一人の答えを受け入れる自由がある。
㋒ 茶道には厳しい作法があると考えていたが、それは自分が未熟であるために起こってしまう誤解であった。作法自体には多くの決まりがあるものの、その正確さはどこまでも追究できるものである。その意味で茶道には自由があると言え、先生がお点前のことしか言わないのはそれが理由であると気づいた。

あった。

㋓　茶道の作法は細かいというイメージを多くの人が持っているだろうが、実際に経験すると想像以上のものであることがわかる。しかし、茶道とは生きる上で絶対に必要ということはないため、途中でやめることも自由である。そのため茶道をする人は、いつでもやめられるという決定権を持っていると言える。

㋔　茶道を支えているのは不自由なままでの作法であり、お茶を習うことはそのまま作法を習うことだと言える。そのため、茶道とは創造性もなく、不自由なものだと考えられてしまう。しかし逆に言えば、不自由であることを強いられるために、茶道以外のことがいかに自由であるかを知ることができるのである。

三　次の古文は菅原孝標女《すがわらのたかすえのむすめ》が書いた『更級日記《さらしなにっき》』の一部です。これを読んで後の問に答えなさい。ただし、設問の都合で本文を一部省略・改変しています。

　親しい人を次々に亡くし、悲しい気持ちでいた筆者（中の君）のもとに、かわいらしい猫がやってきた。猫は下仕えの者たちには決して寄り付かず、筆者とその姉のそばにぴったりとくっついてくる。筆者たちもかわいがっていたが、姉が病気になり、猫は下仕えの者たちが使用する北側の部屋（北おもて）に移された。

わづらふ姉《病気の姉が》aおどろきて「いづら《どうしたの》、猫は。こちゐてこ《こちらへ連れて来て》」とあるを、「など《なぜ》」と問へば、「夢にこの猫のかたはらに来て、『おのれは《私は》侍従《じじゅう》の大納言殿《だいなごんどの》の御むすめの、①かくなりたるなり《こういう姿になったものです》。さるべき縁のいささかありて《前世の因縁が多少あって》、この中の君のすずろに《しきりに》あはれと思ひ出《い》でたまへば、②ただしばしここにあるを《ほんのしばらくの間こちらにおりますのに》、このごろげすの中にありて《下仕えの者たちのなかにいて》、bいみじうわびしきこと《情けない思いをしております》』といひて、いみじうなくさまは、③あてにをかしげなる人《上品で美しい人》と見えて、うちおどろきたれば、この猫の声にてありつるが、いみじくあはれなるなり《かわいそうなのです》」と④語りたまふを《おっしゃるのを》⑤聞くに《聞いて》、いみじくあはれなり《心を打たれた》。そののちは⑥この猫を北おもてにも出ださず思ひかしづく《たいせつに世話をした》。

（吉岡曠『更級日記』より）

【問一】傍線部a、bの本文における意味として最も適切なものを後から一つずつ選び、記号をマークしなさい。

aおどろきて

㋐　いらいらして　㋑　大騒ぎをして　㋒　目を覚まして

㋓　感動して　㋔　がっかりして

bいみじう

㋐　少し　㋑　わけもなく　㋒　しみじみと

㋓　たやすく　㋔　たいそう

【問二】傍線部①「かく」の指す内容として適切なものを次から選び、記号をマークしなさい。

㋐　筆者の姉

㋑　猫

㋒　侍従の大納言殿の御むすめ

㋓　筆者

㋔　あてにをかしげなる人

【問三】 傍線部②「ただしばしここにある」とありますが、この理由として最も適切なものを次から選び、記号をマークしなさい。

㋐ 前世から深い縁で結ばれていた侍従の大納言殿の御むすめが、夢の中でも筆者のことをいとおしく思っているから。
㋑ 前世からの因縁だと思い込んでいる侍従の大納言殿が、筆者の姉のことを今もいとおしく思い続けているから。
㋒ 前世からの因縁で結ばれていた筆者が、病気で亡くなった姉をしきりに思い出しては嘆き悲しんでいたから。
㋓ 前世からかわいがってくれていた筆者が、侍従の大納言殿の猫のことをしきりに思い出してくれていたから。
㋔ 前世から縁のあった筆者が、侍従の大納言殿の御むすめのことをしきりにいとおしいと思い出してくれていたから。

【問四】 傍線部③「あてにをかしげなる人」とありますが、ここでは誰の姿のように見えたと考えられますか。適切なものを次から選び、記号をマークしなさい。

㋐ 筆者の姉
㋑ 侍従の大納言殿
㋒ 侍従の大納言殿の御むすめ
㋓ 筆者
㋔ 下仕えの者たち

【問五】 傍線部④「語りたまふ」、⑤「聞く」の主語を次から一つずつ選び、記号をマークしなさい。

㋐ 筆者の姉
㋑ 猫
㋒ 侍従の大納言殿の御むすめ
㋓ 筆者
㋔ 下仕えの者たち

【問六】 傍線部⑥「この猫を北おもてにも出ださず思ひかしづく」とありますが、筆者たちがこうすることにした理由として**適切でないもの**を次から一つ選び、記号をマークしなさい。

㋐ 猫の正体が高貴な方とわかった以上、下仕えの者と一緒にはできないから。
㋑ 下仕えの者たちには、猫の正体を隠しておかなければならなかったから。
㋒ 下仕えの者たちと一緒にされるのはつらいことだと訴えられたから。
㋓ 猫の正体が前世から縁のある大切な方だとわかったから。
㋔ 自分たちのそばにいることを望んで姿を現してくれたことを知ったから。

【問七】 『更級日記』は平安時代を代表する日記文学ですが、平安時代の文学についての説明として正しいものを一つ選び、記号をマークしなさい。

㋐ 最初の勅撰《ちょくせん》和歌集である『万葉集』が編まれた。
㋑ 最古の物語である『平家物語』が書かれた。
㋒ 『枕草子』は紫式部によって書かれた随筆である。
㋓ 清少納言の影響を受けて『徒然草』が書かれた。
㋔ 『源氏物語』のような女性による文学が盛んであった。

一　　般

令和５年度

愛知高等学校入学試験問題

数　　学

(40分)

※100点満点　解答用紙・配点非公表

注　意

1．問題は $\boxed{1}$ から $\boxed{4}$ まであります。

2．問題の内容についての質問には応じません。
試験中に問題冊子の印刷不鮮明，ページの落丁・乱丁及び解答用紙の汚れ等に気付いた場合は，静かに手をあげて監督の先生の指示に従いなさい。

3．解答は，解答用紙の問題番号に対応した解答欄にマークしなさい。
氏名，受験番号も忘れずに記入しなさい。

4．解答用紙だけを提出し，問題冊子は必ず持ち帰ること。

5．問題の文中の $\boxed{ア}$ ，$\boxed{イウ}$ などには，符号，数字が入ります。ア，イ，ウ，…の一つ一つは，これらのいずれか一つに対応します。それらを解答用紙のア，イ，ウ，…で表された解答欄にマークして答えなさい。

例えば，$\boxed{アイウ}$ に－83と答えたいとき

ア	●	⓪	①	②	③	④	⑤	⑥	⑦	⑧	⑨
イ	⊖	⓪	①	②	③	④	⑤	⑥	⑦	●	⑨
ウ	⊖	⓪	①	②	●	④	⑤	⑥	⑦	⑧	⑨

6．分数形で解答する場合，分数の符号は分子につけ，分母につけてはいけません。

例えば，$\dfrac{\boxed{エオ}}{\boxed{カ}}$ に $-\dfrac{4}{5}$ と答えたいときは，$\dfrac{-4}{5}$ として答えなさい。

また，それ以上約分できない形で答えなさい。

例えば，$\dfrac{3}{4}$，$\dfrac{2a+1}{3}$ と答えるところを，$\dfrac{6}{8}$，$\dfrac{4a+2}{6}$ のように答えてはいけません。

7．根号を含む形で解答する場合，根号の中に現れる自然数が最小となる形で答えなさい。

例えば，$\boxed{コ}\sqrt{\boxed{サ}}$ に $4\sqrt{2}$ と答えるところを，$2\sqrt{8}$ のように答えてはいけません。

1 次の各問の $\boxed{}$ に適切なものをマークしなさい。

(1) $\dfrac{7x-3}{5}-\dfrac{4x-2}{3}=\dfrac{x+\boxed{\text{ア}}}{\boxed{\text{イウ}}}$

(2) $56789+67895+78956+89567+95678=\boxed{\text{エオカキクケ}}$

(3) 5人の生徒に英語の試験を実施したところ，5人の得点は

58，65，72，x，76 (点)

であった。この5人の得点の平均が71点のとき，$x=\boxed{\text{コサ}}$ である。

(4) $\sqrt{56-8n}$ が自然数となるような自然数 n の個数は $\boxed{\text{シ}}$ 個である。

(5) $\sqrt{5}$ の小数部分を a とするとき，$a^2+\dfrac{1}{a^2}$ の値は $\boxed{\text{スセ}}$ である。

(6) 関数 $y=2x^2$ について，x の変域が $-1\leqq x\leqq 3$ のとき，

y の変域は $\boxed{\text{ソ}}\leqq y\leqq\boxed{\text{タチ}}$ である。

(7)　下図で △ABC の面積は $\dfrac{\boxed{ツ}}{\boxed{テ}}$ cm^2 である。

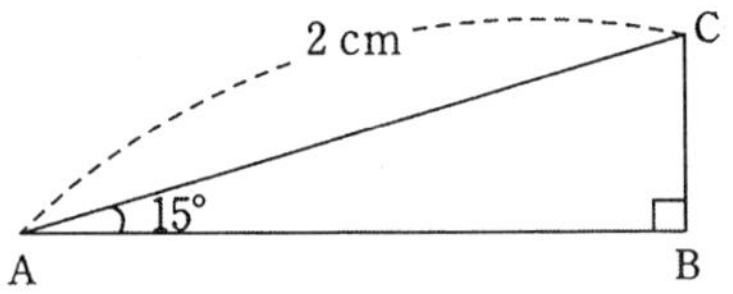

(8)　6 枚のカード $\boxed{0}$, $\boxed{1}$, $\boxed{2}$, $\boxed{3}$, $\boxed{4}$, $\boxed{5}$ がある。このカードのうち，3 枚を並べてできる 3 桁の整数のうち，3 の倍数は全部で $\boxed{トナ}$ 個ある。

(9)　x, y, m, n はすべて素数とする。連立方程式

$$\begin{cases} x+y=m \\ x-y=n \end{cases}$$

を満たす x, y, m, n は，$x=\boxed{ニ}$, $y=\boxed{ヌ}$, $m=\boxed{ネ}$, $n=\boxed{ノ}$ である。

2 底面の半径が 3 cm，高さが $6\sqrt{2}$ cm である円錐《すい》について，次の問に答えなさい。

(1) この円錐の側面積は [アイ] π cm^2 である。

(2) この円錐の展開図で，底面の円が側面の扇形の周上を一周し元の位置に戻ったとき，円の中心が通ったあとの長さは [ウエ] ＋ [オカ] π cm である。

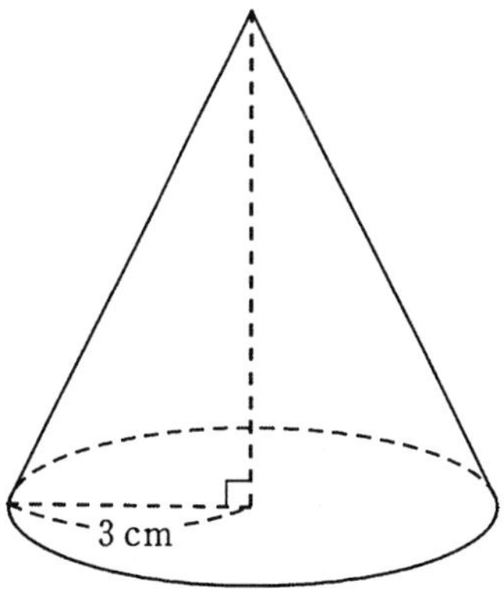

3 次のようにある規則を持って数字が並んでいる。

1, 10, 11, 100, 101, 110, 111, 1000, 1001, 1010, 1011, 1100, 1101, 1110, 1111, ⋯

このとき，次の問に答えなさい。

(1) 16 番目の数字は アイウエオ である。

(2) 101101 は カキ 番目の数字である。

(3) 2023 番目の数字は クケコサシスセソタチツ である。

4 図1のように，2つの関数 $y=\dfrac{4}{9}x^2$ と $y=\dfrac{a}{x}$ のグラフが点 A (3, 4) で交わっている。

点 B (1, 0)，点 C (6, 0) とし，$y=\dfrac{a}{x}$ 上の x 座標が6である点を D，1である点を E とする。このとき，次の問に答えなさい。

図1

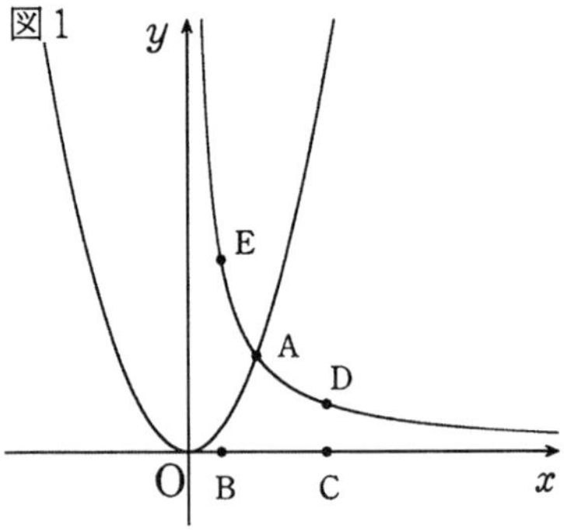

(1) a の値は [アイ] である。

(2) 直線 DE の方程式は $y=$ [ウエ] $x+$ [オカ] である。

(3) 図2において，影のついた部分の周および内部に x 座標と y 座標がともに整数となる点は全部で [キク] 個ある。

図2

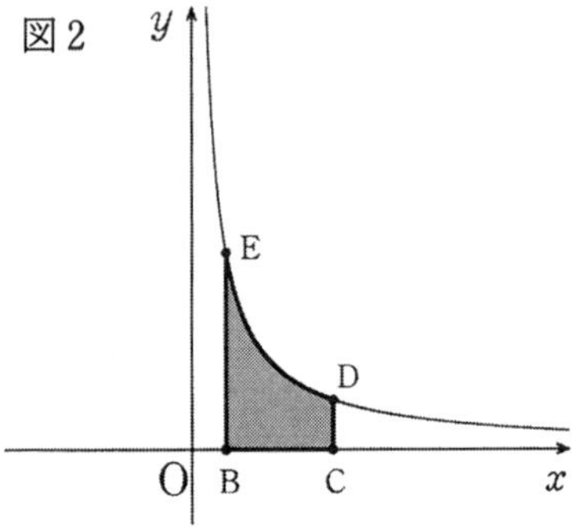

一　　般

令和５年度

愛知高等学校入学試験問題

英　　語

（40分）

※100点満点　解答用紙・配点非公表

注　意

1．問題は I から III まであります。

2．問題の内容についての質問には応じません。

試験中に問題冊子の印刷不鮮明、ページの落丁・乱丁及び解答用紙の汚れ等に気付いた場合は、静かに手をあげて監督者の指示に従いなさい。

3．解答は、解答用紙の問題番号に対応した解答欄にマークしなさい。

氏名、受験番号も忘れずに記入しなさい。

4．解答用紙だけを提出し、問題冊子は必ず持ち帰ること。

5．解答用紙は、指定された問以外は、一つの解答欄につき一つだけマークしなさい。二つ以上マークするとその解答は無効になります。

| I | 次の英文を読んで、以下の問に答えなさい。

When you are fighting fires, every second is important. *The National Fire Protection Association (N.F.P.A.) in the U.S. says that a *firefighter should arrive at the scene of a fire *within 5 minutes and 20 seconds of getting the emergency phone call. This includes just 80 seconds for "*turnout time." Turnout time is the time from an emergency call to the time that the firefighters leave the station. One way to improve turnout time is to use fire poles. It is said that using fire poles can cut turnout time by *up to 25 seconds.

But where did the idea for fire poles come from? The first official fire pole was built in 1878 in Chicago. At that time, horses were used to pull the *firetrucks, and most fire stations were three <u>stories</u> high. The first floor was used for fire-fighting *equipment and horses. The firefighters lived on the second floor. And the third floor was full of *hay for the horses to eat. Fire stations had wide stairs that were easy to run down. This helped firefighters to get out of the station quickly, but the horses could also climb the stairs. They could smell the hay on the third floor, and sometimes they tried to climb up to get it. Horses are good at climbing up stairs, but they are not good at climbing down, so this was a problem. Many stations changed to *spiral staircases because horses could not climb them. However, the spiral staircases were harder for humans to run down quickly and so turnout time increased.

Then, in 1878, a firefighter named George Reid discovered something that changed everything. Reid was a member of *Engine Company 21, a fire company in Chicago. At that time, Engine Company 21 used a long pole to *lift hay up to the (①) floor. One day George Reid and another firefighter were *stacking hay on the (②) floor when the fire alarm rang. Reid saw that hay pole and had an idea. The other firefighters came down the stairs from the (③) floor. When they got downstairs, they were surprised to see Reid already on the (④) floor! He used the pole to slide down quickly from the (⑤) floor to the (⑥) floor. The Fire Captain of the company realized that using a pole could make turnout time much shorter and asked the Chicago Fire Department Chief to cut a hole in the second floor and make a *permanent pole. Then, the fire pole was born.

Firefighters from other fire companies thought the idea of using a pole for sliding down was "crazy." But then they noticed that Engine Company 21 always got to fires more quickly than other fire companies.

However, there are some problems with fire poles. For example, firefighters sometimes fall down the holes at night, or they go down the poles too quickly and get injured. Also, unhealthy *fumes from firetrucks on the first floor can come up through the holes into the second floor. And these days, many fire stations have only one floor, so there are not as many fire poles as before. Some people want to stop using fire poles, but the poles are still the fastest way to get to the first floor. It's amazing that we still use fire poles today thanks to the idea of a brave firefighter over 140 years ago.

*the National Fire Protection Association　全米防火協会　*firefighter　消防士　*within ~　~以内　*turnout　身支度
*up to ~　~まで　*firetruck　消防車　*equipment　備品　*hay　干し草　*spiral staircase　らせん階段
*Engine Company 21　シカゴの消防隊の名前　*lift ~ up　~を引き上げる　*stack ~　~を積み重ねる　*permanent　常設の
*fumes from firetrucks　消防車の排気ガス

問1　本文中の下線部の語の意味として最も適切なものを、次の①～④から一つ選び、その番号をマークしなさい。

①　話　　②　筋　　③　階　　④　うわさ

問2　本文中の（　①　）～（　⑥　）に入る語が、first になるものをすべて選び、その番号をマークしなさい。一つの欄にすべての解答をマークすること。

問3　本文中の[　　　　]には、次の三つの文が入ります。正しい順番に並べたものを、次の①～⑥から一つ選び、その番号をマークしなさい。

ア　Finally, the Chicago Fire Department Chief decided to make poles in all Chicago fire stations, and eventually fire poles became standard equipment all over the United States and even in other countries.

イ　In 1888, a Chicago newspaper said that Engine Company 21 had a turnout time of just 11 seconds.

ウ　It was the fastest turnout time in Chicago. Little by little, other fire companies started using fire poles, too.

① ア→イ→ウ　　② ア→ウ→イ　　③ イ→ア→ウ　　④ イ→ウ→ア

⑤ ウ→ア→イ　　⑥ ウ→イ→ア

問4　本文に書いてある、fire pole を常設にしたことによる影響を、次の①～④から一つ選び、その番号をマークしなさい。

① 馬が階上に上がってくるようになった。

② ポールを使うことによるけが人が減った。

③ 夜間に時々人が穴に落ちるようになった。

④ 消防車の排気ガスのにおいがしなくなった。

問5　アは[　　　　]に入るものを、イとウはそれぞれの問の答えを①～④から一つずつ選び、その番号をマークしなさい。

ア　According to the N.F.P.A., when a call about a fire comes, a firefighter has to get from the fire station to the scene of the fire [　　　　].

① within 80 seconds　　② within 5 minutes and 20 seconds

③ within 5 minutes and 45 seconds　　④ within 6 minutes and 40 seconds

イ　Where did the firefighters live at that time?

① On the first floor.　　② On the second floor.　　③ On the third floor.　　④ On the firetruck.

ウ　Why did firefighters use spiral staircases instead of wide stairs?

① Because firefighters didn't want horses to climb upstairs.

② Because horses liked to climb spiral staircases.

③ Because firefighters could go down spiral staircases more quickly.

④ Because firefighters wanted to cut the turnout time.

Ⅱ 次の英文を読んで、以下の問に答えなさい。

After it appeared in a commercial in the 1980s, Japanese people fell in love with a little water animal with a cute face and a pink, *feathery crown. It looks like an *alien. It is called *wooper-looper* in Japan and it is a popular pet. Its English name is axolotl or "Mexican walking fish" and it can now be found in pet stores all over the world.

Axolotls are also popular with scientists. They are easy to *breed and they have some special features. Amazingly, axolotls have the *ability to あregenerate their body. This means they can grow back body parts, like *tails and legs, and even hearts. いScientists hope that one day they can learn enough about the process of regeneration to help humans who have (ア) arms or legs to (イ) new ones. Because they are so useful to science, there are axolotls in *labs all over the world. In fact, there are over one million axolotls in labs, pet stores and people's houses around the world.

But in the wild, axolotls are found only in Mexico City. For hundreds of years, they lived in two lakes, Lake Chalco in central Mexico City and Lake Xochimilco to the south of Mexico City. 【 ① 】 In fact, people didn't know about axolotls outside of Mexico until a French group went there in 1863. The French scientists collected strange animals to bring back to France, including 34 axolotls. 【 ② 】 When they got them back to Paris, the scientists discovered their amazing ability and started to grow them. 【 ③ 】 Soon, scientists from other countries wanted them, too. 【 ④ 】 Most of the axolotls in the labs all over the world today are from those original 34 axolotls.

Unfortunately, the axolotls in the wild have become an endangered species. As Mexico City grew, the water in Lake Chalco became too *dirty, so now Lake Xochimilco is the last natural (う) for axolotls on earth. And even there, they are not [A]. They are eaten by foreign fish like *carp and tilapia, and the water is becoming dirty now, so axolotls get sick [B]. If nothing is done to protect them, they will face [C].

The axolotl population in labs and pet stores is growing, but in nature they are endangered. Some people want to put lab-grown axolotls in Lake Xochimilco to breed with the native species, but the lab-grown axolotls have *evolved over the last 150 years and now look and act [D]. The axolotls in Lake Xochimilco are brown, or black with gold spots, but the axolotls living in the labs and pet stores don't look like that. They are usually pink or white with red crowns. Also, the lab-grown axolotls are always in an *aquarium, so they would probably die in nature. Scientists want to save the original axolotls. They don't want to make a new *hybrid. So, we have to make the water in the lake clean again and take the foreign fish species away. It is the only way to save them. It will take time, but hopefully the wild axolotl population can come back little by little.

*feathery 羽のような　*alien 宇宙人　*breed 繁殖する　*ability 能力　*tail 尻尾　*lab =laboratory 研究室
*dirty 汚い　*carp and tilapia コイやティラピア（魚の名前）　*evolve 進化する　*aquarium 水槽　*hybrid 交配種

問1　本文中の下線部**あ**の語の意味として最も適切なものを、次の①～④から一つ選び、その番号をマークしなさい。

① 遺伝する　② 治療する　③ 再生する　④ 通院する

問2　下線部**い**の（ ア ）、（ イ ）に入るものとして最も適切な組み合わせを次の①～④から一つ選び、その番号をマークしなさい。

① ア lost　イ get　② ア found　イ sell
③ ア gotten　イ make　④ ア taken　イ hold

問3　次の文は本文中の【 ① 】～【 ④ 】のうちのいずれかに入ります。最もあてはまるところを一つ選び、その番号をマークしなさい。

Then they quickly spread to labs around the world.

問4　本文中の（ **う** ）に入るものとして最も適切なものを、次の①～⑤から一つ選び、その番号をマークしなさい。

① species　② animal　③ scientist　④ fish　⑤ home

問5　本文中の［ A ］～［ D ］に入るものとして最も適切なものを、次の①～⑥からそれぞれ一つずつ選び、その番号をマークしなさい。それぞれの番号は一度しか使えません。

① the same　② easily　③ differently　④ extinction　⑤ dangerous　⑥ safe

問6　本文の内容と一致するものを、次の①～⑥から二つ選び、その番号をマークしなさい。解答は一つの欄に一カ所のみマークし、番号順でなくても良い。

① The number of axolotls is increasing these days, so we can find them in many lakes around the world.
② Even after axolotls became popular in the 1980s, most Japanese families didn't want them as pets.
③ Axolotls grown in labs may not survive in natural lakes.
④ There are over one million axolotls living in lakes around the world.
⑤ Pink or white axolotls are not usually found in Lake Xochimilco.
⑥ Making a hybrid axolotl is the only way to save them.

III

A　次の英文のうち、文法的に間違いがある文を、次の①～⑨から四つ選び、その番号をマークしなさい。
解答は一つの欄に一カ所のみマークし、番号順でなくても良い。

① Nick and I have been good friends for more than ten years.
② Please tell me which book should I read.
③ They stopped talking when Mr. Aichi entered the classroom.
④ I don't feel like to go to my friend's birthday party tonight.
⑤ Buses run between our school and the train station.
⑥ Which color does Sean like better, black or white?
⑦ This is one of the thing left on the bus.
⑧ Don't eat too much, or you will feel sick later.
⑨ There are some juice in the glass on the table.

B　日本語の意味に合うように［　］内の語（句）を並べ替えた時、●と▲に入る語（句）を選び、その番号をそれぞれマークしなさい。ただし、文頭に来る語（句）もすべて小文字で始まっています。

（1）濃いお茶をお入れしましょうか？
[① for / ② like / ③ make / ④ me / ⑤ strong tea / ⑥ to / ⑦ would / ⑧ you] you?
(　　)(　　)(　　)(●)(　　)(　　)(▲)(　　) you?

（2）妹が育てたヒマワリは、私が育てたものより背が高い。
The sunflower [① is / ② than / ③ of / ④ my sister / ⑤ taken / ⑥ taller / ⑦ mine / ⑧ has / ⑨ care].
The sunflower (　　)(　　)(　　)(●)(　　)(　　)(▲)(　　)(　　).

C　日本語の意味に合うように［　］内の語を並べ替えた時、一語だけ不要な語があります。不要な語を一つ選び、その番号をマークしなさい。ただし、文頭に来る語もすべて小文字で始まっています。

何かあってからでは遅いよ。
[① there / ② late / ③ it / ④ be / ⑤ something / ⑥ too / ⑦ will / ⑧ happens / ⑨ if].
(　　)(　　)(　　)(　　)(　　)(　　)(　　)(　　).

一　　般

令和５年度

愛知高等学校入学試験問題

理　　科

(社会と合わせて60分)　※50点満点　解答用紙・配点非公表

解答上の注意

1．問題は [1] から [4] まであります。

2．問題の内容についての質問には応じません。
試験中に問題冊子の印刷不鮮明，ページの落丁・乱丁及び解答用紙の汚れ等に気付いた場合は，静かに手をあげて監督者の指示に従いなさい。

3．解答は，解答用紙の問題番号に対応した解答欄にマークしなさい。
氏名，受験番号も忘れずに記入しなさい。

4．解答用紙だけを提出し，問題冊子は必ず持ち帰ること。

5．例えば [2] の問１【マーク：ア】と表示のある問に対して②と解答する場合は，次の例１のように問題番号 [2] のアの解答欄②にマークしなさい。また，１つのマークに複数解答する場合は例２のように対象となる番号を全てマークしなさい。

例１　【マーク：ア】に②と答えたいとき

2	問１	ア	⓪ ① ● ③ ④ ⑤ ⑥ ⑦ ⑧ ⑨
	問２	イ	⓪ ① ② ③ ④ ⑤ ⑥ ⑦ ⑧ ⑨
	問３	ウ	⓪ ① ② ③ ④ ⑤ ⑥ ⑦ ⑧ ⑨

例２　【マーク：ア】に①，③と複数答えたいとき

2	問１	ア	⓪ ● ② ● ④ ⑤ ⑥ ⑦ ⑧ ⑨
	問２	イ	⓪ ① ② ③ ④ ⑤ ⑥ ⑦ ⑧ ⑨
	問３	ウ	⓪ ① ② ③ ④ ⑤ ⑥ ⑦ ⑧ ⑨

問題の文中の [アイ].[ウ] などには例３のようにそれぞれ一つの数字（０～９）が入ります。ただし，例４，例５のように数字が入ることもあります。

例３　[アイ].[ウ] に12.3と答えたいとき

問１	ア	⓪ ● ② ③ ④ ⑤ ⑥ ⑦ ⑧ ⑨
	イ	⓪ ① ● ③ ④ ⑤ ⑥ ⑦ ⑧ ⑨
	ウ	⓪ ① ② ● ④ ⑤ ⑥ ⑦ ⑧ ⑨

例４　[アイ].[ウ] に2.3と答えたいとき

問１	ア	● ① ② ③ ④ ⑤ ⑥ ⑦ ⑧ ⑨
	イ	⓪ ① ● ③ ④ ⑤ ⑥ ⑦ ⑧ ⑨
	ウ	⓪ ① ② ● ④ ⑤ ⑥ ⑦ ⑧ ⑨

例５　[アイ].[ウ] に12と答えたいとき

問１	ア	⓪ ● ② ③ ④ ⑤ ⑥ ⑦ ⑧ ⑨
	イ	⓪ ① ● ③ ④ ⑤ ⑥ ⑦ ⑧ ⑨
	ウ	● ① ② ③ ④ ⑤ ⑥ ⑦ ⑧ ⑨

1

滑車やロープを使った実験を行った。次の各問に答えなさい。ただし，滑車，ロープ，ひもの質量，摩擦力や空気抵抗，ひもが途中で切れることなどは考えないものとする。

問１　同じ重さの物体にひもをつけ，定滑車を使って図１のように静止させた。Bを瞬間的に手で下方向におした直後，A，Bは動き出した。その後A，Bはそれぞれどのように運動するか。①～⑤から一つ選びなさい。【マーク：ア】

① A，Bともに等速で運動する。
② Aは減速し，Bは加速する。
③ Aは加速し，Bは減速する。
④ AもBも加速する。
⑤ AもBも減速する。

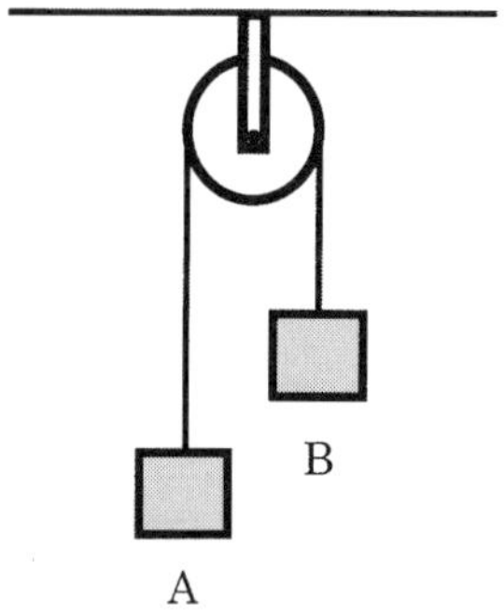

図1

問２　図２のように棒にロープをかけてロープの一端を握った。

(1) ロープに乗っている人の重さを300Nとすると，人を支えるためにロープを何Nで引く必要があるか答えなさい。
【マーク：イ，ウ，エ】
［イウエ］N

(2) (1)の状態から人が20 cm上昇するためにはロープを何cm引く必要があるか答えなさい。【マーク：オ，カ】
［オカ］cm

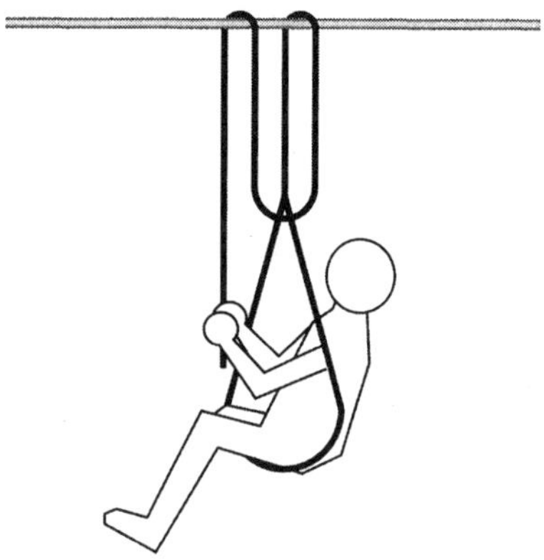
図2

問3　図3のように動滑車と定滑車にひもをつないで4Nの物体を15cm引き上げたい。

(1) ひもを引く力F [N] の大きさを求めなさい。

【マーク：キ，ク】

[キ] . [ク] N

(2) ひもを引く力F [N] がした仕事の大きさを答えなさい。

【マーク：ケ，コ】

[ケ] . [コ] J

(3) ひもを3秒かけて引き下げたときの仕事率を答えなさい。

【マーク：サ，シ】

[サ] . [シ] W

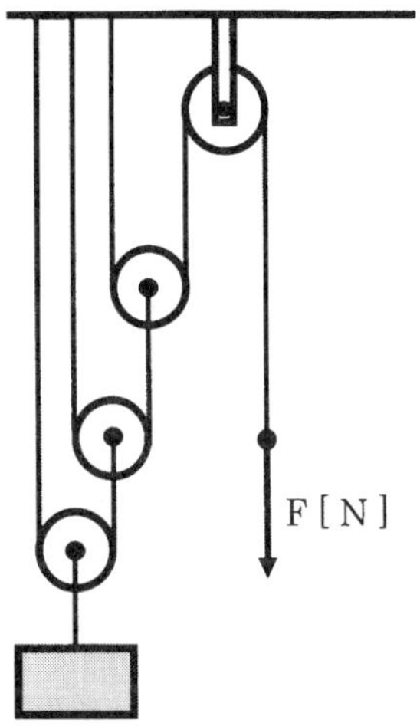

図3

問4　次の文中（ス），（セ）に入る語句を①～③からそれぞれ一つずつ選びなさい。

図4，図5のように定滑車と動滑車をつなぎ，同じ重さの物体を同じ長さだけ引き上げた。このとき，ひもを引く力F_1，F_2 [N] の大きさを比べると，（　ス　）なる。また，それぞれのひもを引く力がする仕事の大きさは（　セ　）なる。

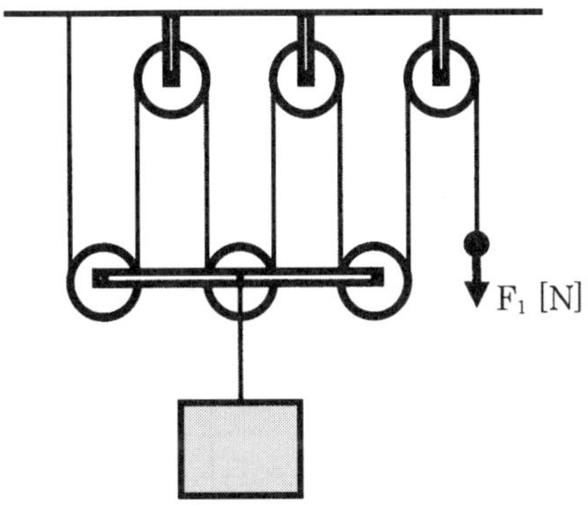

図4

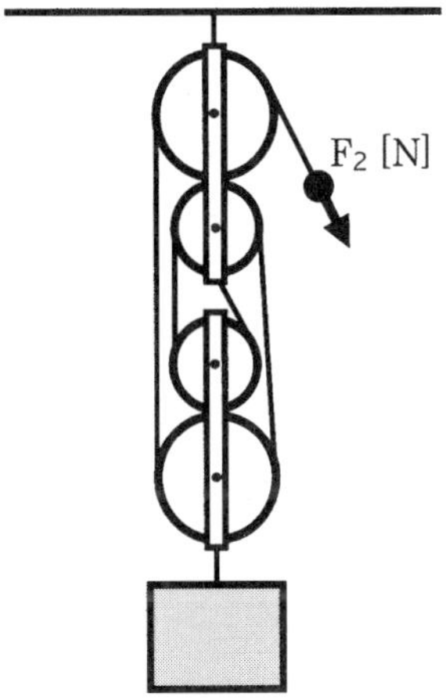

図5

【マーク：ス】

① どちらも同じに　② F_1の方が大きく　③ F_2の方が大きく

【マーク：セ】

① どちらも同じに　② F_1のする仕事の方が大きく　③ F_2のする仕事の方が大きく

2　塩酸（A 液）15mL に BTB 溶液を加え，これに水酸化ナトリウム水溶液（B 液）を少量ずつ加えていった。加えた水酸化ナトリウム水溶液（B 液）が 10mL になったとき，溶液の色の変化から中性になったことがわかった。さらに 10mL の水酸化ナトリウム水溶液（B 液）を少しずつ加えていった。これについて，次の各問に答えなさい。

問 1　塩酸（A 液）に水酸化ナトリウム水溶液（B 液）を加えていくと，ビーカー内の溶液の色はどのように変化するか。次の①～⑥から一つ選びなさい。【マーク：ア】
① 青色 → 黄色 → 緑色　　② 青色 → 緑色 → 黄色　　③ 黄色 → 青色 → 緑色
④ 黄色 → 緑色 → 青色　　⑤ 緑色 → 青色 → 黄色　　⑥ 緑色 → 黄色 → 青色

問 2　中和反応が起こっているのはいつか。最も適切なものを次の① ～④ から一つ選びなさい。
【マーク：イ】
① 加えた水酸化ナトリウム水溶液（B 液）が 10mL になるまで。
② 加えた水酸化ナトリウム水溶液（B 液）が 10mL になったとき。
③ 加えた水酸化ナトリウム水溶液（B 液）が 10mL を超えたあと。
④ 水酸化ナトリウム水溶液（B 液）を加え始めてから加え終わるまで。

問 3　水酸化ナトリウム水溶液（B 液）と同じアルカリ性の水溶液を，次の①～⑨から二つ選びなさい。
【マーク：ウ】
① 炭酸水　　② エタノール水溶液　　③ 石灰水　　④ ウスターソース
⑤ レモン汁　⑥ セッケン水　　⑦ タバスコ (チリペッパーソース)
⑧ 塩化ナトリウム水溶液　　⑨ 食酢

問 4　水酸化ナトリウム水溶液（B 液）を加えていったときの，水溶液中の水素イオン，ナトリウムイオンの数の変化をグラフで表すと，どのような形になるか。それぞれ最も適切なものを次の①～⑤から一つ選びなさい。
・水素イオンについてのグラフ　【マーク：エ】
・ナトリウムイオンについてのグラフ【マーク：オ】

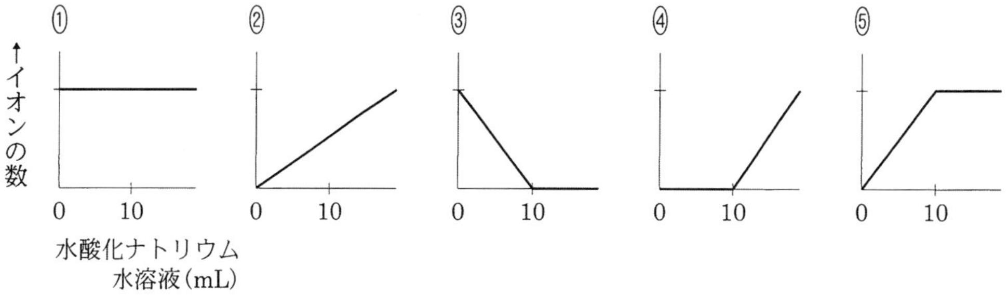

問 5　水酸化ナトリウム水溶液（B 液）を 5mL 加えたとき，水溶液中にある最も多いイオンは何か。次の①～④から一つ選びなさい。【マーク：カ】
① 水素イオン　　② 塩化物イオン　　③ ナトリウムイオン　④ 水酸化物イオン

問 6　塩酸（A 液）とは異なる濃度の塩酸（C 液）5mL に，水酸化ナトリウム水溶液（B 液）を加えたところ，10mL 加えたところで中性となった。次に塩酸（C 液）9mL に水酸化ナトリウム水溶液（B 液）を 22mL 加えた。塩酸（A 液）をさらに加えて中性にするには塩酸（A 液）を何 mL 加えればよいか答えなさい。【マーク：キ，ク，ケ】

キク . ケ mL

3	次の文章を読み，各問に答えなさい。

中学校で血液について学んだ太郎さんと愛子さんは，ヒトのABO式血液型について興味をもった。以下は太郎さんと愛子さんとの会話である。

≪会話≫

太郎：ヒトのABO式血液型は(a) 血液に含まれている赤血球の構造に関わっているんだね。
どの血液型になるかは遺伝によって決まるらしいよ。

愛子：私の血液型はO型だけど，両親はどちらともA型だよ。血液型が遺伝するなら私もA型になると思うんだけど，どうしてかな。

太郎：(b) 有性生殖では両親のどちらかと同じ形質が現れたり，どちらとも異なる形質が現れたりするって，理科の授業で習ったよ。愛子さんの両親の血液型の形質はA型だけど，Aの遺伝子だけでなくOの遺伝子ももっているということじゃないかな。

愛子：A型とO型のようにどちらか一方しか現れない形質どうしのことを〔X〕形質と呼ぶんだったね。
このときA型は〔Y〕形質で，それに対してO型は〔Z〕形質ということになるね。

太郎：BとOの遺伝子の組み合わせも同じような関係みたいだよ。ただしAとBの遺伝子の組み合わせができた場合，どちらの形質も現れてAB型の形質になるんだって。まとめると表のようになるね。

愛子：父親と母親どちらも遺伝子の組み合わせがAOで，両方からそれぞれOの遺伝子が子に受け継がれた場合，子の遺伝子の組み合わせがOOになって私のようにO型の形質になる可能性があるってことか。

太郎：たしか愛子さんにはお兄さんがいるよね。(c) お兄さんの血液型は？

愛子：うーん。聞いたことはあるはずだけど，思い出せないなぁ。忘れちゃったから，今度聞いてみよう。
そういえば母方祖母の血液型はB型で，祖父はA型だって聞いたことがある。母には妹と弟がいて，たしか叔父の血液型はO型だよ。家系図にまとめると図1のようになるね。

血液型（形質）	遺伝子の組合わせ
A	AA　　AO
B	BB　　BO
O	OO
AB	AB

表

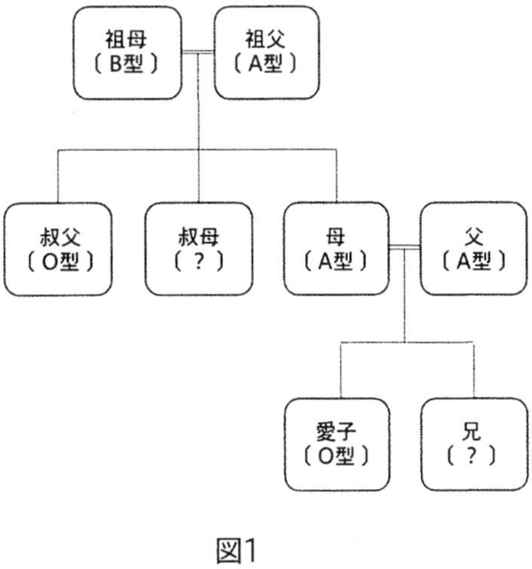

図1

問１　下線部(a)について，図２のＡ～Ｃはヒトの血液の固形成分を模式的に示したものである。またＤ～Ｆは血液の固形成分のはたらきに関する説明である。赤血球の図として最も適切なものをＡ～Ｃから，はたらきとして適切なものをＤ～Ｆからそれぞれ選び，その組み合わせとして正しいものを次の①～⑨から一つ選びなさい。【マーク：ア】

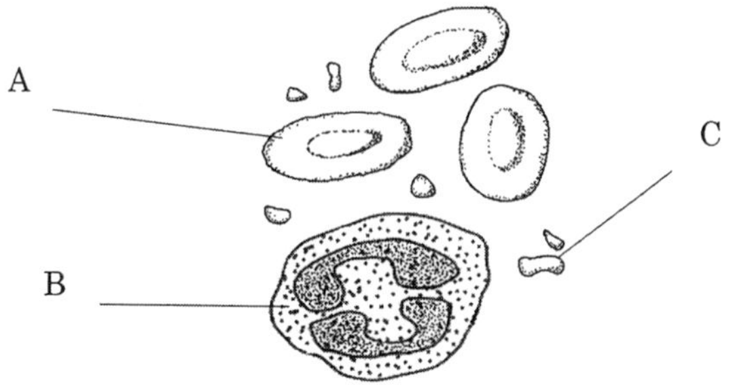

図２

≪はたらき≫

Ｄ：肺で取り入れた酸素を運搬する。

Ｅ：出血したときに血液を固める作用のある物質を放出する。

Ｆ：体に入った細菌やウイルスなどの病原体を分解する。

	①	②	③	④	⑤	⑥	⑦	⑧	⑨
図	A	A	A	B	B	B	C	C	C
はたらき	D	E	F	D	E	F	D	E	F

問２　下線部(b)について，多くの植物は有性生殖だけでなく無性生殖でも子孫を増やすことができる。無性生殖を利用して株を増やす農作物の利点として適切なものを，次の①～⑤から一つ選びなさい。【マーク：イ】

① 無性生殖で増えた農作物の方が有性生殖で増えた農作物よりも，遺伝的多様性が高く，病気による被害が広がり難い。

② 無性生殖で増えた農作物の方が有性生殖で増えた農作物よりも，新しい特徴をもった品種を発見できる可能性が高い。

③ 無性生殖で増えた農作物の方が有性生殖で増えた農作物よりも，形質のばらつきが少なく品質が安定しやすい。

④ 無性生殖で増えた農作物は有性生殖で増えた農作物よりも，大きく成長する。

⑤ 無性生殖で増えた農作物の方が有性生殖で増えた農作物よりも，希少価値が高い。

問 3　会話文の〔 X 〕～〔 Z 〕に入る語句の組み合わせとして適切なものを次の①～⑧から一つ選びなさい。【マーク：ウ】

	①	②	③	④	⑤	⑥	⑦	⑧
〔X〕	独立	独立	独立	独立	対立	対立	対立	対立
〔Y〕	顕性	潜性	顕性	潜性	顕性	潜性	顕性	潜性
〔Z〕	顕性	顕性	潜性	潜性	顕性	顕性	潜性	潜性

問 4　下線部 (c) について，愛子の兄の血液型が A 型である確率は何％か求めなさい。
【マーク：エ，オ】
エオ ％

問 5　愛子の母方の祖母と祖父の血液型に関して，遺伝子の組み合わせとして適切なものを次の①～④から一つ選びなさい。【マーク：カ】

	①	②	③	④
祖母	BB	BB	BO	BO
祖父	AA	AO	AA	AO

問 6　愛子の叔母(母の妹)の血液型として可能性のあるものを，次の①～④からすべて選びなさい。
【マーク：キ】

① A 型　② B 型　③ O 型　④ AB 型

4　次の文章を読み，各問に答えなさい。

月は地球からおよそ38万キロメートル離れた軌道を周回する衛星です。月の起源については諸説あり，「親子説（地球の一部からできた）」「兄弟説（地球と同時にできた）」「他人説（他の場所で形成された）」などと呼ばれており，現在では「ジャイアントインパクト説（地球と他の天体が衝突してできた）」が有力とされています。これを確かめるためには，月の質量や比重を計算したり，月の石を分析する必要があります。

問１　以下の文章のうち下線部に間違いのある文を次の①～⑦から一つ選びなさい。

【マーク：ア】

① 地球と月の間の距離は年に3.8cmずつ離れている。
② 地球から見える大きさは，月と太陽でほぼ同じである。
③ 月にも規模は小さいが地震（月震）が起きている。
④ 月には人類が残した人工物がある。
⑤ 日食は必ず新月の日に起きる。
⑥ 月食は必ず満月の日に起きる。
⑦ 潮の満ち引き（潮汐）の原因は月の重力であり，太陽の重力は関係しない。

問２　太陽が気体でできている証拠として正しいものを次の①～⑤から一つ選びなさい。

【マーク：イ】

① 太陽の周辺部の黒点は潰れて見える。
② コロナが日食時に観測できる。
③ オーロラの原因となる太陽風を観測することができる。
④ 黒点は太陽の自転によって移動するが，その速さが黒点の位置（緯度）によって異なる。
⑤ 金環日食になるときと，皆既日食になるときがある。

問３　地球以外にも衛星を持つ惑星はたくさんあり，木星は地球からも観測可能な衛星を持つ。この衛星のうち特に大きな４つの衛星は発見者の名をとり（　ウ　）衛星と呼ばれる。
（ウ）に当てはまるイタリアの学者の名を次の①～⑥から一つ選びなさい。

【マーク：ウ】

① ユークリッド　② グレゴリオ　③ ダヴィンチ　④ アルキメデス
⑤ ガリレオ　⑥ ユリウス

問 4　以下の 4 つの図は地球から見た木星と，その 4 つの衛星（Io, Callisto, Europa, Ganymede），恒星（HIP20417）を時系列に並べたものである。この図からわかることを書いた以下の文中の（エ），（オ）に入る語句をそれぞれ選択肢から一つずつ選びなさい。A では恒星 HIP20417 は画角の右外にあるので見えていない。

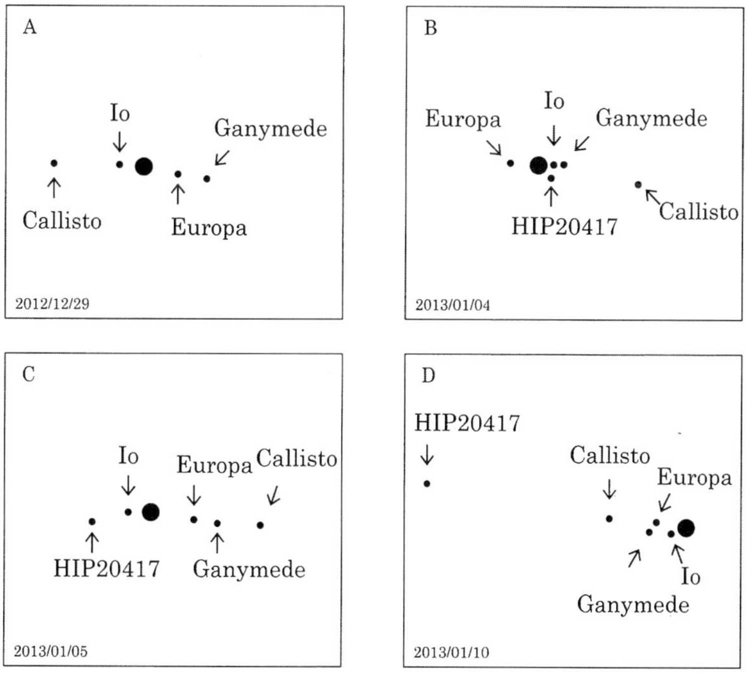

この図は日にちをずらして木星周辺の星を観察したものである。12 日間（12/29 ～ 1/10）では恒星はその位置をほとんど変えないので，木星が位置を変えたことになる。木星とその 4 つの衛星は地球から見て（　エ　）へと移動している。4 つの衛星は互いに位置を変えながら木星を周回しているが，このうち公転半径が最も大きいのは（　オ　）である

【マーク：エ】
① 左から右　② 右から左

【マーク：オ】
① Io　② Callisto　③ Europa　④ Ganymede

問 5　天体望遠鏡は倍率が高いので視野が狭く，日周運動によって星がすぐに視野から出てしまい，長い時間同じ星を観測することが困難です。そのため星の日周運動と合わせて天体望遠鏡を動かす赤道儀という装置が装着されています。実際に天体望遠鏡を設置し観測する際にはこの赤道儀を調整する必要があります。
赤道儀を調整する際に，何を基準にしなければならないか，星の日周運動の特徴を考え次の①～⑥から一つ選びなさい。【マーク：カ】

① 天頂
② 北極星
③ 月
④ 時刻
⑤ 地面からの高さ
⑥ 地平線

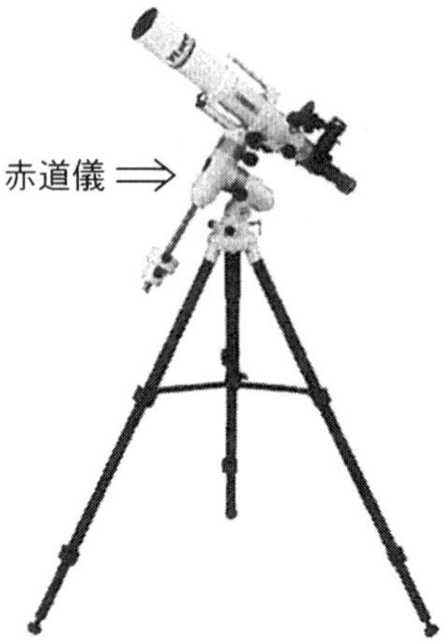

問 6　コマを回すと，地面との接点が移動していない場合でも，その軸がゆっくりと回転しています（図1)。同じことが地球の自転でも生じています。地球の公転面に対し地軸は 23.4° 傾いていますが，この地軸の傾き 23.4° はそのままに，ゆっくりと回転する運動をしています（図 2)。これを歳差運動と言い，約 25800 年で一周します。

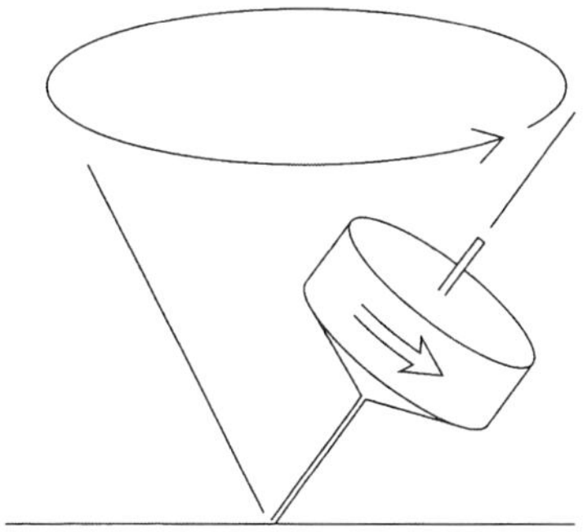

図1

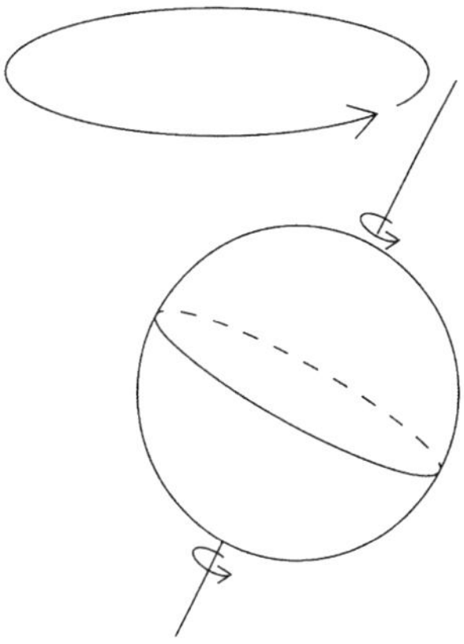

図2

この歳差運動に伴い 13000 年後に生ずるであろう事象を次の①～⑤から二つ選びなさい。なお，歳差運動以外の条件(太陽からの距離や自転・公転速度など)は一切変化しないとする。【マーク：キ】

① 地球の公転軌道での位置が同じならば、季節が逆になる。
② 北極星と天の北極とのずれが大きくなる。
③ 北極と南極が入れ替わる。
④ 月の裏側が見えるようになる。
⑤ 日本から南十字星が観測できるようになる。

一　　般

令和５年度

愛知高等学校入学試験問題

社　　会

(理科と合わせて60分)

※50点満点　解答用紙・配点非公表

注　意

1．問題は [1] から [4] まであります。

2．問題の内容についての質問には応じません。

試験中に問題冊子の印刷不鮮明、ページの落丁・乱丁及び解答用紙の汚れ等に気付いた場合は、静かに手をあげて監督者の指示に従いなさい。

3．解答は、解答用紙の問題番号に対応した解答欄にマークしなさい。

氏名、受験番号も忘れずに記入しなさい。

4．解答用紙は、一つの解答欄につき一つだけマークしなさい。二つ以上マークするとその解答は無効になります。

但し、「二つ選びなさい」など複数選択するように指示された問題については、同じ解答番号の解答欄に複数マークしなさい。例えば、第５問の問１に①、④と解答する場合は、次の(例)のように問題番号 [5] の問１の解答欄の①、④にそれぞれマークしなさい。

(例)

解答番号		解答記入欄
[5]	問１	● ② ③ ● ⑤ ⑥ ⑦ ⑧ ⑨

5．解答用紙だけを提出し、問題冊子は必ず持ち帰ること。

1　次の文章と資料をもとに、1から10の問に答えなさい。

2022年は「文化財の不法な輸入、輸出及び所有権移転を禁止し及び防止する手段に関する条約」が1972年に発効してから50年にあたります。そこで、愛知高校では歴史総合の授業で文化財について話し合い、それをきっかけに、生徒たちは夏の課題として文化財について調べ活動を行いました。そして夏休み明けにそれぞれが調べたテーマについて発表することになりました。以下のⅠ・Ⅱは、その活動の記録です。

Ⅰ　歴史総合の1学期の授業で、文化財について次のような話し合いがありました。

先　生　：今から10年前、イギリスの大英博物館に行きました。そのとき、世界中の貴重な文化財を目の前にして気持ちが高揚するのと同時に、複雑な感情も抱《いだ》きました。

梶原さん：それはなぜですか。大英博物館は、一度に世界中の文化財を見ることのできる素晴らしい博物館だと思いますが。

先　生　：例えば、大英博物館で知名度の高い文化財としてロゼッタストーン(注)があります。しかし「ロゼッタストーンはイギリスの持ち物ではなくエジプトにゆかりのあるものなのでエジプトに返還されるべきだ」という要求があるのを知っていますか。同様に「パルテノン神殿の彫刻群はギリシャに返すべきだ」「モアイ像もチリのラパヌイ（イースター）島に返すべきだ」という要求があがっています。そうしたことを考えると、世界の文化財が大英博物館で堂々と展示されていることに、少し違和感を覚えるのです。

(注)ロゼッタストーン：古代エジプトの神聖《しんせい》文字《もじ》（ヒエログリフ）が刻まれた石碑。ⓐナポレオンによってヨーロッパにもたらされエジプトのヒエログリフを解読する重要な資料となった。

和田さん：どうして貴重な文化財が他国に持ち出されてしまったのですか。

先　生　：それには沢山《たくさん》の理由が考えられます。ⓑ植民地時代に関係している場合や民間人の間で売買された場合、さらに盗掘《とうくつ》などの犯罪行為で持ち出される場合や、国家間の外交政策が絡《から》んでいる場合などがあります。

梶原さん：そうだったのですね。これまで私はそんなことを意識せずに博物館の展示を見てきました。では、文化財の返還に向けた動きは何かないのですか。

先　生　：もちろんあります。2010年には、エジプトのカイロで文化財返還を求める国際会議が開かれました。そうした活動を経て、近年では文化財の返還について国際的な関心が高まってきています。ですが、今から50年前の1972年に発効した文化財の違法取引を禁止する国際条約では、そこから過去にさかのぼって適用されない決まりになっており、国際的な文化財の返還実現に向けての道のりは厳しいと言わざるを得ません。それに、文化財については返還以外にも様々な問題があります。戦乱の中で奪《うば》われたり破壊されたり、天災や人災《じんさい》で失われたりといった問題や、さらには管理費の問題などもあります。

三浦さん：ウクライナの紛争でも、文化財に被害が出ているということをニュースで知りました。

大江さん：文化財はその国の人々にとって単に文化的・歴史的な価値以上の価値を持っていると思います。ⓒ文化についてどう考えるかは、国民のアイデンティティにも関わってくる問題ではないでしょうか。

先　生　：そうです。色々な角度から文化財を見ていくことで、さらに関心が高まったり、その価値に気づいてもらったりできると思います。そこで、今度の夏休みには、皆さんに文化財について調べてもらいたいと思います。身近な文化財について調べてもらっても良いし、演劇・音楽・工芸技術などの無形文化財について調べてもらっても構《かま》いません。文化財を調べることでⓓ私たちの文化や歴史に対する意識もきっと変わってくると思います。

Ⅱ　夏休みが明け、生徒たちが文化財に関する調べ活動の成果を発表することになりました。生徒たちは設定したテーマと発表の見出しをカードにまとめました。以下のカードはその一例です。

梶原さんのカード

テーマ：「世界を魅了《みりょう》したUKIYOE」
　～海外に流出した日本の文化財「浮世絵」～
〈発表の見出し〉
(1)浮世絵が与えたインパクト
　ヨーロッパの印象派とジャポニスム
(2)世界の美術館が所蔵《しょぞう》する浮世絵コレクション
(3)アメリカ・ボストン美術館が保有する浮世絵
　～戦災を免《まぬが》れ日本で里帰《さとがえ》り企画展を開催～

三浦さんのカード

テーマ：「戦争で失われた文化財の数々」
〈発表の見出し〉
(1)首里城・・・［ X ］が建国した琉球王国の王府《おうふ》
　→アメリカ軍による激しい攻撃で焼失
(2)名古屋城・・・天守閣として国宝第1号に選定
　→1945年5月の空襲で焼失
(3)ハンムラビ法典・・・最古の法典「目には目を」
　→イラク戦争による混乱で一部紛失

和田さんのカード

テーマ：「私のおすすめ世界文化遺産」
〈発表の見出し〉
(1)ギザの三大ピラミッドとスフィンクス
(2)ヌビア遺跡群とアブシンベル神殿
　→ナイル川の巨大ダム建設で水没《すいぼつ》の危機に
　→神殿を移築して世界遺産第1号に！
(3)パルテノン神殿
　→エンタシスの柱は視覚効果抜群《ばつぐん》！

大江さんのカード

テーマ：「国宝建造物の数日本一・奈良県の魅力」
〈発表の見出し〉
(1)法隆寺・・・国宝建造物の件数が堂々の第1位
　→世界遺産に登録された世界最古の木造建築
(2)唐招提寺・・・唐から日本に仏教の教えを伝えた［ Y ］のために建立された寺
(3)興福寺・・・イケメンの阿修羅《あしゅら》像が人気！
　→奈良時代のエリート貴族が建立した寺

問1　文化財・文化遺産を保護する活動に取り組んでいる国際機関にユネスコ（UNESCO）があります。ユネスコのように世界各地で活動している国際機関について述べた文として誤っているものを、次の①～④の中から一つ選びなさい。

① 国際労働機関（ILO）は、世界各地の労働者を保護し、その地位の向上や労働条件の改善に努めている。
② 世界保健機関（WHO）は、戦時において敵味方の区別なく傷病兵《しょうびょうへい》や捕虜《ほりょ》などの救護活動にあたっている。
③ 国連難民高等弁務官事務所（UNHCR）は、紛争や迫害などによって故郷《こきょう》を追われた難民の保護にあたっている。
④ 国連児童基金（UNICEF）は、世界各地の子どもの権利を確立し、子どもたちの生存と穏《おだ》やかな成長を支援する活動をしている。

問2　下線部ⓐについて説明した次の文**ア**～**ウ**の正誤の組み合わせとして正しいものを、次の①～⑥の中から一つ選びなさい。

ア　大統領に就任した直後に国を南北に二分する内乱が起きたが、黒人奴隷の解放や「人民の人民による人民のための政治」を唱えて内乱に勝利し、国の再統一を果たした。
イ　国民の絶大な人気を得て皇帝に即位し革命の原理を法典にまとめると、革命に反対するヨーロッパ諸国を武力で制圧し、その原理を周辺国に定着させた。
ウ　隣接《りんせつ》するオーストリアやフランスとの戦いを通じて小国に分立していた国を統一し、帝国を建国して富国強兵に努め、近代化を成功させた。

	①	②	③	④	⑤	⑥
ア	○	○	○	×	×	×
イ	○	○	×	○	×	○
ウ	○	×	×	○	○	×

問３　下線部ⓑについて、ヨーロッパ列強諸国による帝国主義政策は、アジアにも及びました。その結果、特に東南アジアの大半の地域が植民地となりました。右の図のＡ～Ｃは、1910年の東南アジアにおける、イギリス・オランダ・フランスの大まかな支配領域を表したものです。各国と支配領域Ａ～Ｃの正しい組み合わせを、次の表の①～⑥の中から一つ選びなさい。但し、国境線は2022年現在の状態で表しています。

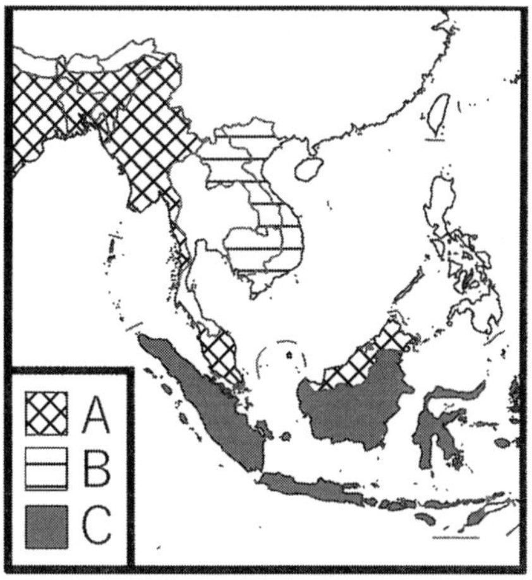

	①	②	③	④	⑤	⑥
イギリス	A	A	B	B	C	C
オランダ	B	C	A	C	A	B
フランス	C	B	C	A	B	A

問４　下線部ⓒ・ⓓについて、「文化の多様性」について考えるときにはさまざまな意見があります。次のア～エの考え方を［Ａグループ］と［Ｂグループ］の二つに振り分けたときに適当な組み合わせを、下の表の①～⑥の中から一つ選びなさい。

ア　私は、企業の中に世界中の人材を幅広く採用するべきだと考えます。様々な文化的背景を持つ人たちが一緒に働くことは、差別や偏見のない社会づくりにつながると思います。また、企業にとっても新たなアイデアが生み出されたり、顧客《こきゃく》の新規開拓につながったりするなど、利益があると思うからです。

イ　日本を訪れる外国人観光客の中には、出身国の文化やファッションなどの理由で入れ墨をしている人も少なくありません。私は、入れ墨をしている人の入浴を断っている公共浴場において、外国人だからといって特別扱いをする必要はないと考えます。誰もが安心して入浴を楽しむためにも、入れ墨をしている人の入浴禁止は、これからも維持すべきルールだと思います。

ウ　イスラム教徒の女性たちは顔を覆うスカーフを着用しますが、私は学校の中ではその着用を控えてもらうべきだと考えます。素顔が明かされないことで本人確認がしにくかったり、表情が読み取れなかったりと、教育上の不都合が発生すると考えられるからです。学校は公の場であるので、統一した基準の中で生活するのは当たり前だと思います。

エ　日本を訪れる外国人観光客の中には、宗教上の理由や信条の問題などで食べられない食材がある人も少なくありません。私は、観光地の飲食店では、料理にどんな食材が使われ、どんな調理が行われているかを開示すると良いと思います。色々な食文化があることをお互いに理解しあい、安心して食事を楽しんでもらえる環境をつくるべきです。

［Ａグループ］
文化の多様性を尊重することを主張するグループ

［Ｂグループ］
場面によっては、文化の多様性よりも共通のルールを重視すべきだと考えるグループ

	Ａグループ	Ｂグループ
①	ア・イ	ウ・エ
②	ア・ウ	イ・エ
③	ア・エ	イ・ウ
④	イ・ウ	ア・エ
⑤	イ・エ	ア・ウ
⑥	ウ・エ	ア・イ

問５　次の文は、梶原さんがカードの波線部《はせんぶ》について発表するために準備した原稿の一部です。このうち**誤りを含むもの**を、次の①～④の中から一つ選びなさい。

① 「浮世絵は、当時の庶民の暮らしや風景、人気役者の肖像などを描いた絵画で、尾形光琳や歌川（安藤）広重などの作者が知られています。」
② 「開国後、貿易額・量ともに日本一となった横浜の港から多くの浮世絵が持ち出されました。」
③ 「浮世絵が海外に持ち出されると、ゴッホやモネなどの画家に大きな影響を与えました。」
④ 「浮世絵が海外に持ち出されたことで、第二次世界大戦による被害を免れて多くの作品が保存されました。」

問６　三浦さんのカードの「ハンムラビ法典」は、今からおよそ3800年前（紀元前18世紀中ごろ）にまとめられたとされています。そのころの日本列島の様子について説明した文として適当なものを、次の①～④の中から一つ選びなさい。

① 日本列島は大陸とつながっており、人々がナウマンゾウなどの大型動物を追って移動してきた。
② 有力者は大型の墳丘《ふんきゅう》を持つ墓に青銅器や鉄器などの副葬品とともに埋葬され、墳丘の周囲には埴輪が並べられた。
③ 周囲を濠《ほり》で囲まれた大型の集落が出現し、貯蔵のための高床倉庫などが建てられた。
④ 人々は木の実や魚貝などを採集し、厚手の土器で煮炊《にた》きをしたり貯蔵したりして生活していた。

問７　和田さんのカードの「パルテノン神殿」がある地域の気候は、左のグラフで表される気候区に属しています。この気候区に当てはまる場所として適当なものを、地図の①～⑧の中から四つ選びなさい。

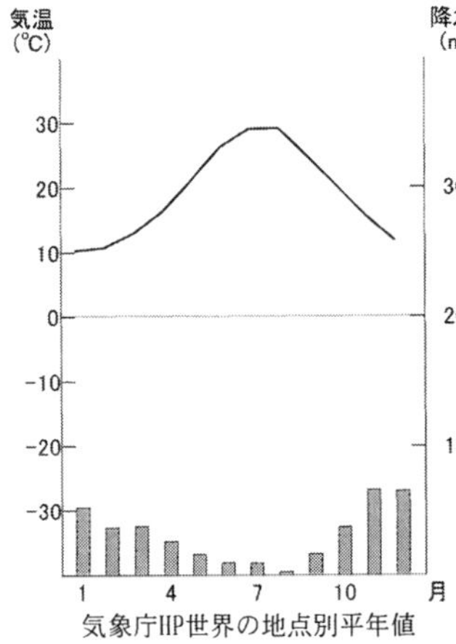

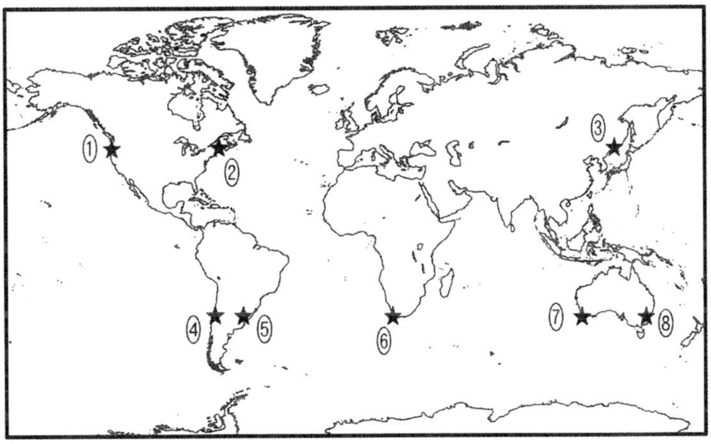

https://www.data.jma.go.jp/cpd/monitor/nrmlist/index.html（2022. 7. 26閲覧）より作成

問８　大江さんは、奈良の魅力を発信するために、夏休みに奈良市内でフィールドワークを行いました。次ページの①～⑥の文は、大江さんがフィールドワーク中に見た風景や通った道路を説明した文で、それぞれ次ページの＜経路＞**ア～カ**のいずれかに当てはまります。地形図を参考にして①～⑥の文を順番通りに並べたとき、**ウ**と**オ**に該当するものを、それぞれ①～⑥の中から一つずつ選びなさい。なお、＜経路＞に出てくる宿は、旧大乗院《だいじょういん》庭園の敷地に位置しています。

<経路>

宿 → 白毫寺《びゃくごうじ》 → 新薬師寺 → 元興寺《がんごうじ》（塔跡） → 宿 → 興福寺 → JR奈良駅
　　ア　　　　イ　　　　　ウ　　　　　　　　エ　　オ　　　カ

① 狭い道を北に進み、三条本町から東に伸びる広い道路に出て、東に進んだ。この道路は、旧大乗院《だいじょういん》庭園のあたりで、鍵《かぎ》の手《て》状（クランク状）に曲がっている。
② 進行方向左手に猿沢《さるさわ》池を見て西に進む。進行方向右側には開化《かいか》天皇陵がある。ＪＲ駅の高架の手前で左折するとＪＲ奈良駅があった。
③ 高畑町付近を東の方角に進むときは、広い道路・狭い道路どちらを通ることも可能である。いずれの道も、なだらかな傾斜の登り坂である。
④ 先ほど通った鍵の手状の道路を戻り、図書館を左手に見つつ北向きに進むと、ＪＲ奈良駅のすぐ北側を東西に走る道路を横断する。
⑤ ほぼ全区間狭い道路を北方向に進む。周囲は住宅地もしくは水田である。
⑥ 西の方角に進み、東大寺の南から伸びる広い道路を横切った。

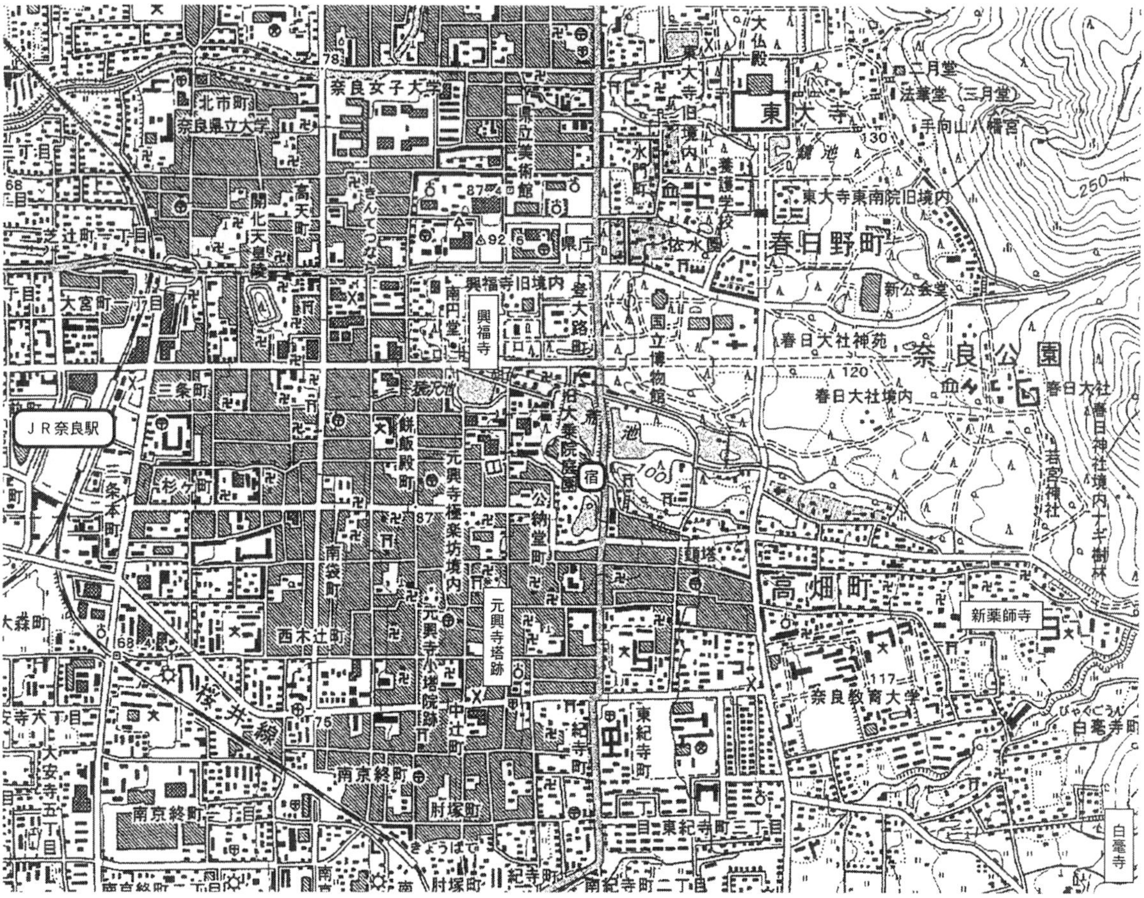

<地形図>　国土地理院発行25000分の１地形図より愛知高校作成（原寸よりやや拡大して表示しています）。

問９　三浦さんのカードの空欄［ X ］と大江さんのカードの空欄［ Y ］に当てはまる人物の正しい組み合わせを、次の①～⑥の中から一つ選びなさい。

① X：李成桂　Y：道元
② X：李成桂　Y：鑑真
③ X：尚巴志　Y：鑑真
④ X：尚巴志　Y：最澄
⑤ X：コシャマイン　Y：最澄
⑥ X：コシャマイン　Y：道元

問10　次のレポートは、文化財保護に関する活動について調べた八田知哉《はったともや》さんのレポートです。レポートを読み空欄［　Z　］に当てはまる語句としてもっとも適当なものを、下の①～⑤の中から一つ選びなさい。

法隆寺を維持管理するための努力・工夫

法隆寺は、近年のコロナ禍《か》の影響で参拝者が減ってしまい、収入が落ち込んでしまいました。そのため、施設の維持管理を十分にできない状況になりました。そこで、関係者の方たちは［　Z　］によってその費用を集めるプロジェクトを立ち上げました。プロジェクトは2022年6月15日から実行され、8日間で1億円の支援が集まったとニュースになりました。

私は、小学校の時に奈良に修学旅行に行き、法隆寺を見学して感動したことを覚えています。また、［　Z　］とは、インターネットなどを通じて社会運動などの資金を集める新しい方法のことです。そうした新しい取り組みを利用して、歴史的な文化財が守られ継承されていくことは、とても良いことだと感じました。

報告者：八田知哉

① デジタルデバイド　② マイクロクレジット　③ フェアトレード
④ セーフティーネット　⑤ クラウドファンディング

2　次の会話文と資料をもとに、1から6の問に答えなさい。

穂高《ほたか》さん：2022年は、「青春18きっぷ」が発売されてちょうど40年の年でしたね。
岸辺《きしべ》先生：この40年の間に、当初この切符を売り出した日本国有鉄道は民営化されてＪＲとなり、全国の鉄道路線網も大きく変わりました。
穂高さん：ⓐ新規に開通した路線がある一方で、廃線になる路線もありました。乗りたいと思っていた路線や以前に乗った路線が廃線になってしまうと、悲しいですね。
岸辺先生：先生もそう思います。では、どこか次に乗ってみたい路線はありますか？
穂高さん：東海地方の路線はほぼ制覇したので、次は遠隔地の路線に乗ろうと思っています。先生、どこかおすすめの路線はありますか？
岸辺先生：そういえば、ここに私が最近乗車した路線の乗車記録がありますよ。

メモⅠ
新幹線の終着駅でもある始発駅を発車すると、数駅は市街地が続き、路面電車と並走する場面や、高架区間もみられた。進行方向左側に見える桜島が今日は噴煙を上げている。朝、駐車場の車のボンネットやフロントガラスに火山灰が積もっていた。2022年7月末に桜島は大規模な噴火を起こし、一時期噴火警戒レベルが大幅に引き上げられた。この路線は錦江《きんこう》湾に沿っていて、途中の駅の近くには大規模なⓑ石油の備蓄基地がある。この路線はこの先も続くが、砂むし温泉で有名なこの地域の中心駅で下車した。

メモⅡ
始発駅は東西南北から線路が集結し、新幹線も停車する交通の要衝《ようしょう》である。ここから西側に向かう路線に乗車した。しばらくは住宅地や工業団地も見られたが、やがて水田が広がり、上り勾配《こうばい》に差し掛かった。最初は安達太良山《あだたらやま》が進行方向右手にあり、やがて磐梯山《ばんだいさん》の麓《ふもと》を走った。車窓の反対側には、ⓒ磐越自動車道が並走する。そして、北側から回り込むようにこの地域の中心都市に到着した。この都市では幕末に激しい戦闘が行われ、白虎《びゃっこ》隊少年兵士のエピソードもある。

メモⅢ

始発駅は、新幹線の開通から取り残された城下町である。しばらく車窓の左側に見えていた浅間山は後方に移り、今度は右側に八ヶ岳《やつがたけ》が見えるようになる。この地域は農業が盛んで、水田や果樹園の他、ⓓ高原野菜の生産が盛んであるようだ。新幹線との乗り換え駅を過ぎると、路線は千曲《ちくま》川と並走し山の中に入る。ＪＲ路線の中で最も標高が高い地点を通過し、県境を越える。避暑《ひしょ》地・別荘地として名高い駅では乗客がどっと増え、通勤列車のような光景になった。そこから数駅で、釜無《かまなし》川沿いのＪＲ中央本線との乗換駅に着いた。

穂高さん：３つのメモには、火山が近くにあるという共通点がありますね。

岸辺先生：その通りです。日本は地震が多く、ⓔ火山も集中しています。これは４つのプレートの境界が集中しているためです。

穂高さん：先生はどのような共通点に注目していますか。

岸辺先生：メモⅠ～Ⅲ全てにⓕ新幹線が交差・発着する駅が含まれています。

穂高さん：「青春18切符」では原則乗車できませんが、ⓖ新幹線の存在は大きいですね。

岸辺先生：そうですね。穂高さんもこの夏新しい路線に乗車したら、自分なりの乗車記録を残すと良いですよ。

夏休みに入り、穂高さんは自分が乗車した路線のメモを作成しました。二学期に入ったらメモを見つつ、先生といろいろと話をするつもりです。

穂高さんが作成したメモ

2022年９月23日開通の新幹線停車駅である始発駅を出ると、市街地の中を走り、数駅で水田が広がる風景へ変化した。「干拓《かんたく》の里」駅付近で、進行方向左手に水門が見えた。やがて車窓には、1991年に大規模な噴火を起こした雲仙普賢岳が現れ、反対側には有明海が広がった。駅によってはホームのすぐ近くに海岸線が迫《せま》る。また、有明海を横断するフェリーの港の看板もあった。以前は半島の西側まで路線が通じていたが、末端《まったん》部分は廃線になり、港近くの終着駅で列車を降りた。

＜参考文献＞　・鉄道ジャーナル2022年９月号　第56巻９号　　・岐阜新聞　2022年３月23日　「青春18きっぷ　旅の相棒40年」

問１　メモⅠ～Ⅲとそれに該当する路線を表した図１のＸ～Ｚの正しい組み合わせを、下の①～⑥の中から一つ選びなさい。

＜図１＞　Ｘ　Ｙ　Ｚ

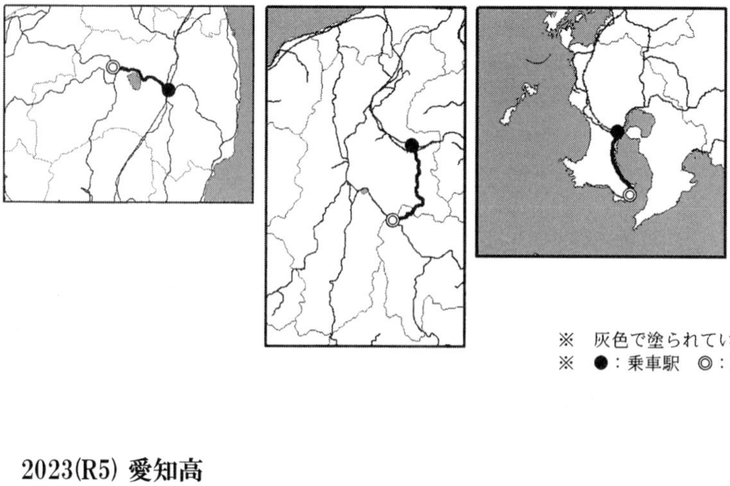

	①	②	③	④	⑤	⑥
Ⅰ	Ｘ	Ｘ	Ｙ	Ｙ	Ｚ	Ｚ
Ⅱ	Ｙ	Ｚ	Ｘ	Ｚ	Ｘ	Ｙ
Ⅲ	Ｚ	Ｙ	Ｚ	Ｘ	Ｙ	Ｘ

※　灰色で塗られている部分は海面または内水面を指す。
※　●：乗車駅　◎：降車駅

問２　下線部ⓑについて、図２はエネルギー資源の産出と輸出の国別割合を表したもので、Ａ・Ｂには天然ガスと原油のいずれかが、Ｘ～Ｚにはアメリカ・中国・ロシアのいずれかが当てはまります。原油と中国の正しい組み合わせを、右の①～⑥の中から一つ選びなさい。但し、表中に特に指定のない数値の単位はすべて％で示してあります。

	①	②	③	④	⑤	⑥
原油	Ａ	Ａ	Ａ	Ｂ	Ｂ	Ｂ
中国	Ｘ	Ｙ	Ｚ	Ｘ	Ｙ	Ｚ

出典：2022データブックオブザワールドvol.34（二宮書店）より愛知高校作成。

<図２>

順位	Ａの産出（2019年）計393203万ｔ		Ｂの産出（2019年）計40887億㎥	
1	Ｘ	15.4	Ｘ	23.4
2	Ｙ	13.4	Ｙ	18.3
3	サウジアラビア	12.4	イラン	5.7
4	イラク	5.9	Ｚ	4.3
5	Ｚ	4.9	カナダ	4.3
	その他	48.0	その他	44.0

順位	Ａの輸出（2018年）計225598万ｔ		Ｂの輸出（2018年）計46062千兆Ｊ	
1	サウジアラビア	16.3	Ｙ	18.3
2	Ｙ	11.5	カタール	11.0
3	イラク	8.4	ノルウェー	10.2
4	カナダ	7.0	Ｘ	8.6
5	アラブ首長国連邦	5.1	オーストラリア	7.3
	その他	51.7	その他	44.6

問３　下線部ⓓについて、図３は冷涼な気候を好むある高原野菜の、東京中央卸売《おろしうり》市場における月別入荷割合（2018年）を表しており、Ｘ・Ｙは図３を解釈した文章です。Ｘ・Ｙのうち正しい文章と、農作物Ａ～Ｃのうち同じ出荷傾向を示す作物の正しい組み合わせを、次の①～⑥の中から一つ選びなさい。

<図３>

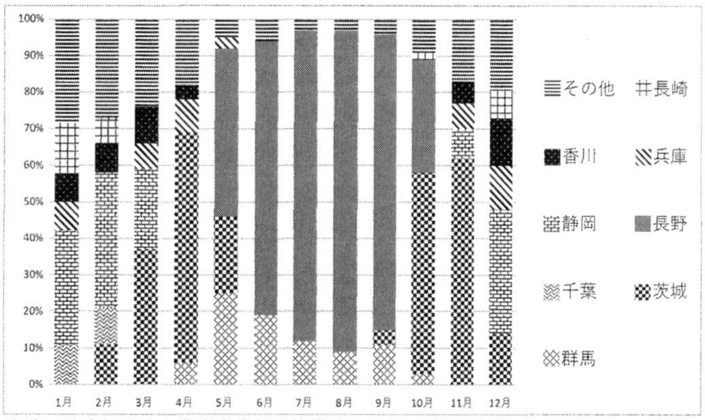

	①	②	③	④	⑤	⑥
正しい文章	Ｘ	Ｘ	Ｘ	Ｙ	Ｙ	Ｙ
農作物	Ａ	Ｂ	Ｃ	Ａ	Ｂ	Ｃ

出典：独立行政法人農畜産業振興機構HPをもとに愛知高校作成（2022.8.1閲覧）。（https://vegetable.alic.go.jp/yasaijoho/yasai/1911_yasai1.html）

<文章>

Ｘ　春と秋には、茨城県産が多く入荷している。これはビニールハウスで栽培され、大消費地である東京に近く輸送費が安いという利点を生かして栽培しているためである。

Ｙ　夏には、長野県産が多く入荷している。これは露地で栽培され、夏に気温が高くなる関東近郊の産地と収穫・出荷時期をずらし、値崩《ねくず》れを防ぐためである。

<農作物>　Ａ　トマト　　Ｂ　なす　　Ｃ　キャベツ

問４　下線部ⓔについて、図４は世界の火山が分布する地域のいくつかを表しています。このうち火山が分布する地域として**誤っているもの**を、図の①～⑥の中から一つ選びなさい。

<図４>

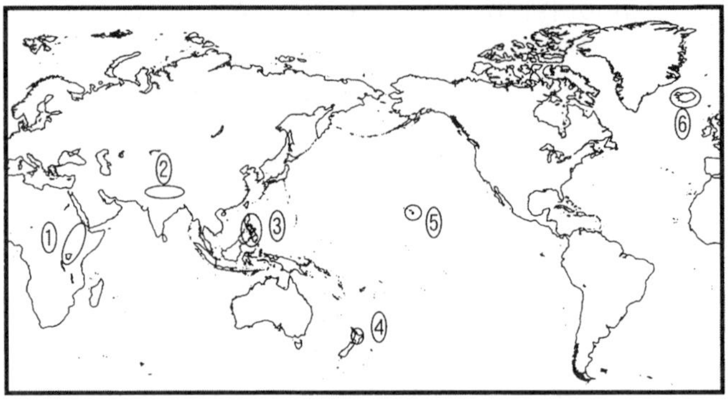

問５　下線部ⓐ・ⓒ・ⓕ・ⓖについて、新幹線や高速道路の新規開通が人々の生活に与える影響について述べたＸ～Ｚの文の正誤の組み合わせとして正しいものを、下の①～⑧の中から一つ選びなさい。

Ｘ　新幹線の新規開通により、並行する全ての在来線の経営がＪＲから移され、運賃の値下げ及び運転本数の増加が行われ、在来線沿線の利便性が向上した。

Ｙ　大都市と地方を結ぶ新幹線や高速バスが整備されると、移動時間の短縮により地方の商業活動が活発化するとともに、新幹線を利用した通勤や、地方から大都市への人口流出が促進されるようになった。

Ｚ　高速道路の新規開通により、トラックでの輸送条件が大きく改善され、過密であった大都市周辺の工業地帯から地価が安く用地を確保しやすい周辺部への工場移転が促進された。

	①	②	③	④	⑤	⑥	⑦	⑧
Ｘ	○	○	○	×	○	×	×	×
Ｙ	○	○	×	○	×	○	×	×
Ｚ	○	×	○	○	×	×	○	×

問６　「穂高さんが作成したメモ」を参考にして、夏休みに穂高さんが乗車した路線がある都道府県の特徴について述べた文章として適当なものを、次の①～④の中から一つ選びなさい。

①　接する都道府県は一つである。離島が多く海岸線の距離が長い。果樹栽培が盛んで、県庁所在地は港町である。

②　二つの都道府県と接している。石灰石を産出しセメント工業が盛んである。県庁所在地は室町時代に栄え、京の都を模した街づくりが行われた。

③　二つの都道府県と接している。果樹栽培が盛んで、2021年に世界文化遺産にも登録された縄文時代を代表する遺跡がある。県庁所在地は港町である。

④　二つの都道府県と接している。窯《よう》業が盛んで、製品は江戸時代には海外にも輸出されている。弥生時代を代表する大規模な環濠集落の遺跡があり、県庁所在地は城下町である。

3	次の文章と表をもとに、1から6の問に答えなさい。

古都奈良の文化財に興味を持った大江さんは、夏休みに奈良県を訪れました。奈良県は第二次世界大戦の空襲による被害が少なく、多くの伝統的建造物が保存されたため、国宝の指定を受けた建造物の数が日本一であり、とりわけ、現存する世界最古の木造建築とされる法隆寺など、奈良時代以前に建てられて現存する国宝建造物はすべて奈良県にあることも知りました。ところが、世界最大の木造建築とされる東大寺の大仏殿は、これまでに何度も戦乱などによる荒廃と再建をくり返してきたことが分かり、大江さんは、それらのできごとを、次の表にまとめました。

創建	天平勝宝《てんぴょうしょうほう》4年(752)、インドから高僧を招き大仏の開眼供養《かいげんくよう》(注1)。 高さ16 mの巨大な大仏が完成。
1度目の焼失	東大寺をはじめとする南都《なんと》(奈良県北部)の寺院勢力は平氏政権と対立。 治承《じしょう》4年(1181)、平清盛の命を受けた平重衡《しげひら》らが南都を焼きはらう。 →これにより東大寺の二月堂・法華堂《ほっけどう》(三月堂)・転害門《てがいもん》・正倉院以外が焼失。
再建	平清盛の死後、後白河上皇が東大寺の再建を命じる。 大勧進《だいかんじん》(注2)に任命された重源《ちょうげん》が、民衆の支持と中国の技術者の協力を得て再建に成功。 →文治《ぶんじ》元年(1185)に大仏の開眼供養。5年後の建久《けんきゅう》元年(1190)に大仏殿が完成。
2度目の焼失	永禄《えいろく》10年(1567)、戦国大名の松永久秀《まつながひさひで》が東大寺に陣を構え敵対する三好勢《みよしぜい》を攻撃。 大仏殿をはじめとする多くの建造物が焼失し、大仏は溶けて喪失する。
再建	焼失直後にⓐ織田信長や徳川家康も勧進の許可を出すが、再建は進まず。 貞享《じょうきょう》元年(1684)、公慶《こうけい》が大仏の修理のための勧進(資材や資金集め)を本格的に始める。 →江戸や上方などの都市部で「出開帳《でがいちょう》(注3)」を行い民衆から多額の募金を集める。 貞享3年(1686)に大仏の修理を開始、6年後の元禄《げんろく》5年(1692)に大仏の開眼供養。 元禄6年(1693)、公慶は将軍ⓑ徳川綱吉に東大寺復興を願い出る。 →江戸幕府主導の国家事業として大仏殿を再建。宝永6年(1709)に現在の姿となる。
荒廃	幕末には老朽化が進み大仏殿は崩壊寸前の状態になる。 慶応《けいおう》4年(1868)、明治政府は神道を重んじる方針を示す。 →全国的に廃仏毀釈《はいぶつきしゃく》の動きが広まり、仏像などは海外に売られたり破壊されたりした。 フェノロサと岡倉天心は、奈良の寺院・仏像の荒廃ぶりを見て文化財保護運動を開始。 →明治30年(1897)、「古社寺保存法《こしゃじほぞんほう》」が制定され国が寺院や仏像の修理を行うことになる。 →ⓒ明治36年(1904)から大正2年(1913)にかけて大仏殿の大規模な修理を実施。
国宝指定	戦後に「文化財保護法」が制定され、昭和27年(1952)に大仏殿が国宝の指定を受ける。 →昭和49年(1974)から昭和55年(1980)にかけて「昭和の大修理」が行われる。
世界遺産登録	1998年に古都奈良の文化財の一部として、ユネスコより世界文化遺産に登録される。

(注1)開眼供養:仏像や仏画などが完成したとき僧侶がお経《きょう》を読み、その建立された仏像などに魂《たましい》を入れる法要《ほうよう》のこと。
(注2)大勧進:寺院建設のための資金や資材集めを任される僧侶の役職のこと。
(注3)出開帳:寺院の本尊《ほんぞん》を別の場所に移して人々に披露すること。自由に旅行ができなかった時代に多くの参詣者《さんけいしゃ》を集め寺院の収益につながった。

問１　次の文Ⅰ～Ⅳを読み、創建時に東大寺の大仏造立を命じた天皇に関わる政策と文化の説明として正しい文の組み合わせを、下の①～④の中から一つ選びなさい。

Ⅰ　貴族や僧の権力争いで政治が乱れたため都を山城《やましろ》（京都府）に移し、政治を刷新《さっしん》するため班田収授の実施や地方役人の不正の取り締まりに力を入れた。

Ⅱ　東北地方で抵抗を続ける蝦夷《えみし》を従わせるために多賀城《たがじょう》（宮城県）を築き、耕作されずに荒れてしまった口分田に対して人々に開墾を勧める命令を出した。

Ⅲ　この天皇にゆかりのある品々が収められた正倉院には、シルクロードを通って伝わったとされるインドや西アジアの影響を受けた文物が含まれ、この時代の国際色豊かな文化を象徴している。

Ⅳ　遣唐使の派遣が行われなくなり、この天皇の命で紀貫之が『古今和歌集』を編纂するなど、中国の文化を日本の風土や生活に合わせて独自に改良した、日本固有の文化が栄えるようになった。

①　ⅠとⅢ　　②　ⅠとⅣ　　③　ⅡとⅢ　　④　ⅡとⅣ

問２　次に挙げた源頼朝の業績のうち、東大寺大仏殿の１度目の焼失から再建（大仏殿の完成）までのできごととして**誤っているもの**を、次の①～④の中から一つ選びなさい。

①　源義経らに命じて平氏を西国に追いつめ、壇ノ浦《だんのうら》（山口県）で平氏を滅亡させた。
②　後鳥羽天皇から征夷大将軍に任命され、全国の武士を従えた。
③　対立した源義経を捕らえる口実《こうじつ》で、全国の国ごとに守護を、荘園・公領には地頭を置くことを朝廷に認めさせた。
④　対立した源義経をかくまったとして奥州藤原氏を攻め、滅亡させた。

問３　下線部ⓐの二人の人物に**かかわりのないできごと**を、次の①～⑥の中から二つ選びなさい。

①　物差《ものさ》しや升《ます》を統一して全国の田畑の広さや良し悪しを調べ直し、収穫高を石高で表す新しい帳面をつくらせた。
②　岐阜や安土の城下町に楽市令を出し、市《いち》での税を免除して自由な商工業を奨励した。
③　征夷大将軍に任じられて全国の大名を従えると、親藩《しんぱん》・譜代《ふだい》大名は要地に、外様《とざま》大名は遠隔地にそれぞれ配置した。
④　初め天領《てんりょう》に、翌年からは全国に対してキリスト教の禁止を命じ、バテレン（宣教師）を国外に追放するとともに、キリシタン（キリスト教徒）を迫害した。
⑤　敵対する延暦寺《えんりゃくじ》を焼き討《う》ちし、長きにわたる戦いののち一向《いっこう》一揆を屈服させるなど、宗教勢力を一掃した。
⑥　百姓が刀や槍《やり》などの武器を持つことを禁止して、武士と百姓の身分の違いを明確にした。

問４　下線部ⓑの人物にもっともかかわりの深い資料を、次の①～④の中から一つ選びなさい。

①

一、文武弓馬《ぶんぶきゅうば》の道（学問と武道）に励《はげ》むこと。
一、諸国の大名は、領地と江戸に交替で住むこと。毎年四月中に江戸へ参勤すること。
一、五百石積み以上の船をつくることは禁止する。

②

一、関所を通らずに山を越えたものは、その場で磔《はりつけ》とする。
一、足軽であっても、町人や百姓から身分をわきまえない扱いを受けた場合、その者を切り捨ててかまわない。

2023(R5) 愛知高
教英出版

③

一、もし捨て子を見つけたら、すぐにその子を養《やしな》うか、養子を希望する者に直《ただ》ちに預けなさい。
一、犬に限らず、すべての生類《しょうるい》を、いつくしむ心をもって憐《あわ》れみなさい。

④

一、外国へ、日本の船を派遣することを禁止する。
一、外国に暮らす日本人が帰国したら、死罪を命じる。
これ以降は、ポルトガル船の来航を禁止する。

問５　下線部ⓒの時期の外交と社会の様子についてまとめた次の文Ⅰ～Ⅳを読み、空欄［　A　］と［　B　］に当てはまる文の正しい組み合わせを、下の①～④の中から一つ選びなさい。

1904年は、三国干渉《さんごくかんしょう》で日本と対立した国々と日本との間で国際的な戦争が始まった年である。日本は、この戦争を利用して［　A　］。また、この戦争に前後して官営の製鉄所が操業を開始するなど工業生産が飛躍的な進歩を遂《と》げていた。その結果、この戦争ののち［　B　］。

Ⅰ　ドイツが持つ山東省の権益を日本へ譲渡し、日本が持つ旅順・大連の租借《そしゃく》の期間を延長するといった内容の要求を中国政府に提出し、武力を背景にその要求の大半を中国政府に認めさせた。
Ⅱ　大韓帝国《だいかんていこく》（韓国）を保護国として外交権を奪い、やがて内政の実権も握って韓国を併合した。
Ⅲ　イギリスから輸入した紡績《ぼうせき》機を用いた大規模な工場が大阪で操業するなど、各地で製糸・紡績業などがさかんになり、日本でも軽工業を中心に産業革命が進んだ。
Ⅳ　義務教育の年限が6年に延長され、男女の教育格差がほぼ解消されて就学率も100％に近づくなど、教育の拡充が進んで産業や社会の発展につながった。

①　A－Ⅰ　B－Ⅲ　　②　A－Ⅰ　B－Ⅳ　　③　A－Ⅱ　B－Ⅲ　　④　A－Ⅱ　B－Ⅳ

問６　東大寺の大仏殿が戦後に国宝の指定を受けてから「昭和の大修理」が終わるまでに起きた日本の経済や外交に関する次の出来事①～⑤について、下線部のこの年を古いものから順に並べたとき三番目にくるものを選びなさい

①　日本では物価が乱高下《らんこうげ》するなど、オイルショックの影響が世界に及んだため、この年、フランスのランブイエで初の先進国首脳会議（サミット）が開催され、日本からは三木武夫首相が参加した。
②　この年、佐藤栄作首相とアメリカのニクソン大統領との間で沖縄返還協定が結ばれ、翌年の5月に沖縄の本土復帰が実現した。
③　保守政党が合同して自由民主党が結成され、鳩山一郎を首相として安定した政権運営が始まったこの年を、翌年の経済白書《はくしょ》は「もはや戦後ではない」と表現した。
④　特需景気で国内経済が沸《わ》き立つなかで、吉田茂首相が調印したサンフランシスコ平和条約が発効したこの年に、日本の国際復帰が実現した。
⑤　この年、岸信介首相は衆議院で強行採決を行い、国会での十分な審議がないまま日米安全保障条約が改定された。

4 次の新聞記事のとおり、2022 年 4 月 1 日より成人年齢が 20 歳から 18 歳に引き下げられました。これに関連して、1から5の問にそれぞれ答えなさい。

きょう改正民法施行

改正民法が1日に施行され、「大人の入り口」となる成人年齢が20歳から18歳に引き下げられる。同日にちょうど20歳になる人に加え、計約200万人に上るとみられる18、19歳も一斉に新成人となり、自らの判断と責任で自立した生活を送ることが可能になる。大人の仲間入りをする若者が増えることで社会に活力が生まれると期待される一方、ⓐ消費者被害に巻き込まれる懸念も指摘される。【山本将克、遠藤修平】

CU クローズアップ

社会の活力 自立促す

「18歳成人」を巡る主な経緯

2005年4月	衆院憲法調査会が最終報告書を決定
07年5月	投票権年齢を18歳以上とした国民投票法が成立
08年2月	成人年齢引き下げの是非を法制審議会に諮問
09年10月	法制審が成人年齢の18歳への引き下げを答申①
15年6月	選挙権年齢を18歳以上に引き下げる改正公職選挙法が成立
16年6月	改正公選法施行
18年3月	政府が成人年齢を18歳とする民法改正案を閣議決定
6月	改正民法が成立②
19年6月	デート商法による契約を取り消せるとした改正消費者契約法施行
22年4月	改正民法施行

松野博一官房長官は31日の記者会見で「146年ぶりの成年年齢変更で歴史的な節目だ」としたうえで、「若者の積極的な社会参加を促し、主体的な役割を果たしてもらうことは、社会に大きな活力をもたらす」と意義を強調した。

近代の日本で「20歳成人」は、大人と子どもを線引きする基準として社会で受け入れられ、定着してきた。その見直しは、戦後の国の在り方が問い直される中で議論が本格化した。きっかけは憲法だった。

1947年施行の憲法は、安定性を保ちながら時代の変化に適合させるため、改正要件について [X] と厳格に定めた。しかし、国民投票の手続き法は50年代に案として示されたことがあるだけで、長く放置されてきた。

国際情勢や国民の意識の変化もあり、戦後60年の節目となった2005年になって、衆院憲法調査会が国民投票法を整備すべきだとする方向性を打ち出した。国の最高法規である憲法の改正に関わる国民の範囲をどう定めるかがⓑ国会論戦の焦点として浮上した。

憲法改正の影響は大きいため、若い世代も手続きに参加するべきだとする意見や、海外では18歳選挙権が主流となっていたことも踏まえ、07年に成立した国民投票法は、投票権年齢を「18歳以上」と明記した。その上で、社会生活のルールを定める民法の成人年齢を連動させるべきかを「宿題」として投げ掛け、議論の舞台は法制審議会（法相の諮問機関）に移った。

法制審での審議は白紙の状態からスタートした。ただ、参政権とは別物の成人年齢を引き下げる積極的な理由は乏しく、高校生や有識者、教育関係者からは「マルチ商法が高校内で広まる危険性がある」「社会のことを学んだ上でないと成人の自覚は生まれない」「高校の指導、教育に支障が出るおそれがある」――など反対意見が相次ぎ、賛否は最終盤まで拮抗した。

このため、法制審は、引き下げのデメリットを解消する環境整備をセットにして求め、法整備の時期も国会の判断に委ねることで、もつれた議論を決着させた。09年の答申では、成人年齢は18歳に引き下げるのが適当としつつ、若者の自立や消費者被害拡大の解決につながる施策が実現されることが必要だとした。

ⓒ国会では、選挙権年齢が先だって審議され、20歳以上から18歳以上に引き下げる改正公職選挙法が15年に成立した。それを追う形で成人年齢を引き下げる改正民法が成立したのは、法制審の答申から9年後の18年になってのことだった。

ある法務省幹部は「法制審の議論を契機に、法教育や消費者教育の重要性が一層認識された。教育現場での実践的な取り組みにつながり、若者が大人として飛び立つための滑走路の整備が進んだ。社会の活力の源として若い世代が活躍できるよう、社会全体で考えていく必要がある」と指摘する。

記事の見出し

『18歳 期待担い大人に』

出典：「毎日新聞」2022年4月1日朝刊（問題文作成のため一部改稿）

問1 記事中の空欄 [X] には、憲法の改正要件が書かれています。 [X] に入れる語句として適当なものを、次の①～④の中から一つ選びなさい。

① 「衆参両院の総議員の3分の2以上の賛成で国会が発議し、国民投票で過半数の賛成を必要とする」
② 「衆参両院の総議員の過半数の賛成で国会が発議し、国民投票で3分の2以上の賛成を必要とする」
③ 「衆議院議員の3分の2以上の賛成で国会が発議し、国民投票で3分の2以上の賛成を必要とする」
④ 「参議院議員の過半数の賛成で国会が発議し、衆議院議員と国民投票で過半数の賛成を必要とする」

問2 傍線部ⓐに関連して、成年の消費者に関連する法や制度について述べた文として**誤っているもの**を、次の①～⑤の中から一つ選びなさい。

① 消費者保護基本法は、2004年に改正されて消費者基本法となった。この法改正によって、消費者の権利の尊重とその自立支援に重点が置かれるようになった。
② 2009年には、政府全体の消費者政策を計画的かつ一体的に推進するため、消費者庁が設置された。
③ 製品に欠陥《けっかん》があって消費者が損害を受けたとき、製品に欠陥があることが証明できれば、製造物責任法（ＰＬ法）にもとづいて製造業者に損害賠償を求めることができる。

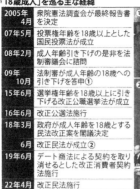

④ 商品の購入の際に、重要事項について事実とは異なることを告げられていた場合には、消費者契約法によって、契約を取り消すことができる。

⑤ 自ら店舗《てんぽ》に出向いて購入した商品の内容が気に入らなければ、購入から経過した期間に関係なく、代金の返還を全額請求できる。

問３　傍線部ⓑに関連して、国会や国会議員について述べた文として**誤っているもの**を、次の①～⑤の中から一つ選びなさい。

① 衆議院や参議院は国の行政について調査を行い、証人を会議に出席させて供述《きょうじゅつ》させたり、記録の提出を要求したりする権限を持っている。

② 国会は、不適任だと訴えられた裁判官を辞《や》めさせるかどうかを決めるために、衆参両院の議員で構成される弾劾裁判所を設けることができる。

③ 臨時会（臨時国会）は、衆議院の解散後の総選挙の日から30日以内に召集され、内閣総理大臣の指名が行われる。

④ 国会議員には、国会の会期中は議院の許しがない限り現行犯以外では逮捕されない特権がある。

⑤ 国会議員には、議院内の発言や表決について議院外で法的な責任を問われない特権がある。

問４　傍線部ⓒにあるように、改正公職選挙法によって18歳以上にも選挙権が認められるようになりました。次の会話は、2022年の参議院議員通常選挙が公示された６月22日に、すでに満18歳となっていた二人の高校生の間で交わされたものです。会話中の下線部①～④のうち、当時の法制度と照らし合わせて**誤っているもの**を一つ選びなさい。

和田：昨日で僕も18歳になったよ。これで親の同意がなくてもスマホの契約ができるし、選挙権も得たってわけだ。

三浦：おめでとう。じゃあ、今日が参議院議員選挙の公示日だから、私たちは二人とも今度の選挙で投票に行けるんだね。最初の投票ってなんだか緊張しない？

和田：うん、だけど僕は今度の投票日に部活の大会が重なって投票に行けないんだ。

三浦：それでも投票はできるよ。①仕事などで投票日に投票できない場合でも、期日前投票はできることになっているんだよ。

和田：そうなんだ、知らなかった。今度、期日前投票制度について調べてみるよ。ところで、僕たちの同級生でも、17歳の子たちには選挙権はないんだよね？

三浦：そう、②同じ学年でも年齢の違いで選挙権のある子とない子がいることになるね。

和田：そう考えると、友達の分まで自分の１票を大切にしないといけない気がしてきた。あと、僕のSNSに昨日こんなメッセージが届いたんだけど、見てみてよ。

三浦：君と同い年の子からの投票の依頼だね。③満18歳になったら選挙運動も認められているから、法的に問題はないね。

和田：このメッセージをくれた友達は、親戚に政治家が何人もいて、将来は自分自身も県議会議員に立候補するつもりらしいよ。

三浦：政治に関心が強い子もいるもんだね。④県議会の議員の被選挙権は18歳以上だから、その子は県議会の議員に立候補できる年齢に達したってことだね。

※　会話をしている二人は、いずれも投票日にいたるまでに10年以上住民票を移していないものとします。

問５　記事から読み取れることを述べた文として適当なものを、次の①～④の中から一つ選びなさい。

① 1950年代に、憲法改正の要件になっている国民投票の手続きについて定めた国民投票法が成立した。

② 民法の改正で成人年齢が20歳から18歳に引き下げられる以前に、選挙権年齢は20歳以上から18歳以上に引き下げられていた。

③ 民法の成人年齢を引き下げることについての議論が法制審議会で行われ、高校生や有識者、教育関係者などからは賛成が相次ぎ、反対の声はほとんど上がらなかった。

④ 満18歳以上は成年と規定されたため、デート商法による契約は、原則として取り消すことができなくなった。

2023(R5) 愛知高
教英出版

一　般

令和４年度

愛知高等学校入学試験問題

国　語

（45分）

注　意

1．問題は 一 から 三 があります。

2．問題の内容についての質問には応じません。
印刷のわからないところがある場合には、静かに手をあげて監督の先生の指示に従いなさい。

3．解答はすべて解答用紙に記入しなさい。
氏名、受験番号を書き落とさないように注意し、解答し終わったら必ず裏がえして机の上に置きなさい。

4．字数制限がある記述問題においては、句読点は字数に数えることとします。

5．解答用紙だけを提出し、問題用紙は持ち帰ってよろしい。

2022(R4) 愛知高
教英出版

一　次の**文章Ⅰ**と**文章Ⅱ**は、岡田暁生氏が新型コロナウイルスの流行下における音楽を中心とした文化・芸術のあり方について述べた『音楽の危機』の一部です。これを読んで後の問に答えなさい。ただし、設問の都合で一部省略・改変しています。

文章Ⅰ

今回の事態を①端的にいうなら、それは「文化」がウイルスとそれについての衛生学的知見の前に屈したということなのだと思う。猛獣と違って人間は一人では生きてはいけない。「三密空間」はこの人間存在の核心にかかわる事柄だ。人は特別な場所に集って肩を寄せ合うことを通して、これまでなんとか生き延びてきたのであり、今でも何か危機が迫ってくると反射的に狭いところで肩を寄せ合おうとする。それはまさに広い意味での「ともに祈る」行為であったはずだ。

コロナ禍で自粛要請が出された職種には、わたしたちのこうした②人類学的な遠い過去の記憶がかすかに残っているものが少なくない。劇場も図書館もカラオケも、たとえ現代においてどんなに世俗化されてわかりづらくなっていようとも、「特別な場所に集ってともに祈る」という人の古い本能と深くかかわっているだろう。芝居もライブハウスも競馬も野球観戦も、人が恋しくて集まる空間という一面があり、ファンが全員でともに祈る空間でもあっただろう。こうしたものの総体をわたしたちは「文化」と呼んできた。しかるにコロナによってわたしたちは、よりによって最も不安で人恋しいときに、その不可欠の前提である三密空間を手放さざるを得なかった。

文化人類学に「聖と俗」という二分法がある。人間社会の起源についての根本理論として「聖／俗」は、今まで多くの人類学者の中心的関心事となってきた。それは「聖＝宗教的なもの」と「俗＝日常的なもの」の二分法であって、前者を俗世界（日常世界）から分離され聖別されたものと考える。例えば※エリアーデは、「俗」の世界が均質かつ中性的でどこまでも広がる幾何学的なものであるのに対して、「聖」の世界は不均質で周囲から断絶されているという言い方をする。周囲から切り取られ、囲い込まれている。まさに「三密」である。③わたしが右に広い意味での「文化」と呼んだものは、ほぼ聖俗理論でいう「聖」の領域に属する。

例えば特別な儀式に際してのみ開帳される秘仏のようなものを考えればいいだろう。それらをみだりに見たり触ったりしてはいけない。特別な機会にしか目にしてはならない。あるいは、秘儀と違って一見開かれているとみえる祭りもまた、特定の時間／空間への人々《ひとびと》の囲い込みだ。だから縁日の射的を平日のオフィス街（もちろんこれは「俗」の均質で中性的な世界である）でやったりしたら、［A］日常世界の中へ持ち込めば、おかしな目で見られることにもなる。聖なるものは禁止＝タブーの対象であり、日常から分離された特別な時間／空間においてだけ、経験を許される。そして密閉された時空の中で人々は、肩を寄せ合いながら特別な場の空気を共有する。

今日のわたしたちは、いわゆる「文化」を芸能や風俗や遊興から※峻別《しゅんべつ》する。「美術館はゲームセンターとは違う」と考える。「文化の殿堂」といった言い方があるように、文化は神聖なものであって、対するに遊興・賭博《とばく》の類は「俗」なものというわけだ。しかし聖俗理論に照らすと、面白いことがわかる。平時において人々が「文化」と思っているものの多く、そして同じく平時において（大なり小なり蔑《さげす》みをもって）「風俗（娯楽、遊興、芸能など）」のレッテルを貼っているものの多くが、文化人類学的にいえば④どちらも同じ「聖」の領域にルーツをもっているのである。

文章Ⅱ

いうまでもないが、従来のコンサートホールもライブハウスも、ただの通りすがりは入れない。外から覗《のぞ》くわけにはいかない。密閉空間だからである。入るにはチケットという名の許可証が要る。一体なぜ？　もちろん理由の一つは、※第一章で述べた「三密空間」に固有の宗教共同体的なものの名残りだろう。志を同じくする者だけが集う場ということだ。それは人類が地上で最もか弱き動物の一種だった遠い過去の記憶、洞穴の中で恐怖に震えながら互いに身を寄せるしかなかった時代の思い出だ。それに対して「三密」の二つ目の理由は、おそらく宗教的なもののおよそ対極、つまり ⑤ 主義の論理と想像される。すでに示唆したように、※スクエア空間に詰め込めるだけ人を詰め込んで金をとり、利潤をあげるということだ。金を払わないやつは入らせない――身も蓋もないが、これは否定しようがない。

　そして三つ目の理由として、「近代にあって芸術は人間のための鑑賞物となった」ということがある。「芸術が人間のため」とは当たり前に聞こえるかもしれないが、しかしかつては違った。これまた第一章で示唆したように、芸術やスポーツの起源の多くは奉納だった。ギリシャ悲劇も日本でいえば能も、屋外で行われるものだった。それらは雲に乗って通りかかった神々《かみがみ》に捧《ささ》げるものであって、人間はそこに立ち会うだけだったとすらいえるのだ。ルネサンスは古代ギリシャの半円劇場を再興しようとした。しかし一つだけ決定的な違いがあった。それは、⑥ルネサンスにおいては劇場に屋根で蓋がされ、その天井には星と雲が「描かれた」ということだ。芝居は雲に乗った神々に見せるものではなくなった。イタリアのヴィチェンツァにある※パッラーディオ設計のテアトロ・オリンピコは、こうした「人間のための劇場」の※嚆矢《こうし》である。

　いうまでもなく「新しい生活様式」においては、「換気」が強く要請されている。ただし休憩時間に扉を開けるといったことだけでは、そこにはまだ衛生学的な意味しか存在していない。扉を少し開けることで人間の空間感覚がどう変わるかを、もっと突き詰めて考えたい。※一見《いちげん》さんお断り的な気配が漂う小料理屋であっても、換気のために少し扉が開いていて中が覗けると、密閉時とはまったく違う印象が生じないか？　音楽をする空間も同じだ。文字通り風通しがよくなる。部外者が「なんだろう？」と覗く隙間ができる。もちろん密閉することによってしか得られない、人の集いの圧縮エネルギーというものはある。 B 外と内の空気がまじりあうことで、それまでにはなかった音楽空間が生まれることも間違いない。例えばライブの一部、苦情などが来ない静かな曲などで、扉をあけ放って外から覗き見できるようにすれば、新しいファン獲得のための格好の誘い水にもなると思うのだが。

　本書の「まえがき」でわたしは、※三月七日のびわ湖ホールの『神々の黄昏《たそがれ》』以来四ヵ月近く、一度もライブの音楽を聴かなかったと書いた。だが音楽イベントがほぼ全面的に中止になっていた三月から六月半ばまでの間に、実は一度だけわたしは生の音楽を耳にしている。四月はじめのことである。勤務先への道すがら、まさに「通りすがり」の寺のお堂（百萬遍知恩寺《ひゃくまんべんちおんじ》）で、扉が開け放たれ、僧侶たちがお経をあげていたのである。あまりに荘厳な響きに胸をうたれ、近づいてみると「感染症終息平癒祈願別時念仏　どうぞご自由におあがりくださいましてお念仏をお唱えください」と貼り紙があった。一週間にわたり毎日午後一時から三時までやっているようであった。わたしは時も忘れてお堂の外でしばらく聴き惚《ほ》れていた。⑦それはこういうときに最もふさわしい「音楽」と思えた。こういう営みこそが音楽の原点なのだと強く感じた。やがてその場を立ち去ろうとすると、中から僧侶の一人が出てきてわたしを呼び止め、お札を渡してくれた。「奉修大祈願　除病除災家内安全」と書いた護符であった。

　この出来事はわたしに多くのことを考えさせた。そもそも音楽とは「絆《きずな》」を確認したり、「感動」を消費したりするようなものだったのだろうか？　むしろ天へのお供え物のようなものではなかったか？　「分け隔てなく通りすがりの人すべてに分け与える音楽」というものもあるのではないか？　件《くだん》のお堂のように「閉じているのだけれど、隙間も空いていて、外から中をうかがえる空間」があっていいのではないか？

　これらのことを今のライブハウスやホールにどう応用するかについては、いろいろ解決困難な現実的問題もあるだろう。しかし密閉空間に少しだけ隙間を穿《うが》ち、「閉じているのだが開いている」という風通しの部分、つまり「外」と「内」の境界領域を作ることは、まったく別の表現を切り開く端緒になると思う。そう、こんなときだからこそ、パソコンという端末の前に座しているだけではなく、こんなときでなければ考えられなかった新しい「音楽をする場」を探そうではないか。

（岡田暁生『音楽の危機』）

※注
エリアーデ……ルーマニアの宗教学者。
峻別……きびしく区別すること。
第一章……文章Ⅰを含む章を指す。
スクエア……四角形。正方形。
パッラーディオ……イタリアの建築家。
嚆矢……物事のはじまり。最初。
一見さん……なじみのない初めての客。
三月七日……ここで述べられているのは二〇二〇年の出来事である。

【問一】空欄 A 、 B にあてはまる語として、最も適切なものを次からそれぞれ選び、記号で答えなさい。

ア なお　イ つまり　ウ 例えば　エ ところで
オ あるいは　カ しかし　キ なぜなら　ク それとも

【問二】傍線部①「端的に」の本文における意味として最も適切なものを次から選び、記号で答えなさい。

ア すばやく正確に
イ 率直にはっきりと
ウ それとなく遠回しに
エ 主張の一部を示して
オ 要点を手短にまとめて

【問三】傍線部②「人類学的な遠い過去の記憶」とありますが、これを具体的に述べている一文を 文章Ⅱ の中から抜き出し、最初の五字を答えなさい。

【問四】傍線部③「わたしが右に広い意味での『文化』と呼んだものは、ほぼ聖俗理論でいう『聖』の領域に属する」とありますが、それはなぜですか。最も適切なものを次から選び、記号で答えなさい。

ア 自分が内面に抱えている不安を、他人とかかわり合うことで解消できる場だから。
イ 周囲から隔てられた空間へ、ある物事のために多くの人が集まっているから。
ウ 多くの人が、誰かとかかわることを目的として集まっている場だから。
エ 実行するにあたっての制約が厳しく、誰もが体験できるわけではない特別なものだから。
オ 今日まで続く芸能やスポーツの多くは、神々への奉納が起源とされているから。

【問五】傍線部④「どちらも同じ『聖』の領域にルーツをもっているのである」とありますが、次の例のうち筆者の述べる「『聖』の領域」に**あてはまらないもの**を一つ選び、記号で答えなさい。

ア 図書館での読書
イ 雪山でのスキー
ウ 映画館での試写会
エ 自宅での試験勉強
オ レストランでの食事

【問六】空欄 ⑤ にあてはまる語として最も適切なものを次から選び、記号で答えなさい。

ア 民主　イ 博愛　ウ 資本　エ 利他　オ 軍国

【問七】傍線部⑥「ルネサンスにおいては劇場に屋根で蓋がされ」とありますが、これはどのようなことを示していますか。最も適切なものを次から選び、記号で答えなさい。

ア 従来神々への奉納だけであった芸術の目的が、ルネサンス以降に多様化してきたことで、その表現方法がさまざまに進化していったということ。

イ　以前は屋外で行われてきた芸術活動が伝統に反して屋内でなされるようになったことで、その表現の幅が大きく広がり、人間の空間認識をも変容させたということ。

ウ　芸術活動が行われる場が屋外から屋内へ移ったことで、神々だけが鑑賞するものであった芸術を、人間もその場を神々と共有して楽しむようになったということ。

エ　それまで神聖なものとされてきた芸術が世俗化したことで、劇場に屋根を設け、周囲の目につかないように包み隠す必要が生じてきたということ。

オ　従来は神々に捧げるために屋外で行われてきた芸術活動が人間のためのものと考えられるようになったことで、芸術活動の場から神々の存在が排除されていったということ。

【問八】傍線部⑦「それはこういうときに最もふさわしい『音楽』と思えた」とありますが、筆者が「ふさわしい」と考える理由を説明した次の文章から、**誤った内容**を含む一文を抜き出し、最初の五字を答えなさい。

感染症対策で三密を避けざるを得ず、未知の病気に対して人々の不安が増大しつつある中、さまざまな場面で自粛を強いられている状況で、多くの音楽イベントも中止になっていた。
　こうしたとき、筆者は開放されたお堂で僧侶たちがお経をあげている光景に出会った。その光景を通して筆者は、音楽は本来神々へ奉納するものであったことに気づかされた。また、音楽が生み出す強いエネルギーが人々の「絆」をより強いものにし、「感動」が生まれる源泉となることを再認識した。
　文化がウイルスに屈したかに見える現在において、すべての人に芸術を分け与えるために、「外」と「内」の境界領域を作り、新たな表現方法を探っていくことを筆者は提案している。読経の光景が「ふさわしい」のは、コロナ禍という不安な状況においてともに祈りながら、新しい形での音楽の楽しみ方をつくりだすという人々の希望になり得るからである。

【問九】文章Ⅰと文章Ⅱの構成に関する説明として最も適切なものを次から選び、記号で答えなさい。

ア　文章Ⅰでは、文化と芸術の間に密接な関わりがあることを複数の観点から述べ、文章Ⅱでは、それらの論をふまえてコロナ禍だからこそ考えられる芸術の新たな表現方法を探ろうとしている。

イ　文章Ⅰでは、コロナ禍において自粛が求められているものに共通する本質を指摘し、文章Ⅱでは、それを含めた複数の考察をふまえてコロナ禍における芸術のあり方の可能性を提示している。

ウ　文章Ⅰでは、「文化」と「風俗」として区分されているものに共通する起源があることを説明し、文章Ⅱでは、それをもとに困難に陥った人々に対して芸術が与える影響の大きさを論じている。

エ　文章Ⅰでは、文化の成立には多くの人が集まることが不可欠であると指摘し、文章Ⅱでは、その論を受けてコロナ禍の現在においても芸術が多くの人に共有されるべきであると再確認している。

オ　文章Ⅰでは、非常時に「文化」と呼ばれるものが自粛を強いられる要因を考察し、文章Ⅱでは、それを受けてさまざまな方法で多くの人に芸術の魅力を伝えていくべきであると述べている。

二

次の文章を読んで後の問に答えなさい。

　主人公の伊東千秋《いとうちあき》は、食品加工会社『銀のさじ』に営業職（客に自社製品をアピールして売り上げに貢献する職）として勤務している。
　千秋は、自社の製品である風味調味料『銀の和風だし』の取引先を開拓するため、商品の魅力を伝えるプレゼンテーションの準備を進めていた。しかしある朝、上司の鷹田《たかだ》課長から突然「今日の午後にプレゼンテーションに行く」と言われてしまう。

「……秋。……ちょっと、ねえ千秋ってば！」

はっと我に返って見やると、さと美が向かいの席からこちらを見ていた。

「どうしたの、大丈夫？」

「……ぜんぜん大丈夫じゃないよ」

思わず、情けない声がもれる。

同じ営業部内のあちこちからも、だいたいの事情を察した同情的な視線がちらほらと注がれているのを感じる。なおさら焦りがこみ上げる。

「なんか、細かいことまではよくわかんないけど、かなりヤバいってことだけはわかるわ」さと美は言った。「しっかりしなよ、千秋らしくもない。私にできることがあったら言って、手伝うから」

「でも、さと美のほうは？」

「今んとこは大丈夫。私のは正真正銘、明日までだから」(あ)ベリーショートの形良い頭をふりたてて、さと美はきびきびと言った。「ほら、やれることから何かやんなきゃ。泣いてたってどうにもなんないじゃん」

彼女の言うとおりだ。

「だ、誰が泣いてるって？」

「よし、①その調子」

千秋は、急いで今の状況をさと美に説明した。同僚の頭の回転の速さ、理解のスピードが、こんなにありがたく思えたことはない。

まずは、そろえるべき資料のうち、すでに準備できていたいくつかのプリントアウトをさと美に頼む。鷹田課長と自分と、それに訪問先の人数ぶん、各資料に表紙をつけた上でホッチキスで綴《と》じ、社の封筒に入れてゆくだけでも、千秋一人ではかなりの時間を取られてしまう。さと美にそちらを任せられれば、その間に別の、作りかけだった資料のほうに❶センネンできる。

「ほんとに助かる。［　A　］ってこのことだよ」

腕まくりでパソコンに向かいながら言うと、

「いっこ貸しね。Cランチ三日分でいいよ」

笑って返された。

けれど、②こんなことでいいのだろうか。とりあえず商品そのもののデータや、他社の競合品との❷ヒカク資料は用意できても、それだけで相手を説得することができるようには思えない。ただ紙の上に数字を並べて訴えても、商品の持ち味や魅力がいったいどれだけ伝わるだろう。しかも今回アピールしなければならないのは、鳴り物入りで発売される新商品などではない。いくらパッケージが変わり、味わいも※マイナーチェンジして以前より美味しくなったとはいえ、商品名は以前と同じ『銀の和風だし』のまま変わっていないのだ。

このままでは、鷹田課長からの課題をクリアできない。

〈(い)先方に、『わざわざ時間を割いたのはこの程度の説明を聞かされるためか』と思わせたら負けだからな〉

それなら自分だって何か考えてよ！　とは、(う)どんなに言いたくても言えない。パソコンのキーボードに走らせる指がふるえ、ミスタッチばかり多くなる。どうしよう、いいアイディアなんか何も考えつかないよ。ああ、本当にどうしたら……！

と、その時、Xふっと脳裏に浮かんだ顔があった。いや、顔より先に声だ。

〈たくさん売れるといいわね〉

開店前のだだっ広い売り場の情景がひろがる。

〈っていうか、頑張って売らせてもらいます。このソースが美味しいってことは私もよく知ってるから、胸を張ってお客さんに勧められるわ〉

デスクに置いていた携帯を手に取ると、千秋は名前を検索し、通話ボタンを押した。※あの皮肉な笑いを思い出すとまったく気は進まないが、背に腹はかえられない。

デスク越し、さと美と目が合う。③怪訝《けげん》そうな顔の彼女に、とりあえず頷《うなず》いてみせる。

ようやく電話が繋《つな》がった。

「……あ、おはようございます、『銀のさじ』の伊東です」

今、ちょっとだけよろしいですか、と訊《き》くと、串田《くしだ》店長は面倒くさそうに言った。

「手短にならね」

無理もない。あのスーパーが店を開けるのは朝九時半。今はちょうど、開店して間もない慌ただしい時間帯だ。

「すみません、ありがとうございます」携帯を耳に当てながら頭を下げる。「先日は、便宜を図って頂いて本当に助かりました。それでですね、あの時にご紹介頂いた、売り場の女性責任者の、田丸《たまる》さん……あの方は、今日はお店にいらっしゃってますでしょうか」

「えーと、どうだったかな」何かを確認する様子の間があって、再び声がした。「来てるようだけど、それが何か?」

思わず安堵《あんど》の息がもれる。

「ええ、じつはちょっとまた別件で、現場を詳しく見てらっしゃる方のご意見をお聞きしたかったものですから」

「(え)え、なに。つまり、彼女を探して呼んでこいってこと?」

「いえ、まさか。私のほうから伺います。お忙しいのは存じておりますので、お邪魔しない程度に少しだけ」

「来るって、いつ」

「今からすぐ出ます。三十分後には伺いますので」

すみません、よろしくお願いします！　とまた④頭を下げながら、千秋はデスクの下に押し込んであったバッグに手を伸ばし、同時に社内用の楽な靴から、外回り用のヒール靴へと急いで履き替えた。

売り場の女性責任者の名前をはっきり覚えていたのは、先日、パスタソースを陳列する際に手伝ってくれたその人が別れぎわに名乗ってくれたせいばかりではない。店のスタッフお揃《そろ》いのエプロンの胸に大きな名札がついていて、作業の間じゅう何度もそれを目にしていたからだ。田丸恵美子《えみこ》。几帳面《きちょうめん》な手書き文字だった。

千秋は恵美子が勤務するスーパーに駆け付ける。恵美子は、『銀のさじ』の調味料はボトルのデザインがおしゃれなこと、塩分を含まない粉末状のため使い勝手がいいことなど、商品の魅力を丁寧に説明してくれた。

千秋は、⑤手帳の陰でちらりと腕時計に目を走らせた。もうすでに十時半を回ってしまった。急がなくては間に合わない。

「あの、ごめんなさい。あともう少しだけ、お時間頂いていいですか?」

「はいはいどうぞ。……なんだかそうしてメモ取ってると、若い女刑事さんみたいね」

「ええ、大事な聞き込み調査です」千秋は笑ってみせた。「『銀の和風だし』ですけど、塩分以外のお味についてはいかがですか?」

「そうねえ。上品で味わい深くて、私はとても気に入ってます。あと、シリーズ揃って言えることだけど、化学調味料が無添加っていうのもポイント高いと思うの。こんな時代だから、お客さんはそういうところすごく敏感よ。安いだけのものには飛びつかない」

「でも、現実には……」千秋は棚を見回し、すぐ隣に並んでいる他社の類似商品を指さした。「たとえばこちらを選ぶ人のほうが、やっぱり多かったりしませんか?　昔からあるぶんポピュラーだし、しょっちゅう特売をしているでしょう?　毎日使うものだけに、少しでも安上がりなほうが、みたいな」

「そりゃ、お宅によって経済事情はそれぞれでしょうけど……」田丸恵美子は考え考え言った。「客層という意味で言うなら、ここのお店のお客さんは、わりとお財布に余裕のある人が多いようなのね。比べてみて、どっちかがむやみに高ければ迷うけど、わずかな値段の差だったら、子どものために少しでも安心できるもののほうがとか、見た目におしゃれなもののほうがとか、そういう部分ってけっこう大きく作用してると思うわよ。商品を選ぶ上で」

「なるほど」

「もちろん、お味もね。ふだんから化学調味料に慣れてしまうと感じないけど、しばらく無添加のものだけ使っていると、もう戻れないのよ。やっぱり自然のものがいちばん」

うなずきながら手帳に、〈価格差わずか→子どもに安心、おしゃれなほう、無添加〉と書きつける。

注がれる視線を感じ、ふと顔を上げると、田丸恵美子と目が合った。慈愛に満ちあふれた眼差《まなざ》しだ。

「……あの、何か？」

戸惑いながら訊く千秋に、彼女はふふふ、と微笑んだ。

「よく頑張ってるなあ、って思って」

「え」

「失礼な言い方してごめんなさい。でもきっと、あっちからもこっちからも勝手なこと言われて、無理難題押しつけられて、さぞかし大変なんだろうなって」

びっくりした。思わず、どうしてわかるんですかと訊くと、ころころと笑われた。

「そりゃわかるわよう。私の若い頃も似たようなものだったもの。昔、食品じゃないけど営業の仕事をしていたことがあってね」

「そうだったんですか！」

ああ、だからか、と思った。恵美子の観察眼の鋭さや、こちらの知りたいことに答えてくれる言葉の的確さは、過去に営業の経験があってこそのものだったのか。いっぺんに、胸に落ちるものがあった。だからこそ自分は、追い詰められた時にこのひとの顔を思い浮かべたのだ。

「しんどかったわよう」昔を懐かしむようにふと遠くへ目を投げて、恵美子は言った。「ほら、会社の損得と、お客さんの損得って、しょっちゅうすれ違うじゃない？ お客さんに対して親身になり過ぎると上司からお説教くらうし、かといって目先の損得だけ考えてるとお客さんは離れていくし」

「ほんとにそうですね」

「でも、大丈夫」(お)目尻にあたたかな皺《しわ》を刻んで千秋を見上げてくる。「自信持っていいわよ。お宅の商品はどれも、味では一番だから。わかる人にはちゃーんとわかる」

「……ありがとうございます」

心から頭を下げる。『銀のさじ』を選んで入社した初心を、今ここへ来て肯定してもらえた気がした。

「頑張ってね。きっともう、充分過ぎるくらい頑張ってると思うけど」

うなずいて、千秋は手帳を閉じた。

（村山由佳『風は西から』より一部省略・改変）

※注

マイナーチェンジ……小さな手直し。

あの皮肉な笑い……以前に千秋が串田店長のスーパーでパスタソースのフェアを実施した際、展示方法に対して率直に考えを述べる千秋を、串田店長がからかったことがあった。

【問一】傍線部❶「センネン」、❷「ヒカク」を漢字に直しなさい。

【問二】空欄 A にあてはまる慣用句として最も適切なものを次から選び、記号で答えなさい。

ア 竹馬の友　イ 鬼に金棒　ウ 思う壺《つぼ》

エ 火の車　オ 地獄で仏

【問三】傍線部①「その調子」とありますが、さと美は千秋のどのような様子に対してこう言ったのですか。最も適切なものを次から選び、記号で答えなさい。

ア 周囲からの助言を素直に受け入れ、「泣き言を言わずに仕事に取り組もう」と冷静に事態をとらえる様子。

イ すぐに気持ちを切り替え、「弱気になっているなどとは言わせまい」という負けん気の強さを取り戻した様子。

ウ 同僚からの厳しい指摘にむきになり、「仕事では絶対に負けたくない」と意地を張っている様子。

エ 自分に対する誤解をそのままにできず、「自分はその程度の人間ではない」と論理的に説明しようとする様子。

オ 自分の状況を客観的に分析しながら、「動揺していたのは誰だったか」ととぼける余裕も出てきた様子。

【問四】傍線部②「こんなことでいいのだろうか」とありますが、千秋の疑問を具体的にしたものとして最も適切なものを次から選び、記号で答えなさい。

ア　あえて小さな変化にとどめて従来の客を大切にしようとした商品なのに、無理に新規の客を取り込もうとしていいのだろうか。

イ　上司の都合でスケジュールが早まったのに上司からは何のアイディアももらえず、部下だけが無理な仕事をしていいのだろうか。

ウ　今回の商品は新鮮味に欠けるのに、今ここで準備できるデータや数字を大急ぎで整えるだけで、相手を納得させられるだろうか。

エ　上司から信頼されて自分に任された仕事なのに、周囲の力を借りて作った資料で、自信をもって相手に説明できるだろうか。

オ　独創的なアイディアをじっくりと練り上げたいのに、周囲からやり方や期限を決められて、柔軟に考えることができるだろうか。

【問五】傍線部③「怪訝そうな顔の彼女に、とりあえず頷いてみせる」とありますが、ここでさと美と千秋の二人が互いに思っていることとして適切なものを後から一つずつ選び、記号で答えなさい。

(1)　さと美　　(2)　千秋

ア　一刻を争う状況で、想定外の行動をとる相手の意図がわからず、不思議に思っている。

イ　あたたかい気持ちで見守りつつも、相手の焦りや不安を想像し、心配に思っている。

ウ　相手の行動の必要性が理解できたわけではないが、信頼して様子を見ようと思っている。

エ　相手の心配も理解したうえで、自分でも確信は持てないものの、任せてほしいと思っている。

オ　自分でもうまくいくかわからず不安で、相手からの賛同を求めたいと思っている。

カ　相手が自分に意見しようとしているのを察し、それに従おうとしていることを示している。

【問六】傍線部④「頭を下げながら、千秋はデスクの下に押し込んであったバッグに手を伸ばし、同時に社内用の楽な靴から、外回り用のヒール靴へと急いで履き替えた」とありますが、この表現からは**読み取れないもの**を一つ選び、記号で答えなさい。

ア　相手に見えなくてもしぐさで感謝を表現する千秋の律義《りちぎ》さ。

イ　デスクの下の奥深くにバッグをしまい込む千秋の慎重さ。

ウ　一刻の猶予も許されない状況に置かれた千秋の焦り。

エ　外回りの際の身だしなみに気をつかう千秋の礼儀正しさ。

オ　必要なことを瞬時に判断し、行動できる千秋の器用さ。

【問七】傍線部⑤「手帳の陰でちらりと腕時計に目を走らせた」とありますが、このあとに続くやりとりもふまえると、ここには千秋のどのような心情が表れていると考えられますか。最も適切なものを次から選び、記号で答えなさい。

ア　じっくり言葉を選び、考えて話す恵美子の様子がじれったい。時計を見ることで自分が急いでいることをそれとなく伝えたい。

イ　協力的な恵美子ではあるが、会社で追い込まれている自分の状況は隠したい。時間を確認しているだけと思っていてほしい。

ウ　急いでいる以上時間は確認したいが、恵美子に気を遣わせたくない。他のことを気にせず、しっかり意見を伝えてほしい。

エ　恵美子は肯定的な意見を述べてくれているが、いよいよ時間が限られてきた。現実的な厳しい意見も率直に伝えてほしい。

オ　必死に手帳に記録する自分の姿を示したい。重要で緊急性の高い調査であるので、恵美子にも真剣に答えてほしい。

【問八】二重傍線部X「ふっと脳裏に浮かんだ顔があった」とありますが、千秋が恵美子を思い浮かべたのは、恵美子がどういう力を備えた人物だからですか。本文から三十一字で抜き出し、最初と最後の三字を答えなさい。

【問九】波線部(あ)～(お)は登場人物に関する表現ですが、これらについて述べた次の文のうち、本文から読み取れるものを一つ選び、記号で答えなさい。

ア　波線部(あ)からは、あらゆる難局を切り抜けてきた経験に支えられた、さと美の強い自信が感じられる。

イ　波線部(い)には、難しい仕事でも短時間で効率よく進めることが全てだという鷹田課長の信念が表れている。

ウ　波線部(う)には、上司に言いたいことがあっても遠慮し、自分の胸の内にしまいこむ千秋の慎み深さがみられる。

エ　波線部(え)からは、相手の望むことを先回りして想像し、快く協力しようとする串田店長の配慮がうかがえる。

オ　波線部(お)からは、懸命に努力する人を評価し、微笑みとともに励ます恵美子の深い思いやりが伝わってくる。

三

次の漢文（書き下し文）は、一人の人物（Aとします）が別のある人（Bとします）と冬の日に炉（火を入れて暖をとるための場所）を囲んでいたときの話です。これを読んで後の問に答えなさい。ただし、設問の都合で本文を一部省略・改変しています。

冬日《とうじつ》、人と共に炉を囲み、人の裳尾《しやうび》の火の焼く所と為るを（ある人（B）の着物の裾が火に焼かれているのを）見て、乃《すなは》ち曰《い》はく（そこで（Aが）言ったのは）、「①有リ㆓一事㆒、見ルコト㆑之ヲ已《すで》ニ久シ。（長い間これを見ていました）言はんと欲するも（言おうと思うけれども）、君の性の急なるを恐る（あなたが短気な性格であること）。然《しか》らざれば（言わなければ）、又②君を傷つけんことを恐る。然らば（そうであるなら）則《すなは》ち言ふこと是なるか（正しいのか）、言はざること是なるか。」と。

人何事ぞと問へば、曰はく（（Aが）言ったのは）、「火君が裳を焼かんとす（あなたの着物を焼いています）。」と。

其の人遽《には》かに（急いで）衣を収めて怒りて曰はく、「③何ぞ早く言はざる。」と。

曰はく、「我は君が性急なりと道《おも》ふに（思っていたが）、果《はた》して④然り。」と。

（大木康 他『中国古典小説選12　笑林・笑賛・笑府他〈歴代笑話〉』より）

【問一】傍線部①「有二一事一、見レ之已久」について後の問に答えなさい。

(1) 書き下し文として最も適切なものを次から選び、記号で答えなさい。

ア 之を見ること已に久し、一事有り。
イ 之を見ること一事有り、已に久し。
ウ 一事有り、已に之を見ること久し。
エ 一事有り、已に見ること之を久し。
オ 一事有り、之を見ること已に久し。

(2)「有二一事一」とは「あることがあった」という意味ですが、ここでAが内容を具体的に述べていないのはなぜですか。最も適切なものを次から選び、記号で答えなさい。

ア その内容をありのまま説明しても、短気なBに信じてもらえるはずがないと思ったから。
イ その内容をBに説明することがはばかられるほど、恐ろしいことが起こっているから。
ウ その内容を説明すると短気なBが動揺してしまい、結果としてBに不利益が生じるから。
エ その内容をはっきりと説明すると、短気なBの怒りに触れて叱られると思ったから。
オ その内容の危険度が低いため、Bに説明する必要があるか疑問に感じているから。

【問二】傍線部②「君を傷つけんことを恐る」とは、どういうことですか。最も適切なものを次から選び、記号で答えなさい。

ア 火がついていることをBに気づかせないまま、火傷《やけど》を負わせてしまうことが心配であるということ。
イ 明確に真実が伝わらないために、Bが早合点《はやがてん》をして自分に濡《ぬ》れ衣《ぎぬ》を着せてくる恐れがあるということ。
ウ Bの着物は高価なものであるため、これ以上燃えてしまって価値が失われるのは気の毒であるということ。
エ 火事を黙っていることに罪悪感を募らせており、この気持ちをBに分かってほしいと思っているということ。
オ 真相が判明したときに、Bが自分に隠し事をされていたと失望することを懸念《けねん》しているということ。

【問三】傍線部③「何ぞ早く言はざる」の解釈として最も適切なものを次から選び、記号で答えなさい。

ア どうして早く言わなかったのか。
イ どうして早く言ったのか。言って良いはずがない。
ウ なんと早く言ってくれたことか。
エ なぜ本当のことを言わなかったのか。
オ なぜ本当のことを言ってくれたのか。

【問四】傍線部④「然り」は「そのようであった」という意味ですが、指示内容を具体的にして解釈したものとして、最も適切なものを次から選び、記号で答えなさい。

ア あなたが火事に気がつかなかったために、すっかり着物が燃えてしまいましたね。
イ あなたが言ったように、私は火事のことを早く知らせていれば良かったですね。
ウ 私が予想していた通り、あなたは火事のことを知ってすぐに怒り出しましたね。
エ あなたは火事の被害に遭った腹いせに、私に八つ当たりをしているのですね。
オ 私が正直に真相を伝えることで、被害を最小限に抑えることができましたよ。

【問五】人物Aの説明として最も適切なものを次から選び、記号で答えなさい。

ア 自分の意見に絶対の自信を持つ人物。
イ 並外れてのんきで分別に欠ける人物。
ウ 相手の性格を見抜くことに優れた人物。
エ 細かい点まで心配してしまう気弱な人物。
オ 人に非難されてもくじけない気丈な人物。

一　　般

令和４年度

愛知高等学校入学試験問題

数　　学

（45分）

注　意

1．問題は 1 から 4 まであります。
2．問題の内容についての質問には応じません。
印刷のわからないところがある場合には、静かに手をあげて監督の先生の指示に従いなさい。
3．解答はすべて解答用紙に記入しなさい。
氏名、受験番号を書き落とさないように注意し、解答し終わったら必ず裏がえして机の上に置きなさい。
4．円周率 π、無理数 $\sqrt{2}$、$\sqrt{3}$ などは近似値を用いることなく、そのままで表し、有理化できる分数の分母は有理化し、最も簡単な形で答えなさい。
5．答えが分数のときは、帯分数を用いない最も簡単な分数の形で答えなさい。
6．計算機を使用してはいけません。
7．解答用紙だけを提出し、問題用紙は持ち帰ってよろしい。

1 次の各問に答えなさい。

（1） $\{-4^2-7\times(-2)^3\}\div(-5^2)$ を計算しなさい。

（2） $(\sqrt{7}-1)^2+\dfrac{14}{\sqrt{7}}$ を計算しなさい。

（3） y は x に反比例し，$x=-21$ のとき，$y=\dfrac{2}{7}$ である。$y=3$ のときの x の値を求めなさい。

（4） x , y についての連立方程式 $\begin{cases}3ax-by=10\\bx+2ay=-6\end{cases}$ の解が $\begin{cases}x=1\\y=-2\end{cases}$ であるとき，a と b の値をそれぞれ求めなさい。

（5） 2 桁《けた》の正の整数がある。これを 8 倍すると 3 桁になり，さらに 8 倍してもまだ 3 桁だった。最初の 2 桁の整数として考えられるものをすべて求めなさい。

（6） 2 次方程式 $x^2-ax+36=0$ の 2 つの解がともに自然数であるとき，a の値を小さい順にすべて求めなさい。

（7） 右の図において，点 A , B , C , D , E , F , G , H , I , J は円周を 10 等分する点である。
このとき，∠ x の大きさを求めなさい。

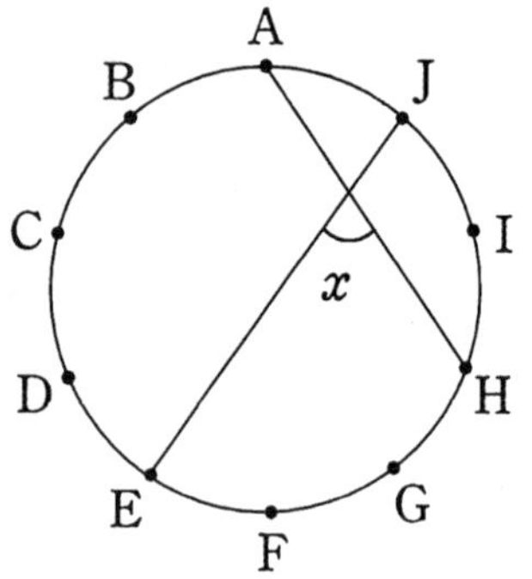

（8）　右の図のような，1 辺 20 cmの正五角形の内側に，各頂点を中心として各辺を半径とする円弧を描いたとき，図の斜線部分の周の長さを求めなさい。

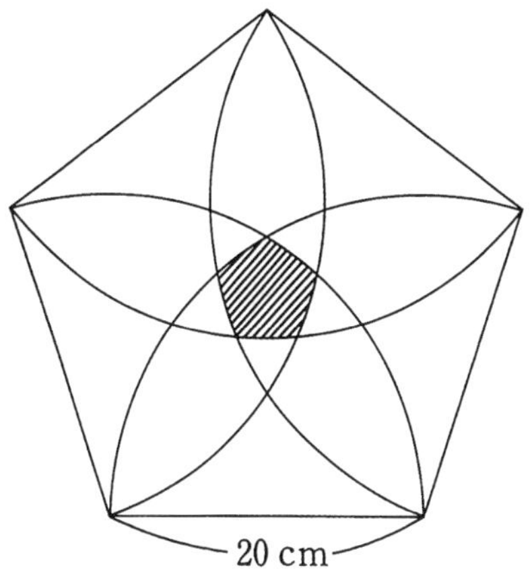

（9）　下の表は，35 人のクラスで 10 点満点のテストを行った結果である。7 点の生徒が 9 点の生徒のちょうど 3 倍いるとき，得点の中央値を求めなさい。

得点(点)	0	1	2	3	4	5	6	7	8	9	10
人数(人)	0	0	2	5	0	8	1		3		4

（10）　向かい合った面の目の和が 7 になるサイコロが 5 つある。このサイコロを接する面の数の和が 6 になるように下の図のように貼り合わせた。このとき，X の目はいくつか答えなさい。

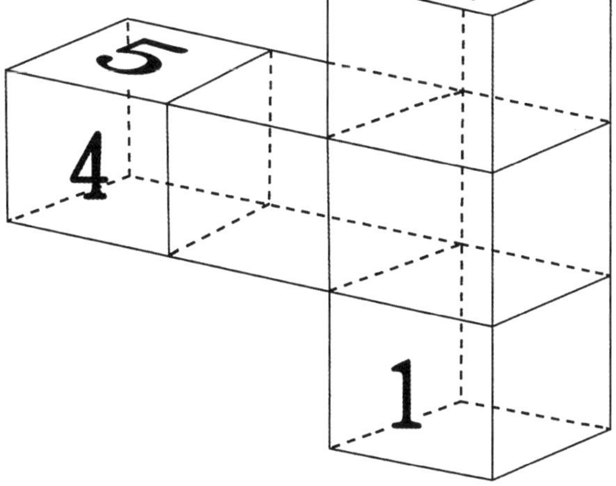

2　右の図のように，放物線 $y=2x^2$ は直線 ℓ と2点A，Bで，直線 m と2点C，Dで交わっていて，点A，Bの x 座標はそれぞれ $-\frac{1}{2}$，1である。また，直線 m は直線 ℓ に平行で，直線 ℓ よりも上方にある。
このとき，以下の問に答えなさい。

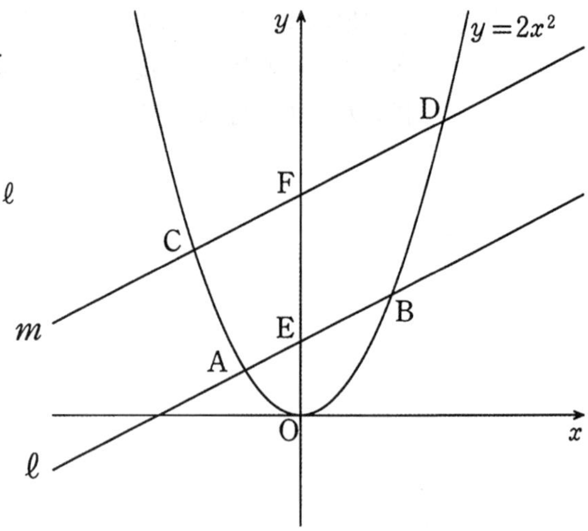

（1）　直線 ℓ の式を求めなさい。

（2）　△ABDの面積が6であるとき，直線 m の式を求めなさい。

（3）　上の図のように，y 軸と直線 ℓ，m の交点をそれぞれE，Fとする。
四角形AEFCと四角形EBDFの面積比が3：4になるとき，直線 m の式を求めなさい。

3　自然数 n の一の位の数を $\langle n \rangle$ で表すと約束する。例えば，$\langle 13 \rangle = 3$，$\langle 3^3 \rangle = 7$ である。このとき，以下の問に答えなさい。

(1)　$\langle 3^{13} \rangle$ の値を求めなさい。

(2)　$\langle 33^{2022} \rangle$ の値を求めなさい。

(3)　$\langle 3 \rangle + \langle 3^2 \rangle + \langle 3^3 \rangle + \langle 3^4 \rangle + \cdots\cdots + \langle 3^{2021} \rangle + \langle 3^{2022} \rangle$ の値を求めなさい。

4　図1のように1から10までの数が1つずつ書かれた10枚のカードがあり，また図2のような片方の面が白でもう片方の面が黒の円板が何枚かある。これらのカードから何枚かを同時に引き，カードに書かれた数の和を求め，下の【操作】を行う。ただし，1枚だけカードを引くときは，カードに書かれた数を和として考えるものとする。

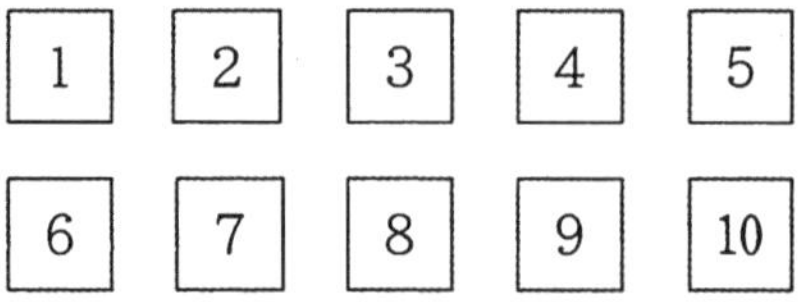
1
2
3
4
5
6
7
8
9
10

図1

図2

【操作】
最初にすべての円板を白が上になるように横一列に並べる。カードに書かれた数の和の枚数だけ，円板を左端から右へ順に1枚ずつ裏返していく。ただし，右端の円板まで裏返しても，裏返すべき枚数に足りないときは，左端の円板に戻って裏返しを続けるものとする。　※ 円板の色とは，円板の上の面の色を意味すると約束する。

例えば，右の図3のように，円板が5枚あり，[3]と[4]のカードを引いたときは，7枚の円板を裏返すことになる。

【操作】が終了すると，
円板は左から2番目までは白で，他は黒になる。

図3

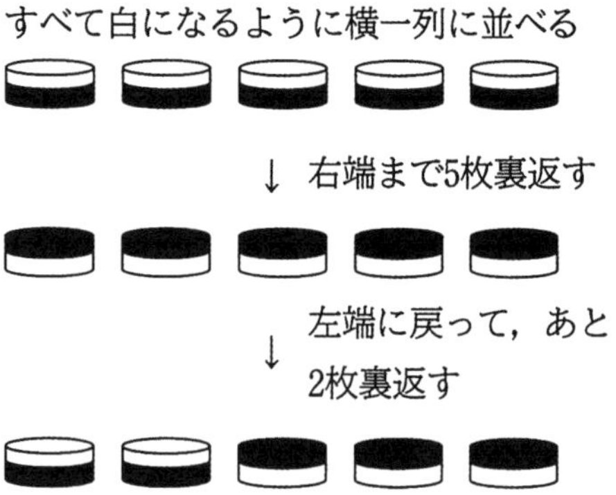
すべて白になるように横一列に並べる
↓ 右端まで5枚裏返す
↓ 左端に戻って，あと2枚裏返す

（1）　円板が全部で5枚あるとき，以下の問に答えなさい。

（a）　カードを1枚引いて【操作】を行う。【操作】が終了したとき，4枚の円板が黒である確率を求めなさい。

（b）　カードを2枚引いて【操作】を行う。
【操作】が終了したとき，円板は右の図4のようになった。2枚のカードにそれぞれ書かれている数として，考えられるものを2組答えなさい。

図4

（2） Aさんは円板を10枚，Bさんは円板をx枚もっている。Aさんがカードを何枚か引いて，Aさんと Bさんそれぞれが【操作】を行う。
例えば，Aさんが引いたカードの数の和が3であるとき，AさんもBさんも3枚自分の円板を裏返すことになる。このとき，以下の問に答えなさい。

（a） Aさんは右端の円板を白から黒にちょうど2回裏返したところで【操作】が終了した。また，Bさんは左端から2番目の円板を白から黒にちょうど3回裏返したところで【操作】が終了した。このとき，xの値を求めなさい。

（b） 【操作】が終了したとき，Aさん，Bさんともにすべての円板が黒になった。考えられるxの値をすべて求めなさい。ただし，xは10より小さい自然数とする。

一　　般

令和４年度

愛知高等学校入学試験問題

英　　語

（45分）

注　意

1．問題は I から IV です。

2．問題の内容についての質問には応じません。

印刷のわからないところがある場合には、静かに手をあげて監督の先生の指示に従いなさい。

3．解答はすべて解答用紙に記入しなさい。

氏名、受験番号を書き落とさないように注意し、解答し終わったら必ず裏がえして机の上に置きなさい。

4．解答用紙だけを提出し、問題用紙は持ち帰ってよろしい。

I　次の英文 (A) (B) を読んで、以下の問に答えなさい。

(A)

In the 1920s, a German professor named Eugen Herrigel moved to Japan to teach *philosophy at a university in Sendai. While in Japan, he wanted to learn about Japanese culture. He decided to learn Kyudo, the Japanese form of archery. Then, he found a famous Kyudo teacher named Awa Kenzo. Kenzo thought that beginners should learn the basic form of Kyudo before they tried to shoot at real targets. In fact, for his first four years of training, Herrigel could only shoot at *a roll of straw two meters away.

Herrigel thought that Kenzo's style of teaching was too (　ア　). But, Kenzo said, "It isn't important how long it takes to reach a goal. The important thing is the way you reach a goal."

Finally, the day came! Herrigel had a chance to shoot at a real target which was about thirty meters away. Herrigel tried to shoot at the target, but his *arrows did not hit the target at all. After trying for several days, Herrigel became very sad. He said, "I can't hit the target because I only practiced on ①close targets. I don't know how to hit ②distant targets!"

Kenzo looked at Herrigel and said, "The important thing is not that you can hit the target. It is important that you shoot with a good *posture without thinking about anything."

Herrigel felt *frustrated, so he said, "Well, if that is true, then you should be able to hit the target with a *blindfold over your eyes!"

Kenzo listened quietly, and then he said, "Please come to see me this evening."

In the evening, when it was dark, Herrigel went to see Kenzo again. Because it was night, it was (　イ　) to see the target in the dark. The Kyudo master performed his usual routine. He stood quietly, pulled the *bow string *tight, and shot the first arrow into the darkness.

Herrigel knew from the sound that the arrow had hit the target.

Kenzo drew a second arrow and shot it into the black night, like the first one. This time, it made a funny sound.

Herrigel ran across the yard to look at the target though Kenzo didn't move at all. He was surprised to see the arrows. In his book, *Zen in the Art of Archery*, Herrigel wrote, "When I turned on the light, I was surprised to find that the first arrow was *stuck just in the middle of the target, while the second arrow had *split the first arrow and stuck in the target." Kenzo had hit a double *bull's-eye without seeing the target.

Archery masters say that Kyudo is not done only with (　ウ　). You should use *the whole body — the way you stand, the way you hold the bow and the way you *breathe. All of these things are as important as seeing.

philosophy 哲学　a roll of straw わらを巻いたもの　arrow 矢　posture 姿勢　frustrated いらいらした
blindfold 目隠し（布）　bow string 弓の糸　tight しっかりと　stuck<stick ～を突き刺す、突き刺さる
split ～を裂く　bull's-eye 的の中心　the whole body 全身　breathe 呼吸する

2022(R4) 愛知高
K 教英出版

問１　（　ア　）～（　ウ　）に入る最も適切な語を、次の**あ～く**からそれぞれ一つずつ選び、記号で答えなさい。ただし、それぞれの選択肢は一度しか使えません。

あ	beautiful	**い**	fast	**う**	the eyes	**え**	impossible
お	early	**か**	slow	**き**	possible	**く**	fingers

問２　本文から推測して、下線部①、②の意味の組み合わせで最も適切なものを次の**あ～え**から一つ選び、記号で答えなさい。

あ　①小さい－②大きい　　**い**　①近い－②大きい
う　①本物の－②遠い　　**え**　①近い－②遠い

問３　次の a) ～ e) の文を、本文の内容に合うように時系列に正しく並べ替えたものを、次の**あ～え**から一つ選び、記号で答えなさい。

a) Herrigel practiced shooting at the target which was two meters away.
b) One evening, Kenzo shot two arrows in the dark.
c) Herrigel couldn't hit the target which was thirty meters away.
d) Herrigel started to learn Kyudo.
e) Herrigel came to Japan as a professor.

あ　d) → e) → b) → a) → c)
い　e) → d) → c) → b) → a)
う　d) → a) → c) → e) → b)
え　e) → d) → a) → c) → b)

問４　次の（１）～（３）の各組の英文において、本文の内容と一致しているものを**あ～う**からそれぞれ一つずつ選び、記号で答えなさい。

（１）**あ**　Herrigel came to Japan to learn Kyudo.
　　い　Kenzo thought that before trying to shoot at real targets, beginners should learn the basic form of Kyudo.
　　う　Herrigel was happy about Kenzo's way of teaching.

（2）あ　Herrigel decided to learn Kyudo because he met a famous Kyudo teacher.
い　Kenzo thought that the important thing is to shoot with a good posture.
う　Herrigel could shoot at the target easily after learning the basic form of Kyudo.

（3）あ　One evening, Kenzo's arrows couldn't hit the target at all.
い　Herrigel was sad because he couldn't see the target in the dark.
う　Herrigel heard a strange sound after Kenzo's second shot.

(B)

Do you know the Japanese word *Zanshin*? It is a word used in *martial arts like Karate, Judo and Kyudo. You pay attention to everything in a match. Even after the match, you should continue to be *focused as your body *calms down. This is *Zanshin*!

For example, in Kendo, *Zanshin* means you should always be focused and ready for your opponent to attack. In Kyudo, it means you should keep the shooting posture, both in your mind and in your body, even after the arrow is released, and you should focus your eyes on the place struck by the arrow.

This idea is also part of Japanese culture. In tea ceremony, after the ceremony is over and the guests go home, you should remember what you have done during the day. It is a kind of *Zanshin* in tea ceremony to think about the guests even after they say good-by. It is similar to the spirit of OMOTENASHI.

There is a famous Japanese *proverb that says, "After you win the battle, you should tighten your helmet." It means "Do not let your guard down after a victory." Don't stop paying attention when you win. The battle does not end. The point is to be focused before AND after you *achieve a goal. You may think this proverb is similar to *Zanshin*.

martial arts 武道　focused 集中した　calm down 落ち着く　proverb ことわざ　achieve ～を達成する

問5　弓道における「残心（残身）」を英語で表した時、（　　）に入る最も適切なものを次のあ～えから一つ選び、記号で答えなさい。

After you shoot the arrow, (　　　　　　　　　　　　　　).

あ　you go to check the targets
い　you go to your coach to ask for his/her advice
う　you go to the targets to pick up your arrow
え　you keep looking at the target without moving

問６　下線部の意味を表す日本語のことわざを、次の**あ〜え**から一つ選び、記号で答えなさい。

あ　軍（いくさ）に花を散らす
い　軍を見て矢を矧（は）ぐ
う　勝って兜（かぶと）の緒を締めよ
え　勝ちを千里の外に決す

問７　次の日本文は、ある中学生が (B) の英文を読んで、内容を一部要約したものです。（　a　）〜（　e　）に入る最も適切なものを、次の**あ〜つ**からそれぞれ一つずつ選び、記号で答えなさい。ただし、それぞれの選択肢は一度しか使えません。

「残心（残身）」という言葉は、武道においては、試合が終わった後も、落ち着いた状態で集中しているべきだという意味になります。例えば、剣道では、対戦相手がいつ（　a　）してきてもいいように準備をしておくことを意味します。

茶道においては、茶会が終わって（　b　）が帰った後、その日の出来事を思い返します。（　c　）後でもなお（　b　）のことを考えること、これが茶道でいう「残心」です。また、これは日本の「おもてなし」の精神に似ています。

また「残心」の考えと同じような意味の日本のことわざもあります。その意味は、勝った後も（　d　）ことをやめてはいけないというもので、（　e　）を達成する前も後も、集中力を切らさないことが大切なのです。

あ　注意する	**い**　疲れた	**う**　夢	**え**　緊張	**お**　別れた
か　出会った	**き**　敵	**く**　先生	**け**　目標	**こ**　満腹になった
さ　降参	**し**　握手	**す**　客	**せ**　感謝する	**そ**　喜ぶ
た　攻撃	**ち**　悲しむ	**つ**　茶		

問８　(B) の英文から推測して、柔道における「残心（残身）」で、当てはまらないものを次の**あ〜う**から一つ選び、記号で答えなさい。

あ　After you throw your opponent, you think about the next attack.
い　You jump for joy soon after you win an IPPON.
う　You are always careful during and after your match.

Ⅱ 次の英文を読んで、以下の問に答えなさい。

If someone asks you to do something, do you always say yes? Then, later, do you feel too busy because you have too much to do? You should ask yourself a question: "Do I really want to do all the things that I say yes to?" Sometimes your answer is "No." But, it may be difficult to say no. For example, a friend asks you to take care of her three cats for two weeks while she goes to America in the summer. You find that saying yes is (①) than saying no because your friendship is important and you can enjoy seeing your friend's smile. But when you are going to her house for her cats, you may think that it is a big job! Maybe you ask yourself, "Why did I say yes?"

Think about the difference between yes and no. When you say no, it means you say no to only one choice. But when you say (②), you have to say (③) to many other choices. For example, if you say that you will take care of a friend's cats for two weeks, it means that during that time you can't get much sleep, you can't stay home even on a rainy day, and you can't go on your own vacation. You can't do a lot of things!

Of course, you shouldn't always say no. If you always say no to everything, people will not want to work with you. However, learning to say no can sometimes (④) you! When you say no, you can use your time for you. If you say no to working late on Friday night, then you can spend the night at home with your family. So, you should only say yes to the things that you really want to do. The next time someone asks you to do something, think about the difference between saying yes and no. Your time is very important, so it's best to spend it doing things that you really want to do.

問１　(①) に入る語を、次の四つの中から一つ選び、最も適切な形に書き換えて答えなさい。

much / little / difficult / easy

問２　(②)(③) に入る語の組み合わせとして、最も適切なものを次の**あ～え**から一つ選び、記号で答えなさい。

あ　② yes ③ yes　　**い**　② yes ③ no
う　② no ③ no　　**え**　② no ③ yes

問３　(④) に入る、h で始まる語を本文に合う形で書きなさい。

問4　本文の内容に合うものを、次の**あ～お**から二つ選び、記号で答えなさい。

あ　For friendship, people sometimes say yes to things that they don't want to do.

い　Taking care of your friend's pets is a good way to spend your time.

う　If you want to make a lot of friends, you must say yes to everything that you are asked to do.

え　If you don't want to do something later, you should do it today.

お　If you say no to working on Friday night, you can spend your time freely.

問5　次の会話文を読み、以下の（1）、（2）に答えなさい。

A: I'm not good at saying (ア) to people, so I always just say yes.

B: You mean you only say (イ) to your parents and teachers?

A: Yeah, but also to friends. For example, last Sunday I had a lot of homework to do, but a friend invited me to go and see a movie and I said (ウ)!

B: Were you able to finish your homework?

A: Yeah, but I had to work hard to finish it and I was really tired the next day at school. Speaking of homework, I have another friend who always forgets to do his homework and then asks to copy mine.

B: And, what do you say?

A: Of course, I say (エ). Do you think I should tell him (オ)?

B: Yeah. If you always show him your homework, he won't learn to do it by himself. Also, your friends may think you are a "(カ) guy" and other people will ask you to do things, too.

A: Actually, a member of the tennis club just asked me to do something today!

B: Really? What did he ask you to do?

A: He asked me to go with him to sing karaoke on Tuesday, but the tests start from Thursday. <u>What should I say?</u>

B: If I were you, I would say (yes / no) because [　　　　　　　　　　].

（1）(ア)～(カ)にはyesまたはnoが入ります。yesが入る(　　)はいくつありますか。その数を<u>算用数字</u>で答えなさい。

（2）あなたがBの立場なら、会話文の下線部の質問に対してどのように答えますか。解答用紙のyesまたはnoのどちらかに○をつけ、そう考える理由を［　　］にあてはまるように6語以上12語以内の英文を一文で書きなさい。

・解答用紙の下線部に一語ずつ書くこと。
・コンマなどの記号を使う場合は、語数に数えず、下線部と下線部の間に書くこと。

【解答記入例】

I would say (yes / no) because
※どちらかを選んで○をつける。

○○	△△	□□	○○	△△	□□	6
○○	△△	□□			.	12

III 日本語の意味に合うように、[　] 内の語（句）を並べ替えたとき、（ ● ）と（ ▲ ）に入る語（句）を書きなさい。ただし、文頭に来る語もすべて小文字になっています。

（1）新幹線で旅行に出かけるのは7か月ぶりです。
It has [time / traveled / by / been /last / seven months / we / since] Shinkansen.
It has (　　)(　　)(●) the (　　)(　　)(▲)(　　)(　　) Shinkansen.

（2）その銀行はここから約5分歩いたところにあると思います。
I think [about / walk / here / that bank / a five-minute / is / from] .
I think (　　)(　　)(●)(　　)(▲)(　　)(　　).

（3）彼らはメールアドレスを教え合うほど親しくなりました。
They [friendly / each other / became / tell / to / their / enough] e-mail address.
They (　　)(　　)(●)(　　)(　　)(▲)(　　) e-mail address.

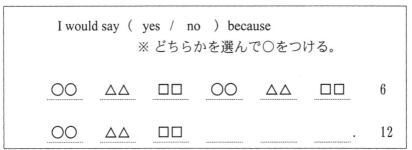

（4）この地域の人は地元愛が強い。

[who / their / here / hometown / love / live / the people].

(　　)(●)(　　)(　　)(▲)(　　)(　　).

（5）庭園が有名なあのお寺は、室町時代に建てられました。

The [garden / in / built / famous / has / was / temple / which / a] the Muromachi period.

The (　　)(　　)(●)(　　)(　　)(　　)(▲)(　　)(　　) the Muromachi period.

Ⅳ

次の英文の組み合わせで、文法的に間違いがあれば、間違いのある英文の記号を答えなさい。また、二文とも正しければ う 、二文とも間違いがあれば え と答えなさい。

（1）あ　I have few water in my bottle.

　　い　Rena had a little tea after dinner.

（2）あ　I don't know what she likes color.

　　い　The man asked me where is the station.

（3）あ　Brian is the tallest student of the three.

　　い　My town is near long river.

（4）あ　The woman teaching French for Anne is my sister.

　　い　They looked like happy.

（5）あ　The place which I want to visit is Hakodate.

　　い　I'll buy the book Tim talked about at school yesterday.

2022(R4) 愛知高
K 教英出版

一　般

令和４年度

愛知高等学校入学試験問題

理　科

（社会と合わせて60分）

注　意

1．問題は 1 から 4 まであります。

2．問題の内容についての質問には応じません。

印刷のわからないところがある場合には，静かに手をあげて監督の先生の指示に従いなさい。

3．解答はすべて解答用紙に記入しなさい。

氏名，受験番号を書き落とさないように注意し，解答し終わったら必ず裏がえして机の上に置きなさい。

4．解答用紙だけを提出し，問題用紙は持ち帰ってよろしい。

1 図1のように力を加えていないときの長さが 10 cm の同じばねを３本用意した。次の（Ⅰ），（Ⅱ），（Ⅲ）に関する各問に答えなさい。

ただし，ばねの質量は考えないものとし，100 g の物体にはたらく重力の大きさを１N とする。

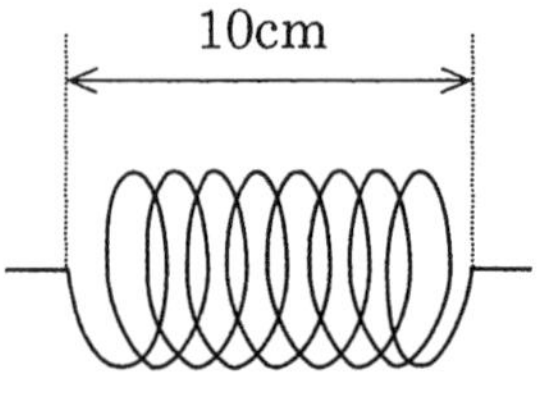

図1

（Ⅰ）図２のようにばねをつるし，ばねの先端に様々な質量のおもりをつけた。図３はばねにつけたおもりの重さとばねののびの関係をグラフに表したものである。

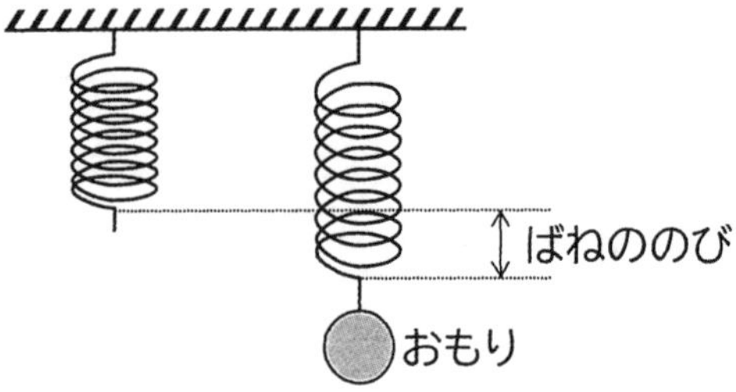

図2

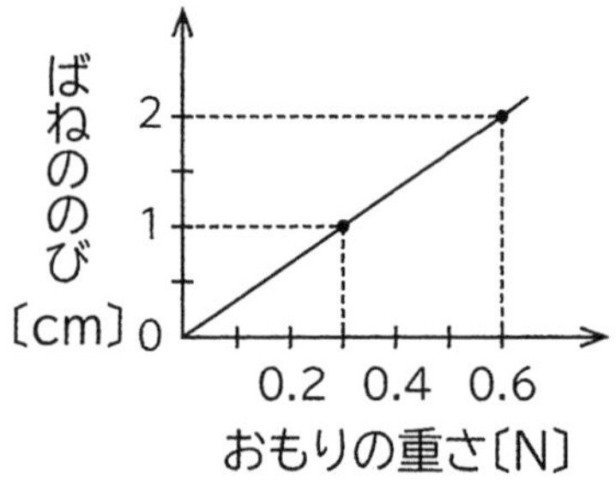

図3

問１　図３からばねののびは，ばねにはたらく力に比例することがわかった。この法則を何というか。また，120 g のおもりをつけたときのばねののびを求めなさい。

問２　このばねを用いて図４のようにおもりをばねの両端につけた。このときのばねののびは何 cm か。

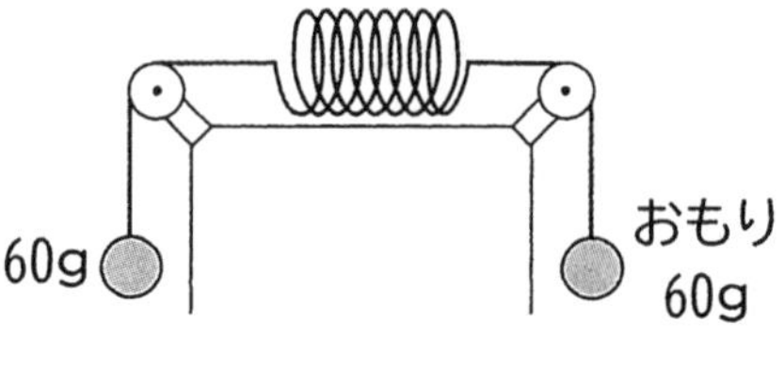

図4

問３　ばねに２本の糸Ａ，Ｂをつけ，図５の①のように糸をつなげて引っ張った。次にばねののびと，ばねの向きを変えないようにしながら，糸Ａの角度は変えずに糸Ｂの角度を変え，図５の②のようにした。①と比べたとき糸Ａ，Ｂがばねを引く力はそれぞれどのようになるか。次のア～ウからそれぞれ選び，記号で答えなさい。

ア　大きくなる。　　イ　変わらない。
ウ　小さくなる。

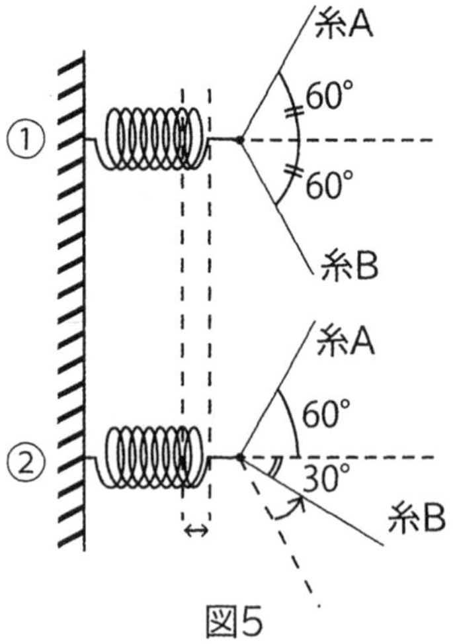

図5

教英出版

（Ⅱ）図６，図７のようにばねを並列（横並び），直列（縦並び）につなぎ，おもりをつけてばねののびａ，ｂの長さを調べた。

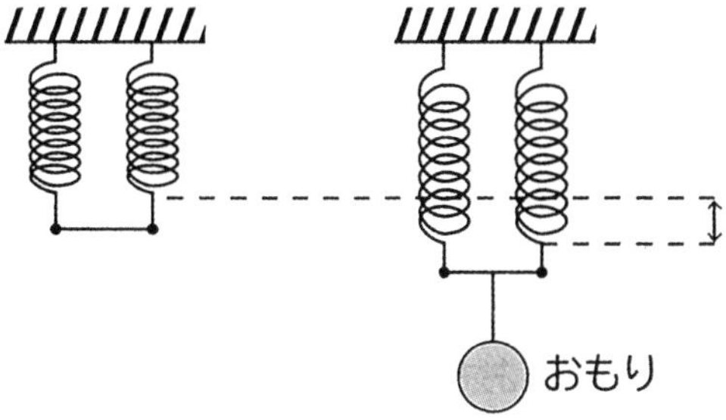

図6

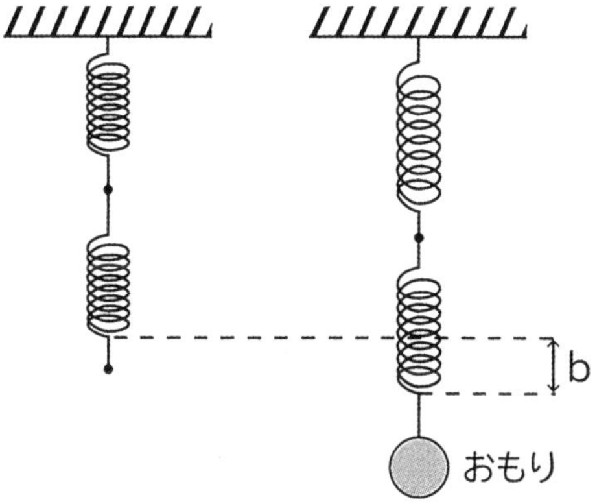

図7

問４　次の文中（　①　），（　②　）に入る語句として最も適切なものを表のア～ケからそれぞれ選び，記号で答えなさい。

図６のようにばねを並列に並べたときのａの長さとおもりの重さの関係を図３のように表した。このとき図３のグラフと比べ（　①　）。また，図７のようにばねを直列に並べたとき，ｂも同様に図３のグラフと比べると（　②　）。

	①	②
ア	傾きが大きくなる	傾きが大きくなる
イ	傾きが大きくなる	傾きが小さくなる
ウ	傾きが大きくなる	傾きは変わらない
エ	傾きが小さくなる	傾きが大きくなる
オ	傾きが小さくなる	傾きが小さくなる
カ	傾きが小さくなる	傾きは変わらない
キ	傾きは変わらない	傾きが大きくなる
ク	傾きは変わらない	傾きが小さくなる
ケ	傾きは変わらない	傾きは変わらない

問５　図８のように同じばねを並列に３本並べた。その下端に270gのおもりをつけたときのｃの長さを求めなさい。

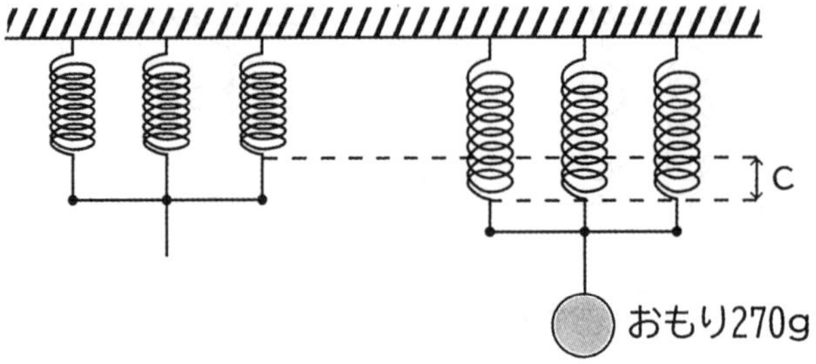

図８

（Ⅲ）このばね３本を2.5cm２本，５cm２本，7.5cm２本に切り分けた。これらのばねを用いてばねののびとおもりの重さの関係を調べたところ，図９のグラフが得られた。2.5cmのばねをばねＡ，５cmのばねをばねＢ，7.5cmのばねをばねＣとする。

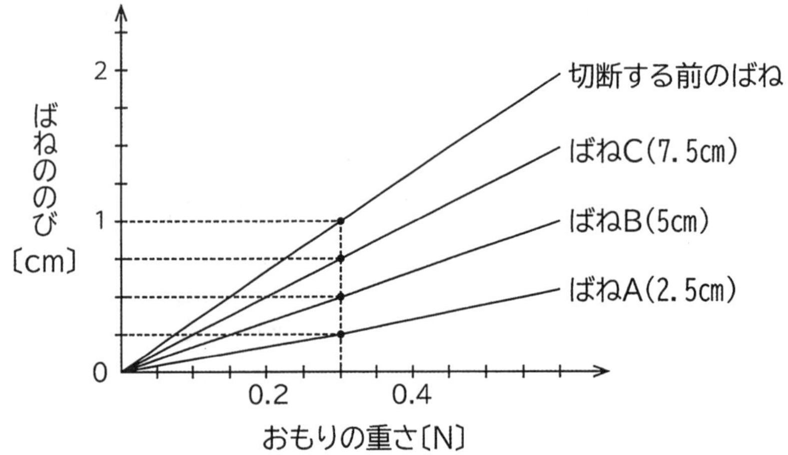

図9

2022(R4) 愛知高
教英出版

問 6　切断する前のばね 1 本と同じ長さののびになるようにばねA，B，Cを接続する。図 10 と図 11 のように接続する場合，①～⑤につなげるばねA，B，Cの組み合わせとして正しいものを次のア～ケから選び，記号で答えなさい。
ただし，切断する前のばねにつけたおもりと同じ重さのおもりを使用するものとする。

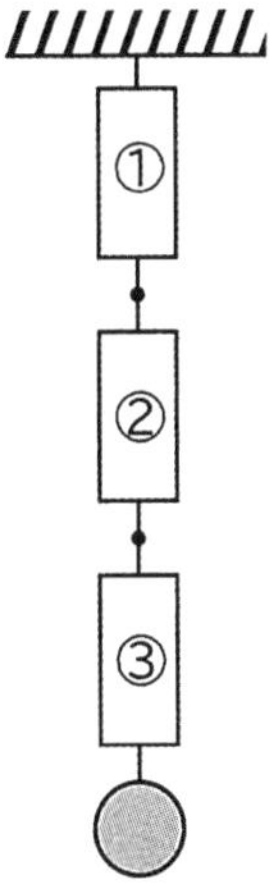

図10

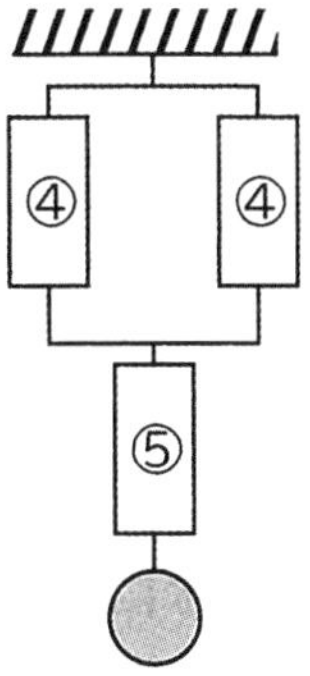

図11

	①	②	③	④	⑤
ア	ばねA	ばねA	ばねB	ばねA	ばねC
イ	ばねA	ばねA	ばねB	ばねC	ばねA
ウ	ばねA	ばねA	ばねB	ばねB	ばねC
エ	ばねA	ばねB	ばねC	ばねB	ばねA
オ	ばねA	ばねB	ばねC	ばねA	ばねB
カ	ばねA	ばねB	ばねC	ばねA	ばねC
キ	ばねB	ばねB	ばねA	ばねC	ばねA
ク	ばねB	ばねB	ばねA	ばねB	ばねC
ケ	ばねB	ばねB	ばねA	ばねA	ばねB

2 次の問に答えなさい。

問１　運動場に線を引くラインカーに入れる白い粉は，以前は水酸化カルシウム（消石灰）が使われていましたが，今は炭酸カルシウム（石灰石や卵の殻の主成分）が使われています。使われる物質が変わった理由について，正しいものを次のア～オから一つ選び，記号で答えなさい。

ア　水酸化カルシウムは水に溶けてしまうが, 炭酸カルシウムは水に溶けないから。
イ　水酸化カルシウムは水に溶けると酸性になり, 目やのどの粘膜を刺激するから。
ウ　水酸化カルシウムは水に溶けるとアルカリ性になり，目やのどの粘膜を刺激するから。
エ　水酸化カルシウムは水に溶けると空気中の二酸化炭素を吸収するから。
オ　水酸化カルシウムはあまり水に溶けないから。

問２　カルシウム原子からカルシウムイオンができるようすを表すモデルとして最も適切なものを次のア～クから選び、記号で答えなさい。

ア
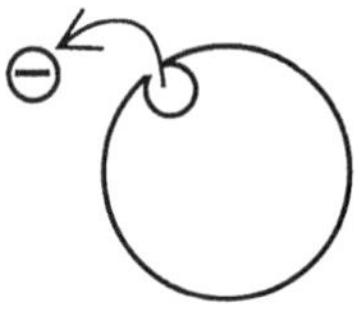
イ

ウ
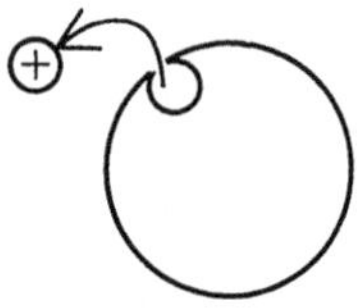
エ
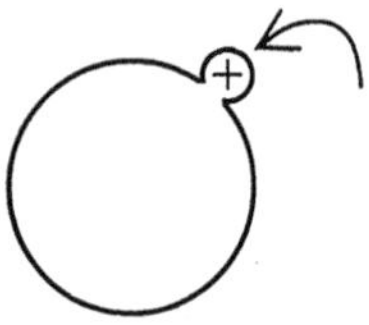
オ
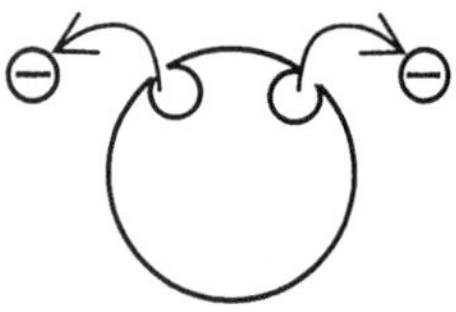
カ

キ
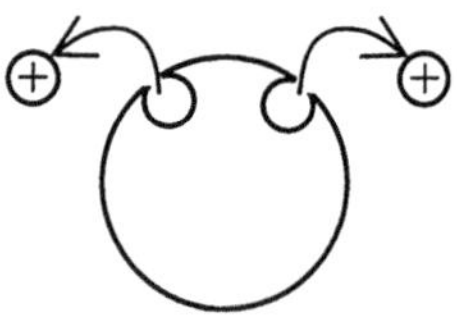
ク
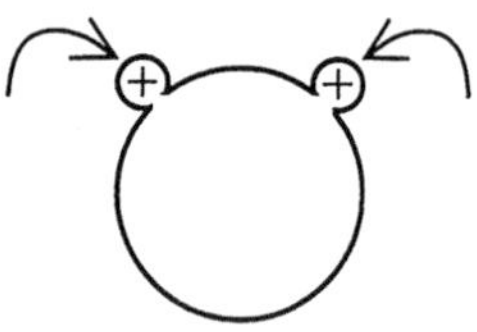

うすい硫酸に水酸化カルシウム水溶液を加えると白い沈殿が生じる。

５つのビーカーＡ～Ｅにうすい硫酸を50mLずつとり，同じ濃度の水酸化カルシウム水溶液をそれぞれ加え，生じた沈殿の質量を調べた（表１）。それぞれのビーカーには一定の電圧をかけた電極を入れ，水溶液中を流れる電流の変化を測定した。

表１

	A	B	C	D	E
水酸化カルシウム水溶液〔mL〕	10	20	30	40	50
沈殿〔mg〕	27.2	54.4	81.6	102	102

問３　白い沈殿は何か。化学式で答えなさい。

問４　うすい硫酸や水酸化カルシウム水溶液のように，水溶液にしたときに電流が流れる物質を何といいますか。

問５　50mLのうすい硫酸が，完全に中和されるのは水酸化カルシウム水溶液を何mL加えたときか。

問６　電流の変化を表すグラフとして最も適切なものを次のア～オから選び，記号で答えなさい。

ア
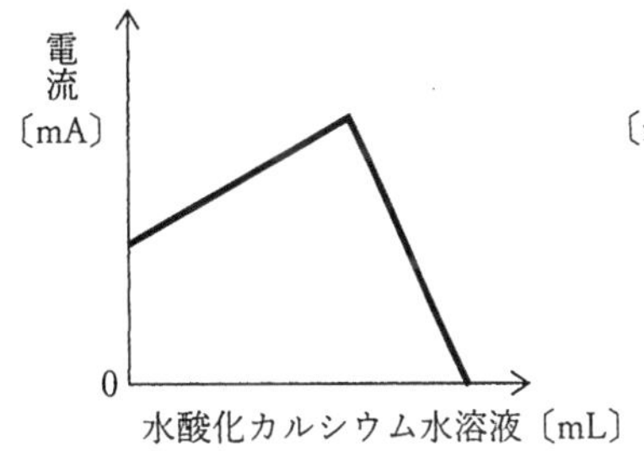

イ
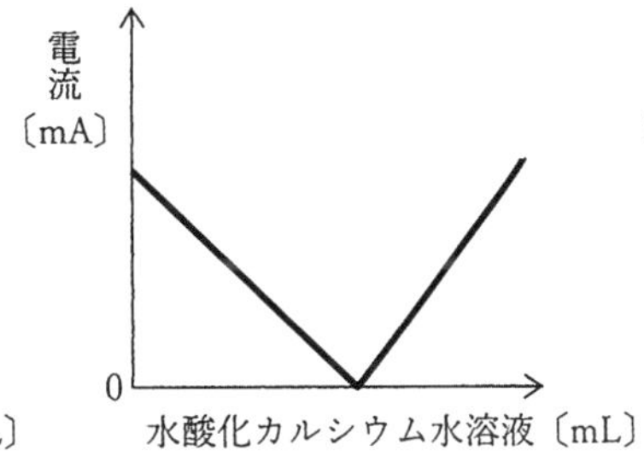

ウ
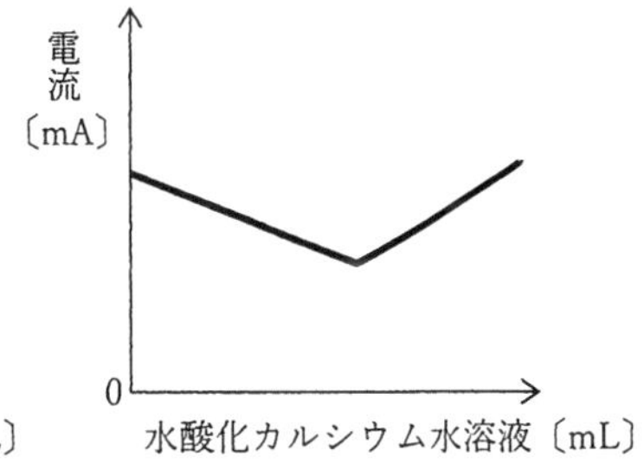

エ
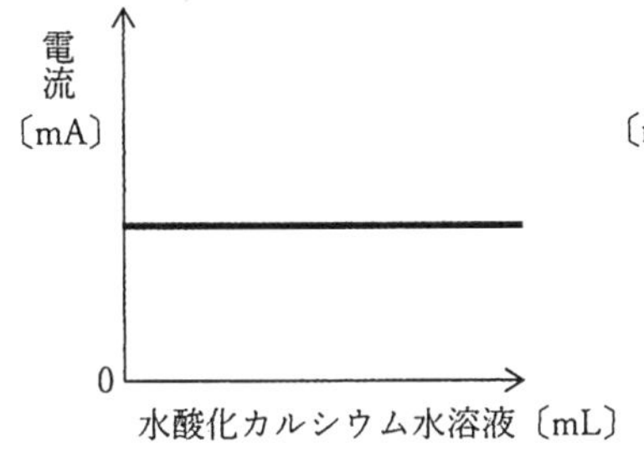

オ
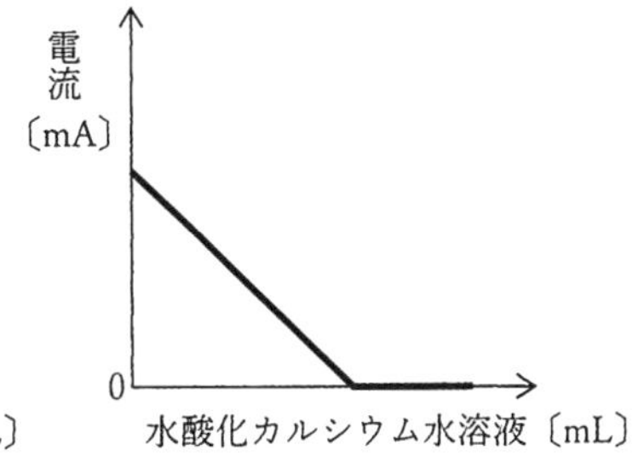

3　だ液のはたらきを調べるために，次の実験を行った。

【実験】４本の試験管Ａ～Ｄを用意し，試験管ＡとＢには水でうすめたデンプンのり6mLを入れ，試験管ＣとＤには水6mLを入れた。次に，試験管ＢとＣに水でうすめただ液2mLを入れ，試験管ＡとＤに水2mLを入れ，それぞれ試験管を振りまぜた。そして，４本の試験管を40℃のお湯を入れたビーカーに入れて10分間あたためた。

10分後，試験管Ａ～Ｄの溶液を別の試験管ａ～ｄにそれぞれ4mLずつ取り分けた。試験管Ａ～Ｄにはそれぞれヨウ素溶液を入れて，溶液の色の変化を調べた。また，試験管ａ～ｄにはそれぞれベネジクト溶液と沸騰《ふっとう》石を入れて加熱し，溶液の色の変化を調べた。結果は下の表１のようになった。

試験管		試験管内の溶液
A	a	デンプンのり＋水
B	b	デンプンのり＋だ液
C	c	水＋だ液
D	d	水＋水

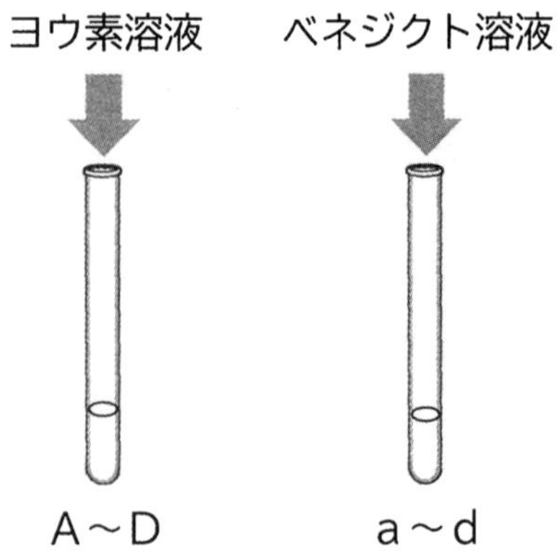

表１

試験管	色の変化	試験管	色の変化
A	＋	a	−
B	−	b	＋
C	−	c	−
D	−	d	−

＋：変化あり　−：変化なし

問１　表１の試験管Ａとｂはどのような変化であったと考えられるか。次のア～エから最も適切なものをそれぞれ選び，記号で答えなさい。

ア　緑色に変化　　イ　青紫色に変化　　ウ　赤褐色に変化　　エ　無色に変化

問２　実験で沸騰石を入れる理由を簡単に答えなさい。

問３　表１の結果をもとに述べた次のア～キの考察の中から正しいものを二つ選び、記号で答えなさい。

ア　試験管ＡとＤの結果を比較すると、溶液中にデンプンが含まれていないとヨウ素溶液の反応が起こらないことがわかる。

イ　試験管ａとｃの結果を比較すると、溶液中にデンプンが含まれていないとベネジクト溶液の反応が起こらないことがわかる。

ウ　試験管ＡとＢの結果を比較すると、だ液によってデンプンが別の物質へ変化したことがわかる。

エ　試験管Ｂとｂの結果を比較すると、だ液によってデンプンから麦芽糖ができたことがわかる。

オ　試験管ａとｂの結果を比較すると、溶液中にデンプンが含まれていないとベネジクト溶液の反応が起こらないことがわかる。

カ　試験管Ａとｂの結果を比較すると、だ液によってデンプンが別の物質へ変化したことがわかる。

キ　試験管ｂとｃの結果を比較すると、だ液によってデンプンから麦芽糖ができたことがわかる。

問４　だ液に含まれる消化酵素の名称を答えなさい。

問５　消化された養分は小腸の壁から吸収される。ヒトの小腸の壁をのばして広げるとどのくらいの広さになるか。次のア～エから最も適切なものを一つ選び，記号で答えなさい。

ア　新聞紙　　イ　卓球台　　ウ　テニスコート　　エ　ラグビー場

問６　次の図は消化についてノートにまとめたものです。先生に見てもらうと間違いがあることがわかりました。①～⑪の中で間違っている箇所の番号を三つ選び，その番号を答えなさい。

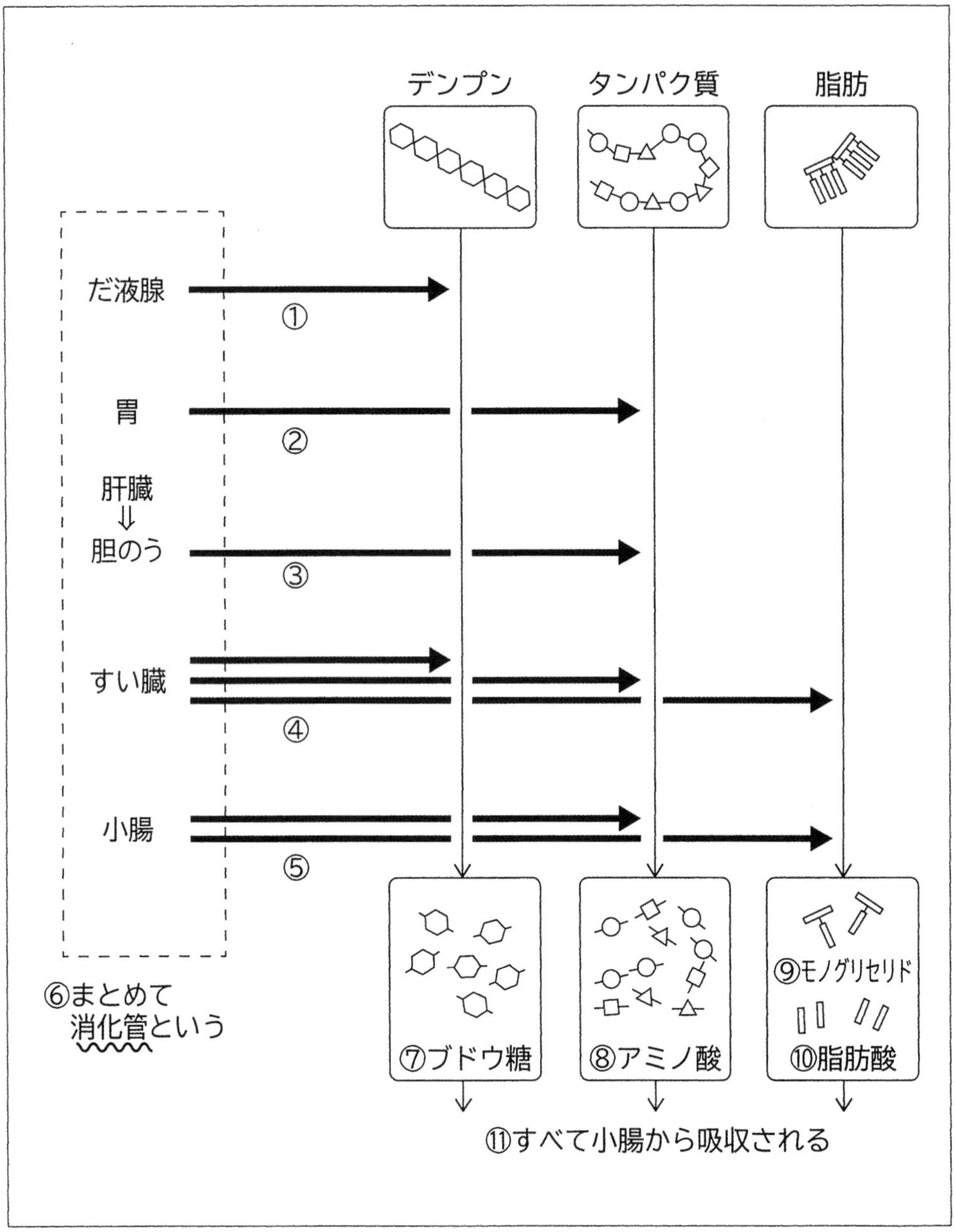

4 愛知高校では2年生の研修旅行で北海道を訪れます。そのコースに，有珠山の西山山麓火口散策があり，2000年3月の噴火の爪痕が生々しく残る活火山を見学します。日本にはこのような活火山を含む多くの火山や温泉があり，地震も多く発生します。

問1　ウェゲナー（Alfred Wegener 1880～1930 ドイツ）が「大陸移動説」を提唱して以来，地殻の変動をプレートで説明できるようになりました。このように，プレートの動きに伴って地殻の変動を説明する考え方を何というか，答えなさい。

問2　図1は日本付近のプレートを図示したものである。①のプレートの名前を答えなさい。

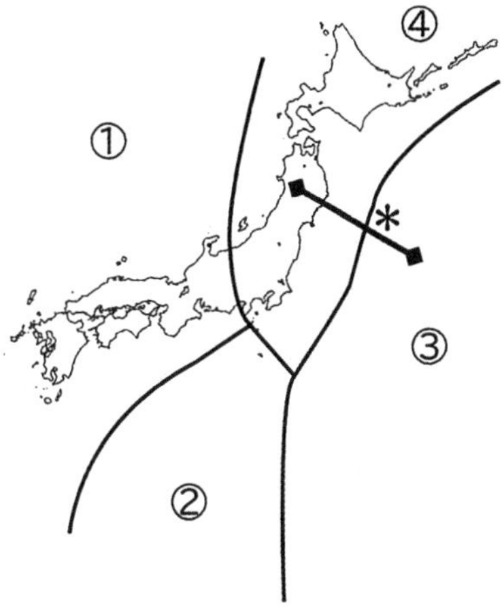

図1

問3　図1中の＊付近の断面におけるプレートの動きについて，正しい図を下のア～オから選び，記号で答えなさい。

ア

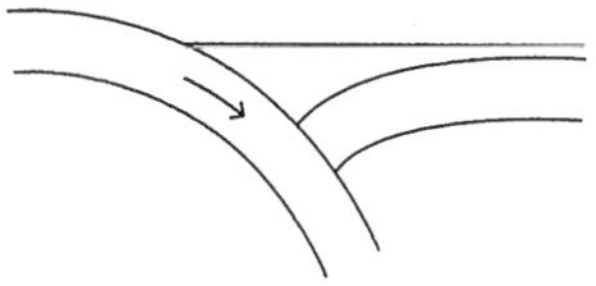

イ

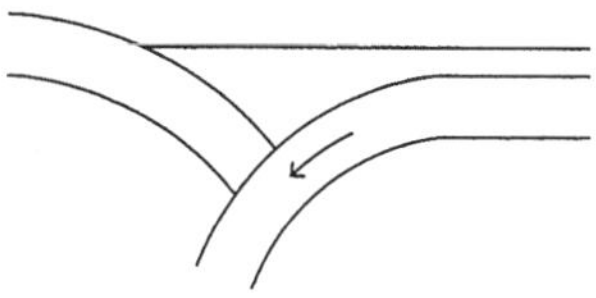

ウ

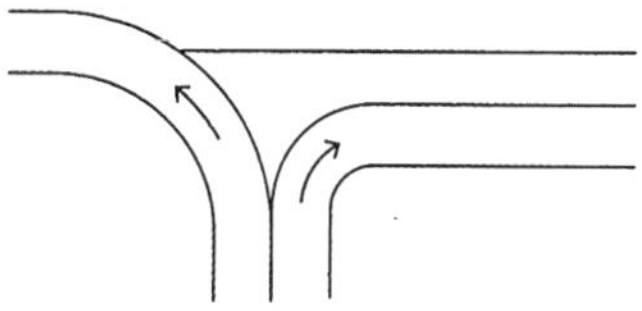

エ

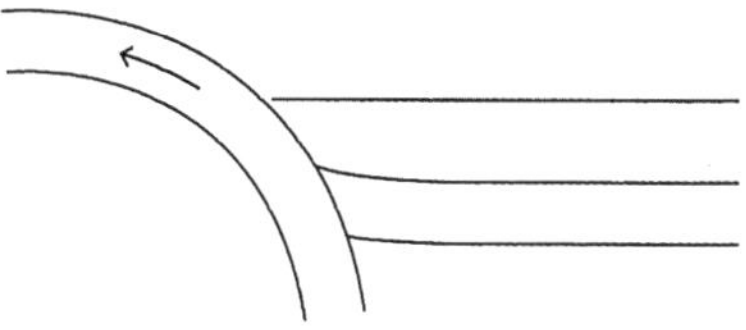

オ

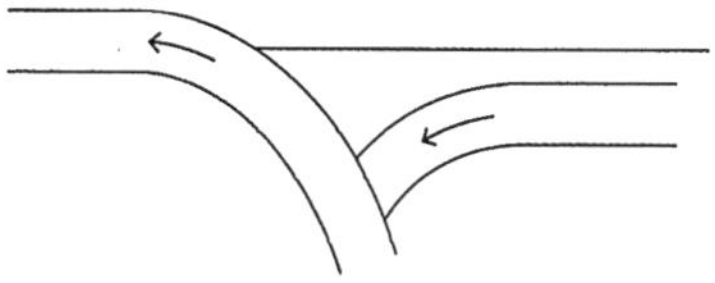

問４　本州には図１の①プレートと④プレートの境界が存在する。図2のＡとＣには古い地層が堆積し，Ｂには新しい地層が堆積している。これは，ＡとＣがもともと一つに繋がっており，プレートの動きによって２つに分かれ，その間にＢが堆積し，プレートの動きでしゅう曲して山脈が形成されたと考えられています。このＢのエリアを何というか，答えなさい。

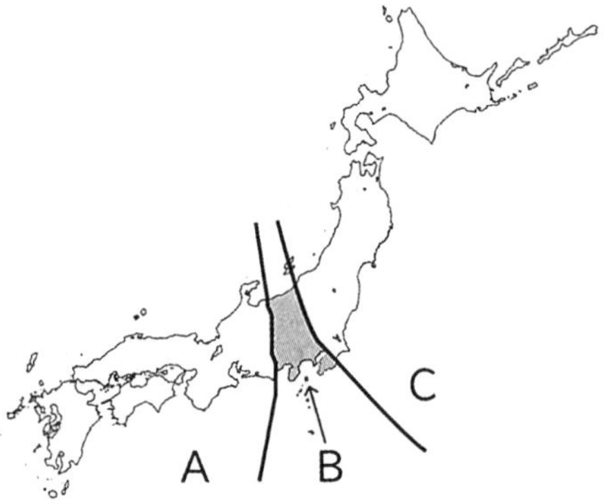

図２

問５　X（13，28）・Y（4，22）・Z（13，4）の３地点で，同じ地震の地震波を観測しました。表と図3から①地震発生時刻と②震源の座標を答えなさい。
ただし，Ｐ波の速度は5km/秒，Ｓ波の速度は3km/秒の一定速度とし，この地震はごく浅いところで発生した地震で震央と震源はほぼ同一と考えてよいものとし，図3の１マスの一辺は5kmとする。

表

地点	初期微動継続時間（秒）	主要動開始時刻
X	4	18時25分12秒
Y	6	不明
Z	12	不明

K 教英出版

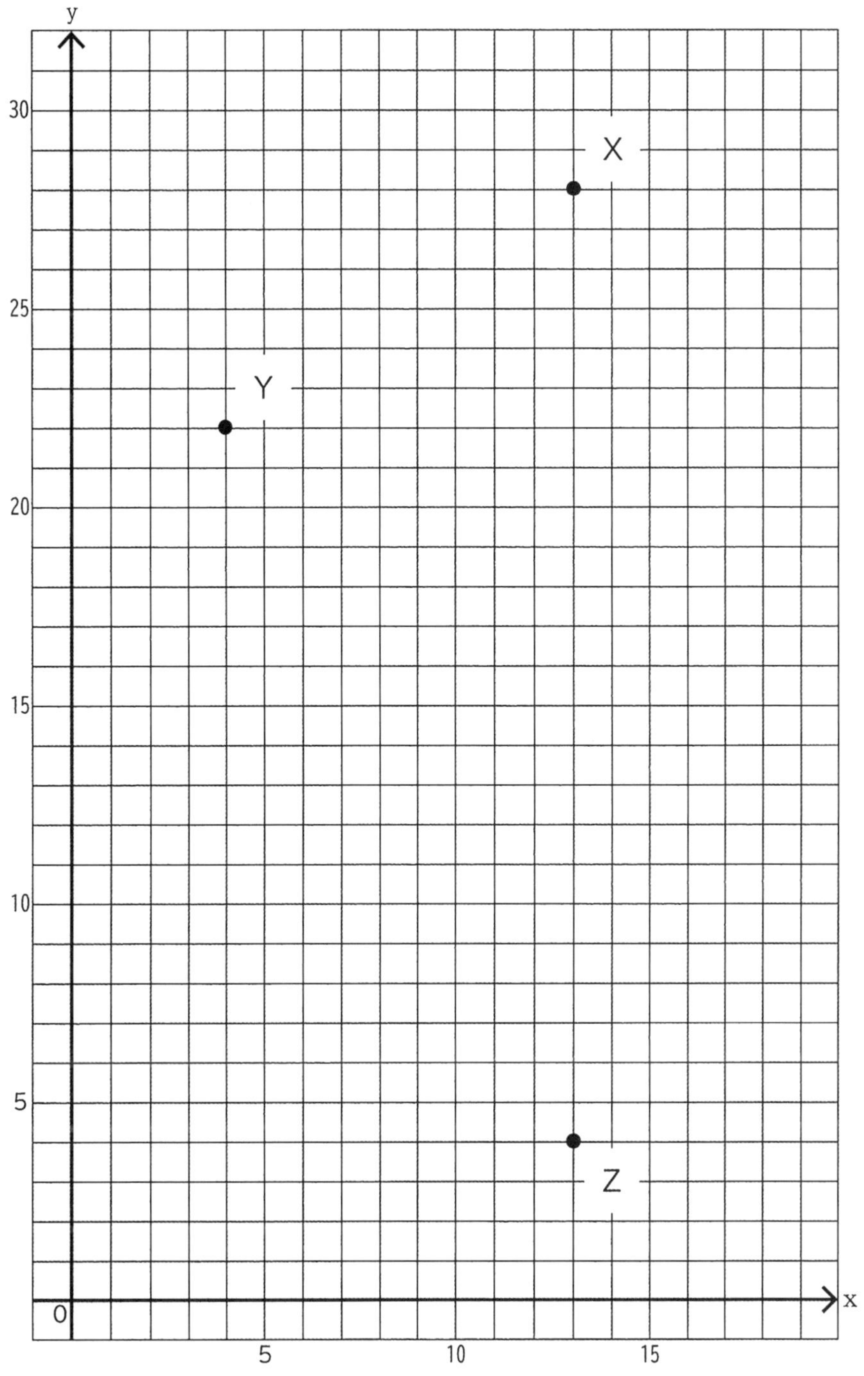

図3

一　　般

令和４年度

愛知高等学校入学試験問題

社　　会

（理科と合わせて60分）

注　意

1．問題は[1]から[4]まであります。

2．問題の内容についての質問には応じません。

印刷のわからないところがある場合には、静かに手をあげて監督の先生の指示に従いなさい。

3．解答はすべて解答用紙に記入しなさい。

氏名、受験番号を書き落とさないように注意し、解答し終わったら必ず裏がえして机の上に置きなさい。

4．解答用紙だけを提出し、問題用紙は持ち帰ってよろしい。

| 1 | 次の文章と資料をもとに、１から５の問に答えなさい。

国連教育科学文化機関（ユネスコ）世界遺産委員会が、2021年７月26日に「奄美大島・徳之島・沖縄島北部および西表《いりおもて》島」の自然遺産登録、同年７月27日には「北海道・北東北の縄文遺跡群」の文化遺産登録を決定した。図１にある通り、日本国内の世界遺産は文化遺産が20、自然遺産が５の計25件となった。

＜図１＞

出典：「岐阜新聞（2021年７月28日）」より愛知高校作成。

	場　所	所在都道府県	年
文化遺産	法隆寺地域の仏教建造物	奈良	1993
	姫路城	兵庫	1993
	古都京都の文化財	京都・滋賀	1994
	白川郷・五箇山の合掌造り集落	岐阜・富山	1995
	原爆ドーム	広島	1996
	①厳島神社	広島	1996
	古都奈良の文化財	奈良	1998
	日光の社寺	栃木	1999
	琉球王国のグスクおよび関連遺産群	沖縄	2000
	紀伊山地の霊場《れいじょう》と参詣《さんけい》道	三重・奈良・和歌山	2004
	石見《いわみ》銀山遺跡とその文化的景観	島根	2007
	平泉	岩手	2011
	富士山	山梨・静岡	2013
	富岡製糸場と絹産業遺産群	群馬	2014
	明治日本の産業革命遺産	岩手・静岡・山口・福岡・佐賀・長崎・熊本・鹿児島	2015
	ル・コルビュジエの建築作品～国立西洋美術館	東京	2016
	「神宿る島」宗像《むなかた》・沖ノ島と関連遺産群	福岡	2017
	②長崎と天草地方の潜伏キリシタン関連遺産	長崎・熊本	2018
	百舌鳥《もず》・古市古墳群	大阪	2019
	北海道・北東北の縄文遺跡群	③北海道・青森・岩手・秋田	2021
自然遺産	白神山地	青森・秋田	1993
	屋久島	鹿児島	1993
	知床	北海道	2005
	小笠原諸島	東京	2011
	奄美大島・徳之島・沖縄島北部および西表島	鹿児島・沖縄	2021

問１　図２の**Ａ～Ｃ**は、鹿児島市・甲府市・函館市のいずれかの、月平均気温及び降水量です。各都市と**Ａ～Ｃ**の組み合わせとして正しいものを、**ア～カ**の中から一つ選び、記号で答えなさい。

	ア	イ	ウ	エ	オ	カ
鹿児島市	A	A	B	B	C	C
甲府市	B	C	A	C	A	B
函館市	C	B	C	A	B	A

＜図２＞　出典：データブックオブ・ザ・ワールド2020　vol.32より愛知高校作成。

A

月（月）	1	2	3	4	5	6	7	8	9	10	11	12
気温（°C）	-2.6	-2.1	1.4	7.2	11.9	15.8	19.7	22.0	18.3	12.2	5.7	0
降水量（mm）	77.2	59.3	59.3	70.1	83.6	72.9	130.3	153.8	152.5	100.0	108.2	84.7

B

月（月）	1	2	3	4	5	6	7	8	9	10	11	12
気温（°C）	2.8	4.3	8.0	13.8	18.3	21.9	25.5	26.6	22.8	16.5	10.4	5.0
降水量（mm）	40.2	46.1	87.9	77.7	86.3	122.5	132.6	149.5	180.3	125.2	54.9	32.1

C

月（月）	1	2	3	4	5	6	7	8	9	10	11	12
気温（°C）	8.5	9.8	12.5	16.9	20.8	24.0	28.1	28.5	26.1	21.2	15.9	10.6
降水量（mm）	77.5	112.1	179.7	204.6	221.2	452.3	318.9	223.0	210.8	101.9	92.4	71.3

問２　図１中の下線部①は平氏によって崇敬《すうけい》されていました。また、平氏は日宋貿易のために現在の神戸港にあたる港を整備しました。その港を、当時の名称で答えなさい。

問３　図１中の下線部②をはじめ、世界遺産の中には、宗教とのかかわりが深いものが多くあります。これについて、以下の問に答えなさい。

（１）　図３は、世界の主な宗教人口割合であり、**Ａ～Ｃ**は図３中**Ｘ～Ｚ**のいずれかに当てはまる宗教の説明文です。宗教**Ｘ～Ｚ**と説明文**Ａ～Ｃ**の組み合わせとして正しいものを、次の**ア～カ**の中から一つ選び、記号で答えなさい。

Ａ　主に三つの宗派に分かれる。ヨーロッパやアメリカ大陸に信者が多い。日曜日に礼拝をおこなう。

Ｂ　偶像崇拝を認めない一神教であり、一日に５回、聖地の方角に向かい礼拝を行う。この宗教の教えが書かれた聖典に使われている言語を話す地域に多く見られる他、東南アジアにも信者が多い。

Ｃ　多神教であり、他の宗教に取り入れられた神もいる。牛を神聖視し、牛肉を食べることはタブーであるが、乳製品は多く食べられている。

＜図３＞　世界の主な宗教人口割合（2015年推定）
出典：米国CIA“The World Factbook”(https://cia.gov/the-world-factbook/field/religions)
（2021年９月６日閲覧）をもとに愛知高校作成。

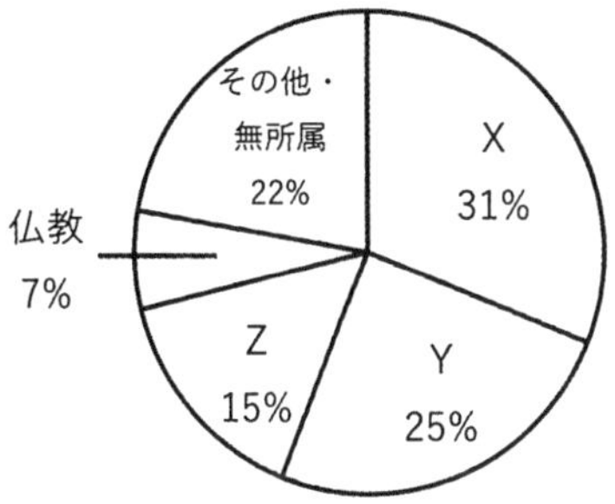

	ア	イ	ウ	エ	オ	カ
X	A	A	B	B	C	C
Y	B	C	A	C	A	B
Z	C	B	C	A	B	A

（2）　図１中の下線部②に関連して、江戸時代は幕府がキリスト教について禁教政策を実施していました。現代の日本社会においては、憲法第20条で信教の自由を保障しているため、政府が個人に対して特定の宗教の信仰を禁止することはありません。この信教の自由は、憲法が保障する自由権の中の何に分類されるか、解答欄の形式に合わせて答えなさい。

問４　図１中の年表で、1993年～2007年に起こった世界の出来事について述べた文として正しいものを、次の**ア～エ**の中から一つ選び、記号で答えなさい。

ア　ECがEUに発展し、経済や外交・防衛政策など、ヨーロッパの国々が独立して政治を行うことを進めている。
イ　アメリカで同時多発テロ事件が起こり、「対テロ戦争」を宣言したアメリカは犯行組織をかくまっているとして、アフガニスタンを攻撃した。
ウ　世界経済のグローバル化が進むなか、国際的な貿易の規則を定めるWHOが結成された。
エ　大量破壊兵器を保有しているとして、アメリカを主力とする多国籍軍がクウェートを攻撃した。

問５　図１中の下線部③に関連して、北海道には古くからアイヌ民族が暮らしています。アイヌ民族と日本との関わりについて述べた文**X～Z**について、その正誤の組み合わせとして正しいものを、次の**ア～エ**の中から一つ選び、記号で答えなさい。

X　明治時代、政府は北海道旧土人《きゅうどじん》保護法を施行《しこう》して、アイヌ民族に農耕用の土地をあたえたり、医療費の補助などを行ったが、アイヌ民族の文化の独自性を十分に尊重するものではなかった。
Y　1990年代後半、アイヌ文化振興法が制定され、この法律の理念を深めるため2000年代後半には国会で、アイヌ民族を先住民族とすることを求める決議が可決された。
Z　アイヌ文化振興法は2010年代後半にはアイヌ民族支援法にかわり、アイヌ民族が先住民として法的に位置付けられたが、この法律には、アイヌ民族への差別の禁止や、観光・産業振興などへの支援が盛り込まれなかった。

ア　X―正　Y―正　Z―誤　　**イ**　X―正　Y―誤　Z―正
ウ　X―誤　Y―正　Z―誤　　**エ**　X―誤　Y―誤　Z―正

2　次の文章と資料をもとに、1から6の問に答えなさい。

1967年7月より放送されているFMラジオ番組「①JET STREAM（ジェット・ストリーム）」がある。映像化もなされている、54年以上続く長寿《ちょうじゅ》番組である。

テレビ番組では、「世界の車窓から」という番組があり、世界各国の鉄道や沿線風景、歴史・文化を紹介している。一昨年より続くコロナ禍《か》で、旅行が思うようにできない世の中ではあるが、このような番組や、現地で撮りためた写真や記録を音楽とともに振り返ることが、最近の楽しみの一つとなっている。

ドイツは周囲を多くの国に囲まれていて、オーストリアはドイツを囲む国の一つである。この国の公用語はドイツ語であり、首都のウィーンは「音楽の都」とも呼ばれている。ここに発着する夜行列車の愛称は、かつて音楽家の名前が付けられていた。例えば、ウィーンとポーランドの首都・ワルシャワ間を結ぶ列車には、「ショパン」という愛称がつけられていた。

ショパンについて触れておこう。1830年、ワルシャワからウィーンに到着したショパンはワルシャワ蜂起《ほうき》の報に触れ、ロンドンに向かおうとした。その最中、蜂起失敗の報に接し、エチュード(練習曲)《革命》を作曲したとされている。結局、ショパンはロンドンに行かず、パリで演奏活動をすることになった。なお、ポーランドが独立するのは、②1918年のことである。

③一時期衰退《すいたい》傾向にあった夜行列車だが、近年ヨーロッパにおいては復活の兆《きざ》しを見せた。様々な要因があるが、一つにはヨーロッパを中心とした「Flygskam（フリグスカム・飛び恥）」運動の広がりが考えられる。これは、環境に悪い航空機の利用を恥じ、極力《きょくりょく》鉄道を利用しようという運動である。しかし、新型コロナウイルスの流行により、ロックダウンの実施などで国をまたぐ移動が厳しく制限されるようになると、夜行列車も運転停止を余儀《よぎ》なくされる。

2016年にドイツに行く機会があり、首都のベルリンと、北部のハンブルクを見て回ることができた。ベルリン中央駅は壁面《へきめん》にふんだんに使われたガラスが印象的であった。高架鉄道のホームがある一方で、地下には地方都市や外国へ向かう国際列車が発着するホームがある。地下ホームから、ドイツ北部の都市・ハンブルク行きのIC（インターシティ・日本の特急列車にあたる）に乗車した。④北ドイツ平原を北進する経路で、車窓風景は森や平原が目立った。同じような風景は、⑤別の機会に国際列車「ユーロスター」でロンドンからフランスを通過し、フランスの隣国へ行ったときにも見ることができた。両者に共通する特徴は、土地の起伏《きふく》が少ないため、山を越えるためのトンネルが少ないことである。

ハンブルクはエルベ川の河口《かこう》近くに位置する街である。良港があり、工業都市としても発展している。ハンブルクで乗り換えた列車は、途中で海を渡りデンマークの首都・コペンハーゲンに向かうが、2016年当時は、列車をそのまま船に積み込む方式がとられ「渡り鳥ライン」とよばれていた。コペンハーゲンからは空路にて⑥フィンランドの首都・ヘルシンキに向かった。

参考文献：・鉄道ジャーナルNo. 650 2020年12月号　・中川右介（2017）『クラシック音楽の歴史』
・ジェットストリーム公式HP https://tfm.co.jp/jetstream（2021年12月1日閲覧）

＜図１＞

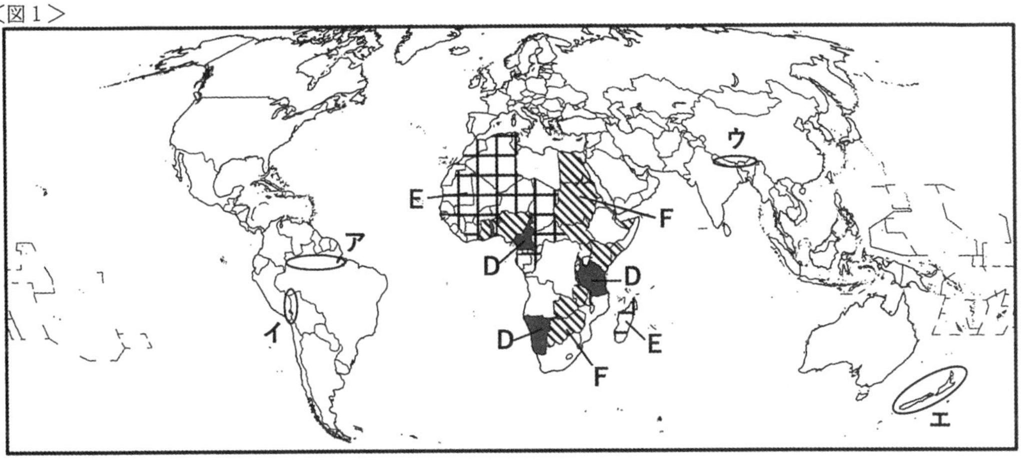

＜図２＞

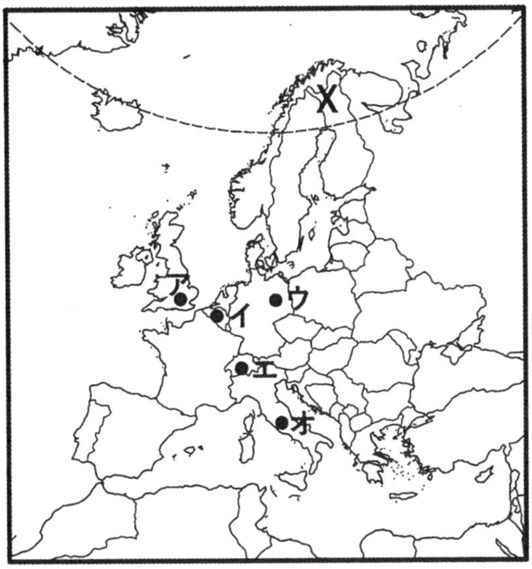

＜図３＞

出典：図１～３はともに愛知高校作成。

問１　下線部①の言葉はジェット気流とも言い、偏西《へんせい》風の中でも高度8000～13000m付近を吹く強風のことを指します。ヨーロッパの気候は偏西風が暖流により暖められて吹き込むことで、気温や降水量の季節変化が小さく、高緯度の割には温暖な気候となります。この気候に当てはまる雨温図をア～エの中から一つ選び、記号で答えなさい。

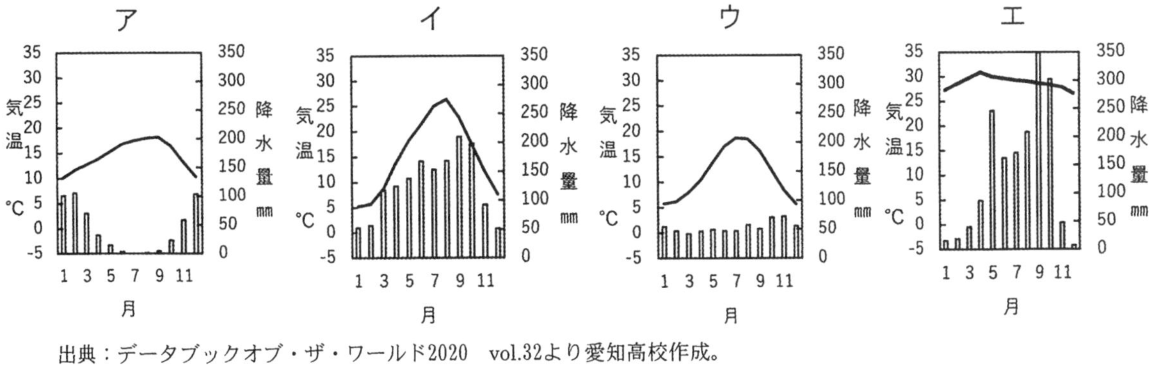

出典：データブックオブ・ザ・ワールド2020　vol.32より愛知高校作成。

問２　下線部②の時期、ヨーロッパ列強諸国によるアフリカ分割により、アフリカ大陸は大半の地域が植民地となっていました。図１の**Ｄ～Ｆ**は、1914年当時のアフリカ大陸に於ける、イギリス・フランス・ドイツの大まかな植民地の領域を表したものです。各国と**Ｄ～Ｆ**の組み合わせとして正しいものを、**ア～カ**の中から一つ選び、記号で答えなさい。但し、国境線は現在の状態で表されています。

	ア	イ	ウ	エ	オ	カ
イギリス領	D	D	E	E	F	F
フランス領	E	F	D	F	D	E
ドイツ領	F	E	F	D	E	D

問３　下線部③について、貨物輸送に関しても、トラックなどの自動車による輸送から、船や鉄道といった、環境負荷がより少ない輸送手段に変えていくことが以前から行われています。このことを何というか、カタカナで答えなさい。

問４　下線部④について、北ドイツ平原と同じように広大な平野が広がり、山地が少ない地域として正しいものを、図１中の**ア～エ**の中から一つ選び、記号で答えなさい。

問５　下線部⑤について、図３はヨーロッパのある国の首都の駅名標です。この国は複数の公用語が制定されており、首都は複数の言語が使われる「バイリンガルシティ」であるため、この駅の駅名は、英語以外の複数の言語で表記されています。この駅が存在する場所として正しいものを、図２中の**ア～オ**の中から一つ選び、記号で答えなさい。

問６　下線部⑥について、下の文章はこの国の北部を含む、図２中の点線より北側の**Ｘ**の地域について述べた文章です。（　Ｙ　）・（　Ｚ　）に当てはまる語句を、前後の文脈を参考にしつつ、解答欄の形式に合わせて答えなさい。

地図中の**Ｘ**の地域を北極圏《けん》という。この地域は緯度が高いため、（　Ｙ　）の変化による（　Ｚ　）の差が大きくなり、夏は一日中太陽が沈まない白夜《びゃくや》、冬は一日中太陽が昇らない極夜《きょくや》となる。空が暗くなる夜間には、オーロラが見えることもある。

国語 解答用紙

一

問一 A

B

問二

問三

問四

問五

問六

問七

問八

問九

二

問一 ❶

❷

問二

問三

問四

問五 (1)

(2)

問六

問七

※100点満点
（配点非公表）

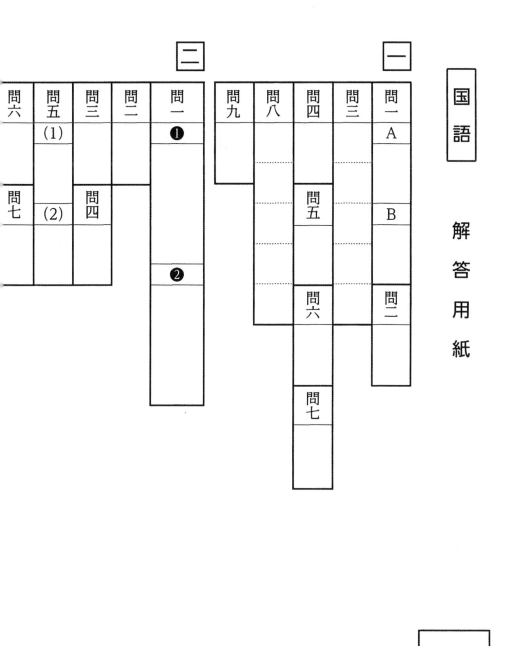

3

(1)	(2)	(3)

4

(1)	(a)		(b)	
(2)	(a)		(b)	

2 問3

5 問6

(e) 問8

問3 問4

yes / no) because

6

. 12

(2)● ▲

(4)● ▲

(5)

※100点満点
（配点非公表）

	問2	問3	
cm	cm	糸A	糸B

	問6
cm	

	問4	問5	問6
		ml	

問2	問3	

	問6		

問2	問3

問5	
時　　分　　秒	②（　　　　，　　　　）

※50点満点
（配点非公表）

問３（１）	問３（２）	問４	問５
	の自由		

	問４	問５

による	Z

問４	問５（１）	問５（２）

問３			問４	問５（１）	問５（２）

※50点満点
（配点非公表）

氏　　名
受験番号

社　会　　解　答　用

1

問1	問2

2

問1	問2	

Y	の

3

問1	問2（1）	問2（2）	問

4

問1	問
企業	

理　科　　　解　答　用

1

問1	
の法則	ばねののび
問4	

2

問1	問2	

3

問1		
A	b	
問4		

4

問1
問4

氏　　名
受験番号

氏名
受験番号

英語　解答用紙

I

問1	(ア)	(イ)	(ウ)
問4	(1)	(2)	(3)
問7	(a)	(b)	(c)

II

問1		問2	
問5	(1) つ	(2) I would say	

III

(1)●	▲
(3)●	▲
(5)●	▲

IV

(1)	(2)	(3)

氏名		受験番号	

※100点満点
（配点非公表）

数学　解答用紙

1

(1)	(2)	(3)	(4)
			$a=$　　, $b=$
(5)	(6)	(7)	(8)
			cm
(9)	(10)		
点			

問九

三

問一

(1)

(2)

問二

問三

問四

問五

氏　名

受験番号

3　次の文章と資料をもとに、1から5の問に答えなさい。

修《おさむ》先生：「今日は愛知高校について学んでいきましょう。愛知高校は、1876年（明治9年）に曹洞宗専門学支校として開設されたのが始まりで、宗教の学校として知られています。そのため、禅宗の一派である曹洞宗の思想に基づいた教育を行っています。」
陽一君：「①宗教と聞くと、何だか遠い存在に思えますね。」
修先生：「確かに、宗教と聞くと少々遠い存在に感じるかもしれませんね。しかし、②縄文時代の人々はあらゆる自然物や自然現象に霊威《れいい》が存在するという考えを持っていましたし、今でも初詣《はつもうで》やお彼岸《ひがん》、七五三の時には神社や仏閣に行って参拝することがありますね。」
桜さん：「そう言われてみれば、初詣やお彼岸の時には神社やお寺に行きますね。」
修先生：「ですから､宗教は意外と私たちにとって身近な存在ともいえますね。ちなみに、現在にみられる初詣やお彼岸の形式は③江戸時代にできたと言われています。」
陽一君：「先ほど愛知高校は曹洞宗専門学支校として開設されたと聞きましたが、曹洞宗といえば、④鎌倉時代の学習で学んだ仏教の宗派の一つでしたね。」

問1　下線部①について、仏教に関する出来事**ア**～**エ**を時系列順に並び変え、3番目になるものを、次の**ア**～**エ**の中から一つ選び、記号で答えなさい。

ア　伝染病や災害などの社会の不安を除《のぞ》こうとするために、地方の国ごとに寺を建立《こんりゅう》した。
イ　個人の願いごとのためにも儀式や祈りを行うようになり、天皇や貴族の信仰を集めた。
ウ　仏教や儒教の教えをもとにした憲法をつくることで、役人の心構えを説いた。
エ　念仏を唱え、阿弥陀《あみだ》仏にすがれば、死後には極楽浄土に生まれ変わることができるという浄土の教えが広まった。

問2　下線部②について、以下の問いに答えなさい。

（1）　縄文時代について述べた文として正しいものを、次の**ア**～**エ**の中から一つ選び、記号で答えなさい。

ア　氷期で海面が下がり、日本列島は大陸と地続きになっていた。
イ　土地や水の利用をめぐる争いからムラどうしの戦いが起こり、力の強いムラが周辺のムラを従えた。
ウ　墓に埋葬する棺には、遺体とともに鏡や玉、武具などが一緒に納められ、墓の上には焼き物が並べられた。
エ　人々の住まいは地面を掘り下げた床に柱を立て、草や木の枝で屋根をふいたものだった。

（2） 縄文時代と同時期に世界で起きた内容として**誤っているもの**を、次の**ア～エ**の中から一つ選び、記号で答えなさい。

ア 南アジアのインダス川流域に発達した文明では、道路や排水溝などが計画的に配置された都市がみられた。

イ 朝鮮半島では伽耶《かや》諸国が滅ぶと、高句麗《こうくり》・百済《くだら》・新羅《しらぎ》の三国が争うようになった。

ウ メソポタミアでは、月の満ち欠けをもとにした暦が発明された。

エ ナイル川流域にできた国家では、国王を神としてあがめ、石造りの巨大なピラミッドなどがつくられた。

問３ 下線部③について、江戸幕府が行った政策について述べた文として**誤っているもの**を、次の**ア～エ**の中から一つ選び、記号で答えなさい。

ア 徳川家光は大名に対して、１年おきに江戸に滞在して江戸城を守る役割を命じ、その大名の妻子は江戸に住まわせた。

イ 徳川綱吉は学問を重んじていて、忠孝や礼儀を説く政治を進めるために江戸の湯島に聖堂を建て、儒学を盛んにした。

ウ 徳川吉宗は財政を立て直すために、儒学者の新井白石を用いて、長崎の貿易を制限して金・銀の海外流出をおさえた。

エ 徳川慶喜は新たな政権の中で主導権を維持しようと考え、政権を朝廷に返すことを決めた。

問４ 下線部④について、鎌倉時代について述べた文として**誤っているもの**を、次の**ア～エ**の中から一つ選び、記号で答えなさい。

ア 幕府には将軍の補佐役がおかれ、有力な守護大名が交替で就いた。

イ 交通の要所には、年貢や商品の輸送・取引を行う問丸が現れ、定期市が開かれた。

ウ 御家人に関わる裁判を公平に行うための基準や、守護や地頭の役割を定めた法が作られた。

エ 西日本を中心に、同じ田畑で米を収穫した後に麦などを栽培する二毛作が始まった。

問５　下の表は、愛知高校を運営する学校法人・愛知学院の歴史の一部です。以下の問に答えなさい。

1876年（明治９年）	曹洞宗専門学支校開設【　Ａ　】
1902年（明治35年）	曹洞宗第三中学林と改称【　Ｂ　】
1925年（大正14年）	中学校令による愛知中学校開設
1932年（昭和7年） 〜 1941年（昭和16年）	【　Ｃ　】
1950年（昭和25年）	愛知学院短期大学創設
1953年（昭和28年）	愛知学院大学創設

出典：AICHI　HIGH　SCHOOL　2022　SCHOOL　GUIDEより作成。

（1）　表の【　Ａ　】と【　Ｂ　】の間で、日本が近代国家のしくみを整えたことを背景に、イギリスとの間に日英通商航海条約が結ばれました。これにより日本は治外法権が撤廃され、関税自主権の一部も認められました。この時の外務大臣は誰か、答えなさい。

（2）　【　Ｃ　】の間に起きた出来事**ア〜エ**を時系列順に並びかえ、３番目になるものを、次の**ア〜エ**の中から一つ選び、記号で答えなさい。

ア　陸軍大臣が首相になると、政府はアメリカなどとの戦争の準備を進めた。

イ　国家総動員法が制定されると、議会の議決を経ずに、戦争遂行のために必要な人や物資を動員できるようになった。

ウ　海軍の青年将校らが首相官邸などを襲い、立憲政友会総裁の犬養毅を射殺した。

エ　陸軍の青年将校らが反乱を起こし、東京の中心部を一時占拠した。

4　次の文章と資料をもとに、１から５の問に答えなさい。

先生：「東海地方にはたくさんの①企業があることは知っていますか。」
光君：「はい。」
先生：「では、企業についてあなたが知っていることはありますか。」
光君：「複数の人が資金を出し合ってつくる法人企業の代表的なものとして、②株式会社について学校で習いました。」
先生：「企業は活動の規模が大きくなっていくにつれて、その活動が社会に大きな影響を及ぼすこともありますから、③現代の企業は利潤を追求するだけでは足りないと考えられるようになっています。」
光君：「私は将来、日本の人々の生活を便利にするサービスを提供できる企業に就職したいと考えています。」
先生：「今から将来のことも考えているのですね。では、企業などで働く労働者の権利については知っていますか。」
光君：「はい。④労働者は使用者である企業側に対して弱い立場にあるため、法律などで一定の権利が保障されています。」
先生：「そうですね。企業は、そこで働く人はもちろん、⑤多様な人々に配慮することや、人々の権利・各種法令を守ったうえで活動することが求められていますね。」

問１　下線部①について、日本の企業の99％以上は、次の表に書かれた条件の経営規模の企業が占めています。この経営規模の企業の呼称を、解答欄の形式に合わせて答えなさい。

＜表＞出典：https://www.chusho.meti.go.jp/faq/faq/faq01_teigi.htm#q1（2022年１月17日閲覧）より愛知高等学校作成

	下のいずれかを満たすこと	
	資本金の額又は出資の総額	常時使用する従業員の数
①製造業、建設業、運輸業、その他の業種（②～④を除く）	３億円以下	300人以下
②卸売業	１億円以下	100人以下
③サービス業	5000万円以下	100人以下
④小売業	5000万円以下	50人以下

問２　下線部②について述べた文として正しいものを、次の**ア～エ**の中から一つ選び、記号で答えなさい。

ア　企業が発行した株式を購入して出資した者を株主といい、株式を発行した企業は、株主に対して必ず配当を行う。
イ　株主には、株主総会に出席し、その企業の経営方針などについての議決に参加する権利が保障されている。
ウ　株価は、株式を売買する人の期待によって変動するため、その企業の実際の利潤が株価の変動に影響することは絶対にない。
エ　一般に株主は企業を直接経営はせず、経営を専門的な経営者に任せる一方で、その企業が倒産した際には、株主は企業の借金などの全責任を負う。

問３　下線部③について、現代の企業は利潤を追求するだけでなく、企業として社会的責任を果たすべきであると考えられています。この企業の社会的責任の略語を何と呼ぶか、解答欄の形式に合わせて、アルファベット大文字で答えなさい。

問４　下線部④について、我が国の憲法・法律で認められた労働者の権利や近年の労働者を取り巻く環境について説明した文**X**・**Y**について、その正誤の組み合わせとして正しいものを、次の**ア～エ**の中から一つ選び、記号で答えなさい。

X　労働者は、労働組合を結成し労働条件の改善を使用者に要求できるほか、労働基準法では少なとくとも週２日以上の休日が保障されるなど、法律で保護されている。
Y　少子高齢化と人口減少が進む現代の日本においては、労働力不足の解消は重要な課題であり、社会は外国人労働者を受け入れる方針に切りかえつつある。

ア　X―正　Y―正　　**イ**　X―正　Y―誤
ウ　X―誤　Y―正　　**エ**　X―誤　Y―誤

問５　下線部⑤について、以下の問に答えなさい。

（１）　現在の日本では、共生社会を築いていくために、様々な取り組みや努力がなされています。それらの取り組みについて述べた文として**誤っているもの**を、次の**ア～エ**の中から一つ選び、記号で答えなさい。

ア　男女雇用機会均等法が制定され、男女は同一賃金を原則とすることが定められた。

イ　男女共同参画社会基本法が制定され、男女が対等な立場で活躍できる社会を創ることが求められるようになった。

ウ　様々な違いを認め、関わる全ての人が参加して支え合うインクルージョンの実現には、バリアフリーの取り組みも重要であるとの指摘がある。

エ　育児・介護休業法に基づき、男女ともに育児休業を取得することや、保育所の整備を進めることで、育児と仕事が両立しやすい環境の整備が求められている。

（２）　企業もまた、国会における審議を経て定められた法律を守って活動しなければなりません。日本の国会や国会での法律の制定について説明した文**Ｘ・Ｙ**について、その正誤の組み合わせとして正しいものを、次の**ア～エ**の中から一つ選び、記号で答えなさい。

Ｘ　法律案や予算は、分野別に国会議員でつくる委員会において審査され、質疑・討論などを行ったあとに採決が行われる。その後、法律案や予算は、議員全員からなる本会議に送られて採決されるが、法律案は、必ず先に衆議院で審議しなければならない。

Ｙ　法律案や予算の審議、行政の監視などの役割を果たすため、国の政治について調査する国政調査権は、任期が短く解散があるために国民の意見と強く結びついている衆議院に対してのみ認められている。

ア　Ｘ―正　Ｙ―正　　**イ**　Ｘ―正　Ｙ―誤
ウ　Ｘ―誤　Ｙ―正　　**エ**　Ｘ―誤　Ｙ―誤

2022(R4) 愛知高
教英出版

一　　般

令和３年度

愛知高等学校入学試験問題

国　　語

（45分）

注　意

1．問題は 一 から 三 があります。

2．問題の内容についての質問には応じません。

印刷のわからないところがある場合には、静かに手をあげて監督の先生の指示に従いなさい。

3．解答はすべて解答用紙に記入しなさい。

氏名、受験番号を書き落とさないように注意し、解答し終わったら必ず裏がえして机の上に置きなさい。

4．字数制限がある記述問題においては、句読点は字数に数えることとします。

5．解答用紙だけを提出し、問題用紙は持ち帰ってよろしい。

一

次の文章は、正体不明の現代美術家として知られるバンクシーについて論じたものです。これを読んで後の問に答えなさい。（設問の都合で一部省略・改変しています。）

「※シュレッダー事件」のあらましはこうです。

二〇一八年一〇月五日、※サザビーズがロンドンで❶カイサイした※オークションで、バンクシーの一枚の作品が競売にかけられます。作品のタイトルは《風船と少女》。赤いハート形の風船が少女の手から離れて空に飛んでいくようすを描いた作品で、バンクシーの代表作の一つです。もともとはロンドンの街中に※グラフィティとして描かれたものですが、バンクシーはいろいろな場所でこのヴァリエーションの作品を発表しています。オークションにかけられたのは、その絵画作品バージョンで、所有者はバンクシーから直接購入したものでした。落札価格は一〇四万二〇〇〇ポンド（約一億五〇〇〇万円）まで跳ね上がりました。

けれども、落札者が決定した瞬間に事件が起こります。会場にアラーム音が鳴り響き、《風船と少女》の絵が、①額縁にあらかじめ仕掛けられていたシュレッダーによって裁断され始めたのです。

バンクシー自身が撮影し、後に※インスタグラムで公開したオークションハウスの映像がありますが、当初何が起こったのかわからない参加者たちが、作品がシュレッダーにかけられるのを見て、一瞬静まり返り、その後驚愕《きょうがく》し、頭を抱えるようすが映っています。みんなが呆然《ぼうぜん》としている姿は、ほとんどモンティ・パイソン（イギリスの代表的なコメディグループ）の映画のワンシーンのようです。なんせ一億五〇〇〇万円で落札された作品が、落札直後に細い短冊状に裁断されたというのですから！

幸か不幸か、作品が下に降りていく途中でシュレッダーが停止し、裁断は下半分で止まりましたが、少女の部分は大部分裁断されてしまい、絵の形状はもはや留《とど》めていない状態になってしまいました。

このようすは映像とともに一般ニュースでも取り上げられ、バンクシーの名前を世界中に知らしめる事件となりました。

バンクシーは、自らのインスタグラムで「破壊の衝動は❷ソウゾウの衝動でもある」というピカソの言葉とともに、「競売にかかったら裁断するために」シュレッダーを数年前に取りつけたことを明らかにしました。バンクシーは美術作品をお金の価値でしか判断しないオークションという制度に徹底的に批判的だったのです。また、今回の事件がオークション会社とバンクシーとの「やらせ」ではないかという疑惑に反論して、「当初の計画では途中で止まらずに完全に裁断するはずだった」という声明を、完全な裁断に成功しているリハーサル映像とともに出しました。

興味深いのは、裁断でこの作品は絵画としては破壊されてしまったにもかかわらず、現代美術の作品としては価値が上がってしまったということです。サザビーズはこの事件の直後に、この作品が「史上初めて、オークションの最中に生で制作された作品だ」という声明を出しました。落札者は、サザビーズと協議の上、この作品を落札価格どおりで購入することにしました。残された作品には新しく《愛はゴミ箱の中に》という名前がつけられ、今ではヨーロッパの美術館やギャラリーでうやうやしく展示されています。オークション会場で作品が裁断されるという前代未聞《みもん》の出来事によって、この作品の価格は落札価格の二倍にもなったのではないかという専門家もいます。

（中　略）

サザビーズのオークションにおけるシュレッダー事件は、多くの人を現代アート、特に※ストリート・アートやバンクシーに関心を向けさせる結果となった一つの事件でした。

シュレッダーで作品が切り刻まれたあとも予定どおり落札者が購入したことや、それがさらに展示して公開され、作品の市場価格が倍増したという報道も、現代美術に馴染《なじ》みのない人びとには驚きをもって受け入れられたように思います。

その意味では、バンクシーのプロジェクトは成功だったと評価できるでしょう。今日の②いびつな形で繁栄している現代美術のオークション文化を批判的に描いたという点では、歴史的な意味があります。[A]、切り刻まれて残存した作品は、この事件とともに語られ続けるでしょう。マルセル・デュシャンの便器にサインをした作品《泉》のように、将来は美術館に展示される作品になると予想されます。

[B]、その一方でこの作品が手放しで素晴らしい歴史的な作品かどうかといえば、個人的には一定の留保をつけざるをえません。

[C]、バンクシーのアート・マーケット批判やオークション批判自体が、ある時期から反復的になり、ある種の※シニシズムが色濃く出るようになっているからです。今回の※スタントにもそれを感じざるをえません。

そのシニシズムとは、アート・マーケットの自己反省性《セルフ・リフレキシビティ》が高まりすぎていることから生まれています。つまり、ありとあらゆる制度批判が、過激であればあるほど、マーケットの中で高く評価され、新たな商品として消費されるようになるという③皮肉な矛盾が生まれているのです。

バンクシーの作品が裁断されたあとに作品の評価額が倍増したということが、この事実を端的に示しています。

現在の資本主義は、資本主義や社会から逸脱しているように見えるあらゆる過激なもの――政治的なものであれ道徳的なものであれ――を素早く資本主義の中に回収し、商品化のプロセスに組み込んでいきます。ジャーナリストで音楽批評家でもあるマット・メイソンが、『海賊のジレンマ』の中で「パンク資本主義」と呼んだこの新しい資本主義が現在の資本主義の主要な様式になっています。

バンクシーのアート・マーケット批判は当初から一貫していますが、映画『イグジット・スルー・ザ・ギフトショップ』をピークにして、その後はシニシズムが色濃く出すぎているように見えます。それは、どれだけ過激なこと、くだらないことをやっても市場の方が回収をしてしまうという一種の諦念です。

《風船と少女》のシュレッダーの裁断には、そうした諦念があらかじめ存在したのではないでしょうか。それは、裁断してもマーケットが回収するだろうというバンクシーの奇妙な確信というか、諦念と結びついているようにどうしても思えるのです。

実際のところ、④バンクシーとオークションの会社サザビーズ、そして作品の出品者や落札者がどの程度この仕掛けを把握していたのかは報道だけではわかりません。

したがって、憶測で書くほかはないのですが、私は次のように推察しています。

まず会場にいた人の反応を見る限り、基本的に会場にいる人にとってはまったく予想していないゲリラプロジェクトだったのでしょう。ニュースで流れる映像からもその場の困惑と混乱、衝撃を見ることができます。

では、バンクシーとサザビーズは事前に打ち合わせをしていたのでしょうか。

少なくともこれまでの活動を考えると、バンクシーが直接サザビーズと交渉をすることはないでしょう。ひょっとしたら※チーム・バンクシーが交渉した可能性はあるかもしれません。けれども、ごく常識的に考えればバンクシー側からサザビーズに事前に交渉するのはリスクさえあれ、メリットはあまりないように思えます。

その一方で、サザビーズがこの仕掛けに事前に気がつかなかったというのも考えにくいことです。高額な商品なので、当然※真贋《しんがん》確認も含めて状態のチェックをしているはずです。特に額縁はこの作品に対して過剰なまでに立派で、事前の確認でシュレッダーの仕掛けが見つからないというのも不自然に思えます。一〇月六日付の『ニューヨーク・タイムズ』紙はこのことを問題視し、「サザビーズは知っていたかもしれない」という記事を掲載しています。

これもさらに憶測ですが、もしサザビーズが事前に気がついていたとしたら、シュレッダーの裁断が途中で止まるような細工をしたのかもしれません。バンクシーはこの事件の直後にもう一本別のリハーサルの映像を公開して、本来であればこの作品はリハーサル映像のように完全に裁断されるはずだったと主張しています。

いずれにしても、サザビーズはこのシュレッダー事件はこの作品の価値を高めることはあっても、低くすることはないと確信していたのではないでしょうか。同時にバンクシー側も、このオークションそのものが彼のビジネスと直接関係ないとしても、この事件によって自分のほかの作品の価値が上がることはあっても、下がることはないと自信を持っていたと思います。

　バンクシーとサザビーズががっちりと手を組んでこれを仕掛けたというのは陰謀論にすぎるでしょう。けれども、こうしたアート・マーケット批判が一定のビジネスになるということについては、バンクシーとサザビーズが直接やりとりをしていなくても、皮肉なことに⑤利害関係が一致してしまったのです。

　確かに、シュレッダー事件はわかりやすいので大きな話題になりました。こうした大掛かりな仕掛けはバンクシーしかできないことも事実です。けれども、これがバンクシーの最近のほかのプロジェクトに比べてとりわけ面白いのかと問われれば、そこには疑問符が残ります。

　むしろ、アート・マーケット批判だったはずなのに、このバンクシーのプロジェクトはちゃっかりとサザビーズの、さらに言えばアート・マーケットを支える現代資本主義のしたたかさに回収されてしまったことにも目を向ける必要があります。

　少し否定的になりすぎたかもしれません。

　とはいえ、アートにまったく興味のなかった人に、一般にはほとんど知られていなかったバンクシーやストリート・アートに対して関心を持たせるきっかけになったことは、きちんと評価すべきでしょう。

　このスタントによって、バンクシーは二一世紀前半のアート界のポップスターとしての地位を不動なものとしたのでした。と同時に、アート・マーケットの［　⑥　］も明らかになったのでした。

（毛利嘉孝『バンクシー　アート・テロリスト』光文社新書より）

※注　シュレッダー……紙を細かく裁断する機械。紙に書かれた情報の漏洩《ろうえい》を防ぐ。
サザビーズ……美術品を扱う国際的な競売会社。
オークション……競売。多くの買い手に競争で値をつけさせ、一番高い値をつけた人に売ること。
グラフィティ……公共の空間にスプレーなどを用いて描かれる文字や絵。
インスタグラム……ＳＮＳ（ソーシャル・ネットワーキング・サービス）の一つ。インターネット上で画像や動画を共有できる。
ストリート・アート……公共の空間で非公式に行なわれる表現の総称。
シニシズム……冷笑主義。さげすみあざ笑うような態度。
スタント……目立つ行為、しかけ。
チーム・バンクシー……複数の人物がチームでバンクシーの活動を支えていると考えられている。
真贋……本物とにせ物。

【問一】傍線部❶「カイサイ」、❷「ソウゾウ」を漢字に直しなさい。

【問二】空欄［Ａ］～［Ｃ］にあてはまる語として、最も適切なものを次からそれぞれ選び、記号で答えなさい。

ア　というのも　　イ　あたかも　　ウ　つまり
エ　しかし　　オ　おそらく

【問三】傍線部①「額縁にあらかじめ仕掛けられていたシュレッダーによって裁断され始めた」とありますが、競売にかかった作品を裁断した背景にあるバンクシーの姿勢が書かれた箇所を本文中から四十字以内で抜き出し、最初と最後の四字を答えなさい。

【問四】傍線部②「いびつな形で繁栄している現代美術のオークション文化」とありますが、オークションの「いびつ」さとして本文から読み取れるものを次から一つ選び、記号で答えなさい。

ア　作品の価格が高額になるよう、芸術家とオークション会社が一緒になって仕掛けを作り、アート・マーケットの正常な機能を奪っている。

イ　作品そのものの芸術的価値によって価格が決定されるのではなく、その作品の話題性や事件性が価格を決定し、ときにそれが莫大な金額になる。

ウ　作品の完成度よりも、作品に表れている破壊的な衝動をもてはやす風潮が広がり、真剣に作品を制作しようとする芸術家が正当に評価されなくなっている。

エ　高額で取引される作品が高い芸術的価値を備えているとは限らないのに、値段が美術界での評価そのものだという誤解によってマーケットが支配されている。

オ　オークションは作品が公正に取引される場であるべきなのに、公正さを乱そうとする人々の攻撃対象となり、一部の人だけに莫大な利益を生む仕組みになっている。

【問五】傍線部③「皮肉な矛盾」とはどういうことですか。最も適切なものを次から選び、記号で答えなさい。

ア　作品への過大評価を批判しようとして作品を傷つけても、市場の盛り上がりは抑えられず、結局高値がついてしまうこと。

イ　芸術が商売の道具となることを防ごうとしても、作者の知らないうちにマーケットに出品され、取引されてしまうこと。

ウ　芸術的な評価に基づき、適正な価格で取引されるよう試みても、資本主義の論理によって安く買いたたかれてしまうこと。

エ　マーケット批判が過激であればあるほど、芸術家本人の評価が高まり、人間があたかも物のように消費されること。

オ　資本主義を批判する試みも、結局資本主義によって商品価値を見出され、資本主義の中で消費されてしまうこと。

【問六】傍線部④「バンクシーとオークションの会社サザビーズ、そして作品の出品者や落札者がどの程度この仕掛けを把握していたのか」とありますが、筆者の推測の内容として、本文と合致しているものを後からそれぞれ一つずつ選び、記号で答えなさい。

(1)バンクシー
(2)オークションの会社サザビーズ
(3)作品の出品者や落札者

ア　仕掛けを全く知らなかった
イ　仕掛けには気づいていた
ウ　事前に打ち合わせをしていた
エ　はじめから作品を完全に裁断するつもりだった
オ　はじめは作品を完全に裁断するつもりはなかった

【問七】傍線部⑤「利害関係が一致してしまった」とありますが、これはどのような状況を言っているのですか。最も適切なものを次から選び、記号で答えなさい。

ア　作品の破壊は利益を損なう行為だと考えたサザビーズは、バンクシーの破壊行為を強く非難したのに、バンクシーは高値で作品を売却でき、サザビーズも想定外の利益を得た。

イ　現在のアート・マーケットの異常な過熱ぶりに危機感を抱いていたサザビーズは、作品の取引が不調に終わるように仕向けたが、それこそが実はバンクシーのねらいでもあった。

ウ　作品を正当に評価しないオークションの問題を世に問おうとしたバンクシーだったが、結果的にはサザビーズと共に価格の不当なつり上げを容認することになった。

エ　アート・マーケット批判としての作品の破壊は、マーケットの関係者すべてに損害をもたらすと考えられるのに、バンクシーはほかの作品の価値を高め、サザビーズも高額な取引を実現できた。

オ　バンクシーの破壊行為は、損失も覚悟の上で世間に公正なマーケットの実現を訴えたものであるが、その結果、破壊行為を容認したサザビーズと共に社会的評価を高めることになった。

【問八】空欄［⑥］には、粘り強くしぶといさまを表す語が入ります。本文中から五字で抜き出して答えなさい。

【問九】本文の内容と合致しているものを次から一つ選び、記号で答えなさい。

ア　バンクシーの作品の落札者は、裁断によって作品の評価がさらに上がることを見越して、落札額の二倍の価格で購入した。

イ　シュレッダー事件はこれまで美術に関心のなかった人々の間でも話題を呼び、アート・マーケットのさらなる暴走を生んだ。

ウ　バンクシーの作品はマーケットのあり方に異議を唱えているように見えて、同時にある種のあきらめも見てとれる。

エ　裁断された今回の作品は、過剰に立派な額縁がつけられていたために、シュレッダーを巧みに隠すことが可能だった。

オ　バンクシーの作品の中でも、裁断された今回の作品ほど大きな話題を呼び、興味深い作品はないと考えられる。

二

次の文章を読んで、後の問に答えなさい。なお設問の都合上、本文の段落に[1]～[11]の番号を付してあります。

[1]　私のふだん着は夏はTシャツ、冬はセーターに①ジーンズということが多い。夏の暑いときなど、ちょっとした集まりにはそのままの格好で出て行くこともある。清潔なものさえ着ていればそれで失礼にはならないと思っているが、そんな我がままが許されるのは、私が組織に属さず、身分の上下に拘束されない仕事をしているからだろう。もちろん限度はあるけれども好き勝手な服装をする自分を、後ろめたく思うこともある。服装の好みがどこまでその人の生き方を反映するものか、いちがいに決めつけることは出来ないが、私はいつの間にか背広を着なくなり、ネクタイをしめなくなった。タキシードや※燕尾服《えんびふく》を着るのは考えただけでも、②体がむずがゆくなってくる。

[2]　窮屈な服が嫌いというのは、体の欲求もあるがそれだけではなく、そこには私の心の欲求も隠れているだろう。窮屈な服を着たくないという気持ちは、窮屈な組織に縛られたくないという気持ちと同じものと言える。私は格式ばったセレモニーが苦手だし、背広はともかくタキシードや燕尾服を着ることである種の社交の世界に入るのも、自分をふだんとは違う人間に装うようで気恥ずかしく、西洋の猿真似《さるまね》をしているような気分になってくる。近ごろは日本でも猿真似でなくタキシードを着こなす男たちも増えてきているらしいから、私の感覚に多分に時代錯誤的なところのあるのは承知しているが、戦後の焼け跡と※闇市を一種の原風景としてもっている私としては、同じ輸入品であるにしてももともとは労働着であるジーンズのほうが、ずっと自分の気持ちと体にぴったりするという思いこみからなかなか抜けられない。

[3]　かと言って羽織袴《はおりはかま》というのも、私には着こなせないのである。子どものころから洋服ばかり着せられていたから、今になって急に和服を着ようとしても[A]につかず、居心地が悪い。私は西洋と日本の間で宙ぶらりんになってしまって、辛《かろ》うじてジーンズに縋《すが》って生きているのであろうか。ジーンズは今では世界中で愛用されているから、ジーンズさえはいていれば私も世界市民（？）の一員だという自覚が得られるのかもしれない。明治生まれの私の父は家では和服、外出するときはきちんとネクタイをしめる人だったから、私の服装をいつも苦々しく思っていたらしい。父はジーンズははかなかったが、もんぺは愛用していて、私は③もんぺをはいた父の姿が好きだった。

[4]　着るものも知らず知らずのうちにその人のライフ・スタイルを表現している。だが今は着るもので人を判断するのがだんだん難しくなってきている。大臣だってうちではジーンズをはくし、同じものを※プータローもはいている。ジーンズをはいている人を、ジーンズをはいているというだけでどんな仕事をしていてどういう地位にいる人かは判断出来ない。ライフ・スタイルのライフを中身、スタイルを形と解釈すれば、形が中身を表している時代が過ぎ去りつつあるということだろうか。形だけでその人のライフ・スタイルを見極めることが出来にくくなったとしたら、現代のライフ・スタイルはもっと深いと

ころに隠されていると考えなければいけないのだろうか。

5　かつて※ヒッピーというのはひとつのライフ・スタイルだった。だがそのとき④サラリーマンをひとつのライフ・スタイルだと考えた人はいなかったと思う。ヒッピーは自ら選んでヒッピーになったのだが、サラリーマンはもちろん例外はあるにしても、自ら選んでなったのとは少々違うと思ったからだろう。そうだとすると、自分の意志で選んだ、大多数の人とは違う生き方、もしかすると大多数の人と対立するような生き方をライフ・スタイルの名で呼んだのではないだろうか。つまりライフ・スタイルは新しい生き方の別名だったのだ。今でも例えば環境保護を旗印に生きる人たちがいて、彼らの生き方をひとつのライフ・スタイルと呼ぶことも出来るかもしれない。だが私たちの心のどこかに、彼らだって同じ［B］のムジナだという気持ちがひそんではいないだろうか。

6　今の日本では服装ひとつとってみても、さまざまなライフ・スタイルが共存しているかのように見える。だが目に見えるその形の奥の中身は意外に画一的ではないかと、うすうす疑っている人も多いだろう。ライフ・スタイルは選ぶことが出来るからこそライフ・スタイルの名に値したのだが、なんでもありの今は、どんなライフ・スタイルを選んだにしても行き着く先は同じだと、ほとんどの人はそう思っているのではないだろうか。だが画一的に思える中身も、ひとりひとりの人間を見れば決して画一的ではなく、言葉にすることの難しい混沌《こんとん》に満ちている。

7　長野オリンピックのメダリスト原田選手のあだ名は、スマイリー原田というのだそうである。たしかにテレビで見ていても原田選手は勝っても負けてもにこにこしている。「なぜ負けても笑っているのか」と問われて、彼は「これが私のスタイルです」と答える。だが妻の恵子さんは夫の笑顔の違いに気がついているという。「心からの笑顔、憎々しい笑顔、あきらめの笑顔、微妙に違うんです」。笑顔というひとつの目に見える形の中身も、そのときどきによってそれぞれに違うし、団体種目で金メダルを取ったとき、原田選手の笑顔の「スタイル」は崩れ、泣き顔になった。そのとき私たちは、スタイルでは律しきれない原田選手の心のうちをかいま見て感動した。⑤スタイルが崩れることを肯定的にとらえたい。

8　スタイルという言葉は、分かっているようでよく分からない言葉である。美術のほうでは様式といい、文学のほうでは文体という。例えば一篇《いっぺん》の小説を読むとき、私たちはその筋を追い、描写を楽しむ。だが同時に私たちは意識するしないにかかわらずその文体をも読み取っていて、それは筋や描写よりもずっと曰《いわ》く言い難いものである。だが私は一篇の小説の真価はその文体にこそ表れると信じている。ではその文体に表れるものはいったい何なのだろう。うまい言葉がみつからないが強いて言葉にするなら、⑥それはその作家の生きる態度とでも言うべきものだろうか。

9　文体はひとつの形かもしれないが、それは目に見えにくい。だがそこに作家の生きる形が隠れている。ライフ・スタイルと言う場合のそのスタイルも、今では文体と同じように目に見えにくくなっていると考えることは出来ないだろうか。目に見えなくても私たちはそれを心で感じる。そこにその人の「生きる流儀」を見出《みいだ》す。ときにそれに反発し、ときにはそれに励まされる。生きることは本来形ではとらえきれぬものだと思う。ひとつのうつわに生きることの混沌を容《い》れようとしても、生きるエネルギーはともすればそこからはみ出す。だがそれでも私たちは皆、生きることになんらかの一貫した形を与えようとする。

10　※メルセデスという自動車は以前は金持ちか、その筋の人が乗るものと相場が決まっていた。だがバブル以来街にメルセデスが氾濫した。たとえ住むところが四畳半のアパートであろうとも、車はメルセデスに乗るという若者もいるだろう。そのときその若者は自分の価値観と好みに従ってひとつの選択をしたのである。四畳半に住みメルセデスに乗るのは彼のライフ・スタイルのすべてとは言わぬまでもその一端で、私たちは生きて行く一瞬一瞬に、意識していなくても常に自分のライフ・スタイルにつながる大小の選択をしている。

11

ライフ・スタイルとはそういう選択のつながりと、そこに否応《いやおう》なしに表れてくる、「暮らし方」よりももっと深い、一人の人間の「生き方」そのもののことではないかと私は思う。選択にはどうでもいいようなものもあれば、一生にかかわる、むしろ決断と呼ぶのがふさわしい大切なものもあるだろう。強制された選択もあるだろうし、美的な選択もあり、もちろん倫理的な選択もあるに違いない。ときには迷いに迷った末の選択、ときには自分でも思いがけない選択が、しかしその人の行動となって表れてくる。それはその人が言葉で言っていることと必ずしも一致しない。しかし他人の目から見ると、そこにその人の人となりが浮かび上がってくる。私はそのようなものとして、つまり既成の形にも、ある種の集団にも属さない極めて個人的なものとして、今ではその形を失いつつあるかのようなライフ・スタイルというものを、考え直してもいいのではないかと思っている。

（谷川俊太郎『ひとり暮らし』所収　「私の「ライフ・スタイル」」新潮文庫刊より一部改変）

※注　燕尾服……男性の夜間の礼服。裾が燕《つばめ》の尾のようなのでそう呼ばれる。
闇市……戦後、非合法に設けられた独自の市場。
プータロー……就労可能な年齢等にありながらも無職でいる者の俗称。
ヒッピー……一九六〇年代にアメリカの若者の間で広まった既存の価値観を拒否する運動。または、その人々。
メルセデス……ドイツの自動車メーカー。

【問一】空欄 A 、 B に入る語と同じ漢字を使っている慣用句として、最も適切なものを次からそれぞれ選び、記号で答えなさい。

A
ア　立て板に水
イ　白紙に戻す
ウ　火の車
エ　手の打ちようがない
オ　目は口ほどに物を言う

B
ア　心血を注ぐ
イ　後ろ髪を引かれる
ウ　足を洗う
エ　色眼鏡で見る
オ　墓穴を掘る

【問二】傍線部①「ジーンズ」とありますが、筆者の「ジーンズ」に対する考えとして、適切でないものを次から一つ選び、記号で答えなさい。
ア　身体的な欲求のみならず、組織に縛られたくないという精神的欲求の表れである。
イ　背広や和服という正装と比べて、気軽に着用できるものであり窮屈さを感じないものである。
ウ　限度を超えていなければ、人に会う格好として失礼にあたらないものである。
エ　一年中着用したいと思えるほど、自分のふさぎ込んだ感情を解放してくれるものである。
オ　形式ばったように感じられる日本文化に対して、自分を取り繕うことなく受け入れられる西洋文化である。

【問三】傍線部②「体がむずがゆくなってくる」とありますが、これと反対の意味で用いられている表現を本文中から十五字で抜き出して答えなさい。

【問四】傍線部③「もんぺをはいた父の姿が好きだった」のはなぜだと考えられますか。最も適切なものを次から選び、記号で答えなさい。
ア　ジーンズをはき、ネクタイを締めない自分の服装を良く思っていない父も、外出に適さない格好をすることに安心感を抱いたから。

イ　日ごろから外出時にネクタイを締めている厳格な父が、唯一見せる気の張らない格好であり、父の寛大さの表れであるから。
ウ　普段、家でも身なりを整えている父のもんぺ姿は気軽さを感じる格好であり、ジーンズを愛用する自分と通じるものがあるから。
エ　現在の確固たる威厳を崩さない父とは違い、自分の子どもの頃の記憶にある穏やかで優しい父の姿が思い起こされる格好だから。
オ　完璧主義者である父ですら気の緩んだ瞬間があると知ることで、普段からジーンズばかりはく自分を肯定できる気がするから。

【問五】傍線部④「サラリーマンをひとつのライフ・スタイルだと考えた人はいなかった」とありますが、当時の人にとっての「ライフ・スタイル」とはどのようなものだったと筆者は考えていますか。適切なものを次から二つ選び、記号で答えなさい。

ア　中身と形が合致することのないもの
イ　多くの人の生き方と異なったもの
ウ　人間の奥深くに隠されているもの
エ　主体性を持って選択したもの
オ　外見での判断が困難であるもの
カ　簡単に手に入れられないもの

【問六】傍線部⑤「スタイルが崩れることを肯定的にとらえたい」と筆者が述べるのはなぜですか。最も適切なものを次から選び、記号で答えなさい。

ア　ライフ・スタイルの、言葉には表せない混沌とした状況が、選択可能性によるものであることに気づいたから。
イ　妻の恵子さんが笑顔の違いに気が付いていることから、ライフ・スタイルと密接な関係にある家族愛に感動を覚えたから。
ウ　スタイルが崩れるからこそ、その人の本質や生き方が見えるという、ライフ・スタイルのとらえ方の可能性を感じたから。
エ　大きな感動などのふとしたきっかけで、簡単に崩れてしまうという、ライフ・スタイルの繊細さを見出せたから。
オ　ライフ・スタイルは言葉で表現できないが、表情の変化などからとらえられるという考えに思い至ったから。

【問七】傍線部⑥「それ」が指す語句を、本文中から抜き出して答えなさい。

【問八】次の文章は、筆者が述べる「ライフ・スタイル」をまとめたものです。空欄を本文中の言葉を使って二十字以内で補い、文を完成させなさい。

ライフ・スタイルというとき、そのスタイルは、目に見えにくくなっているが、生きることとは本来、形ではとらえきれないものである。しかし、私たちはそこになんらかの一貫した形を与えようとする。そして私たちは［　　　　］。そのつながりと、人間の「生き方」そのものこそがライフ・スタイルである。

【問九】本文の表現と構成に関する説明として最も適切なものを次から選び、記号で答えなさい。

ア　第1〜3段落では、筆者の服装に対しての見解を述べ、その先でライフ・スタイルに言及するきっかけとしている。
イ　第4段落では、文を疑問の形にすることで読者にテーマを提起し、ここまでの内容の理解を深める助けをしている。
ウ　第6段落は逆接の接続詞を多用することで、第5段落で引用した他者の見解を否定し、独自の見解を述べている。
エ　第8、9段落では、文学とライフ・スタイルの相違点を挙げることで、ライフ・スタイルの捉え方を示している。
オ　第11段落は、第10段落の具体例を一般化しており、そこに筆者の経験を含めることで、本文全体のまとめとしている。

三

次の文章は江戸時代の俳人である芭蕉《ばしょう》が、約五カ月間の旅について記した、紀行文「おくのほそ道」の一節です。ともに旅をした曾良《そら》は芭蕉の門人で、旅立つ際に出家（仏門に入ること）し、髪を剃りあげました。これを読んで後の問に答えなさい。

黒髪山《くろかみやま》は、霞《かすみ》かかりて、雪いまだ白し。

　剃り捨てて黒髪山に衣更《ころもがへ》　曾良

曾良は、河合氏《かはひうぢ》にして惣《そう》五郎といへり（と言った。）。芭蕉の下葉《したば》に軒《のき》をならべて（私の住まいの近くに住んで）、予《よ》が（私の）①薪水《しんすゐ》の労《らう》をたすく。このたび松島・象潟《きさかた》のながめ共にせんことを（共に見物することを）喜び、かつは羇旅《きりょ》の（私の旅中の）難《なん》をいたはらんと（苦労をなぐさめようと）、旅だつ暁《あかつき》、髪を剃りて、墨染《すみぞめ》に様を変へ（墨染の衣に姿を変え）、惣五《そうご》を改めて宗悟《そうご》とす（惣五の名を改めて宗悟とする。）。よつて黒髪山の句あり。「②」の二字、力ありて聞こゆ（力がこもっているように思われる。）。

二十余丁山を登つて（二十丁余りの山を登って行くと）滝あり。岩洞《がんとう》の頂より飛流して百尺、千岩の碧潭《へきたん》に落ちたり（飛ぶように流れ落ちること百尺で、多くの岩で囲まれた、青々とした滝つぼに落ち込んでいる。）。岩窟《がんくつ》に身をひそめ入りて、滝の裏より見れば、裏見《うらみ》の滝と申し伝へはべるなり。

　しばらくは③滝にこもるや夏《げ》の初め

（日栄社『要説 奥の細道 ―全巻―』より一部改変）

【問一】曾良の句で詠まれている内容として最も適切なものを次から選び、記号で答えなさい。

ア　自分の私利私欲を捨て去り、仏の道に突き進む自分を励ます存在として黒髪山を描写している。
イ　夏山が雪をかぶっているわびしい情景に、俗世間を離れるさみしい気持ちを投影し重ね合わせている。
ウ　遥かな旅路にむけ頭を剃り上げることで気持ちを新たにし、困難な道のりを芭蕉と共にする覚悟を決めている。
エ　雄大な光景を描くことで、対照的な人間の一生に思いをはせ、これまでの生き方を振り返っている。
オ　山の名を比喩表現として使うことで、剃り終えた髪の毛に対する未練をユーモラスに表現している。

【問二】傍線部①「薪水の労をたすく」とは具体的には何を表していますか。最も適切なものを次から選び、記号で答えなさい。

ア　田畑を耕し食料を調達してくれたということ。
イ　日々の苦悩を洗い流してくれたということ。
ウ　家事や炊事の手伝いをしてくれたということ。
エ　喜びも悲しみも分かち合ってくれたということ。
オ　句を詠むうえで助言をしてくれたということ。

【問三】空欄 ② に当てはまる適切な語句を、本文中から抜き出して答えなさい。

【問四】傍線部③「滝にこもるや」とありますが、何のために「滝にこもる」のですか。理由となる部分を本文中から八字で抜き出して答えなさい。

【問五】「おくのほそ道」で詠まれている次のA～Dの句を、旅で詠まれている順番に並べるとどうなりますか。適切なものを後から一つ選び、記号で答えなさい。

A　草の戸も住み替はる代ぞ雛《ひな》の家
B　荒海や佐渡によこたふ天河《あまのがは》
C　五月雨をあつめて早し最上川
D　行く春や鳥啼《な》き魚の目は涙

ア　A → B → C → D
イ　A → B → D → C
ウ　A → C → B → D
エ　A → C → D → B
オ　A → D → B → C
カ　A → D → C → B

一　　般

令和３年度

愛知高等学校入学試験問題

数　　学

(45分)

注　意

1．問題は 1 から 4 まであります。

2．問題の内容についての質問には応じません。
印刷のわからないところがある場合には、静かに手をあげて監督の先生の指示に従いなさい。

3．解答はすべて解答用紙に記入しなさい。
氏名、受験番号を書き落とさないように注意し、解答し終わったら必ず裏がえして机の上に置きなさい。

4．円周率π、無理数$\sqrt{2}$、$\sqrt{3}$などは近似値を用いることなく、そのままで表し、有理化できる分数の分母は有理化し、最も簡単な形で答えなさい。

5．答えが分数のときは、帯分数を用いない最も簡単な分数の形で答えなさい。

6．計算機を使用してはいけません。

7．解答用紙だけを提出し、問題用紙は持ち帰ってよろしい。

1 次の各問に答えなさい。

(1) $\dfrac{7}{3^2}-\left(-\dfrac{1}{2}\right)\div\left(1-\dfrac{5}{2}\right)^2$ を計算しなさい。

(2) $(\sqrt{6}+\sqrt{2})\left(\dfrac{1}{\sqrt{6}}-\dfrac{1}{\sqrt{2}}\right)$ を計算しなさい。

(3) 1から9までの自然数のうち異なる2つを選び，小さい方を a，大きい方を b とする。このとき，$\dfrac{1}{a}-\dfrac{1}{b}$ の値が最も小さくなるときの値を求めなさい。

(4) 関数 $y=ax^2$ で，x の変域が $-2\leqq x\leqq 1$ のとき，y の変域は $-2\leqq y\leqq 0$ である。このとき，a の値を求めなさい。

(5) $m+n=90$，$mn=2021$ を満たす自然数 m，n （$m<n$）を求めなさい。

(6) 5の数字が入った自然数を次のように小さいものから順に並べていく。

5，15，25，35，45，50，51，52，…

このとき，555は最初から数えて何番目の数字となるか答えなさい。

（7）　3 直線 $y=-2x-3$，$y=\frac{1}{2}x+2$，$y=ax$ が三角形を作らないような定数 a の値をすべて求めなさい。

（8）　右図のように，円が 1 辺の長さが a cm の正方形の 4 辺と接している。斜線部分の面積が b cm^2 であるとき，この正方形の面積を b を用いて表しなさい。

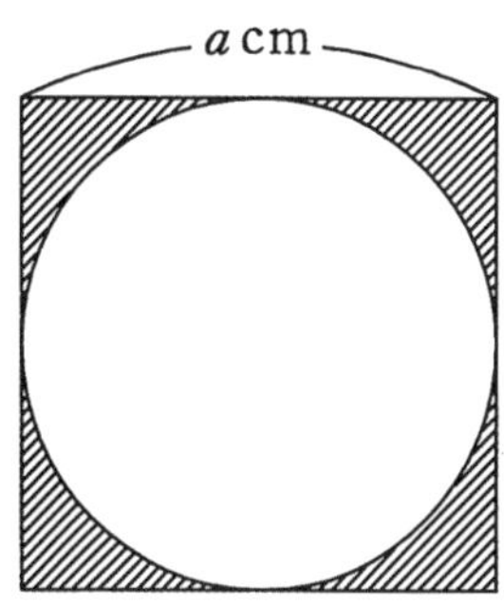

（9）　右図のようなおうぎ形がある。斜線部分の面積を求めなさい。

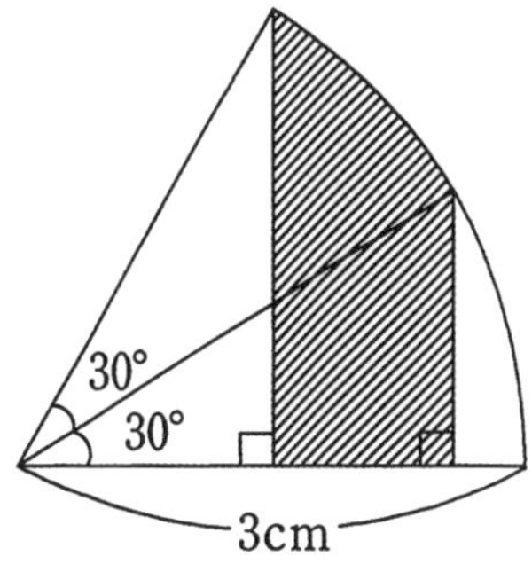

(10)　下図のように，A～Jの10人が10点満点のゲームを行い，点数表を作ったが汚れてしまい，G，Hの点数がわからなくなってしまった。点数は自然数であり，Hの点数がGの点数より低いことはわかっている。このとき，点数の中央値を求めなさい。

	A	B	C	D	E	F	G	H	I	J	平均値	範囲
点数	9	5	9	6	3	9			4	2	6.0	8

(11)　下図のように，同じ大きさの正方形を5個並べ，両端の正方形の一辺を延長した直線と各正方形の頂点を通る直線を結んで台形ABCDを作ったところ，辺ABの長さが12 cm辺CDの長さが4 cmとなった。

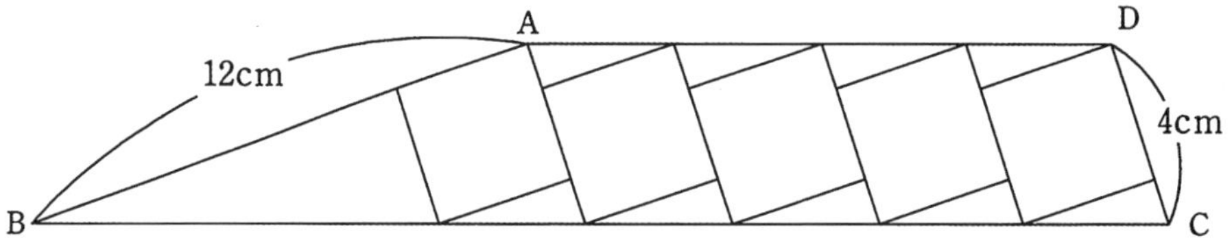

このとき，正方形の面積が ① cm^2 であるから，この台形ABCDの面積は正方形1個の面積の ② 倍である。空欄①と②にあてはまる数値を答えなさい。

2

右図のように，放物線 $y=ax^2$ …① と直線 $y=bx$ …②
が原点 O と点 A で交わっており，点 A の x 座標は $\frac{1}{2}$ である。
放物線①上に点 A 以外の点 B をとり，直線 AB と y 軸との交点を C とする。点 C の y 座標が 1，$\angle AOC=45^\circ$ であるとき，次の各問に答えなさい。

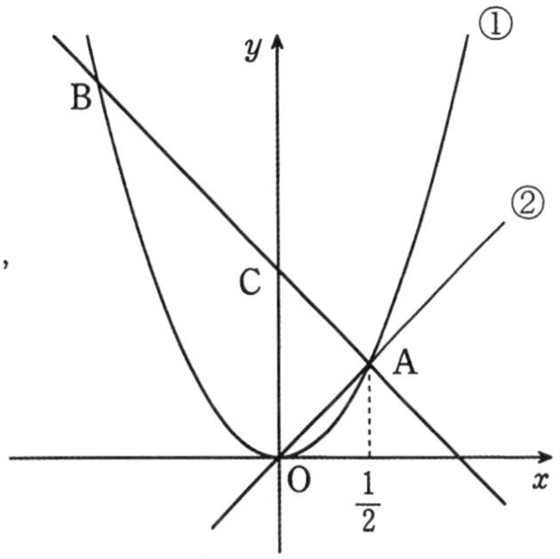

（1）　a ，b の値をそれぞれ求めなさい。

（2）　点 B の座標を求めなさい。

（3）　線分 OA 上に 2 点 O，A とは異なる点 D をとり，直線 BD と y 軸との交点を E とする。
△BCE と△ODE の面積が等しくなるような点 D の座標を求めなさい。

3 太郎さんと花子さんは，下の問題について先生と会話をしています。下の会話文を読み，以下の各問に答えなさい。

問題

<u>1個650円の品物を2000円の箱に入れて買うとき，合計の代金が10000円以下になるようにしたい。</u>品物は最大で何個買うことができるか求めなさい。ただし，消費税については考えないものとする。

先生：まず，買った品物の数をx個として，問題文中にある下線部分の数量の関係をxを用いた不等式で表してみよう。

太郎：［　①　］と表すことができます。

先生：そうだね。次に，この不等式を解いていこう。

花子：“不等式を解く”とは何ですか？

先生：みんなは中学1年生で“方程式を解く”ことを学習したよね。
方程式では，両辺に同じ数を足しても，引いても等号“＝”は成り立った。両辺に同じ数をかけても，両辺を0でない同じ数で割っても等号“＝”は成り立ったよね。
それでは，不等式ではどうだろう。“不等式を解く”ことを説明する前に，不等式の性質について確認していこうか。
不等式の両辺に同じ数を足しても，不等号の向きは変わらないよ。つまり，

$$A > B \quad ならば \quad A + C > B + C$$

という性質が成り立つということだ。
それでは，不等式の両辺から同じ数を引いたらどうなるかな？

花子：［　②　］ですね。

先生：そうだね。同様に，同じ正の数をかけても，同じ正の数で割っても不等号の向きは変わらないよ。つまり，

$$C > 0 であるとき，A > B \quad ならば \quad A \times C > B \times C$$

であるし，

$$C > 0 であるとき，A > B \quad ならば \quad A \div C > B \div C$$

であるということ。次に同じ負の数をかけた場合，どうなるか考えていくよ。

そのために，$A > B$の両辺から，［　③　］を引いてみると，

$$A - (［　③　］) > B - (［　③　］)$$

となるから，両辺を計算すると，$-A < -B$となるね。

太郎：あっ！結果的に，$A > B$の両辺に-1をかけると不等号の向きが変わっているということですね。

先生：そのとおり。不等式は両辺に同じ負の数をかけると，不等号の向きが変わるという性質があるよ。つまり，

C＜0であるとき，A＞B　ならば　A×C＜B×C

ということだよ。また，同じ負の数で割っても不等号の向きが変わるんだ。
方程式を解くときと同じように，これらの性質を利用してxが満たす範囲を求めることを，“不等式を解く”というんだよ。

花子：わかりました。さっそく，問題の不等式を解いてみます。

（1）　空欄①にあてはまる適当な不等式を答えなさい。

（2）　空欄②にあてはまるものを次の（あ）～（え）中から選び記号で答えなさい。

（あ）　A＞B　ならば　A－C＜B－C
（い）　A＞B　ならば　A－C≦B－C
（う）　A＞B　ならば　A－C＞B－C
（え）　A＞B　ならば　A－C＝B－C

（3）　空欄③にあてはまる適当な式を答えなさい。

（4）　①の不等式を解いて，品物が最大何個買えるか求めなさい。

4 下図のように，0から順に番号が書かれたマスがある。スタート地点を0のマスとしてコマを置く。

0	1	2	3	4	5	6	7	…	

以下の各問に答えなさい。

（1） さいころをふって出た目の数だけコマを右側に動かすものとする。コマが最後に5のマスに止まった場合を成功とするゲームを行う。
ただし，5のマスより右側に来るような場合はその時点でゲーム失敗とする。
さいころを最大3回までふることができるとした場合，ゲームが成功するさいころの目の出方は何通りあるか答えなさい。

（2） 次に，さいころをふって偶数の目が出たときはコマを右側に出た目の数だけ動かし，奇数の目が出たときはコマを左側に出た目の数だけ動かすものとする。コマが最後に5のマスに止まった場合を成功とするゲームを行う。
ただし，スタート地点の0のマスより左側に来るような場合はその時点でゲーム失敗とする。
さいころを最大3回までふることができるとした場合，ゲームが成功するさいころの目の出方は何通りあるか答えなさい。

一　　般

令和３年度

愛知高等学校入学試験問題

英　　語

（45分）

注　意

１．問題は Ⅰ から Ⅵ です。

２．問題の内容についての質問には応じません。

印刷のわからないところがある場合には、静かに手をあげて監督の先生の指示に従いなさい。

３．解答はすべて解答用紙に記入しなさい。

氏名、受験番号を書き落とさないように注意し、解答し終わったら必ず裏がえして机の上に置きなさい。

４．解答用紙だけを提出し、問題用紙は持ち帰ってよろしい。

I 次の英文を読んで、以下の問いに答えなさい。

There are several kinds of *stickers on cars in Japan. They have different meanings. [①] looks like a green and yellow *arrow. [②] has the colors of the four seasons. You can also find stickers with *butterflies and four-leaf clovers on them. They tell us something about the driver. Can you guess what they are for? The first one tells us that the driver is a new driver and doesn't have much driving experience. The second one tells us that the driver is 70 or over. If we know something about other drivers, we can drive more carefully.

When somebody is learning how to drive in the United States, they sometimes put a *sign on their car — "Student Driver." It tells other people that the driver doesn't have much experience. However, after the student driver gets a *license, they take off the sign. Then, their car looks just like any other car, and nobody knows that they are new drivers. The system is different in Japan. The *process takes more time. New drivers put a *Shoshinsha* or *Wakaba* sticker on the front and back sides of their car. Even scooter riders put the sticker on their scooter. The yellow and green sticker tells other drivers that they should be careful around the new driver. For example, other drivers should not try to *pass or *cut off a new driver. New drivers may feel nervous, so this sticker tells other drivers to be nice to them. If you cut off a car with a *Wakaba* sticker, <u>you will be fined</u> 5,000 to 7,000 yen. New drivers in Japan must keep the sticker on their car for one year, but they can leave it on longer if they want to.

The sticker with the colors of the four seasons is called a *Koreisha* mark in Japan. The sticker means the driver is 70 or older. The system started in 1997. At first, the *Koreisha* mark was an orange and yellow tear drop shape, but in 2011 it was changed to a four-leaf shape. The old one was called *Momiji* (autumn leaf), *Kareha* (dried leaf), or *Ochiba* (fallen leaf). Some older people were not happy about the image of a dried up, fallen leaf. The new sticker has colors for each season. Because it has a more positive image, more people put it on their cars than before. *As with the *Wakaba* mark, drivers should not try to pass or cut off cars with the *Koreisha* mark, or they will have to pay money.

The *Wakaba* and *Koreisha* marks are now used for other things, too. For example, shop clerks may use the *Wakaba* mark to show they are beginners. Some games also use the same mark to show that it is an easy level. Also, some drivers use the *Koreisha* mark to show that they are experienced drivers, even if they are not over 70.

In most countries, the design of a person in a wheelchair on a blue *background shows that the driver has a *disability. In Japan, the *Yotsuba* mark is also used. And, Japan has a beautiful sticker for *deaf drivers. It is a green and yellow mark called a *Choukaku Shogaisha* mark. It shows two ears in the shape of a butterfly. Other countries use stickers for the deaf, too, but usually they are just letters or simple designs. The Japanese ones have both meaning and beauty.

教英出版

*sticker ステッカー　*arrow 矢　*butterfly チョウ　*sign 目印　*license 免許　*process 過程
*pass ～を追い越す　*cut off ～をさえぎる　*as with ～と同様に　*background 背景
*disability 障がい　*deaf 耳の聞こえない

問１．［　①　］［　②　］に入る組み合わせとして最も適切なものを一つ選び、記号で答えなさい。

あ　①　Some　　②　Other
い　①　One　　②　Another
う　①　One　　②　The other

問２．Answer the question in English.
What do the colors of new *Koreisha* mark show?
Answer: They show（　　　　）（　　　　）.

問３．本文中の下線部にある fine ～という単語は「○○を科す」という意味です。本文の内容から推測して○○に入る語を漢字二文字で答えなさい。

問４．本文によると、日本の聴覚障害者マークは次のうちのどれですか。適切なものを一つ選び、記号で答えなさい。

あ　　い　　う　　え

問５．次の英文で、本文の内容と一致しているものを一つ選び、記号で答えなさい。

あ　Older people in Japan were happy with the first *Koreisha* mark because it looked like an orange leaf.
い　Some people use *Wakaba* marks to show that they are beginners.
う　In the US, people have to put on a “Student Driver” sticker for more than a year after they get a driver license.
え　If people are under 70, they must not use *Koreisha* marks in Japan.

Ⅱ 次の英文を読んで、以下の問いに答えなさい。

*Vending machines are very useful. You put in some money and you get a drink. Vending machines are an important part of our life, but did you know that the first vending machine in the world was made in the year 215? After that machine, there are no more examples of vending machines for hundreds of years, but in 1615, vending machines started selling *tobacco in England. Then, in 1822, a book seller named Richard Carlile made a vending machine for selling newspapers, and in 1857 another Englishman, Simeon Denham, made the first *fully automatic vending machine for selling *stamps. The first *coin operated vending machines sold postcards in London in the 1880s. And, in the US, the Thomas Adams Gum Company started making vending machines in 1888. The machines sold Tutti Fruiti gum in New York City. Soon, vending machines were seen in many countries around the world and sold things like eggs, potatoes, books and magazines.

The first vending machine in Japan sold tobacco. Fully automatic vending machines became popular after World War II, in the 1950s. Because many drink and beer companies started using them, the number of vending machines increased from 240,000 in 1964 to two million in 1973. Then, in the 1970s a Japanese drink company started selling *canned coffee from vending machines. They could keep drinks cold or hot. This increased *sales from vending machines in winter. Today, there are over five million vending machines in Japan! That means there is one vending machine for every [A] people. It is the highest number of vending machines *per person in the world! You can find vending machines all over Japan. You can even see them on the top of Mt. Fuji! Japanese vending machines sell T-shirts, flowers, carrots, eggs, apples, rice and, of course, sushi.

But, why does Japan have more vending machines than other countries? There are several reasons. One reason is safety. Because Japan is a safe country, vending machines can be put anywhere and [B] will *steal from them. In most foreign countries, vending machines cannot be put outside, because *thieves will break them and take the money. Another reason is that Japan is a *cash society. In other countries, people often pay with *checks and credit cards, but in Japan, many people still pay with [C]. They always have some coins, so they can buy things from vending machines easily. The third reason is the price of land. Japan is a small country with many people, so land prices are very high. It is much [D] to *rent vending machine space than to rent store space.

Also, vending machines can be helpful during a *disaster. Some vending machines have a *setting called "free vend." If this setting is used during earthquakes or other disasters, the machine gives free drinks to everyone. Other vending machines have screens and they give you information about where you should go in a disaster.

There are many kinds of vending machines. What do you think about vending machines in the future?

2021(R3) 愛知高
K 教英出版

*vending machine 自動販売機　*tobacco タバコ　*fully automatic 全自動の　*stamp 切手
*coin operated コインで操作する　*canned 缶の　*sales 売上　*per ～あたり　*steal 盗む
*thieves < thief（どろぼう）の複数形　*cash society 現金社会　*check 小切手　*rent ～を借りる
*disaster 災害　*setting 設定

問１．本文の内容に合うように、自動販売機で販売されたものを販売開始時期の順番に並べたものとして最も適切なものを一つ選び、記号で答えなさい。

あ　イギリスの新聞 → イギリスのタバコ → イギリスの切手 → 日本の缶コーヒー
い　イギリスの切手 → アメリカのガム → イギリスの新聞 → 日本の缶コーヒー
う　イギリスのタバコ → イギリスの切手 → アメリカのガム → 日本の缶コーヒー
え　アメリカのガム → イギリスの新聞 → イギリスのタバコ → 日本の缶コーヒー

問２．本文中の［ A ］に入る最も適切な数字を一つ選び、記号で答えなさい。

あ　8　　い　23　　う　47　　え　68

問３．本文中の［ B ］と［ D ］にはあてはまるものを、［ C ］にはあてはまらないものを、それぞれ一つずつ選び、記号で答えなさい。

［ B ］　あ someone　　い nobody　　う everyone
［ C ］　あ coins　　い credit cards　　う cash
［ D ］　あ cheaper　　い higher　　う more difficult

問４．次の英文で、本文の内容に合わないものを一つ選び、記号で答えなさい。

あ　We can buy clothes and vegetables from Japanese vending machines.
い　Japan has the most vending machines for each person in the world.
う　Fully automatic vending machines have a history of over 150 years in the world.
え　All Japanese vending machines give people drinks for free during a disaster.

III 次の会話文を読んで、[1] ～ [5] に入る最も適切なものを一つ選び、記号で答えなさい。

(D: Doctor P: Patient)

D: [1]

P: My arm feels strange.

D: What did you do?

P: When I was playing tennis, [2]

So, I had this sharp pain in my arm.

D: What do you mean by "sharp"?

P: [3]

D: Let me see.

Well, nothing seems to be broken.

The skin's not cut.

I'll give you some medicine.

You should put ice on your arm if it hurts.

[4] but you shouldn't play tennis for a week.

P: Will I be able to play again after that?

I usually practice every day.

D: Yes, [5]

[1]

あ How did you come here?

い What's wrong with you?

う I heard you won the tennis tournament yesterday.

[2]

あ I met a friend of mine on the court.

い my coach put away all the tennis balls.

う I slipped and fell on the court.

3

あ　The fast ball hit me on the arm.

い　It hurt so much that I couldn’t move it.

う　I cut my arm with a sharp knife.

4

あ　You don’t need to stay home from school,

い　You must not go to school for a week,

う　It is necessary that you stay home and study hard,

5

あ　you can play tennis from now on.

い　you’ll never play tennis again.

う　you’ll be fine by next week.

Ⅳ

日本語の意味に合うように［　　］内の語（句）を並べ替えた時、（●）と（▲）に入る語（句）を書きなさい。ただし、文頭に来る語もすべて小文字で始まっています。

（1）彼が手伝ってくれたおかげで私は宿題を終えることができました。（一語不要）
[I / my / his / help / homework / couldn't / without / do / he].
(　　)(　　)(●)(　　)(　　)(▲)(　　)(　　).

（2）ここから駅までタクシーでどのくらいかかりますか。
[by / station / how / from / it / long / here / to / the / does / take] taxi?
(　　)(　　)(　　)(●)(　　)(　　)(▲)(　　)(　　)(　　)(　　) taxi?

（3）彼女は私にどちらの映画を見たいかきいた。（一語不要）
[which / I / would / me / she / to / asked / like / movie / said] see.
(　　)(●)(　　)(　　)(　　)(▲)(　　)(　　)(　　) see.

（4）アメリカに住んでいる友達からの手紙を読んで私は嬉しくなった。（一語不要）
The letter [America / me / in / read / happy / from / made / a friend].
The letter (　　)(●)(　　)(　　)(▲)(　　)(　　).

Ⅴ

次の英文のうち、文法的に正しいものを三つ選び、記号で答えなさい。

あ　One of my child plays the piano.
い　Do you know how long George has lived in Japan?
う　I like making pasta dishes to my family.
え　Emily doesn't want to ride a bicycle during it is cold.
お　Please take off your shoes before you enter a Japanese house.
か　I am usually washing dishes after dinner.
き　My sister has known my friend Wendy for several years.
く　It is popular for young people to eat bread making from rice.

2021(R3) 愛知高
K 教英出版

Ⅵ

次の質問についてあなた自身の答えを英語で書きなさい。ただし、次の条件を満たすこと。

・文は二文以上になってもよい。文と文の間を空欄にしたり、改行したりしないこと。
・15 語以上 25 語以下の英語で書くこと。ピリオド、コンマ、クエスチョンマークなどの記号は語数に数えない。
・解答用紙の下線部に一語ずつ書くこと。ピリオド、コンマ、クエスチョンマークなどの記号は、下線部と下線部の間に書くこと。

解答記入例

Where	were	you	?	I	was	5
in	the	library	.			10

【質問】 What did you do while your school was closed last spring?

一　　般

令和３年度

愛知高等学校入学試験問題

理　　　科

（社会と合わせて60分）

注　意

1．問題は 1 から 4 まであります。

2．問題の内容についての質問には応じません。

印刷のわからないところがある場合には，静かに手をあげて監督の先生の指示に従いなさい。

3．解答はすべて解答用紙に記入しなさい。

氏名，受験番号を書き落とさないように注意し，解答し終わったら必ず裏がえして机の上に置きなさい。

4．解答用紙だけを提出し，問題用紙は持ち帰ってよろしい。

1　圧力や浮力に関する次の問に答えなさい。

問１　500cm^2の面に垂直に300Nの力を加えた。このとき，この面にかかっている圧力は何Paか答えなさい。

問２　圧力について，次の**ア～オ**から正しいものをすべて選び，記号で答えなさい。

ア　圧力とは，1Nの力がはたらく面の面積で表される。
イ　水の圧力（水圧）は，水の深さが深いほど大きくなる。
ウ　同じ水の深さでは，上向きの水の圧力の方より下向きの水の圧力の方が小さい。
エ　地球をとりまく空気には重さがある。大気圧はこの空気の重さにより生じている。
オ　上の**ア～エ**は，すべて間違いである。

問３　浮力について，次の**ア～オ**から正しいものをすべて選び，記号で答えなさい。

ア　水に沈んでいる物体X（図１）にはたらく浮力は，より深く沈んでいるときの方が大きい。
イ　水に浮いている物体にはたらく浮力は上向きにはたらき，水に沈んでいる物体にはたらく浮力は下向きにはたらく。
ウ　２つの物体の重さが同じならば，形や大きさが違っても，水に沈めたときにはたらく浮力の大きさは等しい。
エ　同じ形，同じ大きさのYとZ，２つの物体がある。Yは水に浮き，Zは水に沈んだ（図２)。このとき，YとZそれぞれにはたらく浮力の大きさは等しい。
オ　上の**ア～エ**は，すべて間違いである。

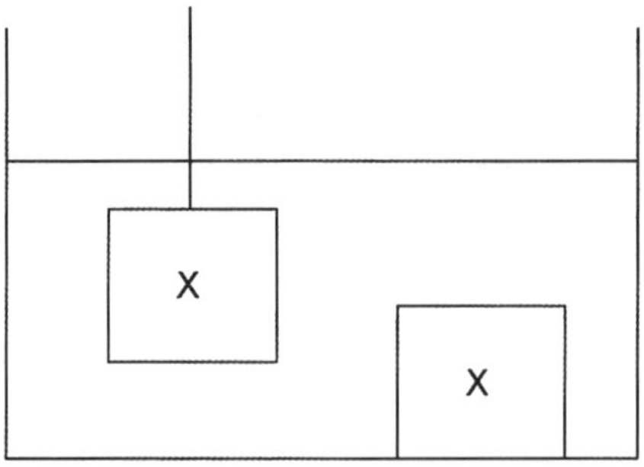

図１

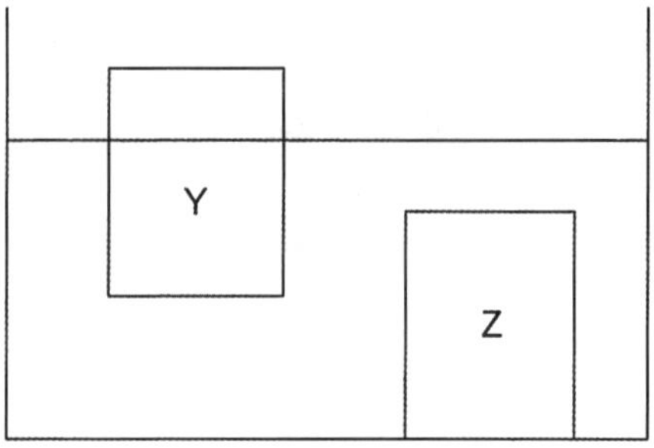

図２

問 4　同じ高さ，同じ重さで，底面積の異なる 3 種類の直方体の箱Ａ，Ｂ，Ｃがある。これらを水に浮かべたら図 3 のようにＡは 2cm，Ｂは 3cm，Ｃは 4cm 水面から沈んだ。

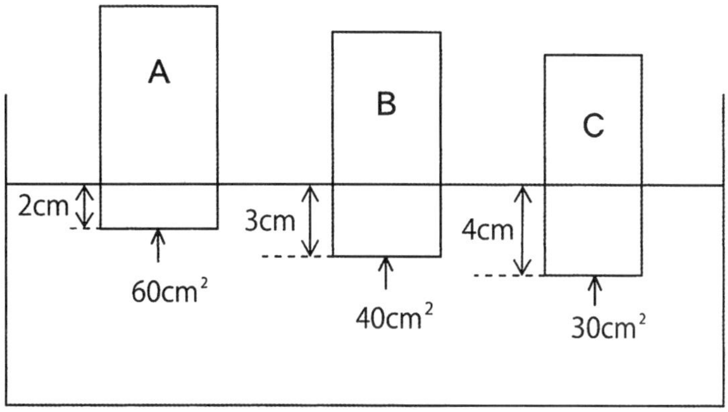

図3

(1)　箱Ａと同じ重さで水面から 1.5cm 沈む直方体の箱Ｄを作りたい。箱Ｄの底面積を何 cm² にすればよいか。

(2)　箱Ａに，ある重さのおもりを入れたら，水面から 5cm 沈んだ (図 4)。入れたおもりの重さは箱Ａの重さの何倍か。

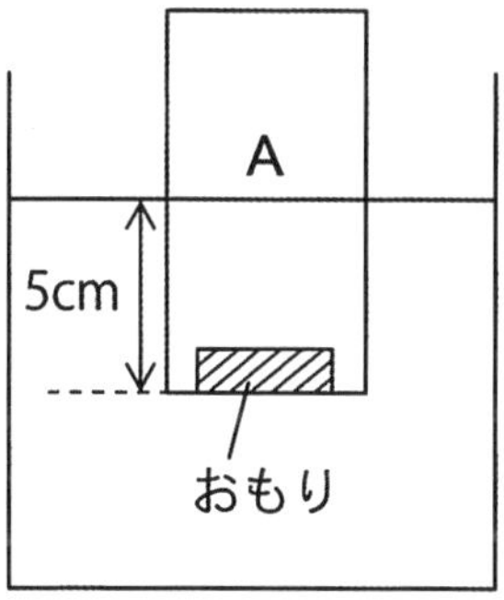

図4

(3)　何も入れていない箱Ｂを飽和食塩水に浮かべたら水面から 2.5cm 沈んだ。箱Ｃにある重さのおもりを入れ，この飽和食塩水に浮かべたら，水面から 6cm 沈んだ。箱Ｃに入れたおもりの重さは，箱Ａの重さの何倍か。

2　次の操作による実験について，下の問に答えなさい。

【操作①】酸化銀をそれぞれ 1.00g，2.00g，3.00g 入れた試験管 A ～ C を準備した。

【操作②】酸化銀が入った試験管 A ～ C の質量を，試験管ごと電子ばかりで測定した。

【操作③】図のように，試験管 A ～ C を十分に加熱して酸化銀をすべて反応させ，発生した気体を集め，ガスバーナーの火を消した。

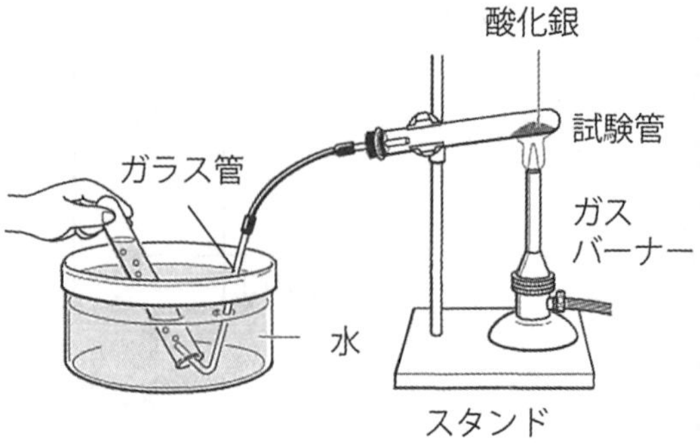

【操作④】加熱した試験管が十分に冷めてから，試験管 A ～ C の質量を，再度，試験管ごと電子ばかりで測定した。

表：操作②，④における測定結果

	試験管 A	試験管 B	試験管 C
酸化銀の質量（g）	1.00	2.00	3.00
操作②の試験管の質量（g）	26.05	27.04	28.30
操作④の試験管の質量（g）	25.98	26.90	28.09
試験管に残った物質の質量（g）	0.93	1.86	x

問 1　表中の x に当てはまる数値を答えなさい。

問 2　【操作③】における化学反応式を書きなさい。

問 3　【操作③】で発生した気体の性質を次の**ア～オ**から一つ選び，記号で答えなさい。

ア　無色無臭で，空気の約 80％を占める。
イ　無色無臭で，光合成により生成される。
ウ　無色無臭で，空気より重い。石灰水を白く濁らせる。
エ　黄緑色で特有の刺激臭があり，空気より重い。
オ　無色で特有の刺激臭があり，空気より軽い。水溶液はアルカリ性を示す。

K 教英出版

問 4　【操作③】で発生した気体が発生する化学反応を，次の**ア〜カ**からすべて選び，記号で答えなさい。

ア　うすい硫酸に水酸化バリウム水溶液を加える。
イ　炭酸水素ナトリウムを加熱する。
ウ　硫化鉄にうすい塩酸を加える。
エ　過酸化水素水に二酸化マンガンを加える。
オ　塩化銅水溶液を電気分解する。
カ　うすい水酸化ナトリウム水溶液を電気分解する。

問 5　【操作③】において火を消す前に行う操作を簡単に書きなさい。

問 6　酸化銀を 5.00g 入れた試験管 D を準備し，【操作③】のように十分に加熱すると，試験管に残る物質の質量は何 g になるか，答えなさい。

問 7　実際に問 6 の実験を行ったところ，試験管 D に残った物質は 4.82g であった。この結果は，加熱が不十分であったために，酸化銀の一部が反応せずに残ったと考えられる。このとき反応せずに試験管 D に残った酸化銀は何 g か。答えは四捨五入して小数第二位まで答えなさい。

3 植物の葉のはたらきを調べるために，次のような観察や実験を行った。

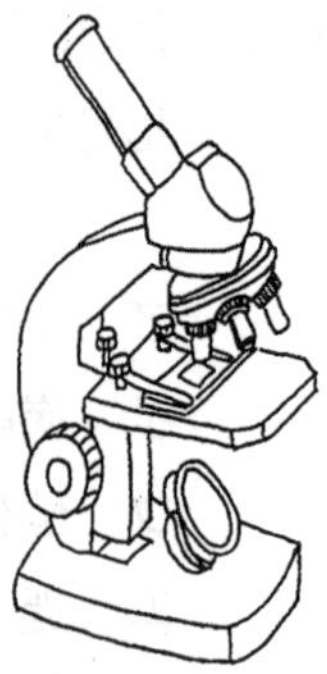

【観察】プレパラートを作り，図のような顕微鏡で観察した。

問１　顕微鏡に関して述べた次の**ア～カ**のうち，正しいものを二つ選び，記号で答えなさい。

ア　顕微鏡の倍率は接眼レンズの倍率と対物レンズの倍率の和で求められる。
イ　視野の右上にあるものを中央で観察するためには，プレパラートを左下に動かせばよい。
ウ　顕微鏡の倍率が低倍率になると，明るさは暗くなり，視野は広くなる。
エ　顕微鏡でピントを合わせるときは，対物レンズとプレパラートを遠ざけておいて，接眼レンズをのぞきながら調節ねじをゆっくり回し，対物レンズとプレパラートを近づける。
オ　対物レンズの倍率が高くなると，ピントを合わせたとき，対物レンズの先端とプレパラートの間隔は対物レンズの倍率が低いときと比べて短くなる。
カ　高倍率で観察するときは，低倍率の対物レンズでピントを合わせたあと，レボルバーを回して高倍率の対物レンズにして，明るさを調節する。

問２　顕微鏡で気孔を観察した。右の図は100倍の倍率で観察したときの視野と観察した気孔を模式的に描いたものである。レボルバーを回して顕微鏡の倍率を400倍にすると，この視野の中には気孔がいくつ観察されると考えられますか。

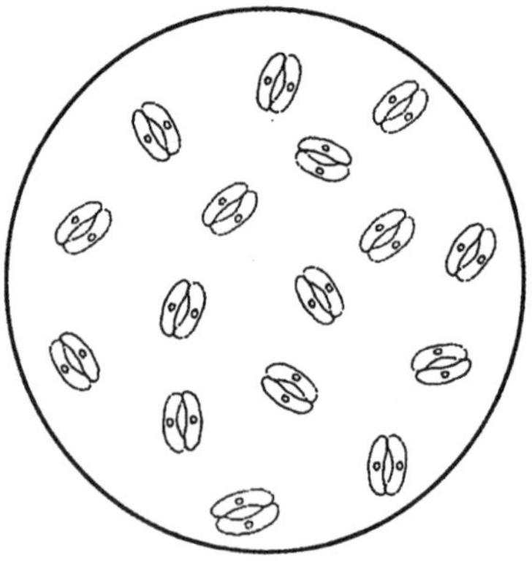

2021(R3) 愛知高
K 教英出版

【実験】青色の BTB 溶液に二酸化炭素をふきこんで緑色にした後，4 本の試験管A，B，C，Dに入れた。図のように試験管AとCにオオカナダモを入れ，試験管BとDにはオオカナダモを入れなかった。また，試験管CとDには光が入らないようにアルミニウムはくをまいた。4 本の試験管にしばらく光を当てた後，BTB 溶液の色の変化を調べた。ただし，BTB 溶液の温度は変化しないものとする。

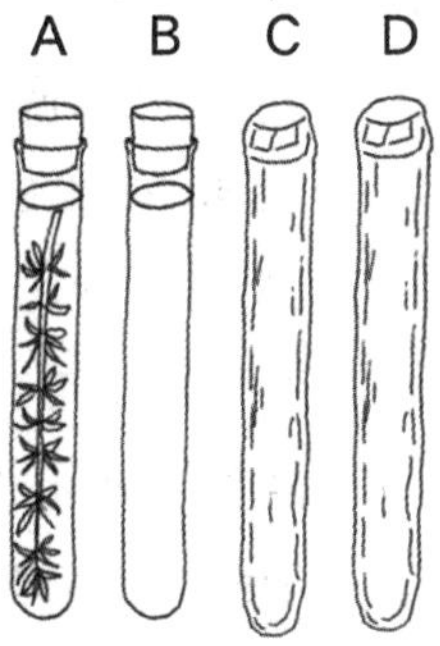

問 3　オオカナダモと同じなかまの生き物を次の**ア～カ**から一つ選び，記号で答えなさい。

ア　スギゴケ　　**イ**　ベニシダ　　**ウ**　イチョウ
エ　ワカメ　　**オ**　トウモロコシ　　**カ**　サクラ

問 4　BTB 溶液の色の変化について次のように考察した。①と②に入る文章として，最も適切なものを，**ア～ケ**からそれぞれ一つずつ選び，記号で答えなさい。

［考察］
　試験管Aでの色の変化は試験管Bと比較することでオオカナダモのはたらきによるものだとわかる。このことから，試験管Aではオオカナダモは（　①　），アルカリ性となり，BTB 溶液の色が青色に変化したとみられる。試験管Cでの色の変化は，オオカナダモは（　②　），酸性となり，BTB 溶液の色が黄色に変化したと考えられる。

ア　光合成のみを行い，酸素を放出したため
イ　光合成のみを行い，二酸化炭素を吸収したため
ウ　呼吸のみを行い，酸素を吸収したため
エ　呼吸のみを行い，二酸化炭素を放出したため
オ　光合成も呼吸も行うが，光合成の反応が大きく酸素の放出量が多かったため
カ　光合成も呼吸も行うが，光合成の反応が大きく二酸化炭素の吸収量が多かったため
キ　光合成も呼吸も行うが，呼吸の反応が大きく酸素の吸収量が多かったため
ク　光合成も呼吸も行うが，呼吸の反応が大きく二酸化炭素の放出量が多かったため
ケ　光合成も呼吸も行わなかったため

問５　植物が行う光合成のはたらきは，光の強さや温度など様々な要因によってその量が変化する。右のグラフはある植物が20℃で二酸化炭素濃度が0.03％のときの，光の強さと二酸化炭素の吸収量および放出量の関係を表したものである。ただし，光の強さが変化しても呼吸の量は一定であるとする。

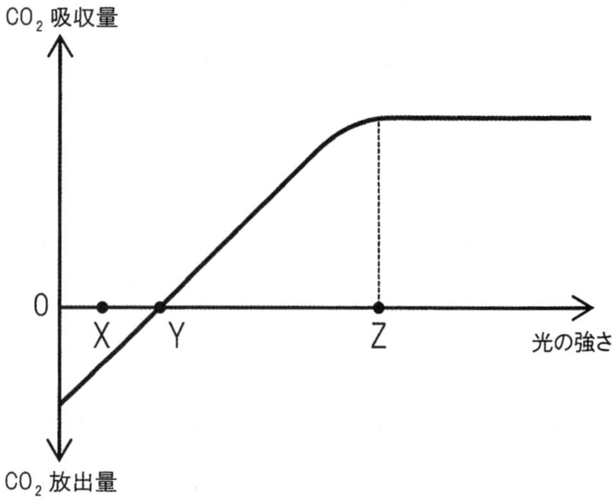

(1) このグラフについて説明した次の**ア〜カ**のうち，正しいものを二つ選び，記号で答えなさい。

ア　光の強さが強くなるほど光合成の量が大きくなるので，二酸化炭素の吸収量は光の強さに比例する。
イ　光の強さが０のとき，植物は光合成も呼吸もしていない。
ウ　光の強さがＸのとき，植物は光合成もしている。
エ　光の強さがＹのとき，光合成の量＝呼吸の量となっている。
オ　光の強さがＺのとき，光合成の量＝呼吸の量となっている。
カ　光の強さがＺ以上のとき，植物は光合成をしていない。

(2) 光の強さがＺ以上のとき，この植物の二酸化炭素の吸収量をさらに大きくするにはどうすればよいか。次の①〜④のうち，適したものの組み合わせを選択肢**ア〜キ**から一つ選び，記号で答えなさい。

①　酸素濃度を高くする。　　②　二酸化炭素濃度を高くする。
③　温度を25℃にする。　　④　光の強さをさらに強くする。

［選択肢］
ア　①と③　　**イ**　①と④　　**ウ**　②と③　　**エ**　②と④
オ　③と④　　**カ**　①と③と④　　**キ**　②と③と④

K 教英出版

4　気象に関する次の問に答えなさい。

問１　次のＡ～Ｃの天気図の天気概況として正しいものを下の**ア**～**ウ**からそれぞれ選び，記号で答えなさい。

A

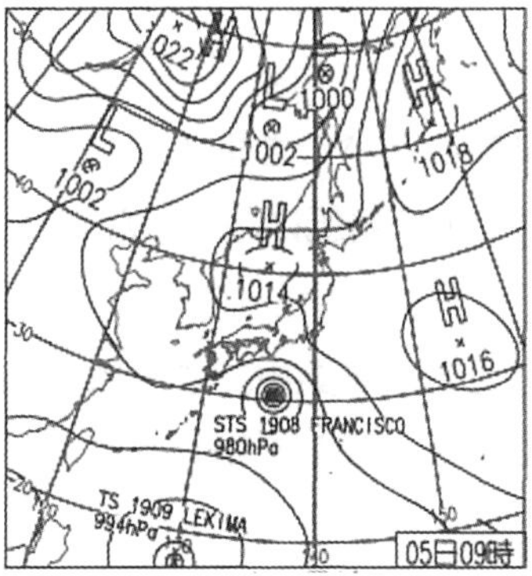

B

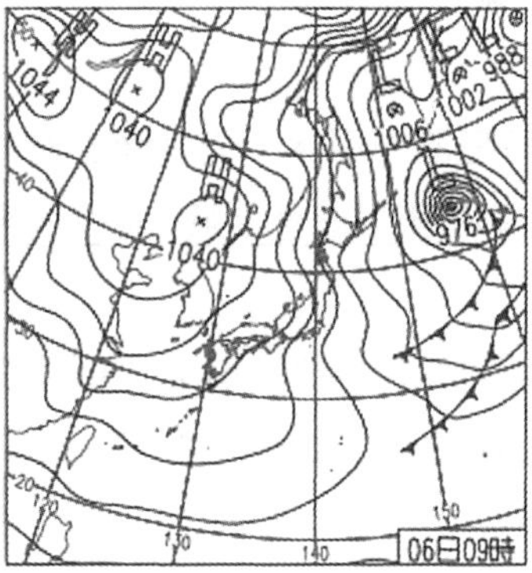

C

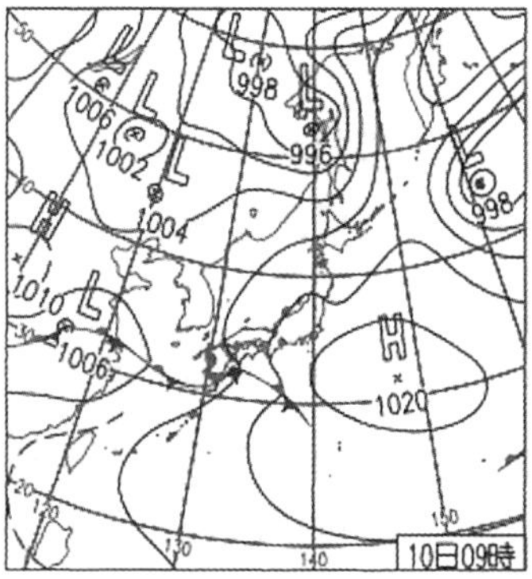

天気図（気象庁 HP より https://www.data.jma.go.jp/fcd/yoho/hibiten/index.html）
（Ｈは高気圧，Ｌは低気圧を示す）

［概況］

ア　強い冬型の気圧配置で，日本海側は雪。全国的に冷え込み，北海道では -30℃を下回る。

イ　本州周辺は猛暑が続き，大阪では 36℃を記録。

ウ　近畿・東海でも梅雨入り，沖縄は湿った空気の影響で雨。

問２　平成 30 年 7 月豪雨（西日本豪雨）や，令和 2 年 7 月豪雨の原因ともされる「次々と発生する発達した雨雲（積乱雲）が列をなし，数時間にわたってほぼ同じ場所を通過または停滞することで作り出される，線状に伸びる強い降水をともなう雨域」を何といいますか。

問３　１日１回，NHK ラジオで「気象通報」という番組が放送されています。天気図を自分で書いたり，詳しい天気の移り変わりを知りたい漁船や登山者などに利用されています。全国の 30 カ所以上及び日本近辺の国外からの気象情報が放送されます。例えば次のようにです。

「石垣島では, 北東の風, 風力 4, 天気曇り, 気圧 1016 ヘクトパスカル, 気温 21 度」

これを用いて，自分で等圧線を引き，天気図を作成することができます。
石垣島の風力と天気について天気記号と風力記号を用いて解答用紙に記入しなさい。

問４　下の天気図では中心付近の気圧が 990hPa の低気圧が北東へ移動中です。A 地点における今後の天気の移り変わりを述べた**ア〜オ**の文から，最も適切なものを一つ選び記号で答えなさい。

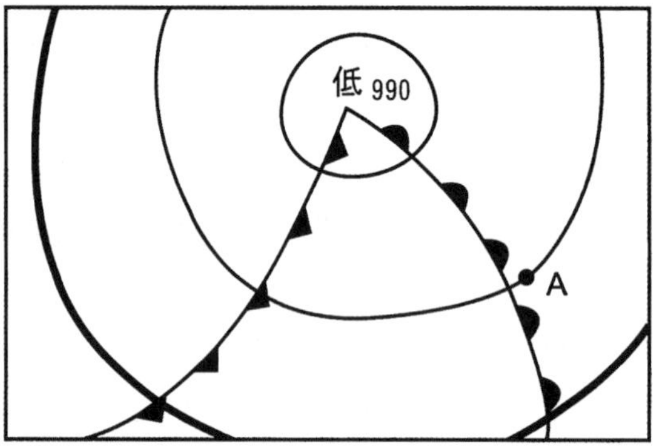

ア　この好天はしばらく続きます。気温は上がったままでしょう。
イ　まもなく雨が降り出し，しとしとと長く降るでしょう。気温は下がります。
ウ　短時間ですが強い雨が降ってくるでしょう。気温は下がります。
エ　まもなく雨が降り出し，気温は上昇するでしょう。
オ　今降っている雨はまもなくやみ，気温は上昇します。

問５　問４の A 地点における気圧は何 hPa か答えなさい。

問 6　下の図のように，「気温 20℃湿度 62％の空気の塊①」が 1200m の山を中腹から雨を降らせながら越えるとします。雲のない状態では 100m 上昇すると気温は 1.0℃下がり（乾燥断熱減率），雲のある状態では 100m 上昇すると 0.5℃下がります（湿潤断熱減率）。下の表を参考に，「山を越え終わった空気の塊②」の (1) 気温と (2) 湿度をそれぞれ整数で答えなさい。

温度（℃）	飽和水蒸気量（g/m^3）	温度（℃）	飽和水蒸気量（g/m^3）
0	4.8	16	13.6
2	5.6	18	15.4
4	6.4	20	17.3
6	7.3	22	19.4
8	8.3	24	21.8
10	9.4	26	24.4
12	10.7	28	27.2
14	12.1	30	30.4

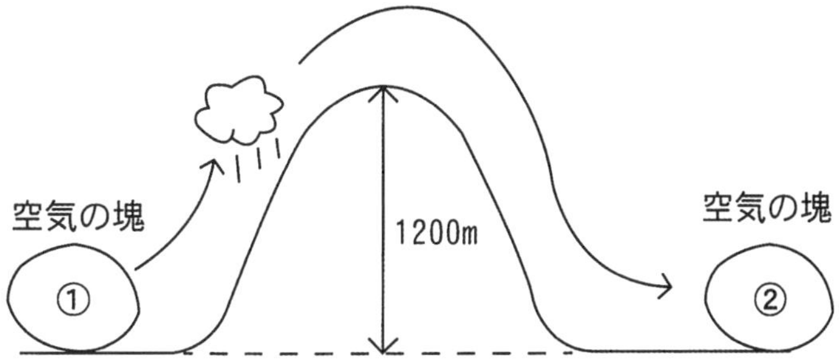

一　般

令和３年度

愛知高等学校入学試験問題

社　会

（理科と合わせて60分）

注　意

１．問題は 1 から 4 まであります。

２．問題の内容についての質問には応じません。

印刷のわからないところがある場合には、静かに手をあげて監督の先生の指示に従いなさい。

３．解答はすべて解答用紙に記入しなさい。

氏名、受験番号を書き落とさないように注意し、解答し終わったら必ず裏がえして机の上に置きなさい。

４．解答用紙だけを提出し、問題用紙は持ち帰ってよろしい。

1　次の文章と資料をもとに、１から５の問に答えなさい。

2020年の第32回東京オリンピックは、新型コロナウイルスの流行により、延期されることとなった。ここで、オリンピックの歴史を紐解《ひもと》き、特に中止になった夏季大会、あるいは開催されたものの何らかの大きな事件や出来事が起こった夏季大会に目を向けてみた。

＜表１＞

回	年	開催都市	開催国
6	1916	ベルリン	ドイツ
12	1940	東京	日本
13	1944	ロンドン	イギリス

＜表２＞

回	年	開催都市	開催国
14	1948	ロンドン	イギリス
20	1972	ミュンヘン	西ドイツ
21	1976	モントリオール	カナダ
22	1980	モスクワ	ソ連
23	1984	ロサンゼルス	アメリカ

表１は、中止になったオリンピックの一覧である。①第６回のベルリン大会は、1914年に第1次世界大戦が勃発《ぼっぱつ》したため、中止となった。第12回の東京大会は、1937年に日中戦争が勃発し、1938年の閣議でオリンピックの中止を勧告した。IOC（国際オリンピック委員会）は急遽《きゅうきょ》フィンランドのヘルシンキを代替地として開催準備を進めるが、間もなく起こったソ連軍のフィンランド侵攻により、結局第12回大会は中止となった。第２次世界大戦によって、第13回のロンドン大会も中止となった。いずれも、戦争の影響が大きいことがわかる。

表２は、開催されたものの、何らかの大きな事件や出来事があった大会である。まず、第14回のロンドン大会には、敗戦国である日本とドイツは招待されなかった。

第20回ミュンヘン大会では、パレスチナゲリラ「ブラック・セプテンバー(黒い九月)」が、イスラエル選手団の宿舎を占拠して２名を射殺・９名を人質に取り、イスラエルに収監《しゅうかん》されているパレスチナ人234名の解放を要求した。この事件は最終的に人質全員・警察官１名・占拠犯８名のうち５名が死亡する惨事《さんじ》となった。

第21回モントリオール大会では、ニュージーランドのラグビーチームが南アフリカへ遠征をおこなったことに対し、ニュージーランドのオリンピックへの参加を禁止しなかったIOCに抗議して、アフリカの22か国が参加をボイコットした。当時②南アフリカでは有色人種に対する差別が公然とおこなわれており、それに対して抗議の意を示したのである。また、③台湾の選手団が参加していたことに対して、中華人民共和国が抗議の意を込めてボイコットした。

④第22回モスクワ大会では、1979年に発生したソ連によるアフガニスタン侵攻を理由に、米国のカーター大統領がボイコットを表明。アメリカからの要請に伴い日本も不参加となった。その報復として、第23回ロサンゼルス大会では、ソ連など16か国が参加をボイコットした。

出典　石出法太・石出みどり「これならわかるオリンピックの歴史Q&A」
日本オリンピック委員会HP「オリンピックの歴史」https://www.joc.or.jp/column/olympic/history/より愛知高校作成

問１　A～Cは、表１・表２の開催都市のうち、ベルリン・モスクワ・ロサンゼルスのいずれかの雨温図である。開催都市と雨温図の組み合わせとして正しいものを、**ア～カ**の中から一つ選び、記号で答えなさい。

	ア	イ	ウ	エ	オ	カ
ベルリン	A	A	B	B	C	C
モスクワ	B	C	A	C	A	B
ロサンゼルス	C	B	C	A	B	A

A　　　　B　　　　C

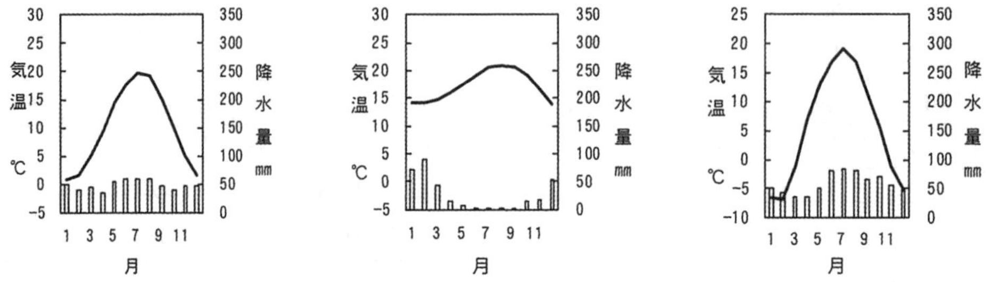

出典　気象庁HPより愛知高校作成（http://www.jma.go.jp/jma/index.html）

問２　下線部①について、第一次世界大戦について述べた文として**誤っているもの**を、**ア～エ**の中から一つ選び、記号で答えなさい。

ア　第一次世界大戦は飛行機・戦車・潜水艦や毒ガスなどの新兵器が使用されたことによって、死傷者が増大した。

イ　ロシアは第一次世界大戦の開戦直後から敗戦が続き、ロシア国内で不満が高まり、当時の首都で抗議行動が起きた。

ウ　イタリアは戦局が不利になると、連合国の船に対して潜水艦による無差別の攻撃を強め、イギリス船ルシタニア号を撃沈《げきちん》し多くの犠牲者が生まれた。

エ　日本は日英同盟を理由に連合国側で参戦し、ドイツに宣戦布告して中国の山東（シャントン）半島にあるドイツの軍事拠点《きょてん》や、太平洋にあるドイツ領の南洋諸島を占領した。

問３　下線部②について、このことを何というか、カタカナで答えなさい。

問４　下線部③について、この島は北回帰線が横断している。北回帰線と南回帰線の間の地域で栽培が盛んな作物として、右のグラフにあてはまるものを、**ア～エ**の中から一つ選び、記号で答えなさい。

ア　大豆　　　**イ**　カカオ
ウ　バナナ　　**エ**　コーヒー

<グラフ>ある作物の生産国割合（2017年）

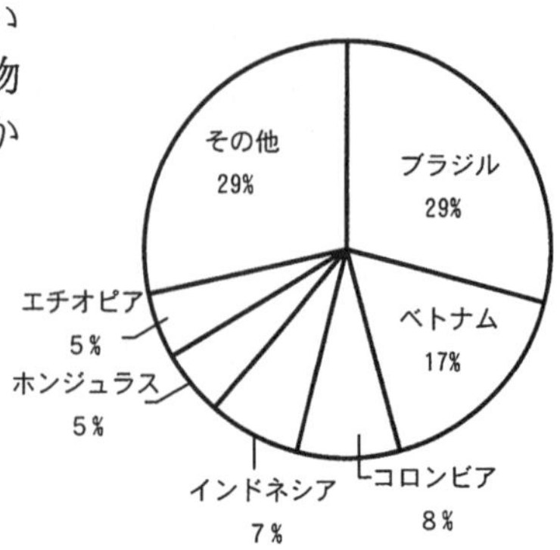

出典　データブック　オブ・ザ・ワールド2020 vol.32より愛知高校作成。

問５　下線部④について、第２次世界大戦後の世界では、アメリカを中心とする資本主義陣営とソ連を中心とする社会主義陣営の二つに分かれ、対立がおこった。このような状態のことを何というか、答えなさい。

2　次の文章と資料をもとに、１から６の問に答えなさい。

今年度は、海外研修が新型コロナウイルスの影響により中止となった。残念でならないが、2019年にオーストラリアを旅行した知り合いから旅行記を借りることができたので、それを読むことにした。

①21:00の夜行便で関西国際空港を離陸した。飛行時間は約７時間15分、オーストラリア東海岸北部の都市・ケアンズに着いたのは、現地時刻で翌日の早朝５:15であった。まだ外は薄暗い。タクシーに乗り市内に向かうと、だんだんと空が明るくなってきた。タクシーの運転手は②インドからの移民であった。

市内散策中、市場に行くと様々な農産物が売られていた。昨今《さっこん》タピオカジュースがブームであったが、その原料となるキャッサバ（マニオク）が売られていたのも見た。食料品以外には、オーストラリアの先住民である（　A　）の工芸品が売られている一角もあった。また、別の市場ではコーヒーが売られていた。オーストラリアでもコーヒーが栽培されているが、オーストラリアの国内需要を満たす生産量には足りないとのことであった。

ケアンズの水族館では、熱帯雨林の生物と、サンゴ礁の生物の展示に特に興味を持った。　B　

周囲が海に囲まれているオーストラリアでは、生物が独自の進化を遂げ、他の地域では見られない固有種が生息している。　C　

今回の旅では２日間にわたり、現地でのバスツアーに参加した。バスが空港周辺に差し掛かると、周囲にはマングローブ林が広がっていた。ここには「マッドクラブ」という巨大なカニが生息している。また、③サトウキビ畑も一面に広がっていた。サトウキビは、クインズランド州の重要産業だそうである。まだ収穫期ではないが、収穫期にはサトウキビ輸送の貨車が道路脇に敷かれている線路を走るということだった。

　D　このあたりの道路は、雨が降ると木に含まれる油分が雨水と一緒に道路に落ち、滑りやすくなるため運転に注意を要するそうである。地面を見ると、高校時代に地理の授業で習った通り、熱帯地域に多く分布するラトソルと呼ばれる土を見ることができた。酸化鉄や酸化アルミニウムを多く含むため、赤い色をしている。

翌日は、スカイレールというロープウェイに乗り、少し内陸部にあるキュランダ村に向かった。スカイレールが建設される際には、事前の環境アセスメントに７年間を要した。その甲斐もあり、建設時に伐採された木はたったの15本だそうである。

帰途は、昼行便だったので飛行機の窓から景色を眺めることができた。今回は行くことのできなかったグレートバリアリーフを、上空から少しだけ眺めることができた。ニューギニア島上空を過ぎた後はひたすら海の上を飛んだが、途中進行方向右側にグアム島が見えた。今回はオーストラリア北東部の熱帯地域を、降水量の少ない乾季に旅行をしたため、晴天が続き、気温も過ごしやすかった。次回渡航する機会があれば、今度はさらに内陸部にある、乾燥地帯も旅行してみたいものだ。

問１　下線部①をもとにして、大阪とケアンズの間に時差は何時間あるか、数字で答えなさい。但しケアンズの属するクインズランド州は、サマータイムを実施していないので、サマータイムは考慮しなくてよい。

問２　下線部②について、表１は、オーストラリアの1954年と2019年の出生国別人口のうち、出生国別人口の上位10位（2010年時点の人口に基づく）とその人数を表している。1954年と2019年を比較すると、特にアジア・アフリカ地域の出生国別人口が大幅に増加していることがわかる。アジアからの移民が大幅に増加するきっかけとなった1970年代の出来事を、解答欄にあう形で答えなさい。

<表１>

	1954 年	2019 年
イギリス	664.2	1207.7
ニュージーランド	43.4	569.5
中国※	10.3	677.2
インド	12.0	660.3
イタリア	119.9	182.5
ベトナム	na	262.9
フィリピン	0.2	293.7
南アフリカ	6.0	193.8
マレーシア	2.3	175.9
ドイツ	65.4	112.4
海外生まれ合計	1286.5	6427.7
オーストラリア生まれ	7700.1	17835.1
総人口	8986.5	24262.8

単位：千人　na：データ無し
※　香港・マカオ・台湾除く

出典　オーストラリア統計局HP　“Australian demographic statistics tables”
“TOP 10 COUNTRIES OF BIRTH”（https://www.abs.gov.au/）より愛知高校作成。

問３　（　A　）に当てはまる語句を、答えなさい。

問４　[　B　]～[　D　]のいずれかに当てはまる文章として、**誤っているものをア～エ**の中から一つ選び、記号で答えなさい。

ア　今回のツアーでは、カモノハシ・カンガルー・ワラビー・コアラを見ることができた。動物園でコアラを抱いて写真を撮ったが、州によっては禁止されている。また、カンガルーとワラビーは外見が似ているが、体の大きさと、尾の形が異なる。

イ　熱帯雨林は生物種が豊富である。特に植物は、薬などになる有用な植物もあれば、有毒の植物もある。また、木は樹高が高いので、板根《ばんこん》と呼ばれる特殊な構造で全体を支えている。

ウ　内陸部の乾燥地帯にある、赤味のかかった色をした一枚岩のウルル（エアーズロック）は、世界遺産であると同時に、先住民の聖地である。以前は岩の上に登ることができたが、現在は登ることが禁止されている。

エ　この地域の沖合には世界遺産であるグレートバリアリーフがあるが、環境保全のために、観光客が立ち入ることのできる区域は、極めて限定されている。

問５　オーストラリアは資源に恵まれた国です。**Ｅ～Ｇ**は、オーストラリアで産出される鉱産資源のうち、ボーキサイト・銅鉱・鉄鉱石の生産国別割合のいずれかを表しています。鉱産資源名と円グラフの組み合わせとして正しいものを、**ア～カ**の中から一つ選び、記号で答えなさい。

Ｅ

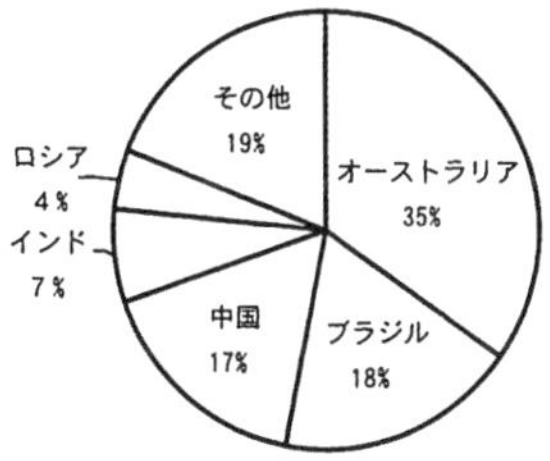

Ｆ

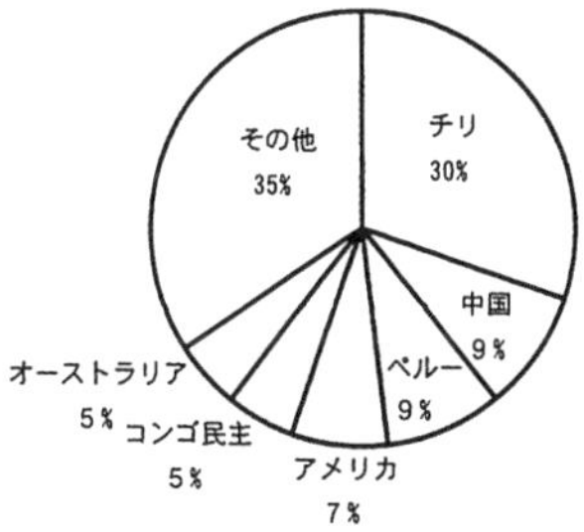

Ｇ

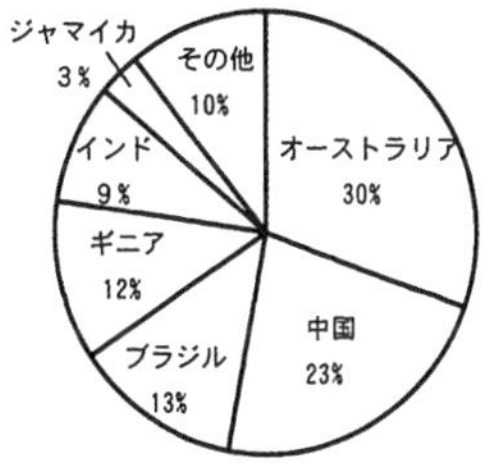

	ア	**イ**	**ウ**	**エ**	**オ**	**カ**
ボーキサイト	Ｅ	Ｅ	Ｆ	Ｆ	Ｇ	Ｇ
銅鉱	Ｆ	Ｇ	Ｅ	Ｇ	Ｅ	Ｆ
鉄鉱石	Ｇ	Ｆ	Ｇ	Ｅ	Ｆ	Ｅ

出典　データブック　オブ・ザ・ワールド2020　vol.32より愛知高校作成。
※　データはボーキサイトが2016年、それ以外は2015年。

問６　**ア～ウ**は様々な種類の地図です。地球は球体であるため、平面の地図では様々な要素を同時に正しく表すことはできません。場面によって目的に応じた地図を使い分ける必要があります。ケアンズから関西国際空港に飛行機で帰るときに、パイロットが航空機を操縦するために必要な要素が満たされている地図を、**ア～ウ**の中から一つ選び、記号で答えなさい。また、選んだ地図の特徴として正しいものを、**エ～カ**の中から一つ選び、記号で答えなさい。

ア

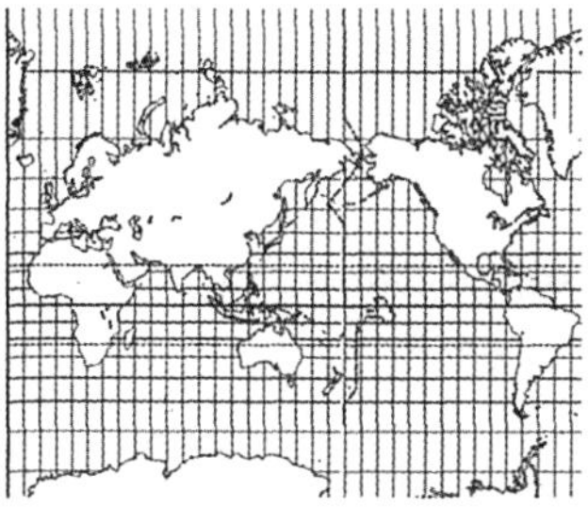

イ

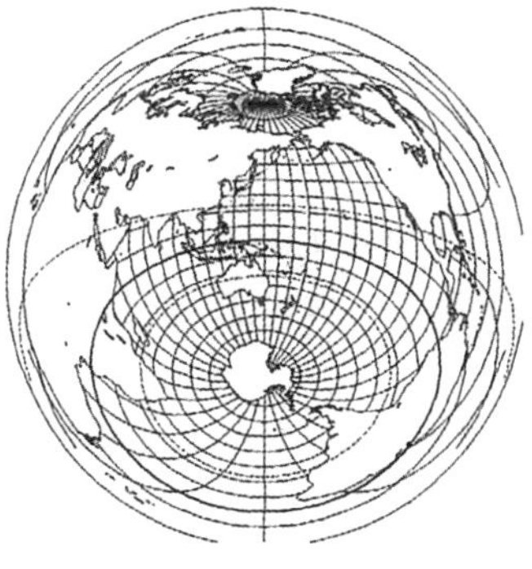

ウ

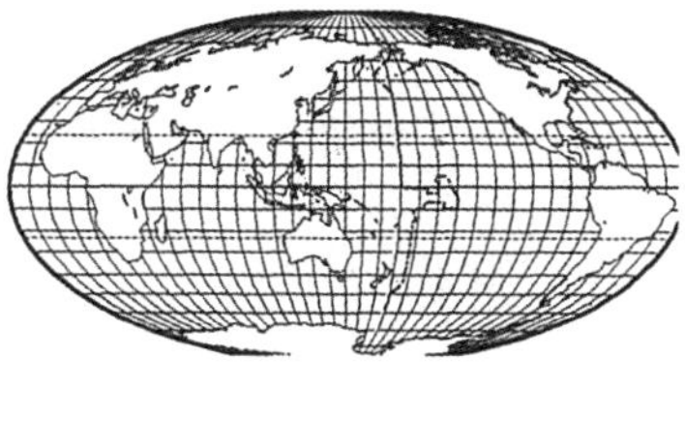

エ　面積が正しく表された地図
オ　中心からの距離と方位が正しい地図
カ　緯線と経線が直角に交わった地図

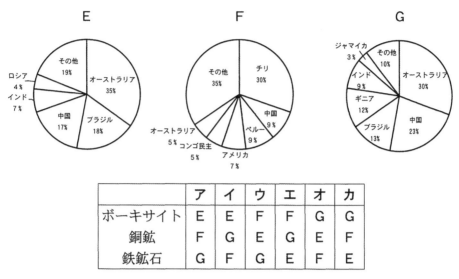

3　次の文章と資料をもとに、１から４の問に答えなさい。

先生：愛知高校はどのような特徴のある学校か、知っていますか？
博君：はい、先生。愛知高校の特徴といえば、①仏教の学校ということです。
先生：その通りです。愛知高校は仏教の学校として知られていますね。
修君：そうなんですね。仏教といえば②世界三大宗教の一つですよね。
先生：ちなみに仏教といっても、曹洞宗《そうとうしゅう》と呼ばれる禅宗の一派になります。
修君：曹洞宗？確か③鎌倉時代の範囲で習いましたね。
博君：そうそう、鎌倉時代に④道元が宋に渡って曹洞宗の禅を学んだことによって、日本に伝わったんだよ。
先生：曹洞宗などの禅宗は、坐禅《ざぜん》によって悟《さと》りの境地に至ることを目指します。つまり自分自身と向き合い、自分を見出すことを大切にします。これは修行僧に限らず私たちにも当てはまるところがあると思います。私たちも普段の生活の中で自分と向き合っていきたいものですね。

問１　下線部①について、以下の問に答えなさい。

（１）　６世紀になると百済から仏教や儒教が伝えられました。聖徳太子はその仏教や儒教の教えに基づき、役人の心がまえを示した法をつくりました。その法のことを何というか、答えなさい。

（２）　聖徳太子に関する文として**誤っているもの**を、次の**ア～エ**の中から一つ選び、記号で答えなさい。

ア　この時期には、大陸の進んだ文化を取り入れるために、小野妹子らをはじめ、多くの留学生や僧が唐に渡った。
イ　女帝の推古天皇が即位すると、聖徳太子は摂政となり天皇の政治を助けつつ大陸の国々にならった新しい政治を始めた。
ウ　聖徳太子や蘇我馬子は仏教を重んじていたことから、皇族や豪族の間にも信仰が広まり、日本で初めての仏教文化が飛鳥でおこった。
エ　氏や姓にとらわれず、有能な者を役人に取り立てるために、冠の色や飾りによって階級を示す制度をつくった。

（３）　日本の仏教について説明した次の**ア～エ**の文を、年代の古い順に並びかえたときに３番目に来るものを、次の**ア～エ**の中から一つ選び、記号で答えなさい。

ア　浄土の教えが人々に受け入れられてくると、貴族たちは極楽浄土へのあこがれから、阿弥陀仏の像や阿弥陀堂を盛んにつくった。
イ　戦乱で焼けた東大寺の再建が行われ、南大門や金剛力士像などが置かれた。
ウ　地方には国ごとに国分寺と国分尼寺が建立され、都には東大寺が建立され、大仏がまつられた。
エ　平泉を拠点に繁栄した奥州藤原氏は、平泉に中尊寺金色堂を建立した。

国語 解答用紙

一

問一 ❶ ❷

問二 A B C

問三 最初 最後

問四

問五

問六 (1) (2) (3)

問七

問八

問九

二

問一 A B

問二

問三

問四

問五

問六

問七

※100点満点
（配点非公表）

①	②

2

(1)	(2)	(3)
$a=$ $b=$	B(　　,　　)	D(　　,　　)

3

(1)	(2)	(3)

(4)
最大　　　個

4

(1)	(2)
通り	通り

※100点満点
(配点非公表)

)( ).

B	C	D	問4	

5

●	▲
●	▲

5
10
15
20
25

G
C

※100点満点
(配点非公表)

	問3
倍	(3) 倍

	問3	問4
	問6	問7
	g	g

	問3	問4
個		① ②

	問3	問4
	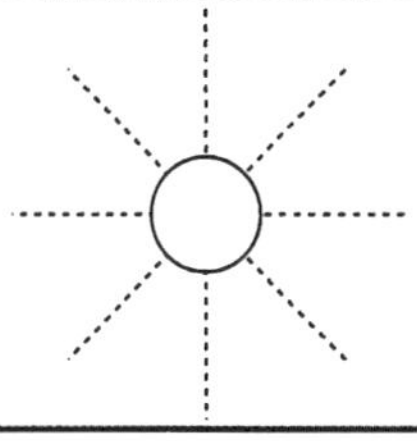	
%		

※50点満点
(配点非公表)

	問4	問5

問2
を廃止した。

問5	問6	
	要素：	特徴：

（3）	問2（1）	（2）		

問4	問5	問6

		する取り調べの可視化

※50点満点
（配点非公表）

社 会　　解 答 用

1

問1	問2	

2

問1	
約　　時間	

問3	問

3

問1(1)	(

問3	問4(1)	(

4

問1	問2	問3

事件の取り調べを		

氏　　名
受 験 番 号

理科　解答用紙

氏名
受験番号

1

問1	
Pa	
(1) cm²	(2)

2

問1	
問5	

3

問1		問
問5		
(1)		(2)

4

問1			
A	B	C	
問5			
hPa			(1)

英　語　　解　答　用　紙

I

問 1		問 2	They show (
問 3		問 4	

II

問 1		問 2	A

III

1	2	3

IV

(1)●	▲
(3)●	▲

V

VI

氏　名	
受験番号	

氏名		受験番号	

数学　解答用紙

1

(1)	(2)	(3)	(4)
			$a=$

(5)		(6)	(7)
$m=$	$n=$	番目	$a=$

(8)	(9)	(10)
cm^2	cm^2	

【解答

問八

問九

三

問一

問二

問三

問四

問五

氏名

受験番号

問２　下線部②について、以下の問に答えなさい。

（１）　世界三大宗教の一つに、キリスト教がある。日本におけるキリスト教に関する出来事の文として**誤っているもの**を、次の**ア～エ**から一つ選び、記号で答えなさい。

ア　イエズス会の宣教師フランシスコ・ザビエルは長崎に上陸し、２年の布教活動を行ってキリスト教を日本に伝えた。

イ　宣教師の勧めにより、一部のキリシタン大名は天正遣欧使節をローマに派遣し、ヨーロッパから持ち帰った活版印刷機でキリスト教の本を出版した。

ウ　長崎の土地がイエズス会に寄進されていることを知った豊臣秀吉は、キリスト教が全国統一のさまたげになると考えて、宣教師の国外追放を命じた。

エ　島原・天草一揆を契機《けいき》に、徳川幕府は絵踏でキリシタンを見つけ出したほか、人々が仏教徒であることを寺院に証明させた。

（２）　下の文は、イタリアの宣教師ヴァリニャーノが日本を訪れたときに著した著書の一部です。下線部の風潮《ふうちょう》のことを何というか、**漢字３字**で答えなさい。

> 日本人が具有《ぐゆう》する優秀な諸長所は、彼等の他の短所によって汚損《おそん》されている。
> （中略）
> この国民の第二の悪い点は、その主君に対して、ほとんど忠誠心を欠いていることである。主君の敵方と結託《けったく》して、都合の良い機会に対し反逆し、自らが主君となる。
> （以下略）
>
> （ヴァリニャーノ作・松田毅一他訳『日本巡察記』より）

問３　下線部③について、鎌倉時代の仏教について述べた文として**誤っているもの**を、次の**ア～エ**の中から一つ選び、記号で答えなさい。

ア　浄土宗は法然によって開かれ、「南無阿弥陀仏」と唱えることで極楽浄土に生まれ変われると説いた。

イ　法然の弟子である親鸞は浄土真宗を開き、救いを信じる心を起こすことで人は救われると説いた。

ウ　一遍は踊りながら念仏を唱えることを広め、時宗を開いた。

エ　日蓮は法華経を人々に勧め、念仏を唱えれば人も国も救われると説いた。

問４　下線部④について、下の表は道元と鎌倉時代に起きた事柄に関する年表です。これについて、以下の問いに答えなさい。

1200年	内大臣久《く》我《が》通親《みちちか》を父、藤原基房《もとふさ》の娘を母として京都で生まれる
1213年	比叡山で剃髪《ていはつ》(注１) をし、天台の教学を学ぶ
1217年	比叡山から建仁寺に入り、明全《みょうぜん》のもとで修行する
【　Ⅰ　】	
1223年	明全とともに宋へ渡る
1225年	如浄《にょじょう》のもとで修行を開始
1227年	修行を終え帰国後、京都の建仁寺に入る
1230年	深草の安養《あんよう》院に移り、『正法眼蔵《しょうぼうげんぞう》』の執筆に入る
【　Ⅱ　】	
1233年	京都の深草に観音道利《かんのんどうり》院という修行道場を開く
1243年	越前（福井県）の吉峰寺《きっぽうじ》に移る
1244年	大仏寺が建てられる
1246年	大仏寺を永平寺と改める
1253年	道元が入寂《にゅうじゃく》(注２) する

注１　剃髪…頭を剃ること　　　注２　入寂…亡くなること

（１）　【　Ⅰ　】の時期には、院政を行っていた後鳥羽上皇が、源氏の将軍が途絶えたことをきっかけに幕府を倒そうとして兵を起こしました。これに対し幕府は京都に大軍を送り、後鳥羽上皇の軍を破りました。この出来事を何というか、次の**ア**～**エ**の中から一つ選び、記号で答えなさい。

ア　壇ノ浦の戦い　　**イ**　承久の乱　　**ウ**　文永の役　　**エ**　弘安の役

（２）　【　Ⅱ　】の時期には、領地をめぐる争いが増え、御家人たちが土地争いの裁定などを幕府に訴えることが増えました。裁判を公平に行うために定められた法を何というか、答えなさい。

4　次の兄弟の会話文を読み、１から７の問に答えなさい。

弟　「近頃インターネットを見ていると、他人の心を傷つける内容を含んだ書き込みや動画を見かけることが気になります。」

兄　「僕も気になっています。それらの内容が本当にひどい場合があって、世の中の人たちは、今、①人権についてどう理解しているのか疑いたくなります。」

弟　「学校では、日本には②日本国憲法があって、そこで③基本的人権について様々な権利を定めていると習いました。こうした他人の人権を無視するような行為に当たるのが、インターネット上にもみられる他人を傷つける書き込みや差別ではないかと思います。」

兄　「どうしたら、それらのことをなくしたり、減らしたりできると思いますか。」

弟　「④国会で法律を制定して、インターネット上の書き込みなどについて何らかの制限を設けることや、人権について理解を促《うなが》すのはどうでしょうか。」

兄　「君が学校で習ったとおり、様々な権利が憲法で認められているからこそ、権利に関わることを法律で簡単に制限するわけにはいかないという意見もありますよ。一方で、インターネット上に書き込んだことであっても、他人の生命の危機に関わる場合など、書き込んだ内容によっては、実際に警察の捜査の対象になり、⑤裁判にまでなった場合もありますよね。」

弟　「僕は、近年、インターネット上で人権を侵害される書き込みを繰り返された有名人が、インターネット上にこうした内容を書き込んだ人たちを相手取って裁判を起こしたことをニュースで見たことがあります。」

兄　「日本国憲法で権利が認められていますが、それを享受《きょうじゅ》する私たちの自覚こそが、これからの時代にはとても大切なのだと思います。」

弟　「そのとおりだと思います。近年は、⑥司法制度改革や被害者参加制度がはじまり、国民の司法参加の仕組みが整ってきています。だからこそ、私たち自身がもっと深く人権について理解したいですね。」

問１　下線部①について、次に示す**ア〜エ**の文章は、人類が発展させてきた人権に関する各国の法や宣言を抜粋《ばっすい》したものです。それぞれの内容に注意しながら人権の発展の歴史を考え、成立の古いものから順に並べたとき３番目に来るものを、次の**ア〜エ**の中から一つ選び、記号で答えなさい。

ア

> 我々は以下のことを自明の真理であると信じる。人間はみな平等に創られ、ゆずりわたすことのできない権利を神によってあたえられていること、その中には、生命、自由、幸福の追求が含まれている、ことである。

イ

> 第１条
> 議会の同意なしに、国王の権限によって法律とその効力を停止することは違法である。
> 第５条
> 国王に請願することは臣民の権利であり、この請願を理由に監禁したり裁判にかけたりすることは違法である。

ウ

> 第151条
> 経済生活の秩序は、全ての人に人間に値する生存を保障することを目指す、正義の諸原則にかなうものでなければならない。（以下略）

エ

> 第11条
> 国民は、すべての基本的人権の享有《きょうゆう》を妨げられない。この憲法が国民に保障する基本的人権は、侵すことのできない永久の権利として、現在及び将来の国民に与へられる。

問２　下線部②について、憲法とその考え方について説明した次の文Ⅰ・Ⅱについて、その正誤の組み合わせとして正しいものを、下の**ア〜エ**の中から一つ選び、記号で答えなさい。

Ⅰ　憲法は、その国の基礎となる最高法規であるので、憲法に反する法律や命令は、効果を持たない。

Ⅱ　国家の政治権力から国民の人権を守るために、憲法によって政治権力を制限する考え方を立憲主義という。

ア　Ⅰ　正　Ⅱ　正　　**イ**　Ⅰ　正　Ⅱ　誤
ウ　Ⅰ　誤　Ⅱ　正　　**エ**　Ⅰ　誤　Ⅱ　誤

問３　下線部③について、日本国憲法が定める様々な権利や学説・裁判の判例を通じて主張された権利について、説明した文章として**誤っているもの**を、次の**ア～エ**の中から**すべて**選び、記号で答えなさい。

ア　国家が特定の意見を発表することを禁止すると民主主義は成立しなくなるため、民主主義国家の継続には、表現の自由などを含む精神の自由の保障は不可欠である。
イ　貧富の差が広がるおそれはあるが、自由な経済活動は豊かな国民生活の実現という公共の福祉のため、経済活動の自由は法律で制限されない。
ウ　プライバシーの権利が認められているが、自分の顔などの写真や映像を勝手に撮影されたり、公表されたりしない肖像権も、この権利の一つとして考えられている。
エ　国民主権を確保し、国民の意思に基づいて政治が実行されるためには、参政権が広く行き渡ることが不可欠であるため、日本においては、国籍にかかわらず参政権が認められている。

問４　下線部④に関連して、国会について説明した文章として**誤っているもの**を、次の**ア～エ**の中から一つ選び、記号で答えなさい。

ア　国会審議の中心になる通常国会は、毎年１月中に招集され、予算案などについて審議されるが、国会運営の都合上、会期を延長することはできない。
イ　内閣総理大臣の指名について衆議院・参議院の両院の議決が異なったときは、必ず両院協議会を開かなければならず、協議の結果、意見が一致しない場合は、衆議院の議決が国会の議決となる。
ウ　衆議院・参議院のどちらかに提出された法律案については、通常は数十人の国会議員からなる委員会で審査されたあと、議員全員で構成される本会議で議決され、もう一方の議院に送られる。
エ　衆議院と参議院は、政治全般について調査することができる国政調査権を持ち、証人を国会に呼ぶ証人喚問《かんもん》や政府に記録の提出を要求することができる。

問５　下線部⑤について、日本の刑事裁判の仕組みと被疑者・被告人の権利について説明した文Ⅰ～Ⅳについて、正しく説明した文の組み合わせを、次の**ア～エ**の中から一つ選び、記号で答えなさい。

Ⅰ　日本国憲法は拷問や自白の強要を禁止しているため、拷問《ごうもん》などによって得られた自白は証拠として採用することはできない。
Ⅱ　適正な取り調べによって得られた自白であった場合に限り、裁判となっている犯罪を証明する唯一の証拠がその自白であっても、これをもとに被告人を有罪とすることができる。
Ⅲ　罪刑法定主義の原則により、どのような行為が犯罪となり、どのように処罰されるのかについて、予《あらかじ》め法律によって定められていなければならない。
Ⅳ　被告人は、逮捕・起訴されるだけの相当な理由があったと考えられるため、無罪の判決を受けるまでは有罪と推定されるが、公平で迅速な公開裁判を受ける権利が保障されている。

ア　Ⅰ・Ⅲ　　**イ**　Ⅰ・Ⅳ　　**ウ**　Ⅱ・Ⅲ　　**エ**　Ⅱ・Ⅳ

問6　下線部⑥に関連して、近年の司法制度改革などについて説明した文章として**誤っているもの**を、次の**ア～エ**の中から一つ選び、記号で答えなさい。

ア　誰もが司法に関係するサービスが受けられるように、法律相談や弁護士費用のたてかえなどを受けられるようにするため、日本司法支援センターが設立された。

イ　殺人などの重大な犯罪についての刑事裁判の第一審に国民が参加し、裁判官とともに被告人の有罪・無罪のみを決める裁判員制度が開始された。

ウ　刑事裁判が被害者の気持ちを考えて行われることも重要な課題であるため、一部の事件では、被害者が被告人などに質問できる被害者参加制度が設けられた。

エ　検察審査会の権限が強化され、検察官が起訴しなかった事件について、同審査会で起訴相当の判断が2回だされた場合は、強制的に起訴されることになった。

問7　司法にとって、無実の罪であるえん罪を防ぐことは最も重要な課題です。自白の強要など、いきすぎた捜査が原因でえん罪が生まれた事例もあります。このことから、えん罪防止を目的に、警察や検察では一部の事件の取り調べを可視化することが義務化されました。その方法について、右の写真を参考にして文中の空欄を埋める形で、答えなさい。

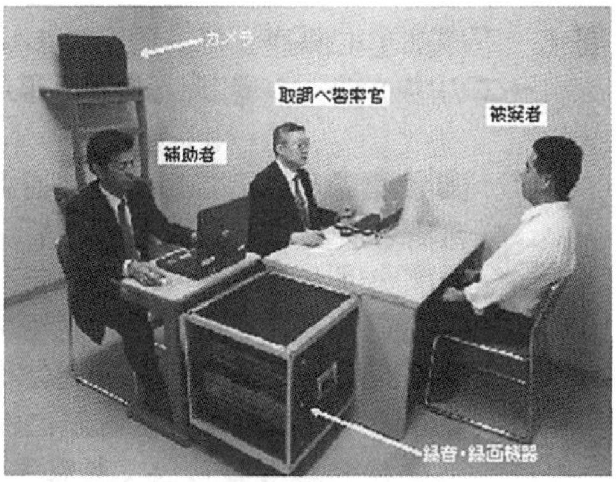

出典:平成20年「警察白書」より愛知高校作成

事件の取り調べを□□・□□する取り調べの可視化

2021(R3) 愛知高
K 教英出版

一　　般

令和２年度

愛知高等学校入学試験問題

国　　語

（45分）

注　意

1．問題は 一 から 三 があります。

2．問題の内容についての質問には応じません。
印刷のわからないところがある場合には、静かに手をあげて監督の先生の指示に従いなさい。

3．解答はすべて解答用紙に記入しなさい。
氏名、受験番号を書き落とさないように注意し、解答し終わったら必ず裏がえして机の上に置きなさい。

4．字数制限がある記述問題においては、句読点は字数に数えることとします。

5．解答用紙だけを提出し、問題用紙は持ち帰ってよろしい。

2020(R2) 愛知高
K 教英出版

一　次の文章を読んで後の問に答えなさい。

給食とはいったいなにか。

それは、食事時間を挟んで関係者が滞在する必要のある施設、［ A ］工場、病院、学校で、まとまった量の食を配分して集団で食べること、またはその食べもののことである。飲食店では、食べる人は食べものをその場で選んで購入しなければならない。しかし、給食のメニューは原則として選べないし、代金も一括払いで財布は必要ない。一般的に給食にはレジやメニュー表が存在しない。時間も場所もメニューも原則として決まっている。給食の特徴は「強制」であり、選択肢の少なさである。

給食は、主として、工場給食、病院給食、学校給食の三形態に分類される。日本の場合、工場給食は、一八七三年に群馬県の富岡製糸場で、病院給食は、一九〇二年に東京市の聖路加病院で、学校給食は山形県鶴岡町（現在の鶴岡市）忠愛小学校で始まったとされている。もちろん、それ以前にも類似の形態があっただろうし、軍隊や会社の食事も給食と言える場合もあるかもしれない。それらのなかでも日本で最も経験者が多い学校給食、とくに小学校の給食を中心に扱いたい。以後、とくに断りをいれないかぎり、①学校給食のことを給食と呼ぶ。

給食には、②調理場所と提供方法にそれぞれパターンがある。調理場所には「自校方式」「センター方式」「親子方式」「デリバリー方式」の四つがある。自校方式は、各学校に一つの調理場が付属していること。センター方式は、大型の調理場が複数の学校に給食を提供し、親子方式は、自校方式の学校の調理場が「親」となり、調理施設のない「子」の学校のために調理して配送する方法、デリバリー方式とは弁当外注のことである。

提供方法には「食缶方式」と「弁当箱方式」の二種類ある。食缶方式とは、種類ごとに大きな容器に入った給食を教室やランチルームで一人分ずつ配膳し、食べる方式であり、弁当箱方式は弁当の容器に決まった量の食べものをあらかじめ入れてそれを配達する方式である。食缶方式は、弁当箱方式と比べて配膳に時間がかかるが、温かくて味がよく、食べる量も調節しやすい。

給食について一通り定義を終えたところで、その基本的性格を三点おさえておきたい。

第一に、家族以外の人たちと食べること。

親ではない大人と、兄弟姉妹ではない子どもと食べるという空間の❶トクイ性は、もっと強調されてよい。現にドイツや中国ではつい最近まで給食は存在せず、ドイツは学校では軽食だけで一四時頃に学校から帰り家族と遅めの昼食を食べ、中国は家に帰るか学校で購入して昼食を食べた。他方で、給食は家族から切り離された食事だ。弁当は家の状況を映し出す鏡であるが、給食には家の状況は反映されない。各生徒の家庭の内実が一旦「棚上げ」される場所である。

［ B ］、片付けと掃除も子どもが行《おこ》なう日本の給食は棚上げ効果抜群だ。外国からは特別に映る準備や片付けの作業は、しかし、家族の経済状態が問われず、みなが同じ作業をするという意味で、差別なき世界を意図せず実現していると言えなくもない。

第二に、家が貧しいことのスティグマを子どもに刻印しないという鉄則。

給食一三〇年の歴史からこの問題は一度も剝落したことはない。萌芽《ほうが》期の給食は貧困層の子どもたちのみに与えられたが、この事実が暴露されると子どもの自尊心は深く傷つく。教育者も官僚も科学者もまずなによりもこのことを恐れた。［ C ］貧富の差が露呈せぬよう学校では衰弱気味の子には誰にでも給食が提供され、最終的には全児童に提供されるようになった。

第三に、給食は食品関連企業の市場であること。

教育学者の新村洋史は、一九八八年の段階で「給食は、人件費と食材費をあわせて年間一兆四〇〇〇億円のお金の動く大事業」と述べている。ここには、アメリカを代表とする農業大国や、多くの食品産業、食品卸業、農家の利益が直接に絡んでくる。調理器具も、食器も、冷凍食品も、小麦も、牛乳も、公的な給食は大企業に、場合によっては地域の小さな八百屋や魚屋や肉屋に支えられている。
　家族以外の人びとと、貧富の差を棚上げして、食品産業のビジネスの場で、③不思議な雰囲気を醸し出しつつ、同じ時間に同じ場所で同じものを子どもたちが一緒に食べる。給食を囲む基本的条件をまずは知っておきたい。
　【 D 】日本の給食史を漫然と眺めているだけでは、中途半端な概説史に堕《だ》してしまう。それを避けるためにも、とくに下記の五つの視角から給食史をとらえたい。
　第一に、子どもの貧困対策という視角。
　私は「子どもの貧困」と食をつなぐテーマとして最近全国に急速に広まった「子ども食堂」に注目していたが、それよりも給食が大事だと教えてくれたのが首都大学東京で社会保障論を教える阿部彩さんであった。著書『子どもの貧困』は、多くの読者の意識どころか国会までも動かし「子どもの貧困対策の推進に関する法律」の法定化を促した。阿部さんは、子どもの貧困に立ち向かう試みとして、子ども食堂の試みも尊いが、本丸は給食、とくに普及率が小学校よりも低い中学校給食であると強く主張した。給食はその誕生からずっと貧困対策であり、防貧対策であった。経済成長期以降、飢えはなくなったから給食を合理化せよという意見が強くなったが、そのときも含めて給食はずっと家で満足に食べられない子の唯一のまともな食事でありつづけた。
　第二に、④「災害大国の給食」という視角。
　これまで給食は、教育や食糧や福祉の歴史の文脈で論じられてきたが、本書はそれに加えて災害史との関連を強く意識した。これは、鳫《がん》咲子著『給食費未納』という現在の給食研究の一つの到達点をつらぬくテーマと一致する。鳫は、歴史的に給食が災害と関わりがあったことと、東日本大震災以後給食施設の復興が遅れたことを指摘している。ここでの「災害」とは、基本的には地震や風水害であるが戦災も部分的に関連する。もともとの執筆計画では私は災害との関係について書く予定はなかったが、史料を収集整理しているうちに、関東大震災から現在も頻発する自然災害に至るまで、日本の給食は度重なる災害の経験抜きには発展しなかったことが分かった。災害と給食の関係。これには大きく分けて二点ある。給食施設のない不利益が災害によって白日のもとに晒《さら》されたこと。そして、給食施設とその調理員などの関係者が炊き出しの拠点になって被災者の救助に貢献したこと。どちらも一部をのぞいて先行研究では深く追究されてこなかった論点である。
　第三に、運動史からの視角。
　貧困児童を救うための給食の誕生、関東大震災後の給食の普及、敗戦直後の給食の試み、学校給食法の制定、センター方式の阻止、学校栄養職員や調理員の地位向上、僻地《へきち》の完全給食普及、それらはすべて政治家や官僚や学者ではなく、教師、学校栄養職員、調理員、保護者、ジャーナリストたちの運動がなければありえなかった。それはもちろん、単なる民衆史ではないし、統一した運動を展開したわけでもない。だが、文部省や教育委員会や学者などエリート層にも給食の理想に生涯を捧《ささ》げた人物が少なからず存在し、⑤とりわけ敗戦後すぐの文部省の役人の語った理想は気高く、その人びともまた、給食の現場の運動と切れてはいなかった。
　第四に、教育史からの視角。
　敗戦後、給食は主として文部省、現在は文部科学省の管轄になるが、それは教育政策の一環だからである。給食が教育の一環であることは一見あたりまえのように見える。だが、実は、これは切り離すべきだという議論も少なくない。給食の教育効果とはどのようなものか、これは古くて新しい問いだ。
　そして第五に、⑥日本の給食史を世界史のなかに位置づけ直しながら考える、という視角。
　十九世紀末から二〇世紀初頭の世紀転換期に世界各地で給食が立て続けに導入されていく。そこにはあるパターンが存在する。十九世紀に国民国家のかたちが相次いで整い、国家がスポンサーになり、読み書きそろばんを教えるのみならず、身体を鍛錬し、将来を担《にな》う労働者や兵士を合理的に創出する義務教育制度が普及して、これまで学校に通えなかった子弟が学校に通わなくてはならなくなる。しかし、貧困家庭には経費を支払う財力がなく、子どもを通わせられないし、通わせられたとしても、栄養不良で学業に集中できない。おりしも世紀転換期の経済不況で貧富の差が拡大、政府は福祉国家へと移行し、弱者たちをも市場や国家の担い手にするべく税金を使うようになる。戦争や徴兵検査、第一次世界大戦後はとりわけヨーロッパで子どもの栄養状態が急激に悪化するなかで、栄養不良の子ども、そして子どもに食べものを与えられない家庭の貧困が可視化される。

給食の動きは、ニューヨーク、ロンドン、パリなど大都市で顕著であった。そこで行政や❷ジゼン団体を中心に学校給食が試験的に導入され、ある程度の成功を収めることで、各地に普及していく。基本的には貧困者には無償で、一般家庭の児童は有償であるが、⑦どの自治体もそれらが表に出ないように苦心する。この苦心は、給食史の核となる普遍的事象である。そして、貧困者に限定した給食の場合は目立つので、結局全校給食に移行することが多い。

日本もその例外ではない。学校給食の日本史は、日本国内で完結する歴史ではない。ボーア戦争（一八九九年）がきっかけとなって法定化されたイギリスの給食、第一次世界大戦期（一九一四～一八年）に七六万人の餓死者を出したドイツの飢餓、それに対し各国に援助を求めたハーバート・フーヴァー（のちのアメリカ大統領）のことは文部官僚も厚生官僚も栄養学者もよく知っていた。欧米各国で講演を請われるほど活躍したグローバルな栄養学者佐伯矩《さいきただす》、戦前に欧米の給食の視察にまわった佐伯門下の原徹一、同じく佐伯の弟子で厚生官僚の大礒敏雄、そして敗戦後のGHQの占領、※ララ、リバック、ユニセフ（国連国際児童緊急基金）、アジア極東学校給食セミナー、国際的な学校給食の推進の動きや交流など、給食があらゆる世界的な現象の日本的な展開であることを忘れてはならない。

（藤原辰史『給食の歴史』岩波新書より一部省略・改変）

※注　ララ・リバック……ともにアメリカの救援団体。

【問一】空欄【　Ａ　】～【　Ｄ　】にあてはまる語として最も適切なものを、次からそれぞれ選び、記号で答えなさい。ただし選択肢は一度しか使えません。

ア　とくに　　イ　なおさら　　ウ　といっても

エ　そこで　　オ　たとえば

【問二】傍線部①「学校給食」とありますが、学校の食事が「給食」に分類される理由として最も適切なものを次から選び、記号で答えなさい。

ア　栄養に配慮した食事がその場で代金を支払うことなく全員に提供される点、同じ年齢の集団で同じメニューの食事を一緒に食べる点で、給食の定義にあてはまるから。

イ　まとまった量の食事を提供できる場があり、食事時間を挟んで人々が滞在する点、まとまった量の食事をその場で選んで購入する点で、給食の定義にあてはまるから。

ウ　決まったメニューを強制され、代金も一括で支払う必要があるが、食事時間を挟んでの滞在を可能にし、日本で最も経験者が多いという点で、給食の定義にあてはまるから。

エ　食事時間を挟んで関係者が滞在し、まとまった量で配分された食事を集団で食べる点、代金は一括払いでメニューは選べないという点で、給食の定義にあてはまるから。

オ　すでに存在していた工場給食や病院給食に類似する点、まとまった量の食事を配分して集団で食べ、レジやメニュー表が存在しないという点で、給食の定義にあてはまるから。

【問三】傍線部②「調理場所と提供方法にそれぞれパターンがある」とありますが、「親子方式」と「食缶方式」を組み合わせると、どのような給食をどのように提供できますか。四十字以内で説明しなさい。

【問四】 傍線部③「不思議な雰囲気」とありますが、給食のどのような点を「不思議」だと言っているのですか。その説明として最も適切なものを次から選び、記号で答えなさい。

ア　家庭の実状から離れて貧富の差を埋め、平等な空間を目指す一方で、食品関連企業が利益を追求する市場でもあるという点。

イ　片付けや掃除の作業を子どもに強いる点があるが、一方で同じメニューの強制は差別の軽減につながっているという点。

ウ　同じ時間に同じ場所で同じものを一緒に食べる形をとりながら、実際は地域ごとに食品業務を担う企業が異なる点。

エ　学校から家に帰って家族と食事をとる国もある一方で、日本の給食は家族から切り離された食事として存在する点。

オ　大企業や農業大国を中心に大金が動く大事業である一方で、地域の小さな商店に支えられる場合もあるという点。

【問五】 傍線部④「『災害大国の給食』という視角」とありますが、日本の給食を考えるにあたってなぜこの視角が必要なのですか。その理由として最も適切なものを次から選び、記号で答えなさい。

ア　戦災に見舞われた歴史を持ち、地震や風水害も頻発する日本では、給食施設の設置にあたって災害対策は不可欠であるから。

イ　日本では給食と災害を結び付ける研究が十分に行われておらず、給食と災害の関連を示す史料が見つけられなかったから。

ウ　災害の不利益は社会的弱者ほど受けやすく、弱者救済の使命を担う給食は今後災害の際に力を発揮することが予想されるから。

エ　災害と給食の関連性はこれまで深く追究されてこなかったが、給食が災害の経験をもとに発展してきたことがわかったから。

オ　災害と給食という観点は、現在の給食研究の一つの到達点である『給食費未納』という著作をつらぬくテーマと一致するから。

【問六】 傍線部⑤「とりわけ」が修飾している文節を答えなさい。

【問七】 傍線部⑥「日本の給食史を世界史のなかに位置づけ直しながら考える」とありますが、なぜこのように考えるのですか。その理由として最も適切なものを次から選び、記号で答えなさい。

ア　日本はグローバルな栄養学者を輩出するなど、学校給食について先進的な取り組みを早くから行っており、世界のどの国も最終的には日本の影響を受けて義務教育における全員給食を実施する流れになっていったから。

イ　義務教育を通して国民国家の担い手を創出するために、各家庭の貧困が表出しないよう配慮しながら、国家が全ての子どもに学校で食事を提供してきたことは世界中に起こった動きであり、日本も例外ではないから。

ウ　十九世紀末の経済不況のために学校に通えなくなった子どもたちに国家が学校給食を提供することで、貧困家庭の存在が明るみになり、政府が福祉国家建設に移行していったのは、世界も日本も同様だから。

エ　将来を担う労働者や兵士を創出する義務教育制度において、子どもたちの身体を鍛えるための食事が重要視され、やがてすべての子どもに学校給食が提供されるようになったのは、世界も日本も同時期であったから。

オ　戦争の時代に諸外国が子どもたちの食料事情改善に力を尽くしたことは、日本の官僚や学者も知っており、国家の再建のために日本政府が学校給食を通して食料援助に努めたのは、世界の動きを受けてのことだから。

【問八】 傍線⑦「どの自治体もそれらが表に出ないように苦心する」とありますが、なぜこのように「苦心」してきたのですか。その理由を説明した次の文の空欄□に当てはまる内容を、本文から七字で抜き出して答えなさい。

□を守るため。

【問九】 次のように、本文を内容のまとまりで五つに分けて、それぞれに見出しをつけました。本文に書かれている順に記号を並び替えなさい。

ア 給食史をとらえるための視角の確認
イ 給食の基本的性格の把握
ウ 給食の定義の確認
エ 世界史としての給食史と日本の関係
オ 学校給食の方式の整理

【問十】 傍線部❶「トクイ」、❷「ジゼン」について、傍線部と同じ漢字を含むものをそれぞれ一つずつ選び、記号で答えなさい。

❶「トクイ」
ア 交通イハンを取り締まる。
イ イジョウを知らせる警報。
ウ ことのケイイを説明する。
エ 表現のイトを読み取る。
オ カンイな方法を考える。

❷「ジゼン」
ア 権力をコジする。
イ 心からのサンジを送る。
ウ ジヨウに富む食品。
エ ミンジ訴訟を起こす。
オ ジアイに満ちた表情。

二

次の文章は遠藤周作の『侍』の一節で、主人公である「六」と呼ばれる侍が仕事から家に帰ると叔父が訪ねてきていた、という場面です。これを読んで、後の問に答えなさい。ただし、設問の都合で一部省略・改変しています。

「六か」
囲炉裏《いろり》の煙にむせたのか、拳を口にあてて咳《せ》きこみながら叔父は侍をよんだ。長男の勘三郎は父の姿を見ると救われたように一礼して※厨《くりや》のほうに逃げていった。煙は自在鉤《じざいかぎ》にそって煤《すす》でよごれた天井《てんじょう》にたちのぼっていく。父の代も彼の代もすすけたこの囲炉裏端がさまざまのことを決める談合の場所となり、村人の争いを裁くとり決めの場所となった。
「布沢《ぬのざわ》に行き、※石田さまにお目にかかった」
叔父はまた少し咳きこんで、
「石田さまは、黒川の土地のことでな、城中からまだ何の御返事もないと言われておった」
侍は無言のまま傍《かたわら》につみ重ねてある囲炉裏の枯枝《かれえだ》を折った。その鈍い音を耳にしながら、①叔父のいつもながらの愚痴に耐えていた。黙っているのは、彼が何も感じず、何も考えないからではなかった。②土の臭いのするその顔に感情を出すのに馴《な》れていないからだったし、人に逆らうのが嫌いだったからでもある。だがそれよりも、いつもながら、過ぎ去った出来事にしがみついている叔父の話はやはり彼の心には重かった。

十一年前、あたらしい城郭と町とを作られ、※知行割《ちぎょうわり》を行われた殿は、侍の家に、先祖代々住みなれた黒川の土地のかわりにこの谷戸と三つの村とを与えられた。むかしの所領地より貧しい荒地に移されたのは荒蕪地《こうぶち》の開発という殿の御方針だったが、侍の父はその理由を自分勝手に考えていた。関白秀吉公が殿を帰順させられた時、その仕置きに不満を持った連中が、葛西《かさい》、大崎の一族を中心に反乱を起《おこ》したが、遠縁にあたるものでそれに加わった何人かがいた。そして自分が戦に敗れた彼らをかくまい逃がしたため、殿はそれを憶《おぼ》えておられて、このような荒野を黒川の土地のかわりに与えられたのかもしれない。そう父は思ったのである。

　放りこんだ枯枝はこの仕打ちにたいする父や叔父の不平や不満のように囲炉裏のなかで音をたてた。厨の戸をあけ、妻のりくが酒と乾鰯《ひかしわ》にした朴《ほお》の葉に味噌《みそ》をのせて二人の前にそっとおいた。彼女は叔父の表情と③無言で枯枝を折りつづける夫とを見て、今夜も何が話題になったかを感じたようである。

「なあ、りく」

と叔父は彼女をふりむいて、

「これからもな、この野谷地《のやち》に住まわねばならぬ」

　野谷地とは土地の言葉で見棄《みす》てられた荒野を指した。石だらけの川が流れ、わずかな稲麦のほかは蕎麦《そば》と稗《ひえ》と大根しかとれぬ畠《はたけ》。ここはその上、ほかの在所より冬の来るのが早く、寒さもきびしい。やがてこの谷戸は丘も林もふかぶかと純白の雪に埋まり、人間は暗い家のなかで【　Ａ　】をひそめ、風のすれあう音を、長い夜、耳にして春を待たねばならぬ。

「戦があればのう。戦さえあれば、功をたてて加増《かぞう》もあるものを」

　痩《や》せた膝《ひざ》をしきりにさすりながら叔父は同じ愚痴をこぼしつづける。だが殿が戦であけくれておられた時代はもう終《お》っている。西国はともかく、東国は徳川さまの勢威《せいい》に服し、殿のように陸奥一《むついち》の大名でさえ勝手気儘《かってきまま》に兵を動かすことのできぬ時なのだ。

　侍と妻とは枯枝を折り、やり場のない不満を酒と独り言とおのれの手柄話とでまぎらわす叔父の話をいつまでも聞いている。その手柄話も愚痴も、もう幾度となく耳にしたものだが、それはこの老人だけが生きるために食べている④黴《かび》のはえた食物のようだった。

　真夜中ちかく二人の※下男《げなん》に叔父を送らせた。戸をあけると、珍しく月の光にそまった雲の割れ目が出て、雪はやんでいる。叔父の姿が見えなくなるまで犬が吠《ほ》えた。

　谷戸では戦よりも飢饉《ききん》が怖れられている。むかしここを襲った冷害をなまなましく憶えている老人たちがまだ生きていた。

　その年の冬は奇妙なほど暖かく、春のような気配が続き、北西にある山がいつも霞《かす》んではっきりと見えなかったという。だが春が終り梅雨の季節が来ると雨も長く、夏が来ても朝晩は裸ではいられぬほど冷えびえとした毎日だった。畠の苗は一向に生長せず、枯れるものが多かった。

　食べ物がなくなった。谷戸の村人たちは山からとった葛根《くずね》や、馬の飼料である糠《ぬか》や藁《わら》や豆がらも食べた。それも無くなると、何よりも大事な馬を殺し、飼犬を殺し、樹皮や雑草で飢えをしのいだ。すべてを食べ尽《つ》したあと、親子も夫婦も別れ別れに食べ物を求めて村を棄てた。飢えて道に倒れる者があっても、肉親、縁者さえ世話もできずに見棄てていった。やがてその死体を野犬や烏《からす》が食い散らした。

　侍の家がここを知行地にしてからは、さすがにそんな飢饉はなかったが、父は村の家々に橡《とち》や楢《なら》の実、穂からおろしたままの稗の実を※叺《かます》に入れさせ、梁《はり》の上に貯蔵するように命じた。今、侍はどんな家にも保存してあるこの叺を見るたび、一本気な叔父よりも、もっと賢かった父親の温和《おとな》しい顔を思いだす。

　だが、その父さえ、

「黒川ならば、凶作が来ても凌《しの》げるものを……」

と地味の肥えた先祖伝来の土地を懐かしんだ。あそこは手入れさえすれば、麦の豊かにとれる平野がある。だがこの野谷地では、蕎麦、稗、大根がおもな作物で、その作物も毎日食べるわけにはいかぬ。年貢を殿におさめねばならぬからである。侍の家でも大根の葉を麦や稗の飯に入れたものを口にする日があった。百姓たちは、野びる、浅つきなども食べているのである。

　だが侍は父や叔父の愚痴にもかかわらず、この野谷地が嫌いではなかった。ここは父が死んでから彼が一族の総領としてはじめて治める土地だったが、彼と同じように眼がくぼみ、頬骨《ほおぼね》が突き出た百姓たちは黙々として早朝から夜がくるまで牛のように働き、喧嘩《けんか》も争いもしなかった。地味のうすい田畠《たはた》を耕し、自分たちの食べ物を減らしても年貢は遅れずに出した。そんな百姓と話をしている時、侍は身分の違いを忘れ、自分と彼らとを結びつけているものを感じる。自分のただ一つの取柄《とりえ》は忍耐づよいことだと考えていたが、百姓たちは彼よりも、もっと従順で我慢づよかった。

　時折、侍は長男の勘三郎をつれて家形《やかた》の北方にある丘陵に登ることがあった。かつてここを支配していた地侍が築いた砦《とりで》の跡が雑草に埋もれて残り、灌木《かんぼく》にかくれた空壕《からぼり》や枯葉をかぶった土塁《どるい》からは、時折、焼米やこわれた茶碗の出てくることもある。風のふく山の上からは谷戸と集落とが見おろせる。悲しいほどあわれな土地。押し潰されたような村。

（⑤ここが……わしの土地だ）

　侍は心のなかでそう呟《つぶや》く。もう戦がないならば自分は父と同じように、生涯、ここで生きるだろう。自分が死んだあとは長男も総領として、同じ生き方をくりかえすのだろう。ここから自分たち親子は一生、離れることはないのだ。

（中略）

　お城の御談合に加わられた石田さまが、明日、お帰りの途中にこの谷戸で御休息になるという知らせが急にあった。知らせがくると谷戸では村人たちが総出で凍《し》み雪の上に土をまき、泥濘《ぬかるみ》を埋め、家形の雪掻《ゆきか》きに精をだした。侍の妻のりくも女たちを指図して部屋部屋を掃除するなど上を下への騒ぎようである。

　翌日、有難《ありがた》いことには天気は晴れで、侍は叔父と共に谷戸の入口まで石田さまとその供とのお迎えに出た。石田さまがお城からのお帰りに、侍の知行地をお通りになることなど父の代からあった例はない。それだけに如何《いか》なる出来事があったのかと、侍は言いようもなく不安だったが、いつか雄勝《おがつ》で甥《おい》に賜わった白石さまのお言葉を忘れぬ叔父が、※知行替《ちぎょうがえ》の願いが聞き入れられたのではあるまいかなどと、一人で浮き浮きしているのが侍には恨めしかった。

　谷戸の入口で出迎えを受けた石田さまは機嫌よく叔父と侍とに声をかけられ、出迎えた者たちを先導にされて家形に入られたが、用意した部屋ではなく、囲炉裏のそばに坐《すわ》ることを望まれ、

「火が何よりの馳走《ちそう》だ」

　などと皆々の緊張を解かれるためか、冗談を言われた。やがてりくが差し出した湯づけをうまそうに召し上がられたあと、この谷戸の模様を色々と訊《たず》ねられ、湯をうまそうにすすりながら、

「今日は良き土産を持って参ったぞ」

　と急に言われた。だがその良き土産というお言葉に眼をかがやかせた叔父に、

「戦の知らせではないぞ。戦などあると思うな。戦で働きをなして黒川の土地に戻る夢は棄てたがよい」

　と念を押されてから、

「だがな、別の御奉公もあるのだ。戦よりももっと大手柄をたてる道を開いて参った」

　と侍をじっと御覧になった。

「殿が雄勝の入江で大船を造られていることは知っておろう。あの船は紀州にうちあげられた南蛮人たちを乗せてノベスパニヤと申す遠い国に行く。昨日、御城中で白石さまが、ふとお前の名前を口に出され、⑥殿の御使者衆の一人として、そのノベスパニヤまで赴くよう御指図があった」

　侍は石田さまが何を仰《おお》せられているのか、理解できなかった。ただその顔を茫然《ぼうぜん》と見上げていた。考えもしなかった出来事が不意に我が身に襲ってきたようで、【　B　】もつけず、言葉もでない。茫然としている叔父の膝頭が小刻みに震えはじめている。それだけが侍にも伝わってきた。

「いいか。ノベスパニヤと申す国に参るのだ」

　ノベス、パニヤ、と侍は心のなかで、今まで聞いたこともなかったその名を繰りかえした。⑦ノ、ベ、ス、パ、ニ、ヤ、と一文字、一文字が太い筆で頭のなかに大きく書かれていく気がした。

「白石さまは、先頃、雄勝でお前にお言葉をかけられたそうだな。御評定の折も、悪いようにはせぬと仰せられておったぞ。それゆえ、もしこのお使いに手柄をたてれば、帰国の暁《あかつき》にはあるいは黒川への知行替のこ

と、御勘考《ごかんこう》になられるかもしれぬ」

叔父が震えている。膝頭が震えているのがよくわかる。侍も両膝に手をおき、頭をさげたままだった。その叔父の膝の震えがとまった時、

「夢のようであろうが」

と石田さまは声を出して笑われ、急にその笑いを顔から消されると、

「夢うつつのことではないぞ」

と強い声で言われた。

大船のこと、ノベスパニヤのことを話される石田さまのお声を侍は遠い世界から来るもののように聞いていた。憶えているのは、大船には南蛮人の船員たち三十余人のほか、日本人の使者衆四人とその従者たち、そしてまた日本人の水手頭《かこがしら》など十数名、商人たち百人以上が乗り組むことである。船は千石船よりも大きい船で、ノベスパニヤまで二カ月の船旅をする。別に※通辞として南蛮人のバテレンもこれに加わり、かの国に着いてから使者衆のためのさまざまな※仕儀手配を行う。ノベスパニヤとはエスパニヤ国の領地であり、殿は※内府さまのお許しを得てその国と商いを取りかわし、塩釜《しおがま》、気仙沼《けせんぬま》を堺《さかい》、長崎にも劣らぬ港となす御所存である。

年とった叔父がこうしたお話をどこまで摑《つか》めたか、侍にはわからない。彼にもまた、それらすべてが夢のようにしか聞こえない。小さな狭いこの谷戸で生き、ここで死ぬつもりだった侍には、自分が大船に乗って長い船旅をなし、南蛮人たちの国に参るなど一度も考えたことはなかった。どうしても実感が湧《わ》かない。

やがて石田さまがお帰りになるために立ちあがられた。供の者たちがあわただしく馬を引き、ふたたび谷戸の出口までお送りする間、侍も叔父もほとんど口もきかず、茫然として従った。一行のお姿が視界から遠ざかったあとも二人は無言のまま家形に戻った。さきほど厨で話を聞いていた妻のりくも蒼《あお》ざめた顔で姿を消した。そして石田さまが坐っておられた囲炉裏のそばにはまだ、そのお姿が残っているような気がした。叔父はその場所ちかくに胡坐《あぐら》をかき、長い間、黙っていたが、やがてふかい溜息《ためいき》とも吐息《といき》ともつかぬものを洩《も》らした。

「何のことだ、何としてもわからぬが……」

ぽつんと呟いた。

侍にも何もわからない。遠い国に差し出されるそのような大事な使者衆なら城中には格式のある家来の方々があまたおられる。殿の御家来には御一門衆、御一家のような御大身を頭にして着座、太刀上《たちあげ》、召出衆《めしだししゅう》の序列があるが、侍の家はその召出衆と呼ばれる身分にすぎぬ。そんな格式ひくい家臣を特に抜擢《ばってき》して御使者衆のなかに加えられた理由が彼にはまったく理解できない。

(白石さまが特にお計らいくださったのであろうか)

もし、そうだとすると、それは白石さまが郡山《こおりやま》や窪田《くぼた》の戦で父の働きぶりを憶えていてくださったからにちがいないのだ。今更のように侍は父の顔を思いだした。

厨からりくがふたたび蒼ざめた顔をしてあらわれ、囲炉裏の片隅に坐ると、叔父と侍との顔を見つめた。

「遠い南蛮の国にな……六が参る」

と叔父はりくにではなく自分自身に言いきかせるためか、

「忝《かたじけな》いことだ。忝いことだ」

それから急に⑧おのれの不安をうち消すように呟いた。

「その大役をつとめれば、あるいは黒川の土地はお返し頂けるかもしれぬと……、そう石田さまは仰せられておったぞ」

りくは立ちあがって厨に姿を消したが、侍には妻が泣くのを懸命に怺《こら》えているのがよくわかった。

(遠藤周作『侍』新潮文庫刊)

※注　厨……料理をつくる所。台所。

石田さま……殿(藩主)の重臣。のちに登場する白石さまも同様に殿の重臣であるが、白石さまの方が、石田さまよりも身分が上である。

知行割……権力者が服従者に土地(知行地)を分け与えて支配させること。

下男……男の召し使い。

叺……わらで編んだ袋。穀物などを入れた。

知行替……知行地を割りかえること。支配地域を変更すること。

通辞……通訳。
仕儀手配……準備し対応すること。
内府さま……徳川家康のこと。

【問一】傍線部①「叔父のいつもながらの愚痴」とありますが、「叔父」が嘆いていることとして適切でないものを次から一つ選び、記号で答えなさい。

ア　先祖から受け継いでいた土地を再び治めたいと強く訴えているのに、事態が思うように進まないこと。
イ　時代の変化によって、侍の家は功績を立てる機会を失ってしまい、豊かな土地を得られずにいること。
ウ　侍の家は殿に対する反発心が全く無いにもかかわらず、殿を裏切ったと誤解され、冷遇されていること。
エ　先祖代々住みなれた土地の代わりに荒地を与えられており、現在に至るまで元の土地に戻れずにいること。
オ　東国は皆、徳川の権威に従い、大名でさえも勝手に兵を動かすことができない世の中になってしまったこと。

【問二】傍線部②「土の臭いのするその顔」とはどのようなことを表現していますか。その説明として最も適切なものを次から選び、記号で答えなさい。

ア　侍が不平不満しか言わない叔父に閉口していること。
イ　侍が谷戸の地に根を下ろして実直に生活していること。
ウ　侍が谷戸を何とか開発しようと日々奮闘していること。
エ　侍が貧しい荒れ地での暮らしに疲弊していること。
オ　侍が過去の戦によって没落した武家の人間であること。

【問三】傍線部③「無言で枯枝を折りつづける夫」とありますが、この時の「夫」の心情の説明として最も適切なものを次から選び、記号で答えなさい。

ア　過去に固執してばかりもいられないと考えているため、叔父の話を重荷に感じている。
イ　叔父の愚痴は何度も聞かされたものであり、また同じ話を聞くのかと嫌気がさしている。
ウ　先祖の土地に執着するあまり、現状を冷静に分析できない叔父を哀れに思っている。
エ　感情を出すことが苦手であるため、黙っていることでその場をやり過ごしたいと考えている。
オ　強情な叔父には何を話しても無駄だと諦めており、無力な自分を空しく感じている。

【問四】傍線部④「黴のはえた食物」とはどのようなことを表現していますか。その説明として最も適切なものを選び、記号で答えなさい。

ア　侍の家に関する過去の栄光について叔父が話をすればするほど、かえって叔父自身に不満が蓄積されていってしまうということ。
イ　侍の家に殿から新しく与えられた土地は貧しく荒れ果てているが、生きるために必要だから仕方なく暮らしているということ。
ウ　叔父が、先祖の住んでいた土地に再び戻ることを生きる希望にしており、そのため苦しい谷戸の生活に耐えているということ。
エ　過去にこだわることで、叔父はますます時代に取り残されてしまうが、それをよりどころにせずにはいられないということ。
オ　侍の家が武家として栄えていたのは昔のことで、肥沃な土地を失った今はほとんど力を持てなくなってしまったということ。

【問五】傍線部⑤「ここが……わしの土地だ」とありますが、この時の「侍」の心情の説明として最も適切なものを次から選び、記号で答えなさい。

ア　あわれなほどやせた土地だが、自分が初めて総領という立場で治めている谷戸の地に愛着を持っており、百姓の生活を守らなければならないと決意している。

イ　充分な食物が収穫できない谷戸の土地と、目立った功績も立てず百姓に交じって耕作する自分を重ね合わせ、自分にはこの土地がふさわしいと考えている。

ウ　作物が満足に育たないような過酷な環境下であっても、辛抱強く田畠を耕す百姓に共感し、現状を受け入れてこの谷戸の土地で生きていく覚悟を固めている。

エ　愚痴を言い続ける叔父に反発心を持つとともに、誰からも顧みられない谷戸の土地と百姓に同情し、せめて自分だけは責任をもって統治しようとしている。

オ　この先自分たち一族が谷戸の土地を治めていくことは変えようのない宿命であり、仕方がないことだと考え、黒川の土地への未練を断ち切ろうとしている。

【問六】傍線部⑥「殿の御使者衆の一人として、そのノベスパニヤまで赴くよう御指図があった」とありますが、「殿」が使者を送る最終的な目的は何ですか。それを説明した次の文の空欄□に当てはまる漢字二字の熟語を考えて書きなさい。

ノベスパニヤと□をすること。

【問七】傍線部⑦「ノ、ベ、ス、パ、ニ、ヤ、と一文字、一文字が太い筆で頭のなかに大きく書かれていく気がした」とはどういうことですか。その説明として最も適切なものを次から選び、記号で答えなさい。

ア　殿が使者の一人に自分を指名した真意をはかりかねているため不安に思う一方で、ノベスパニヤという国が自分の運命を大きく開く場所であると確信しているということ。

イ　殿からの突然の話に驚き、なぜ自分が使者の一人に選ばれたのか分からず思案をめぐらせる中で、耳慣れないノベスパニヤという名前だけが印象に強く残ったということ。

ウ　殿の命令は自分にとって実感のわかないものであるが、名誉ある大役に選ばれたことは認識しており、聞いた内容を一言一句忘れないようにしているということ。

エ　谷戸を離れるという、今まで自分が考えたこともなかった話が持ち込まれたため茫然としているが、目的地には必ず到達しなければならないと心に刻んでいるということ。

オ　ノベスパニヤという名前は自分にとって現実味がないため、理解できず、単なる文字の並びでしか捉えられていないが、その重大さだけは伝わってきているということ。

【問八】傍線部⑧「おのれの不安をうち消すように呟いた」とありますが、なぜ「叔父」は「不安」に思っているのですか。その理由として最も適切なものを次から選び、記号で答えなさい。

ア　貧しいながらも家族で慎ましく暮らしていた日常が、突然終わりを迎えるかもしれないことに戸惑いを覚えているため。

イ　知行替につながる機会を与えてくれたことに感謝する一方で、本当に黒川の土地を返してもらえるか確証がもてないため。

ウ　ノベスパニヤという見ず知らずの国に行く重大な任務を、無口で田舎育ちの侍にやり遂げられるか心配であるため。

エ　侍が抜擢されたのは喜ばしいことであるが、総領である彼の留守中に有事が起きた場合、対応できるか気がかりであるため。

オ　未知の国に赴く侍のことが心配であり、かつ、自分たち一族の身に今後どのようなことが起こるか分からないため。

【問九】本文の表現について説明したものとして最も適切なものを次から選び、記号で答えなさい。

ア　侍の発言を随所に織り込むことで、侍の揺れ動く心情を細やかに描き出している。

イ　侍の身分が低いことを具体的な序列で示すことが、今後侍が出世することの伏線になっている。

ウ　ノベスパニヤ、バテレンといった外来語を用いることで、異国との接触を試みる人々の苦労を表現している。

エ　侍とりくとの間に直接の会話はないが、りくに関する描写によって、お互いに理解していることを示している。

オ　谷戸の荒んだ様子を繰り返し描写することで、華やかな異国の地との違いを強く印象づけている。

【問十】空欄［　A　］、［　B　］に共通して入る語を漢字一字で答えなさい。

三

次の古文を読み、後の問に答えなさい。

五月五日《さつきいつか》、※賀茂《かも》の競馬《くらべうま》を見侍《はべ》りしに、①※車の前に※雑人《ぞうにん》立ちへだてて②見えざりしかば、おのおのおりて、※埒《らち》のAきはに寄りたれど、ことに人多く立ちこみて、③分け入りぬべきやうもなし。かかる折に、※向《むか》ひなる※楝《おうち》の木に、※法師の登りて、木の股《また》にBついゐてX物見るあり。とりつきながら、いたう※睡《ねぶ》りて、落ちぬべき時に目をさますことたびたびなり。Yこれを見る人、あざけり※あさみて、「※世のしれものかな。かくあやふき枝の上にて、※安き心ありてねぶるらんよ」と言ふに、わが心にふと思ひしままに、「われらが※生死《しょうじ》の到来《とうらい》※ただ今にもやあらん。それを忘れて、物見て日を暮らす、愚かなる事は、なほまさりたるものを」と言ひたれば、前なる人ども、「④まことにさにこそ候《そうら》ひけれ。もつとも愚かに候《そうろ》ふ」と言ひて、みなうしろを見かへりて、「ここへ入らせ給《たま》へ」とて、所をさりて、⑤よび入れ侍りにき。

※かほどのことわり、※誰かは思ひよらざらんなれども、折からの思ひかけぬ心地して、胸にあたりけるにや。人木石《ぼくせき》にあらねば、時にとりて、物に感ずる事なきにあらず。

（冨倉徳次郎・貴志正造編『鑑賞　日本古典文学　第18巻』による）

※設問の都合で本文を一部改変し、ルビは現代仮名づかいです。

※注　賀茂……京都にある上賀茂神社。毎年旧暦の五月五日に競馬が催されていた。
車……牛車のこと。
雑人……庶民。群衆。
埒……馬場の周囲の柵。
向ひなる……向かいにある。
法師の……法師で。
楝の木……植物の名前。初春のころに、薄紫色の花を咲かせる。
睡りて……眠って。寝て。
あさみて……あきれて。
世のしれもの……この世で一番の愚か者。

安き心ありて……安心して。
生死……「生」は死を強調する表現で意味はない。
ただ今……今すぐに。
かほどのことわり……これくらいの常識。
誰かは思ひよらざらんなれども……誰でも思いつかないことではないことだが。

【問一】二重傍線部A「きは」、B「ついゐて」の読み方を現代仮名づかいのひらがなで書きなさい。

【問二】波線部X「物見る」、Y「これを見る人」を現代語訳したとき、次の空欄□に補う語として最も適切なものをそれぞれの選択肢から選び、記号で答えなさい。

X　**見物する□が**
ア　方法　　イ　場所　　ウ　人物　　エ　時代　　オ　場合

Y　**これを見る人□**
ア　が　　イ　へ　　ウ　を　　エ　に　　オ　と

【問三】傍線部①「車」とありますが、これに乗っていると考えられる人物は誰ですか。最も適切なものを次から選び、記号で答えなさい。
ア　筆者　　イ　雑人　　ウ　法師
エ　筆者と法師　　オ　前なる人

【問四】傍線部②「見えざりしかば」は「見えなかったので」という意味ですが、何が見えなかったのですか。本文から二字で抜き出して答えなさい。

【問五】傍線部③「分け入りぬべきやうもなし」の解釈として最も適切なものを次から選び、記号で答えなさい。
ア　押し分けて入っても仕方がない
イ　押し分けて入ってはならない
ウ　押し分けて入るべきではない
エ　押し分けて入る必要はない
オ　押し分けて入れそうもない

【問六】傍線部④「まことにさにこそ候ひけれ」は、「本当にその通りでございますね」という意味です。ここでは何に対して「その通り」と言ったのですか。その説明として最も適切なものを次から選び、記号で答えなさい。
ア　われわれ人間は命を大切にしなければならないのに、それを忘れて危険な木の上で眠る法師のほうが、車の周りに集まって静かに見物する人と比べてより愚かだと筆者が言ったこと。
イ　われわれ人間には死が今すぐ訪れるかもしれないのに、それを忘れて見物などをしながらその日を暮らす人のほうが、危ない木の上で眠る法師に比べてより愚かだと筆者が言ったこと。
ウ　われわれ人間はつねに死と向き合っているはずなのに、それを忘れて日々見物ばかりする人のほうが、危険な場所でも精神を落ち着けられる法師に比べてより愚かだと筆者が言ったこと。
エ　人間はいつ死んでもいいよう生きている間に準備をすべきなのに、それを忘れて眠って過ごす法師のほうが、見物などをしながらその日を過ごす人と比べてより愚かだと筆者が言ったこと。
オ　人間はいつまでも生きられるわけではないのに、それを忘れて暇をつぶしながら生活する人のほうが、危険と隣り合わせでもつい居眠りしてしまう法師に比べてより愚かだと筆者が言ったこと。

【問七】傍線部⑤「よび入れ侍りにき」とは「呼び入れました」という意味です。誰が、誰を、どこに「よび入れ」たのですか。最も適切なものを次から選び、記号で答えなさい。

ア　雑人が筆者を木の上に
イ　筆者が雑人を木の上に
ウ　法師が筆者を競馬の見やすい場所に
エ　雑人が筆者を競馬の見やすい場所に
オ　筆者が法師を競馬の見やすい場所に

【問八】この文章を通じて筆者はどのような主張をしていますか。その説明として最も適切なものを次から選び、記号で答えなさい。

ア　人間は木や石のように成長しないものではないから、常識的なことがその時にはわからなくても、改めて指摘すれば後からでも対応できるようになるものだ。
イ　人間は木や石のように自然なものではないから、常識的なことを忘れてしまうと、その時に正しいことを言われても、決して納得できないことが多いものだ。
ウ　人間は木や石のように非情なものではないから、たとえ常識的なことであっても、その時にふさわしい指摘をされると、改めて感心させられることがあるものだ。
エ　人間は木や石のように堅苦しいものではないから、たとえ常識的なことであっても、その時に心外なことを言われたと思うと、つい感情的になってしまうものだ。
オ　人間は木や石のように冷淡なものではないから、常識では考えられないことが起こったり、予想もしないことを周りの人に言われたりすると、深く感動してしまうものだ。

【問九】この文章は、以下に示す文章と同じ書物に載っています。この文章の作者を漢字で書きなさい。また、作品名として適切なものを次から選び、記号で答えなさい。

つれづれなるままに、日くらし、硯《すずり》に向かひて、心にうつりゆくよしなしごとを、そこはかとなく書きつくれば、あやしうこそものぐるほしけれ。

ア『枕草子』　イ『源氏物語』　ウ『平家物語』
エ『徒然草』　オ『おくのほそ道』

（問題は以上です）

2020(R2) 愛知高
K 教英出版

一　般

令和２年度

愛知高等学校入学試験問題

数　学

（45分）

注　意

1．問題は 1 から 4 までであります。
2．問題の内容についての質問には応じません。
印刷のわからないところがある場合には、静かに手をあげて監督の先生の指示に従いなさい。
3．解答はすべて解答用紙に記入しなさい。
氏名、受験番号を書き落とさないように注意し、解答し終わったら必ず裏がえして机の上に置きなさい。
4．円周率π、無理数$\sqrt{2}$、$\sqrt{3}$などは近似値を用いることなく、そのままで表し、有理化できる分数の分母は有理化し、最も簡単な形で答えなさい。
5．答えが分数のときは、帯分数を用いない最も簡単な分数の形で答えなさい。
6．計算機を使用してはいけません。
7．解答用紙だけを提出し、問題用紙は持ち帰ってよろしい。

1 次の各問に答えなさい。

(1) $2-\dfrac{1}{1-\dfrac{1}{3}}$ を計算しなさい。

(2) $(ab^2)^3\times\dfrac{3}{2a^2b^5}\div\dfrac{9}{(4ab)^3}$ を計算しなさい。

(3) $\left(1-\dfrac{1}{2^2}\right)\times\left(1-\dfrac{1}{3^2}\right)\times\left(1-\dfrac{1}{4^2}\right)\times\cdots\times\left(1-\dfrac{1}{8^2}\right)$ を計算しなさい。

(4) 空間内において直線 ℓ と平面 P, Q が与えられているとき，以下の主張が常に正しい場合は解答欄に ○ を，そうでない場合は ✕ をかきなさい。

【主張】　『$\ell \parallel$ P, P $\perp$ Q のとき $\ell \perp$ Q が成り立つ。』

(5) 濃度が 13% の食塩水と 7% の食塩水を混ぜて，濃度が 9% の食塩水を 450g 作る。このとき，濃度が 13% の食塩水を何 g 混ぜればよいか答えなさい。

(6) 右図は円錐の投影図である。
この円錐の表面積を求めなさい。

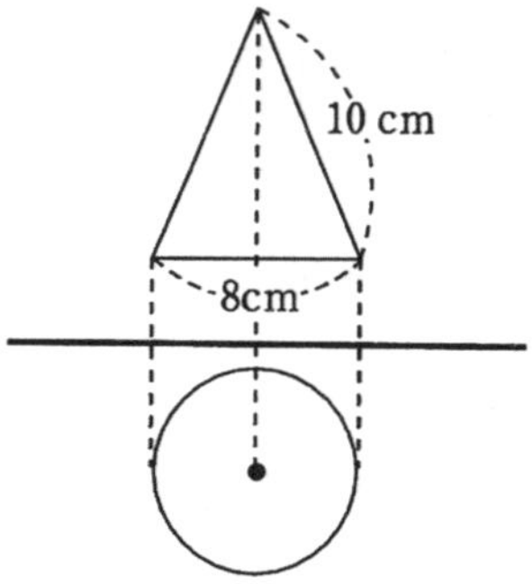

(7) 221 のすべての正の約数の和を求めなさい。

(8) あるクラスでの 10 点満点の小テストの結果をまとめると，次の表のようになった。ただし，x, y はともに 1 以上の整数とする。

得点(点)	0	1	2	3	4	5	6	7	8	9	10
人数(人)	0	0	1	x	3	2	y	2	3	2	1

この小テストでのすべての生徒の得点の合計は 120 点であり，得点の最頻値は 6 (点) であった。このとき，x の値を求めなさい。

(9) 『折り紙の数学』で芳賀《はが》定理というものがあり，以下の文章はその定理の一部分である。この文章を読み，BT の長さを求めなさい。

1 辺の長さが 1 cm である正方形 ABCD において，辺 AB の中点を P とする。

右図は点 P と頂点 D が折り重なったときの様子を表している。

このとき，図のように 2 点 S，T をとる。

AS$=x$ とすると SP$=1-x$ となる。

$\triangle$ASP に三平方の定理を用いると，

$$SP^2=AS^2+AP^2$$

が成り立つ。さらに，$\triangle ASP \backsim \triangle BPT$ が成り立つ。

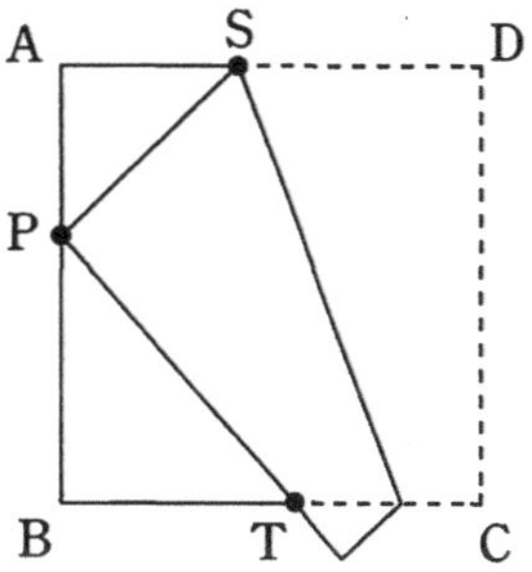

(図は参考です)

(10) 3 つの赤の帽子と 2 つの白の帽子がある。前から 1 列に並んだ A さん，B さん，C さんの 3 人に，これら 5 つの中から赤，白いずれかの帽子をかぶせ，残った帽子は 3 人に見えないようにします。

3 人は自分のかぶっている帽子の色は分かりませんが，B さんは A さんの帽子の，C さんは A さんと B さんの帽子の色が見えています。

まず，C さんに自分の帽子の色を尋ねたところ「わからない」と答え，続いて B さんにも自分の帽子の色を尋ねたところ「わからない」と答えました。

以上より，A さんの帽子の色に関してわかることで最も適切なものを以下の（ア）～（ウ）の中から 1 つ選び記号でかきなさい。

（ア）必ず赤色である　　（イ）必ず白色である

（ウ）赤色か白色か決定できない

(11) 同じ原材料で作られた大小 2 つの相似な円錐形のチョコレートがある。

底面の半径は，小が 1 cm，大が 2 cm で，右図のように，袋 A には小が 14 個，袋 B には大が 2 個入っており，どちらも 300 円で売られている。

このとき，袋 A と袋 B のうちお買い得な袋を選び，解答欄の A または B のいずれかを ○ で囲みなさい。また，そのように判断した理由も記述しなさい。

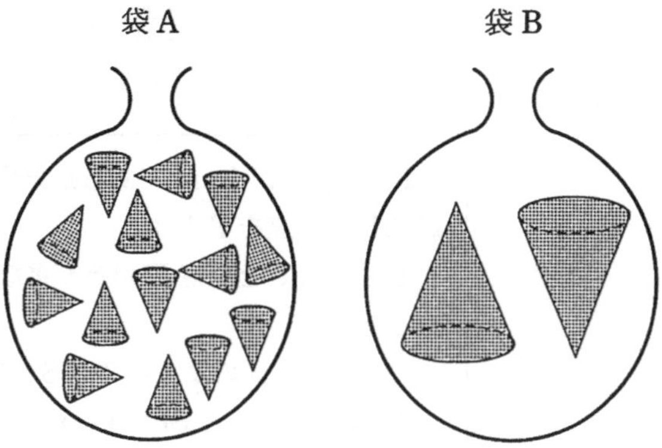

2 点 O を中心とする半径が 1 cm の円に内接する正十二角形 ABCDEFGHIJKL と正六角形 ACEGIK がある。このとき，次の問に答えなさい。

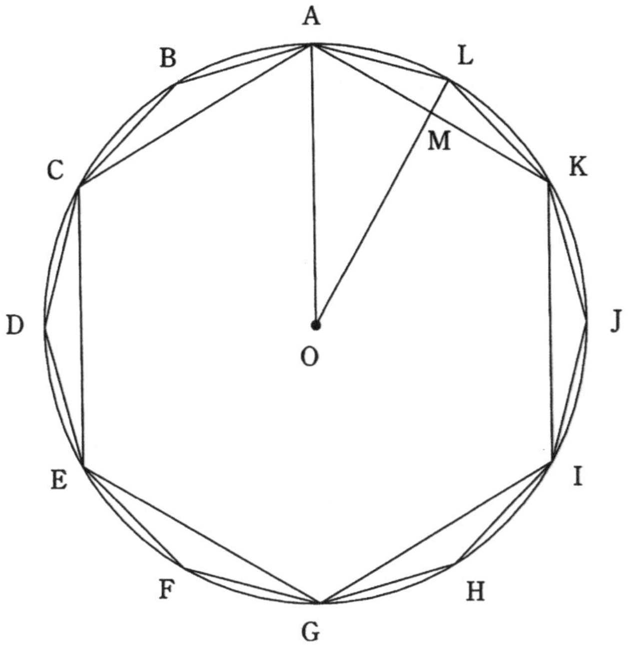

(1) 直線 OL と直線 AK の交点を M とするとき，線分 LM の長さを求めなさい。

(2) 線分 AL に対し，AL^2 の値を求めなさい。

3　関数 $y=x^2$ …① のグラフ上に，x 座標がそれぞれ $-1, 2$ である 2 点 P，Q がある。点 P を通り y 軸に平行な直線 および 点 Q を通り y 軸に平行な直線が，関数 $y=ax^2\,(a>1)$ …② のグラフと交わる点をそれぞれ R，S とする。また，直線 PQ と x 軸との交点を T とする。このとき，次の問に答えなさい。

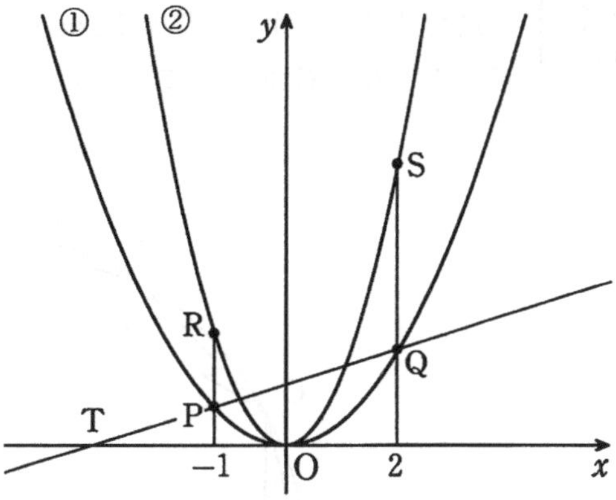

(1)　点 T の x 座標を求めなさい。

(2)『四角形 PQSR の面積が 5 のとき，△ TPR の面積を求めなさい。』という問題に対して，A さんは解答を作成し，以下はその一部分である。
このとき，空欄アに当てはまる適切な文章を解答欄に記入しなさい。

> 2 点 R，S は ② のグラフ上の点であるから，R$(-1, a)$，S$(2, 4a)$ と表せ，直線 RS の傾きは
>
> $$\frac{4a-a}{2-(-1)}=\frac{3a}{3}=a$$
>
> である。
>
> ここで，直線 RS の切片を b とすると，直線 RS は $y=ax+b$ となり，R$(-1, a)$ を通るので
>
> $$a=-a+b \quad \text{より} \quad b=2a$$
>
> となる。
>
> よって，直線 RS を表す式は $y=ax+2a$ となり，この式は $y=a(x+2)$ と変形できるので，$x+2=0$ すなわち $x=-2$ のとき，a の値に関係なく $y=0$ が常に成り立つ。
>
> したがって，a の値に関係なく［　ア　］。

(3)　四角形 PQSR の面積が 5 のとき，△TPR の面積を求めなさい。

2020(R2) 愛知高
K 教英出版

4　Aさんは夏休みの数学に関する自由研究のテーマに『フィボナッチ数列』を選び研究しました。

次のAさんの研究発表の原稿を読み，以下の問に答えなさい。

【原稿】

まず，数（値）が順番に並んでいるものを数列といいます。

その中で，『フィボナッチ数列』と呼ばれる，並び方が規則的である数列について調べました。

フィボナッチ数列とは前の2つの数を足したものが次の数になるもので，1番目と2番目の数はともに1とします。

以上の条件からフィボナッチ数列の数を順番にかき出すと，

$$1, 1, 2, 3, 5, 8, 13, 21, \cdots\cdots$$

となります。

私がフィボナッチ数列に興味を持ったのは，『ひまわりは黄金の花』という記事を読んだからでした。その記事の中には，

『ひまわりの種の並びを曲線で表したとき，時計回りまたは，反時計回りの2種類の曲線があり，その曲線の本数はどの大きさのひまわりも

・時計回りは21本，反時計回りは34本
・時計回りは34本，反時計回りは55本
・時計回りは55本，反時計回りは［　ア　］本

の3つのパターンのいずれかになり，それらの数はフィボナッチ数列に現れる。』

と書かれていました。(写真は参考)

また，その記事には他の花もフィボナッチ数列と密接な関係があるということも書かれていました。

調べていくうちに，

フィボナッチ数列のn番目の数は

$$\frac{1}{\sqrt{5}}\left\{\left(\frac{1+\sqrt{5}}{2}\right)^n-\left(\frac{1-\sqrt{5}}{2}\right)^n\right\}$$

と表されることも分かりました。

［　イ　］である$\sqrt{5}$が含まれているにも関わらず，計算すると必ず整数になることがとても神秘的でした。

2020(R2) 愛知高
K 教英出版

また，$1:\frac{1+\sqrt{5}}{2}$ は黄金比とも呼ばれており，ミロのビーナス，凱旋門《がいせんもん》，パルテノン神殿など様々な建築物や芸術作品でもその比がみられることも知りました。現代においても名刺の縦と横の長さの比が黄金比に近いそうです。

今回の研究から芸術と数学は様々な関係があることが分かり，もっと知りたいと思いました。

(1) 空欄アに当てはまるフィボナッチ数列 11 番目の数を求めなさい。

(2) 空欄イに当てはまる最も適切な語句を次の(A)～(D)の中から 1 つ選び記号でかきなさい。

(A) 自然数　　(B) 整数　　(C) 有理数　　(D) 無理数

(3) フィボナッチ数列を順番に 1 番目から 100 番目までかいたときに現れる数のうち，3 の倍数は全部で何個あるか求めなさい。

(4) A さんの発表を聞いた B さんは調べ直すと次の問題に応用できることがわかった。次の問に答えなさい。

10 段からなる階段を一番上まで上がるのに，1 歩で 1 段，または 1 歩で 2 段のいずれかの方法を組み合わせて上がるとき，階段の上がり方は全部で何通りありますか。

2020(R2) 愛知高
K 教英出版

2020(R2) 愛知高
K 教英出版

一　般

令和２年度

愛知高等学校入学試験問題

英　語

（45分）

注　意

1. 問題は I から VI です。
2. 問題の内容についての質問には応じません。
印刷のわからないところがある場合には、静かに手をあげて監督の先生の指示に従いなさい。
3. 解答はすべて解答用紙に記入しなさい。
氏名、受験番号を書き落とさないように注意し、解答し終わったら必ず裏がえして机の上に置きなさい。
4. 解答用紙だけを提出し、問題用紙は持ち帰ってよろしい。

I　次の英文を読んで、以下の問いに答えなさい。

Dan was a calm man. He lived in Oakland, California, in an area with many gang members, and homeless people. The area was always noisy, and there was a lot of *crime, but Dan never *complained to the police before. But, when the city built a small park in front of his house and some of his neighbors started throwing *garbage there, Dan got angry. He told the city about the garbage, and they put a sign in front of the park that said, "Don't put your garbage here!" It didn't work. People continued to put old clothes, bags of garbage, and even *furniture in the area. The garbage *pile grew larger and larger. Dan complained to the city again, but they didn't do anything.

After the *Buddha came, people stopped throwing garbage in the park. Dan was happy. He enjoyed seeing the quiet Buddha when he came home every day, and after a while he didn't think about it much. Then, a few months later, something happened. When Dan came home from work, he found that the Buddha was painted white. "That's strange," Dan thought. After that, Dan saw small things next to the Buddha every day, like fruit and coins. Later, somebody put the Buddha on a table and then it was painted gold. Finally, somebody built a small house to protect the Buddha from the rain. In the mornings, Dan and Lu saw people visiting the Buddha, *lighting *incense, and praying. Interestingly, crime in the area went down.

Dan found out who was taking care of the Buddha. It was members of the *Vietnamese *Buddhist group in Oakland. The members visited the Buddha every morning to pray. Vina Vo started taking care of the Buddha. Vina Vo was from *Vietnam. When she was young, many of her friends and family were killed in the Vietnam *War. Also, the shrine in her village was destroyed, so she was sad and lonely. In 1982, she moved to Oakland, California, and in 2010, she discovered the Buddha in front of Dan's house. When she saw it, she remembered the Vietnamese shrine, so she decided to take care of it. When Vina Vo and others in the Vietnamese group found out that Dan put the Buddha in the park, they started to give him presents. They put food and cakes in front of his house. So, Dan told them, "No, please don't give me food. It is your Buddha now."

Tourists also heard about the Buddha, and started traveling to Oakland to see it. The city was worried about traffic and they tried to take away the Buddha, but many people now loved the Buddha. So, they did not take away the Buddha. The area became cleaner, safer, and (A) friendly than before.

Now, there are Buddhas and shrines in other areas around Oakland, too. When people learned about Dan and Lu's Buddha, they decided to put a Buddha in their area, too.

2020(R2) 愛知高
K 教英出版

(B) first, Dan and Lu just (C) people to stop (D) garbage in the park. They did not know that their home center Buddha【 will 】become a shrine, and bring happiness to the Vietnamese group, and many others too.

*crime 犯罪　*complain 不平を言う　*garbage ごみ　*furniture 家具　*pile 積み重なったもの
*Buddha 仏像　*light ～に火をつける　*incense お香　*Vietnamese ベトナムの，ベトナム人
*Buddhist 仏教徒　*Vietnam ベトナム　*war 戦争

問１.［　　　］の部分には次の**あ**～**お**の文が入ります。意味が通じるように並べ替え、最も適切な順番を記号で答えなさい。

あ Finally they had an idea.
い So, Lu cleaned up the garbage, and Dan went to the home center to buy a Buddha statue.
う Dan and his wife Lu talked for a long time about ways to solve the garbage problem.
え Then, Dan put it on a *concrete block, and put it in the park.
お Their idea was to put a Buddha statue in the park.

*concrete コンクリート

問２. 本文中の(A)～(C)に入る最も適切な単語を書きなさい。

問３. 本文中の(D)にあてはまる最も適切な単語を、本文中より抜き出しなさい。

問４. 本文中の【　　】内の単語を本文の内容に合う最も適切な形に直しなさい。

Ⅱ 次の英文を読んで、以下の問いに答えなさい。

Do you know what a "witch window" is? A "witch" is a woman who has magic power. In *Vermont, United States, many older houses have *tilted witch windows that stop witches from flying into peoples' houses. Houses around the world are different from country to country. Many things, such as weather, the kind of ground, and building *materials, can change the style of the houses. Houses are also different because of the culture of each area. For example, some houses are made to *scare away bad *ghosts, and others are made to welcome kind *spirits.

In Vermont, most people say that the witch windows are tilted because witches cannot fly through a tilted *frame. But, is that really the reason they made the windows tilted? Some people have a different idea about why the windows were made that way. They think tilted windows just fit better in the *attic room under the *slanted roof and more sunlight can come into the room. Other people call them "coffin windows." When someone dies, the body is put in a box called a coffin. They think that people once used the windows to carry coffins in and out of the home. But, most people in Vermont will tell you they are "witch windows." They are proud of their witch windows.

Houses built to stop ghosts can be found in other parts of the U.S., too. For example, in the southern states, there is a kind of blue paint called, "haint blue," that is used to stop ghosts from entering a house. They say that the color of blue looks like water, and ghosts don't like to fly over water.

In China, roofs are *curved because they *confuse bad spirits, who can only travel in straight lines. And, across the water in Japan, the northeast corner of a house is called the "*kimon*" or *demon gate. Some Japanese think that spirits come from the northeast, so they don't like to put doors or windows on that corner of the house. In Thailand and other Southeast Asian countries, they build houses just for the ghosts of dead people. They don't try to keep the spirits of the dead people out of their own houses. Instead, they make other houses for the spirits to stay in. *Filipinos have a different way of living with ghosts. They think that ghosts like to go to low places, like *basements, so they make special doors and *exits in the basements. That way, the ghosts can get out of their houses easily.

If you want a way to keep bad spirits out of your house, but you don't want to reform it, there are many kinds of charms you can put around your house to keep spirits away. Charms are things that will bring you good luck. Around the world, people put *horseshoes, *wind chimes, herbs, flowers and many other things around their houses for good luck.

*Vermont バーモント州（アメリカ北東部の州） *tilted 傾いた *material 材料 *scare away 追い払う
*ghost 幽霊 *spirit 霊 *frame 枠 *attic room 屋根裏部屋 *slanted roof 斜めの屋根 *curved 曲がった
*confuse 混乱させる *demon 悪魔 *Filipino フィリピン人 *basement 地下 *exit 出口 *horseshoe 馬蹄
*wind chime 風鈴

2020(R2) 愛知高
K 教英出版

問１．本文中の下線部の単語を日本語に直しなさい。

問２．本文の内容に合うように、空所に入る最も適切なものを選び、記号で答えなさい。

(1) According to the 1st paragraph,____.

あ all houses are built to keep bad ghosts away

い different cultures have different ways of building houses

う witch windows are made to welcome good spirits

(2) In Vermont,_______________________________________.

あ they made the witch windows tilted for witches to enter the house easily

い they make new houses with witch windows to get a lot of sunlight

う they like to say their houses have witch windows

(3) In the United States, some houses are painted blue because____________________________.

あ it looks like water, and people love water

い people believe ghosts can't swim in the sea

う people think ghosts won't fly over blue

(4) In a country in Asia,_________________________________.

あ bad spirits get confused if they see doors on the "*kimon*" corner

い they have a special house for ghosts to stay in

う people make doors in the basements so ghosts can enter their houses anytime

(5) To keep out ghosts,________________________________.

あ people grow many kinds of vegetables to eat in their garden

い people don't put anything on the walls

う people put various kinds of charms around their house

Ⅲ

次の会話文を読んで、[1]～[6]に入る最も適切な語を選び、記号で答えなさい。ただし、同じ番号には同じものが入ります。また、それぞれの語は一度しか使えません。

Tom: It's nice to see you.
Meg: Yeah, I'm really happy you could come. I have something [1] to tell you.
Tom: Really? What is it?
Meg: I baked cookies for you this morning.
Tom: Wow! That's great. I love cookies. What kind are they?
Meg: You'll be [2]! Try one.
Tom: OK. Ugh! It's so *sticky. Also, it smells [3].
Meg: Well, I didn't put any chocolate in it. I know you are on a diet.
Tom: This tastes terrible. It's the [4] cookie I've ever had.
Meg: It took me all morning to make these cookies!
Tom: Well, it tastes [3]. I see something brown on top. What's this?
Meg: It's natto. It's a very [5] food, you know?
Tom: Natto may be [5], but it still tastes terrible.
Meg: Stop it! You're not kind at all. You should say thank you.
Tom: I'm sorry. Thank you. But I really can't eat any more.
Meg: Well, I'm [6] to hear that.

*sticky べとべとする

あ sweet　い sorry　う bad　え best　お worst

か easy　き healthy　く boring　け surprising　こ surprised

Ⅳ

日本語の意味に合うように［　］内の語(句)を並べ替えたとき、(●)と(▲)に入る語(句)を書きなさい。ただし、文頭に来る語もすべて小文字で始まっています。

(1) 私が借りた二冊目の本は、一冊目ほど難しくはなかったわ。
The second [as difficult / book / first / borrowed / not / the / as / was / I / one / which].
The second (　)(　)(　)(　)(　)(　●　)(　)(　▲　)(　)(　)(　).

(2) ブラウン先生と話しているあの新入生は、まだ図書館に行ったことがない。
[has / Mr. Brown / student / been / with / that / to / new / never / talking] the school library.
(　)(　)(　)(　●　)(　)(　)(　)(　▲　)(　)(　) the school library.

V

次の各組の英文で、文法的に間違いのある英文があればその文の記号を、二文とも正しければう、二文とも間違いがあればえと書きなさい。

(1) あ My brother made me angry because of he broke my smartphone.
い I'd like to meet the student you told me.

(2) あ Do you know when he did his homework?
い Do you know how long does it take from here to the nearest station?

(3) あ I have ever been to Australia three times.
い Kate got to school too early to enter her classroom.

VI

次の質問についてあなた自身の答えを英語で書きなさい。ただし、次の条件を満たすこと。

・文は二文以上になってもよい。文と文の間を空欄にしたり、改行したりしないこと。
・15 語以上 25 語以下の英語で書くこと。ピリオド、コンマ、クエスチョンマークなどの記号は語数に数えない。
・解答用紙の下線部に一語ずつ書くこと。ピリオド、コンマ、クエスチョンマークなどの記号は下線部と下線部の間に書くこと。

【質問】What were you doing about this time last year?

解答記入例

Where	were	you	?	I	was		5
in	the	library	.				10

(上の例では 8 語である。)

一　　般

令和２年度

愛知高等学校入学試験問題

理　　科

（社会と合わせて60分）

注　意

1．問題は 1 から 4 まであります。

2．問題の内容についての質問には応じません。

印刷のわからないところがある場合には，静かに手をあげて監督の先生の指示に従いなさい。

3．解答はすべて解答用紙に記入しなさい。

氏名，受験番号を書き落とさないように注意し，解答し終わったら必ず裏がえして机の上に置きなさい。

4．必要に応じて$\sqrt{2}=1.4$，$\sqrt{3}=1.7$として計算しなさい。

5．解答用紙だけを提出し，問題用紙は持ち帰ってよろしい。

1 　下の図のような水平面と 30° の角度をなす，摩擦力の生じるあらい斜面上の地点Aを，ある速さ v〔m/s〕で質量 3.0 kg の物体が斜面にそって上向きに通過した（図 1)。その後，物体は地点Aから斜面にそって 4.0 m すべった地点Bで静止した（図 2)。後の問に答えなさい。ただし質量 1.0 kg の物体にはたらく重力の大きさを 10 N とする。

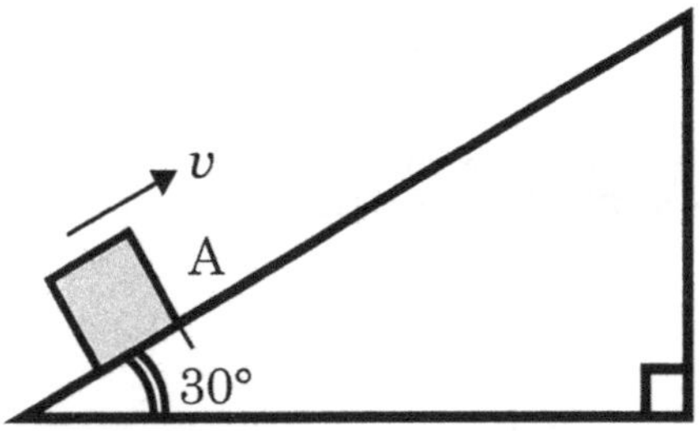

図1

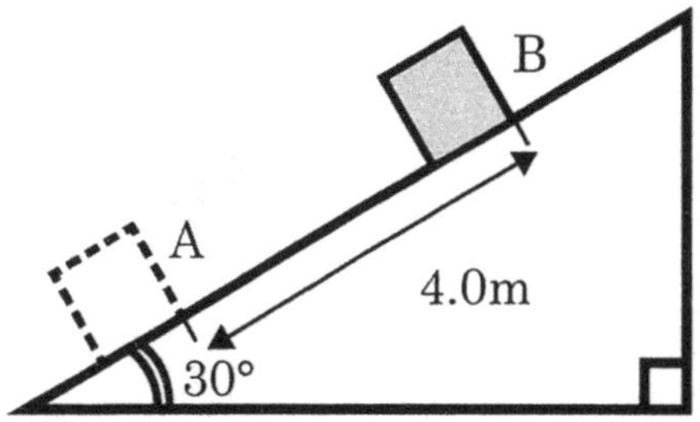

図2

問 1　①斜面に沿って上向きに運動しているときと②斜面上で静止したときについて，はたらいている重力の向きと摩擦力の向きを，以下の図の矢印の向き**ア～ク**からそれぞれ一つずつ選び，記号で答えなさい。

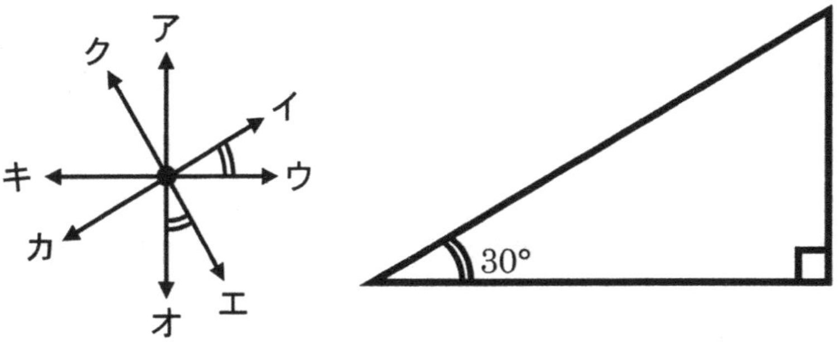

問 2　斜面上の地点Bで静止したときに物体に蓄えられている重力による位置エネルギーは，地点Aの高さを基準とすると何 J か答えなさい。ただし，このときの位置エネルギーの大きさは，この運動の間に重力がした仕事の大きさと等しい。

2020(R2) 愛知高
K 教英出版

問３　図１の斜面と同じ角度で摩擦力の生じないなめらかな斜面の場合，物体は地点Ａと同じ高さを同じ速さで通過すると斜面にそって上向きに 6.0 m 運動した。その後，斜面にそって下向きに運動した。つまり，摩擦力がはたらく場合には摩擦力が仕事をした分だけ力学的エネルギーが消費されていることが分かる。あらい斜面上を運動する場合に物体が静止するまでに摩擦力がした**仕事の大きさ**は何Ｊか答えなさい。

問４　摩擦力の生じる斜面上を運動しているときと静止しているときにはたらいている摩擦力の大きさは何Ｎか，それぞれ答えなさい。ただし運動中に摩擦力は一定の大きさではたらくものとする。

2　質量パーセント濃度 10% の塩化銅水溶液 200cm^3 に 2 本の炭素電極を用いて，電源装置で一定の電圧を加え，電流を流し続けたところ，陰極には赤い物質が付着し，陽極からは気体が発生した。

問 1　次の文の①，②の｛　　｝の中から，それぞれ正しいものを一つずつ選び，記号で答えなさい。

塩化銅水溶液の色は①｛**ア** 赤色　　**イ** 黄色　　**ウ** 青色｝であったが，電気分解によって，この水溶液の色は②｛**ア** 濃くなった　　**イ** うすくなった｝。

問 2　陽極で発生した気体の性質について正しいものはどれか。次の**ア**〜**オ**からすべて選び，記号で答えなさい。

ア　においがない
イ　無色である
ウ　水道水などの殺菌に利用される
エ　空気より重い
オ　水に溶けやすく，水溶液はアルカリ性

問 3　質量パーセント濃度 10% の塩化銅水溶液の密度を 1.08g/cm^3 とすると，この塩化銅水溶液 200cm^3 にとけている塩化銅は何 g か。小数第 1 位まで求めなさい。

塩化銅水溶液の代わりに水酸化ナトリウムを加えた水に電流を流すと，陰極には気体Aが，陽極には気体Bが発生した。この実験で発生した気体AとBを反応させて，電気エネルギーを直接取り出す装置がある。従来の化石燃料のように有害物質を排出せず，エネルギー効率にも優れているため，地球の環境やエネルギー問題を解決するものの一つとして，世界中で積極的に開発が進められている。

問4　下線部のような装置を何電池というか。

問5　問4の電池を使用した自動車が走行するときは，ガソリンなどの化石燃料を使用したときと比べて環境に対して悪影響が少ないと言われている。その理由を，この電池における反応前の物質と反応後の物質に着目し，20字以内で答えなさい。

問6　2019年，吉野彰はある電池の研究開発の功績によりノーベル化学賞を受賞した。この電池では，金属Mの酸化物を正極に，炭素を負極に使用する。金属Mのイオンが電池内部で電解液を介して正極〜負極間を行き来することで充放電が行われる。この金属Mは何か，元素記号で答えなさい。

3 図１は，ある地震について震源からの距離が 20km，65km，110km の地点の地震計で記録した波形をそれぞれ示したものである。また，直線 a は初期微動が始まった時刻を，直線 b は主要動が始まった時刻を結んだ直線で，２種類の地震波の到達時刻と震源からの距離の関係を示したものである。

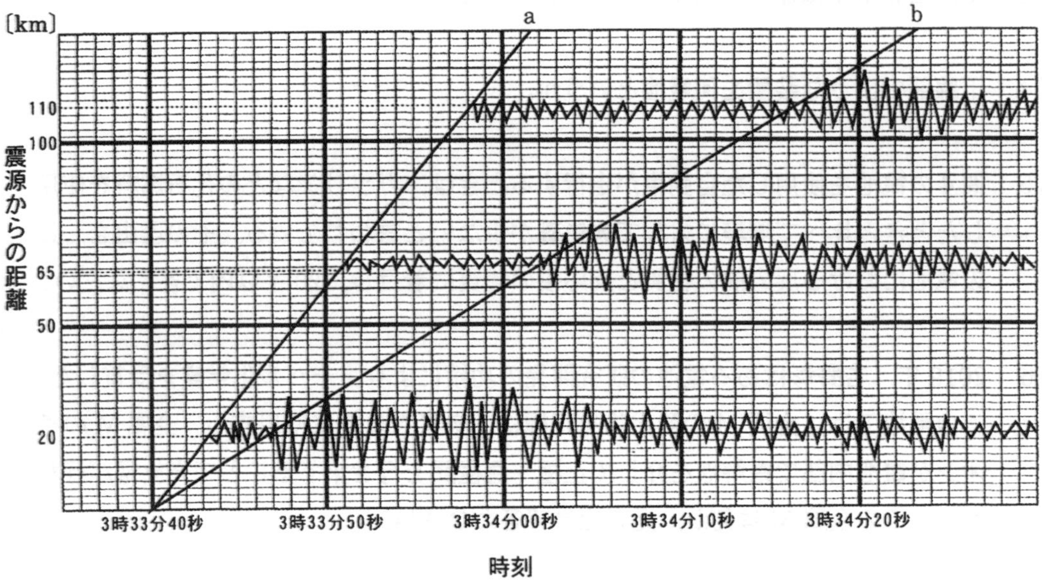

図1

図１の地震では，（ ① ）が発表されていた。（ ① ）は，地震発生後に震源付近の観測点のデータを元にできる限り早く震源や規模を推定し，予想された各地の震度や到達時刻をテレビやラジオ，及び携帯電話を通じて提供する地震の予報，警告である。（ ① ）の発表は，二つ以上の観測点で地震波が検出され，予想される最大震度が５弱以上となる地震が対象となる。下図は，地震発生から（ ① ）の発表までの流れを示している。

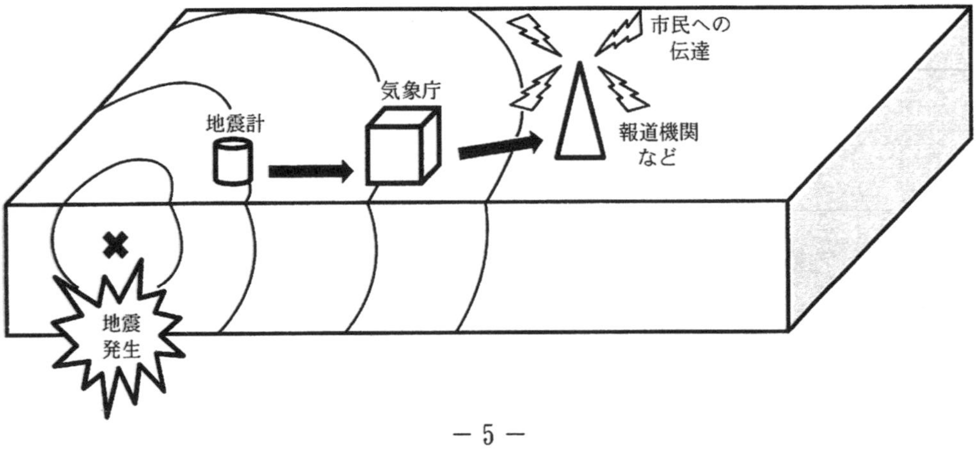

2020(R2) 愛知高
K 教英出版

問１　（①）に入る語句を漢字で答えなさい。また（①）は，Ｐ波またはＳ波のどちらの到着を事前に知らせる情報か答えなさい。

問２　地震の規模を表す指標を何というか。

問３　図１より，Ｐ波及びＳ波の速さ〔km/s〕を求めなさい。割り切れない場合は，小数第２位を四捨五入して小数第１位まで答えなさい。

問４　震源からの距離と，初期微動が到着してから主要動が到着するまでの時間（初期微動継続時間）の関係を示したグラフとして最も適切なものを，次の**ア～カ**から一つ選び，記号で答えなさい。

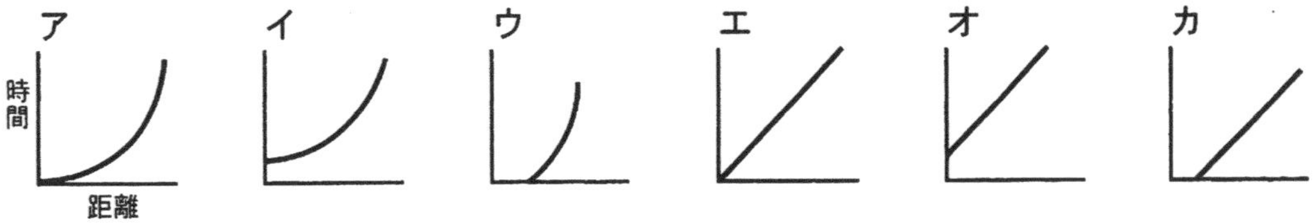

問５　日本付近で発生する地震は，震源が地表から数 km の浅い場合と，震源が地表から数百 km の深い場合がある。両者の地震において，初期微動が始まった時刻を地上で観測し，時刻が同じ地点を線で結んで表した模式図として最も適切なものを，次の**ア～ウ**からそれぞれ一つずつ選び，記号で答えなさい。図の円の中心が震央であり，円の間隔は 10 秒おきにとってある。また，地中を地震波が伝わる速さは場所によらず一定であるとする。解答は同じ記号を答えてもよい。

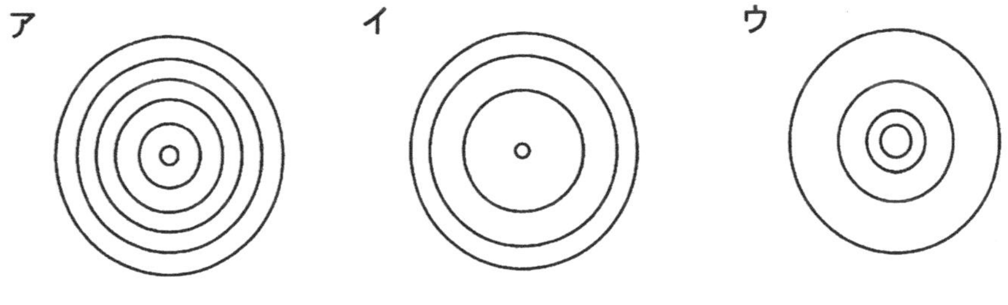

問6　図1の地震において，ある地点で観測した初期微動継続時間を t〔秒〕，その地点の震源からの距離を d〔km〕とする。d について t を用いて表した次の式の□に入る適切な数値を整数，または分数で答えなさい。ただし，計算の数値は問3で解答した値を用いること。

$$d = \square \times t$$

問7　図1の地震では，震源からの距離が12kmの観測点にP波が到達してから4秒後に（ ① ）が発表されていた。震源からの距離が180kmの地点では，（ ① ）の発表から主要動を観測するまでの時間は，何秒であったか。

4 動物は単独で生活するものがいる一方で，同種の動物が集まって集団で生活するものもいる。このような集団を**「群れ」**と言う。この群れについて，以下の問に答えなさい。

問１　群れの大きさは，①エサをとる時間（採餌《さいじ》時間），②群れの中でのエサ（食料）の奪い合いに要する時間，③敵（捕食者）に対する見張りの時間（警戒時間）とのバランスで決まる。

ある鳥類の群れＡ・Ｂ・Ｃにおいて，一日の行動時間 12 時間のうち，警戒時間とエサの奪い合いに要する時間が下表の通りであった。

	群れＡ	群れＢ	群れＣ
警戒時間	2	6	5
奪い合い	6	2	3

Ａ・Ｂ・Ｃの群れの大きさを，不等号を用いて示しなさい。（解答例　Ａ＞Ｂ＞Ｃ）

問２　ある一定の大きさで安定した群れがあるとする。この群れに対し

① 天敵の数が増えた

② 食料が不足してきた

とすると，群れの大きさはそれぞれどう変化するか。下の表より正しい組み合わせを一つ選び，**ア〜ケ**の記号で答えなさい。

		①		
		大きくなる	変わらない	小さくなる
②	大きくなる	**ア**	**イ**	**ウ**
	変わらない	**エ**	**オ**	**カ**
	小さくなる	**キ**	**ク**	**ケ**

最近人気のテレビ番組で「池の水を全部抜く企画」がある。日本では古くから人造の池などで行われ「かいぼり」と呼ばれてきた。魚を採取したり，水底の泥を肥料として利用する目的で行われてきたが，最近では**「海外から移入された，生態系，人の生命・身体，農林水産業に被害を及ぼす生物」**の駆除のために行う場合も多い。

問３　法律で指定された下線部の生物を何というか，答えなさい。

問４　この法律で**指定されていない生物**を次の**ア～キ**から一つ選び，記号で答えなさい。

ア　ウシガエル
イ　カミツキガメ
ウ　ヌートリア
エ　カダヤシ
オ　アライグマ
カ　ヒアリ
キ　ニホンマムシ

「かいぼり」を行えば，池の生物の数は正確に把握できるが，以下の方法（標識再捕法《ひょうしきさいほほう》）でも生物の数を推定することができる（図１）。

方法

① 池から目的とする生物を複数捕獲する。
② 捕獲した個体の全てに標識（しるし）を付ける。
③ 標識した個体を再び池に放流する。
④ 数日後，この生物をもう一度捕獲し，捕獲した生物のうち標識されている個体とされていない個体の数を調べる。

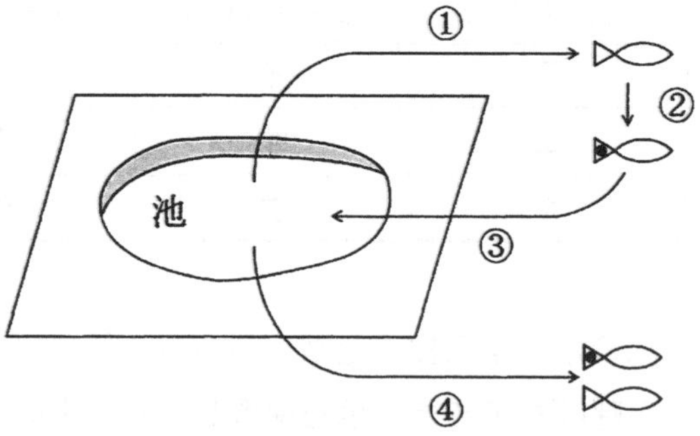

図1

結果

・最初に捕獲，標識，放流した個体数は48匹であった。
・２回目は54匹を捕獲できたが，そのうち標識してあった個体は６匹であった。

問５　この方法で生息数をなるべく正確に推定する条件として**正しくないもの**を，次の**ア**～**オ**からすべて選び，記号で答えなさい。

ア　調査期間中にこの生物の流入・流出・出生・死亡がない（少ない）
イ　２回目の捕獲は１回目より多くする
ウ　池の中の生物数が少なければ少ないほど，より正確になる
エ　対象となる生物が，池の中を十分自由に移動できる
オ　標識された個体とそうでない個体との間で，生物の動きが変わらない

問６　この池に生息する，この生物の数は何匹と推定できるか答えなさい。

一　　般

令和２年度

愛知高等学校入学試験問題

社　　会

（理科と合わせて60分）

注　意

1．問題は 1 から 4 まであります。

2．問題の内容についての質問には応じません。

印刷のわからないところがある場合には、静かに手をあげて監督の先生の指示に従いなさい。

3．解答はすべて解答用紙に記入しなさい。

氏名、受験番号を書き落とさないように注意し、解答し終わったら必ず裏がえして机の上に置きなさい。

4．解答用紙だけを提出し、問題用紙は持ち帰ってよろしい。

1　愛知高校生の知子さんは、夏休みに学校主催《しゅさい》の「一日探究活動」に参加し、「水のまち」として知られる岐阜県郡上《くじょう》市《し》八幡町《はちまんちょう》を訪問した。その時の知子さんの探究ルートを見て、以下の問１～問６に答えなさい。

＜探究ルート＞
①城下町プラザ　⇒　②宗祇水《そうぎすい》　⇒　③吉田川(宮ケ瀬橋)付近　⇒　④折口信夫《おりくちしのぶ》歌碑《かひ》　⇒
吉田川(八幡橋)　⇒　いがわこみち　⇒　⑤郡上八幡旧庁舎記念館　⇒
職人町・鍛冶屋町　⇒　長敬寺　⇒　⑥郡上八幡博覧館　⇒　城下町プラザ

問１　下線部①の近くには郡上八幡城がある。山間部にあった郡上藩は貧しく、江戸時代の中頃には農民から年貢の軽減を求める大規模な訴《うった》えが起きた。右の写真はその時の訴状《そじょう》で、中心人物がわからないように工夫がされている。この訴状を何というか、答えなさい。

『日本史図表』（第一学習社）より転載

問２　下線部②の宗祇とは、室町時代の中頃から戦国時代にかけて連歌《れんが》で活躍《かつやく》した人物で、同じく連歌で有名な郡上八幡の東氏《とうし》のもとを訪れたことが伝わっている。彼と同時期に活躍した雪舟の作品として正しいものを、次の**ア～エ**の中から一つ選び、記号で答えなさい。

ア

イ

ウ

エ

ア・ウ・エ：「ｅ国宝」(http://www.emuseum.jp/)，イ：『詳説日本史Ｂ』（山川出版社）より転載

問３　下線部③の吉田川は長良川最大の支流である。今回は橋の近くで食品サンプル作りを体験した。郡上八幡は、昔から和ろうそくの原料である櫨《はぜ》の産地だったが、のちに地元出身の岩崎瀧三《いわさきたきぞう》が食品サンプルを地場産業として広めた。中部地方の伝統工業や地場産業と、その県の組合せとして誤っているものを、次の**ア～エ**の中から一つ選び、記号で答えなさい。

ア　輪島《わじま》の漆器《しっき》 - 石川県　　**イ**　美濃和紙《みのわし》 - 岐阜県
ウ　小千谷縮《おぢやちぢみ》 - 新潟県　　**エ**　眼鏡枠《めがねわく》 - 富山県

問４　サンプル作りの後、吉田川を５分ほど上流に向かうと下線部④の歌碑があった。折口信夫は民俗《みんぞく》学者の柳田国男《やなぎたくにお》のすすめで、大正８年に郡上八幡を訪ねている。大正８年にはパリで第一次世界大戦の講和会議が開かれた。この会議の内容として正しいものを、次の**ア～エ**の中から一つ選び、記号で答えなさい。

ア　この会議で採用された民族自決の原則により、アジアやアフリカに多くの独立国が誕生した。
イ　この会議での提案により、世界平和と国際協調を目的として国際連合が設立された。
ウ　日本はドイツが戦前に所有していた中国の広東省の権益《けんえき》を引き継《つ》ぐことになった。
エ　敗戦国となったドイツには巨額の賠償金《ばいしょうきん》が課《か》されることになった。

問５　下線部⑤で、知子さんは昼食に名物の「鶏《けい》ちゃん」を食べた。郡上北部では、戦後、労働者に鶏肉を用いた料理が出されるようになり、これが「鶏ちゃん」誕生のきっかけの一つとされている。労働者に関連して、労働基準法について述べた文として誤っているものを、次の**ア～エ**の中から一つ選び、記号で答えなさい。

ア　労働基準法は、労働者の１週間あたりの最低の休日数を２日と定めている。
イ　労働基準法は、女性であることを理由に賃金差別をすることを禁止している。
ウ　労働基準法は、労働者の１日の労働時間の上限を８時間と定めている。
エ　労働基準法は、15歳未満の児童を労働者として使用することを禁止している。

問６　下線部⑥では、地元の歴史や豊富な水資源の利用について詳《くわ》しく紹介されていた。郡上市での水資源の利用に関して、以下の（1）（2）に答えなさい。

（1）郡上市では豊富な水資源を利用した小規模な水力発電が行われている。水力や太陽光、風力など、自然界に存在する熱やエネルギーのことを何というか、解答欄《かいとうらん》に合う形で、漢字４文字で答えなさい。

（2）郡上市で豊富に水資源を得ることができる理由を、下の郡上市と各地の雨温図と、次ページの郡上市中心部の地形図から読み取り、降水量と地形の観点《かんてん》から簡単に述べなさい。

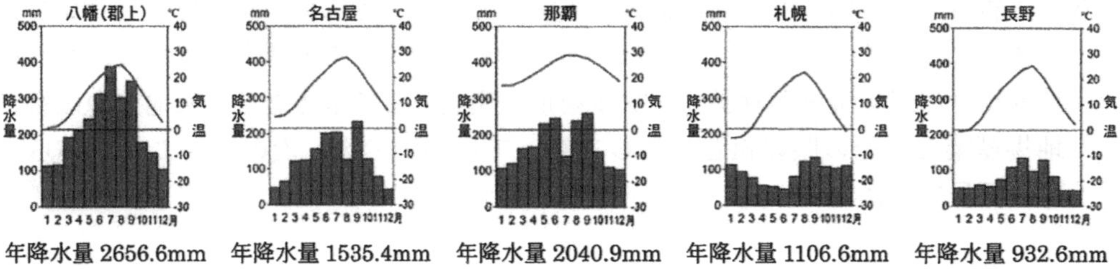

年降水量 2656.6mm　年降水量 1535.4mm　年降水量 2040.9mm　年降水量 1106.6mm　年降水量 932.6mm

気象庁 HP（http://www.jma.go.jp）より作成

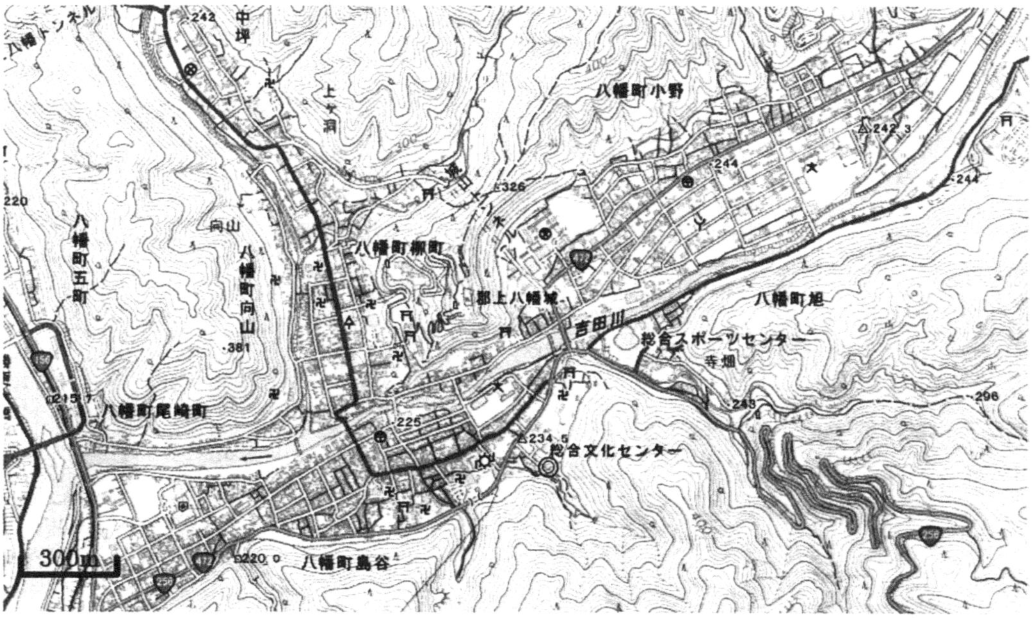

国土地理院 HP（http://www.gsi.go,jp）より作成

2　次の地図を見て、以下の問１～問６に答えなさい。

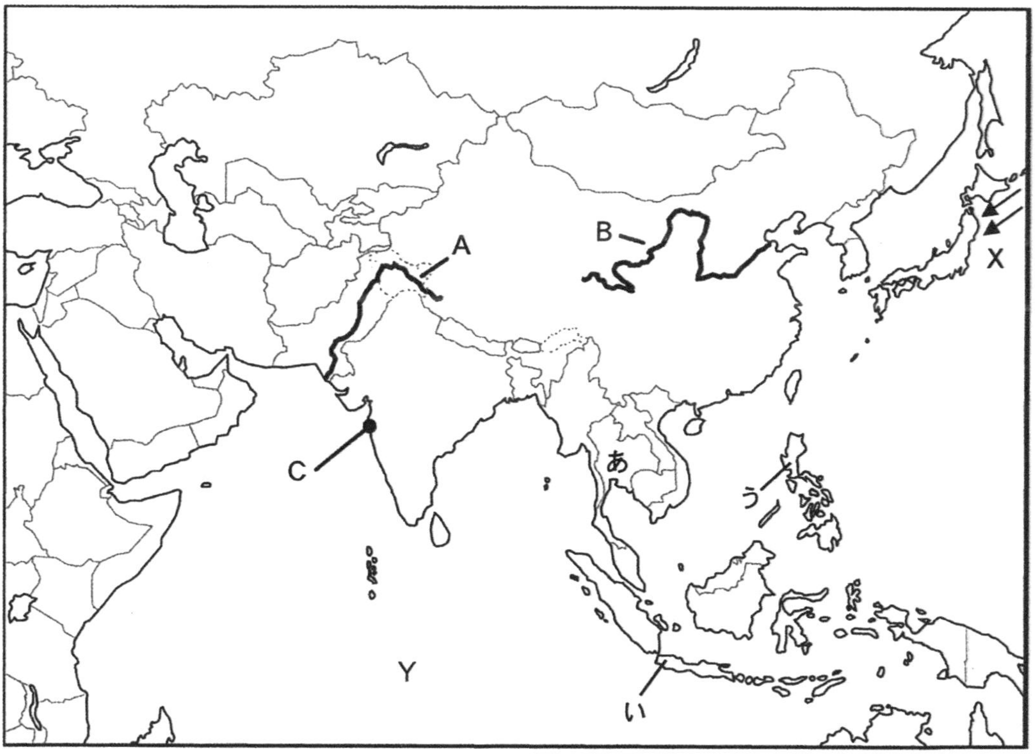

問１　地図中**Ａ**・**Ｂ**にあてはまる河川名の組合せとして正しいものを、次の**ア**～**エ**の中から一つ選び、記号で答えなさい。

ア　Ａ：インダス川　Ｂ：黄河　　**イ**　Ａ：インダス川　Ｂ：長江
ウ　Ａ：ガンジス川　Ｂ：黄河　　**エ**　Ａ：ガンジス川　Ｂ：長江

問２　右の雨温図は地図中**Ｃ**の都市の雨温図である。右の雨温図のような特徴を持つ気候を何というか、解答欄に合う形で答えなさい。また、この雨温図の特徴として正しいものを、次の**ア**～**エ**の中から一つ選び、記号で答えなさい。

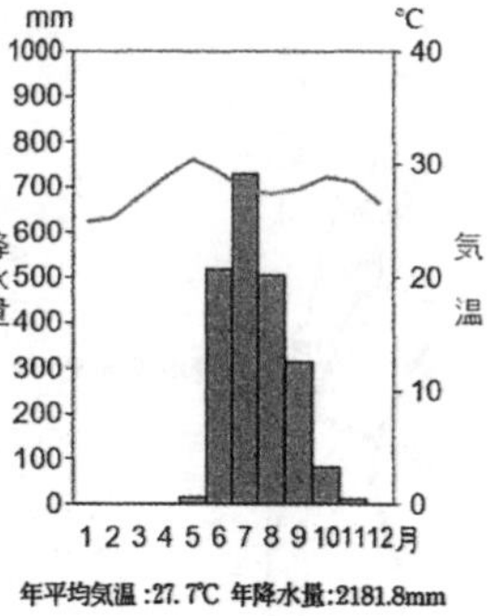

気象庁 HP より作成

ア　夏に乾燥し、冬に雨が降る気候。
イ　一年を通して気温が高く、一年中雨が多い。
ウ　雨の少ない季節（乾季）と、雨の多い季節（雨季）がある。
エ　一年の中で気温や降水量の変化が大きく、季節の変化がはっきりしている。

問３　地図中**Ｘ**の矢印はやませの風向きを示している。次の**a**～**d**のうち、やませについて述べた文として正しいものの組合せを、次の**ア**～**エ**の中から一つ選び、記号で答えなさい。

a　６～８月に吹くこの風は親潮《おやしお》（千島《ちしま》海流）の上空を吹き、太平洋側に冷害をもたらす。
b　６～８月に吹くこの風は黒潮《くろしお》（日本海流）の上空を吹き、暖かく湿った風を運び太平洋側に濃霧《のうむ》をもたらす。
c　この風が日本海側に到達すると、日本海側では雨が降り気温が下がる。
d　この風が日本海側に到達すると、日本海側では乾燥し気温が上がる。

ア　a・c　　**イ**　a・d　　**ウ**　b・c　　**エ**　b・d

問４　地図中**あ**・**い**・**う**の国で、主に信仰されている宗教の組合せとして正しいものを、次の**ア**～**カ**の中から一つ選び、記号で答えなさい。なお、島嶼《とうしょ》部の国は、首都のある島を示している。

ア　**あ**：キリスト教　**い**：イスラム教　**う**：仏教
イ　**あ**：キリスト教　**い**：仏教　**う**：イスラム教
ウ　**あ**：仏教　**い**：イスラム教　**う**：キリスト教
エ　**あ**：仏教　**い**：キリスト教　**う**：イスラム教
オ　**あ**：イスラム教　**い**：仏教　**う**：キリスト教
カ　**あ**：イスラム教　**い**：キリスト教　**う**：仏教

国語

解答用紙

一

問一 A B C D

問二

問三

問四

問五

問六

問七

問八

問九 ↓ ↓ ↓ ↓

問十 ❶ ❷

※100点満点
(配点非公表)

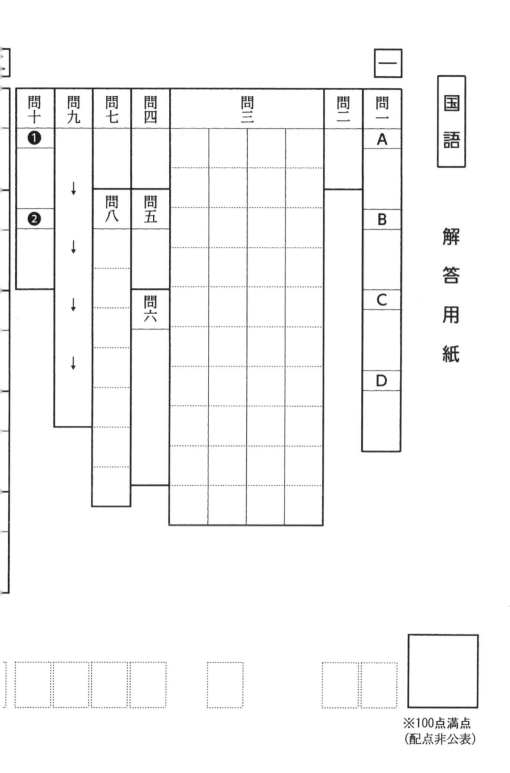

国語 解答用紙

一

問一	問二	問三	問四	問七	問八	問十
A						⑴
B			問五	問八		⑵
C			問六			
D						

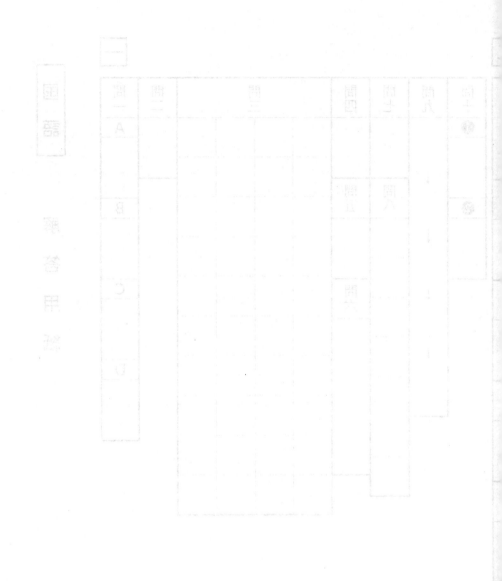

お買い得な袋	理由
A ・ B	

2

(1)	(2)
LM＝　　　cm	AL^2＝

3

(1)	(2)	(3)

4

(1)	(2)	(3)	(4)
		個	通り

※100点満点
（配点非公表）

→

	問3		問4	

)	(3)	(4)	(5)

)	(5)	(6)

)●	▲

※100点満点
(配点非公表)

問2	問3
J	J

N

問3	問4
g	

問5	問6
10　15	

問2	問3	
	P波	S波
	km/s	km/s

問6	問7
	秒

問3	問4	問5	問6
			匹

※100点満点
(配点非公表)

	問2	問3	問4	問5

ルギー

問6（2）

問2
気候 記号

問2

問6

	問3	問4	問5	問6

※100点満点
(配点非公表)

社 会　解 答 用

1

問

問6（1）			

2

問1	

問3	問4	問5	問6

3

問1	

問3	問4	問5	

4

問1			

氏　名
受験番号

氏　　名

受験番号

理　科　　解　答　用

1

問1			
①運動中		②静	
重力	摩擦力	重力	

問4	
運動中 N	静止中

2

問1		
①	②	

5

3

問1	

問4	問5	
	浅い地震	深

4

問1	問2	
＞　＞		

英 語　　解 答 用 紙

I

問 1	→ →

問 2	A	B

II

問 1		問 2	(1)

III

(1)	(2)	(3)

IV

(1)●	▲

V

(1)	(2)	(3)

VI

氏　　名
受 験 番 号

氏名		受験番号	

数学　解答用紙

1

(1)	(2)	(3)	(4)
(5)	**(6)**	**(7)**	**(8)**
g	cm^2		$x=$
(9)	**(10)**		
BT			

【解答

問六

問七

問八

問九

問十

三

問一 A B

問二 X Y

問三

問四

問五

問六

問七

問八

問九 作者名 作品名

氏　名

受験番号

問5　地図中Yの海域は日本の遠洋漁業の主な漁場の一つであり、右のグラフは日本の漁業種類別生産量の推移を示している。

グラフ中①～③のうち遠洋漁業を示しているものと、日本の遠洋漁業についての説明として正しいものの組合せを、次の**ア～カ**の中から一つ選び、記号で答えなさい。

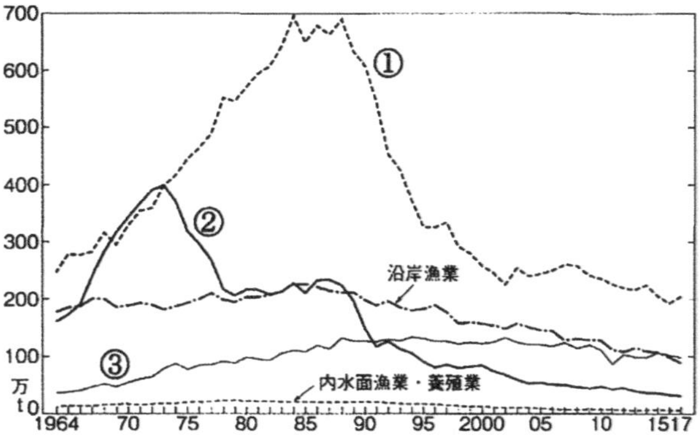

『日本国勢図会 2019/20』より作成

ア　① - 1970年代に石油危機や排他的経済水域の設定により、漁獲量が激減した。
イ　① - 乱獲《らんかく》や水域環境の変化により、1990年代に急激に漁獲量が減少していった。
ウ　② - 日本全体の漁獲量が減少している中で、遠洋漁業の占める割合が高くなっている。
エ　② - 1970年代に石油危機や排他的経済水域の設定により、漁獲量が激減した。
オ　③ - 乱獲や水域環境の変化により、1990年代に急激に漁獲量が減少していった。
カ　③ - 日本全体の漁獲量が減少している中で、遠洋漁業の占める割合が高くなっている。

問6　地図中の国の中で、BRICSに含まれている国が3か国ある。その組合せとして正しいものを、次の**ア～カ**の中から一つ選び、記号で答えなさい。

ア　インド・中国・シンガポール　　**イ**　ロシア・インド・中国
ウ　ロシア・中国・韓国　　**エ**　ロシア・中国・シンガポール
オ　ブラジル・ロシア・中国　　**カ**　インド・中国・韓国

3

知子さんは社会科の主題学習で、女性の社会進出について取りあげた。そこで、知子さんは歴史上に登場する女性について振り返ることにした。

Ⅰ　知子さんが最初に思いついたのは、邪馬台国《やまたいこく》の女王卑弥呼であった。当時の倭《わ》国は争いがたえなかったが、卑弥呼が王となって国がおさまったと伝えられている。

問1　邪馬台国や卑弥呼について述べた文として誤っているものを、次の**ア～エ**の中から一つ選び、記号で答えなさい。

ア　卑弥呼は後漢に使いを送り、金印と銅鏡100枚などをあたえられた。
イ　邪馬台国の場所については、いくつかの候補はあるが、はっきりわかっていない。
ウ　邪馬台国の人々には身分の差があり、税を納めるしくみもあったと伝えられている。
エ　卑弥呼はまじないによって政治を行い、彼女の死後には大きな墓がつくられたと記録に残っている。

Ⅱ　平安時代に活躍した女性として、知子さんは紫式部や清少納言を思い浮かべた。彼女たちは高い教養を持って藤原氏の娘たちに仕え、その娘たちは天皇のきさきとなり家のためにはたらき、その繁栄《はんえい》を支えたのだと考えた。

問２　藤原道長の子の頼通は、三代の天皇の摂政・関白となり、宇治《うじ》に寺院を建立《こんりゅう》した。この寺院の中で、現行の十円硬貨の図柄《ずがら》にもなっている建物を何というか、答えなさい。

Ⅲ　次に知子さんは、北条政子について調べてみた。彼女は、父である［　　　］に反対されながら自分の意志をつらぬき、のちに鎌倉幕府初代征夷大将軍《せいいたいしょうぐん》となる源頼朝の妻となった。夫の死後、出家した後も政治に関わり、①承久《じょうきゅう》の乱の際には御家人《ごけにん》の心をまとめて、幕府を救った人ともいわれている。

問３　Ⅲの文中の［　　　］にあてはまる人物名と、下線部①の後に朝廷を見張《みは》るために置かれた役所名の組合せとして正しいものを、次の**ア～カ**の中から一つ選び、記号で答えなさい。

	人物名	役所名
ア	北条泰時	六波羅探題
イ	北条泰時	鎌倉府
ウ	北条時宗	六波羅探題
エ	北条時宗	鎌倉府
オ	北条時政	六波羅探題
カ	北条時政	鎌倉府

Ⅳ　さらに知子さんは、海外の歴史にも目を向けてみた。お兄さんから借りた高校の教科書を見ると、②16世紀の中頃からイギリスではエリザベス１世が女王として君臨《くんりん》していたことが書かれていた。彼女は生涯《しょうがい》独身で、イギリスの繁栄《はんえい》の基礎を固めた。

問４　下線部②の時期に起こったできごととして正しいものを、次の**ア～エ**の中から一つ選び、記号で答えなさい。

ア　ローマ教皇が、聖地エルサレムをイスラム教徒から取りもどすため、十字軍を送るように呼びかけた。
イ　ドイツのルターが、カトリック教会が免罪符《めんざいふ》を販売する方針を示したことに反対し、宗教改革を始めた。
ウ　西アジアでムハンマド（マホメット）がイスラム教を説き、各地に広めた。
エ　バスコ・ダ・ガマが初めてアフリカ大陸の喜望峰《きぼうほう》を通過し、インドに到達した。

Ⅴ　明治時代になると、教科書に登場する女性の数も増えてきたことに知子さんは気がついた。明治政府発足後に欧米に派遣された岩倉使節団には、津田梅子を含む５人の女子留学生が同行しており、帰国後もそれぞれの分野で活躍したが、山川捨松《やまかわすてまつ》は陸軍大臣の大山巌《おおやまいわお》と結婚し、政府の欧化政策《おうかせいさく》では留学経験を発揮し、「鹿鳴館《ろくめいかん》の女王」といわれた。

問５　政府は、江戸幕府が幕末に各国と結んだ不平等条約を改正するため、鹿鳴館で舞踏《ぶとう》会《かい》を開くなどの欧化政策を取りながら交渉を繰り返し、各国の理解を得て改正を進めていった。これに関して、次の**Ａ～Ｄ**のできごとを古い順に並べたものとして正しいものを、次の**ア～カ**の中から一つ選び、記号で答えなさい。

Ａ　日露戦争が勃発《ぼっぱつ》する
Ｂ　陸奥《むつ》宗光《むねみつ》が領事裁判権の撤廃に成功する
Ｃ　小村《こむら》寿太郎《じゅたろう》が関税自主権の回復を実現する
Ｄ　日清戦争が勃発する

ア　Ａ→Ｃ→Ｂ→Ｄ　　**イ**　Ｂ→Ａ→Ｃ→Ｄ　　**ウ**　Ｂ→Ｄ→Ａ→Ｃ
エ　Ｃ→Ｂ→Ａ→Ｄ　　**オ**　Ｄ→Ｃ→Ａ→Ｂ　　**カ**　Ｄ→Ｂ→Ｃ→Ａ

Ⅵ　戦後、様々な分野で多くの女性が進出している。将来、国際的な仕事に就《つ》きたいと考えている知子さんが最も尊敬しているのは昨年亡くなった③緒方貞子《おがたさだこ》である。彼女は国際政治学者として複数の大学で教鞭《きょうべん》を取っただけでなく、女性初の国連難民高等弁務官として政治的に不安定な地域に赴《おもむ》くなど、多くの功績があった。

問６　下線部③の曽祖父《そうそふ》は、昭和７年に海軍の青年将校らが起こした事件で暗殺された首相である。その人物名を答えなさい。

4　知子さんは2019年のニュースについて５枚のカードにまとめた。次のカードを見て、以下の問１～問６に答えなさい。

A	消費税 10％始まる。５年半ぶりの消費税率引き上げによる経済への影響は？
B	毎月勤労統計の不適切調査問題をめぐり、①国会の閉会中審査が開かれる
C	参議院議員選挙、与党改選過半数は確保。投票率 48.8%、24 年ぶり 50% 割る
D	アメリカ・ロシアの中距離核戦力（INF）全廃条約が失効。国際社会に大きな緊張
E	ノートルダム大聖堂で火災発生。再建のため富裕層や②企業から寄付金集まる

問１　カードAについて、次の表中の［　　　］にあてはまる言葉を漢字４文字で答えなさい。

消費税及び地方消費税の税率が８％から10％に引き上げられると同時に、
消費税の［　　　］制度が実施されます。

［　　　］（８％）の対象品目

飲食料品	飲食料品とは、食品表示法に規定する食品（酒類を除きます。）をいい、一定の一体資産を含みます。 外食やケータリング等は、［　　　］の対象品目には含まれません。
新　聞	新聞とは、一定の題号を用い、政治、経済、社会、文化等に関する一般社会的事実を掲載する週２回以上発行されるもので、定期購読契約に基づくものです。

国税庁「消費税の［　　　］制度が実施されます（チラシ）」（令和元年６月）より作成

問２　下線部①について述べた文として誤っているものを、次の**ア**～**エ**の中から一つ選び、記号で答えなさい。

ア　国会は唯一の立法機関であるが、内閣は法律案を作成して国会に提出することができる。

イ　憲法改正には厳格《げんかく》な手続きが定められており、国会による発議には各議院の総議員の３分の２以上の賛成が必要である。

ウ　参議院で否決された予算案は、衆議院が出席議員の３分の２以上の多数で再可決したとき、成立する。

エ　国会審議《しんぎ》の中心となる常会（通常国会）は、原則として毎年１月に召集され150日間を会期とする。

問３　カードＣについて、次の表ａ～ｄは、2010年・2013年・2016年・2019年の参議院議員選挙における各党派別の当選人数を示している。表ａ～ｄを古い順に並べたものとして正しいものを、次の**ア～カ**の中から一つ選び、記号で答えなさい。

民主党	44
自由民主党	51
公明党	9
日本共産党	3
社会民主党	2
みんなの党	10
新党改革	1
たちあがれ日本	1
合計	121

ａ

自由民主党	55
民進党	32
公明党	14
日本共産党	6
おおさか維新の会	7
社会民主党	1
生活の党と山本太郎となかまたち	1
無所属	5
合計	121

ｂ

自由民主党	57
立憲民主党	17
国民民主党	6
公明党	14
日本維新の会	10
日本共産党	7
社会民主党	1
れいわ新選組	2
NHK から国民を守る党	1
無所属	9
合計	124

ｃ

自由民主党	65
民主党	17
日本維新の会	8
公明党	11
みんなの党	8
日本共産党	8
社会民主党	1
諸派	1
無所属	2
合計	121

ｄ

総務省 HP「参議院議員通常選挙　速報結果」より作成
(http://www.soumu.go.jp/senkyo/senkyo_s/data/sangiin/ichiran.html)

ア　ａ→ｂ→ｄ→ｃ　　**イ**　ｃ→ｄ→ｂ→ａ　　**ウ**　ｄ→ａ→ｂ→ｃ
エ　ａ→ｃ→ｄ→ｂ　　**オ**　ａ→ｄ→ｂ→ｃ　　**カ**　ｄ→ｃ→ａ→ｂ

問４　カードＤに関連して、日本の安全保障問題について述べた文として正しいものを、次の**ア～エ**の中から一つ選び、記号で答えなさい。

ア　中距離核戦力全廃条約の失効をうけて、日本は非核三原則の放棄《ほうき》を宣言した。
イ　日本政府は、自衛隊は自衛のための必要最小限度の実力にあたるとしている。
ウ　自衛隊のイラク派遣は、国際平和協力法(PKO協力法)に基づき行われた。
エ　米軍普天間《ふてんま》飛行場の移設問題については、国と沖縄県の対立は無くなった。

問５　下線部②に関連して、株式会社について述べた文として正しいものを、次の**ア～エ**の中から一つ選び、記号で答えなさい。

ア　株式会社の利益の一部は、株主に出資金として分配される。
イ　株式会社の基本的な経営方針を決定するのは、経営者が出席する取締役会《とりしまりやくかい》である。
ウ　株主総会は年に一回開催《かいさい》され、株主は一人一票の議決権を持つ。
エ　株式会社が倒産《とうさん》しても、株主は出資した金額以上の負担はおわない。

問６　カードＡ～Ｅのニュースを古い順に並べたものとして正しいものを、次の**ア～カ**の中から一つ選び、記号で答えなさい。

ア　Ｂ→Ａ→Ｃ→Ｄ→Ｅ　　**イ**　Ｂ→Ｃ→Ａ→Ｄ→Ｅ　　**ウ**　Ｂ→Ｃ→Ｅ→Ｄ→Ａ
エ　Ｂ→Ｅ→Ａ→Ｄ→Ｃ　　**オ**　Ｂ→Ａ→Ｅ→Ｄ→Ｃ　　**カ**　Ｂ→Ｅ→Ｃ→Ｄ→Ａ